U0473293

文化无非你和我

史仲文 著

新星出版社 NEW STAR PRESS

no.01 新人文丛书

【总序】

新人文：在思想与行动之间

王晓纯

“人文”一词，用法不一：古人将之与“天文”对举，今人把它与“科学”并列；它还常用来概称一种无论西方还是东方都存在的崇扬人性与人道的主义或精神。

“人文”与“天文”对举，最早出现于《周易》。《周易·贲卦》彖辞中，有“观乎天文，以察时变；观乎人文，以化成天下”之语。根据后人的解释，“文者，象也”，即呈露的形象、现象。于人而言，包括人世间的事态、状况，并可以引申到个人气象与社会风貌。值得注意的是，文中强调“文明以止，人文也”。文明总是与人文密不可分。人而文之，方谓之文明。在中国传统中，“人文”主要指人类社会的礼乐教化、典章制度和道德观念。而文明在其本质上，乃是人类对“人之为人”在思想上的自觉和这种自觉在实践中的表现。

“人文”与“科学”并列，与西方近代分科之学的出现与发展有关。伴随科学与技术的勃兴和迅猛发展，人类社会传统的文化格局发生了重大改变，尤其通过科学与工业革命不断推波助澜，甚至形成了科学与人文之间所谓“两种文化”的分裂。

“人文”作为一种精神或主义，泛指从古到今东西方都出现过的强调人的地位和价值、关注人的精神和道德、重视人的权利和自由、追求人的旨趣和理想的一般主张。

当代中国思想者的研究视域从来没有离开过对中国社会的人文关注。如今，中国社会进入了一个重要的转型时期。新时期呼唤新人文，也不断催生着新人文。

新人文是一种新愿景。现代社会使人在工具理性和技术统治面前常感无力，物质的丰富与精神的幸福之间往往容易失衡。新人文将目光聚焦于人本身，重塑价值理性，高扬人性尊严，唤起内心力量，促进个性自由发展，让梦想不再贫乏，让精神充满希望。

新人文是一种方法论。唯人主义和唯科学主义是现代性的基本组成部分，但两者的分隔也有渐行渐远之势。新人文试图重新发现科学与人文的内在融通，增进科学与人文的互补互用，让科学更加昌明，让人文之光更加夺目。

新人文是一种行动哲学。继往圣、开来学不是思想者的唯一目标，理想与现实之间需要架设坚实的桥梁。新人文力图夯实人文基础，作为社会的良知而发出公正的呼声，着力提高全民族的文化素养和精神境界，让思想冲破桎梏，用行动构筑未来。

鉴于以上种种，我们编辑了这套“新人文”丛书，奉献给关心当下中国现代化进程和新人文建设的广大读者。

2012.10.19

目录

【序言】

作为一个以平生精力读书写书的人，我确实看过不少书，也写了不少书。但关注的主线还是文化和中国文化。为什么？因为中国正处在历史的大转变时期，在这个时期我以为最要紧的事情一是自省，二是开放，三是共赢。

孙子说，知己知彼，百战不殆；老子说知人者智，自知者明；孔子说己欲立而立人，己欲达而达人。这些观点都可以和文化研究发生联系，了解一个民族最恰切的途径莫过于了解它的文化，了解一个社会最深层的途径也莫过于了解其文化。文化其实就是这个民族的根，也是这个社会的密码，无论认识自己还是认识他人这都是一条最重要、也最关键性的路径。

我经常引证的一个故事是说美国人和日本人早期接触的时候，常常发生误会。写信就有误会，日本人的特点是一定要把最重要的事情放在信的末尾，而美国人的特点则一定要把最重要的事情放在信的开头。这其实是一种文化习惯，然而双方都很不适应。在日本人看来，美国人是太过傲慢，连起码的礼貌都没有；而在美国人看来，日本人又太绕了，一封长信读了半天，还不知所云，干脆就不读了。这样的矛盾，让双方都很受伤。于是有文化知情者建议说，为了消除误会，接到对方的信时，最好倒读，倒着读日本人就舒服了，美国人也舒服了。

看到这个故事，也曾引起我的中国式的文化联想，我们中国人怎么写信呢？我们不会像美国人那样，把最要紧的事情放在开头的位置，那就太不礼貌了，没有文明古国的范儿了；但也不会像日本人那样，把最重要的事情弯弯曲曲放在最后，我们也许会担心放在这么后的位置，人家要看不到怎么办呢？或者人家不重视认为这是一件无关紧要的小事怎么办呢？我们中国人的做法，大约有两种，一般的俗人——文化不高的人会把最重要的事情端端正正摆在信的最中间的部位，既示关键又示郑重。另一些"雅人"特别是那些城府高深的官场中人，他们的做法就更中国文化了，他们把最重要的事情根本就不放在信中，而是放在信外，这叫做弦外之音。最要紧的事，我没说，但那意思有了，就看你识趣不识趣。识趣的中国人才是高深的中国人，用今天大家习惯的语言表达就是明白潜规则的中国人。

我听过这样一件事，某个大单位要搞人事制度改革，于是有上级权威人士给主管写了一封信，信中说我的一个亲戚，在你们那里工作，知道你们要进行改革了，千万不要给你们添麻烦，不要对他有什么特殊照顾，谢谢！这样的信只有中国人才想得出来，他说了不要照顾了，你可以照办吗？你照办了，也许后果很严重，你没照办也许后果很轻松，何去何从，这里就有些中国文化的意思在内了。遗憾的是，很多中国人的聪明才智都用在这样的地方，很"杯具"啊。

比写信更复杂的事则是重要的政治交往或社会交往，至少在表达形式上我们中国人和西方人有很大的差异。例如，中国人尤其是中国古人最擅长的是游说，而西方人最擅长的不是游说，即使有游说，那一定也不居于特别重要的位置。他们最重要的表达方式乃是讲演。游说和讲演体现了中西文化的两种品位。中国人的游说可谓源远流长，而且功夫极深，用心极苦，一些著名的游说词，完全可以称之为千古文章。但因为它是游说很多内容已湮没无可考，即使它重要，我们也无法确知其内容了。比如孔子，他一生周游列国两次，游历对象主要是国君，用的方法就是游说，但说了些什么，几乎全无可考。《论语》上没有，别的地方也没有。为什么？因为游说是一件很私密的事情，它的两个基本特点是：第一，它的对象是最高权威，而最高权威只能是一个人；第二，它的表达方式是生发于密室之中，只限于说者与被说者二人之间。这和演讲完全不同。演讲一定要大庭广众之下，即使不是大庭，也一定是一个公共平台；即使不是广众，也绝对不是私密化的。

在古代，西方有古希腊，中国有春秋战国，那个时候的大改革家在希腊有梭伦，在春秋有商鞅，但他们的做法全然不同。商鞅的改革显然更具深度和广度，然而他始于游说；梭伦的改革却是公共性改革，他的第一表达就是演说。中国先秦诸子，可谓个个都是游说高手，或许换个角度考虑他们中既有致力于游说君主的人，也有致力于办学的人，二者或有交互，但总体上看，只有那些游说者可以成为政治明星，可以对当时的政治时局产生立竿见影的效果。

这样的传统连绵不绝，最广为人知的一个例证应该是诸葛亮的《隆中对》，这恐怕和《三国演义》的传布有某种关系。《隆中对》也是只对一个人讲的，那就是刘备。别的人呢？无须管他们。关张晓不晓得《隆中对》，存疑。荆州的百姓和士卒一定不知道这秘密，蜀汉的军人和民众恐怕就更不知道了。中国人主张游说，而且把它限于极其狭小的空间，因为不管你是儒还是非儒，大家都一条心地相信“民可使由之，不可使知之”。

这两年传播很广的一个清末文化话题是，当中英军队在虎门开战，英国军舰穿越虎门炮台进入珠江，一个令人惊骇的景象是珠江岸上有数万民众旁观，他们似乎在看一场戏，好像这战争与自己全然无关。几个月后战争移至厦门，英国大使向厦门守军提交战书，又有数万人在岸上围观，同样像是在看一场人间的话剧，同样是表现出全然与自己无关的状态。就是这样的状态，还被英军打了两炮。事情过了20年，英法联军进入北京，占领了安定门，又有数千民众上街围观，看大鼻子西洋镜。据有关文献记载，维护秩序的清兵都有些力不从心，挡不住这些民众的好奇心。

这样的表达显然是一种文化表达，而这种文化表达决然不使我们感到自豪或者光荣。很多人指责那时候中国人的黑暗和愚昧。但我以为，这样的愚昧显然是和中国的传统文化有着内在性的联系。民众和朝廷处于全然绝缘状态，或学术化一点讲是一种分裂型结构形态，他们中间没有沟通的线路，在这样的状况下，专制的政府必定催生冷漠的人民。

虽然如此，但这样的例证并不能证明中西文化整体的优与劣，就其发展阶段而言，却有快慢之别。中国文化的第一要务是需要认真的自省。自省不是妄自菲薄，不是专门拿我们的缺点和他人的优点比，不是如某些人讽刺的那样硬说外国的月亮比中国的圆，自省是说要找出我们的不足。我听某一位评论员说过这样一句话：感谢上帝，它赋予了人类死亡。这话说得很高明，人类如果没有死亡，那一定不是人类的大幸，而是人类的大不幸，起码是这个地球的大不幸。把这意思用于文化，我们也可以说凡文化都有短项，这是它的幸运，因为有短项，所以才有更广阔的历史发展空间。所以，自省是一件很重要的事情，找出问题，意在发展。

中西文化各有所长，我这里想择要而言，举三个证明。

第一个证明，西方文化的最大历史问题在于它的外部歧视，而中国文化的最大缺陷在于它的内部等级制或曰内部歧视。

先说西方文化的外部歧视。我们很多中国同胞喜欢谈论古希腊的民主，不错，自由、民主、平等与幸福，在古希腊应成为非常重要的文化范畴和文化理念。这一点确实与中国文化很不相同。然而，西方文化的一个重要品性是这些重要的理念，只限于它所认可的社会内部、民族内部或阶层内部。比如古希腊，雅典民主是最典型的，但它绝对不适用于奴隶。那些最杰出的政治领袖或思想家，在维护奴隶制这一点上并无不同。而且这些理念也一定不适应于希腊民族以外的民族，例如波斯人或者印度人。这样的传统一直延续了多年。

西方文化可以说由三大传统构成，一是古希腊文化。前边说过，它不曾克服对外歧视。二是古罗马传统。古罗马传统为后人公认的有三个遗产，一是罗马法，二是拉丁语，三是以雕塑为代表的艺术品。但即使罗马法，依然保存了对外歧视这样的文化品格。第三个传统是基督教。很多人认为基督教是世界上最主张博爱的一种宗教文化，但我要说真正读过《旧约》的人都会知道，《旧约》的立论之一是认定犹太民族是上帝选民，狭义地说，犹太民族为上帝的唯一选民；即使广义地理解，犹太民族依然为上帝的优选民族。

这样的观点就决定了基督教对于其他民族的文化歧视和信仰歧视。《新约》与《旧约》有不同，它确实做了非常大的改变，从而更其强调上帝的唯一性和万能性，更其强调博爱精神和普世精神。但作为一神教它仍然有非常强的外部歧视特征，最重要的历史表现就是不允许异教徒的存在。所以才有对古希腊文化的毁坏，才会产生中世纪政教合一的社会政治形态，才会有十字军东征那样野蛮残暴的历史行为。

这种文化表达在文艺复兴以后依然存在，不仅存在于传统的天主教流行的国家和领域，也广泛存在于新教流行的国家和地区。令人惊讶的是，这样的文化品性在经历了英国光荣革命、法国大革命和美国独立战争这三大革命之后依然未见改变。

英国人在17世纪之后应该是最先进的国家，不仅经济上有最先进的科技做主导，而且文化上也有最先进的理念做旗帜。但英国人对殖民地人民一点都没有体现出他们所宣扬的自由精神、平等精神和博爱精神。法国人也是如此，法国是经过了启蒙运动的，又经历过法国大革命，还有过拿破仑法典。然而英法联军火烧圆明园的行为和他们的这些经历相和谐、相匹配吗？那些在北京城横行，在圆明园纵火，对中国皇宫进行肆意掠夺和抢劫的人，他们就没有受过法国革命和英国革命的熏陶吗？他们就没有接触过洛克的自由主义吗？他们就没有读过伏尔泰和卢梭的经典作品吗？他们都可以被认定为是另类的法国人和英国人吗？显然都不是。

还有美国，美国在西方国家中是最年轻也是最先进的国家，它立国的基础就是平等、自由和幸福，这是在独立宣言中宣誓过的，也是写进美国宪法第一修正案的，完全可以称之为美国的立国精神与宪政本质。然而美国对黑人的奴役却是世人皆知，美国的黑人奴隶制一直延续到19世纪60年代才得以解决。而美国白人对黑人的种族歧视直到此后的百年后——20世纪60年代，才算真正得以解决，并且为此付出了惨重的代价，其中包括牺牲了伟大的黑人领袖马丁·路德·金。

对外歧视的极端发展还会产生更其严重的社会后果和政治后果，例如希特勒的民族优劣论。民族优劣的理论其实是纳粹的根本理论基础之一，它的社会后果和政治后果就是对整个欧洲的践踏，就是屠杀了超过600万的犹太人。这种种族大灭绝式的疯狂行为，细细想来，也有其必然的文化渊源。我不是说西方文化一定会产生纳粹，但我可以说纳粹产生的土壤显然和这种文化的某种基因密切相关。

西方文化属于外部歧视型，中国文化则是典型的内部歧视型。我们中国人对外历来是宽和的、礼貌的、友好的，甚至在很多时候其表达还有些软弱。我们很喜欢和一些少数民族和亲，这样的历史在先秦时期其实就初见端倪。例如秦晋之好，晋是中原大国，秦是边夷国家，但没有关系，依然可以和亲。汉代以后表现更突出了，因为汉代的和亲出现了杰出的女性王昭君，因为唐代的和亲又出现了一位同样杰出的女性文成公主。我在某个地方说过，中国文化少有或者根本就没有对其他民族的民族歧视，或者种族歧视。我们完全不歧视与我们肤色不同的人，而且中国人的审美观念在肤色的表达上绝对是多元的。我们不歧视黑皮肤的人，张飞的皮肤就很黑，尉迟恭的皮肤据说也很黑，包拯的皮肤更黑，我们对它们有歧视吗，不但不歧视黑的，就民族戏曲的脸谱表达看，各种颜色都不歧视。不仅包括黑皮肤的还有红皮肤的、黄皮肤的、紫皮肤的，甚至蓝皮肤的，一概都不歧视。鲁迅曾说，“红表忠勇，黑表威猛”，这些不同的肤色，只不过是不同的性格符号罢了。

中国人的民族歧视其实也非常罕见，甚至并不存在。汉武帝是有雄才大略的人，也是对北方少数游牧民族态度最坚决，行动最生猛的人，但他临终的时候所指定的遗嘱执行人中就有一位金日磾，金日磾真真切切就是一位少数民族的杰出政治人物。

我在某个地方说过，在几乎全世界的范围内，犹太人和吉普赛人都受到歧视，但中国人并不歧视他们。不但不歧视他们，犹太人在宋代时期就曾来到当时的都城开封，并且有很好的生存状况和发展状况。不仅如此，中国文化对于异类同样持有宽容甚至友爱的态度。中国古老神话故事中有一则《白蛇传》，《白蛇传》的影响实在太大了，可以说从古代传奇一直到香港电影，不但流传千年而且几乎遍及所有剧种。但白蛇不是人啊，青蛇也不是人啊，但无论是创作者还是欣赏者，都站在许仙与白蛇的美好爱情一边，并没有因为他们是异类而有所歧视。还有著名的文言经典小说

《聊斋志异》，那里边的每一位女性实在是太可爱了，但其中的多数却是狐仙鬼女，作为一个男性如果能与这些狐仙鬼女相遇真是莫大的幸运。这些异类都是女性，孙悟空则是一个男性，他虽然是一个猴子，但中国文化并不歧视他。中国人更喜欢称呼他“齐天大圣”。

但中国文化的对内歧视确实非常严重非常惨烈非常畸形。别看很多统治者对外和风徐徐，转过身来对内却完全不同。例如西太后在1900年庚子之变，很喜欢做的一件事就是宴请各国公使夫人，这些人对西太后的印象非常好，给过她很高的评价。但她对中国人呢？对她的大臣和她的臣民呢？不仅不是慈祥的，不是和善的，不是宽容的，而是非常粗暴和残暴的。正所谓面对列强，善为菩萨；驾驭臣民，惯作魔王。近些年，颇有些学者惋惜西太后的宪政计划没有得以实现，依着他们的逻辑，如果这位太后再多活十年、二十年中国就可能走上宪政改革的道路从而避免后面的很多战争和动乱，这样的道路真是太诱人了。但恕我直言，历史并不能假设，这样的道路是没有的。宪政的关键点在什么地方？宪政的关键在于宽容和接纳反对派，特别是宽容和接纳极端反对派。就西太后那个时代讲，就是宽容和接纳以孙中山为代表的革命派。这一点慈禧太后能够做到吗？那些认定宪政可以实现的人能给我们一点证据证明她可以做到吗？我以为她不能，所以那个时候的宪政之路本质上乃是伪宪政改革之路。

中国人的对内歧视用最简单的话表达就是官本位和等级制。旧时的启蒙读物有一首广为流传的诗：“天子重英豪，文章教尔曹。万般皆下品，唯有读书高。”读书为什么会高呢？因为读书可以入仕，学而优则仕，那就是做官了。做官在古代中国是世间一切事物中最为荣耀的事情。只有做了官才可以衣锦还乡。除去官之外，即使你是最豪富的商人，你也无法衣锦还乡，因为在汉代时朝廷就明文规定，商人出行不可以乘马，也不可以坐牛车，后世又有朝代规定，为昭示商人的身份，他们需穿两条裤腿两种颜色的裤子。这样的待遇，怎么能衣锦还乡呢？商人没有地位，农人与工匠同样没有地位，比如《水浒传》里的武大郎，真正可以成为劳动人民的一个代表，然而那是最没有地位的，人人可以欺负他。官人可以欺负他，强人可以欺负他，恶人可以欺负他，连同类的穷人都可以欺负他。劳动者没有地位，处于社会的最底层，这是中国传统等级制最悲哀的结果之一。

有人说中国古代社会属于人治社会，而不是法治社会。其实不确，中国古代社会并非人治，而是礼治。礼治的基础就是等级制，虽然它的理想乃是人治。孔夫子留给我们的宝贵思想财富中，仁者爱人和仁政理念乃是最有价值的内容之一，但基础是礼治，所谓君君臣臣父父子子。而且中国的礼治是无所不在的，无论朝野无论贫富无论城乡，都是如此。中国的礼治从出生一直到死亡，是一而贯之的。孔夫子本人就身为表率，他最钟爱自己的弟子颜回，颜回不幸早夭，夫子悲痛欲绝，但颜回的父亲要求以更高的规格埋葬自己的儿子，孔夫子表示不同意，因为那样做不合乎礼。

官本位与等级制严重扭曲了人格，用最简单的话概括就是在那样的文化环境中，不是人上之人就是人下之人，而绝对没有平等的人。皇帝和皇后可以平等吗？皇族和贵族可以平等吗？贵族和平民可以平等吗？主人和奴仆可以平等吗？丈夫和妻子可以平等吗？父亲和儿子可以平等吗？都不可以。在西方文化中，调剂人际关系的很重要的一条规则就是爱，爱是双向的，但在中国传统文化中，调剂人际关系的道德规范和情感规范却是单向的、倾斜的，不平衡也不平等的。儿子对父母讲的是孝，这就是单向的，因为只可以说儿女孝敬父母，绝对不可以说父母孝敬儿女。臣民对于君王讲的是忠，这也是单向的，臣子要忠于皇帝，却绝对不可以主张君王忠于臣子，妻子对丈夫要尽节，有权有势的丈夫却可以妻妾成群，这也是单向规则。所以中国古代最重要的伦理理念和规范中的忠孝节义，都与平等无关，即使是一个义字也是等级化的。义的本意是安守各自的本分，宋江可以讲义气，但皇帝可以讲义气吗？不可以。宋江如果做了皇帝，义气就会决然离他而去。就是他没有做皇帝归顺了宋王朝，做了一个并不很大的官，为着给这朝廷尽忠，在被毒死之前，还亲自把李逵招来，让他和自己一块赴死。

中国的等级制几乎就深入骨髓，且无时不在，无处不在。中国古代文学作品中，最能体现自由和平等精神的，应该是《红楼梦》，然而那也是一种朦胧的体现，并没有达到真正自觉的程度。贾宝玉神游太虚幻境，看到很多画册，那画册是有等级的，正册上的女性都是主子，即便那主子很坏，坏也要入正册，因为那是她身份的体现。低一等的即所谓的妾就要入副册，再低一等的连妾也做不上的或者欲做妾而不得，就要入另副册，例如晴雯，袭人等等。

《红楼梦》中最令人惊异的现象有两个，至少让我惊异不止。一个现象出在林黛玉身上，林黛玉一心爱宝玉，引起多少追求自由婚姻的男女的共鸣，因为这爱，她嫉妒宝钗也曾嫉妒湘云，或许可以说嫉妒一切有可能爱上宝玉的女性。而其实不然，她嫉妒宝钗但不嫉妒袭人，有一个回目上说，她口口声声喊袭人嫂子，愿意袭人尽心关爱宝玉，并且半点妒意皆无。她不妒忌袭人，也不妒忌晴雯，为什么？因为在她内心深处觉得自己和她们在人格等级上有区别。她们不值得她嫉妒。另一个情节是关于晴雯的，晴雯是大观园中受冤屈最深最重的一个非常能干耿直美丽的丫鬟，在我年轻时她是给我感动最多的《红楼梦》中的女性角色。然而她又是最遵守传统道德的人，她虽然钟爱宝玉，但不曾与宝玉有染，她痛恨一切反道德的行为，最典型的表现就是发现小丫鬟坠儿有偷窃行为时，就拔出头上戴的簪子非常凶恶地惩治了她。一个受压迫的奴隶，遵守了清白的信条，却又被人诬陷而死。一个命途多舛的丫鬟要以同样暴力的手段惩治更小的奴隶，这样的悲剧实在令令人无言。

《红楼梦》是一面镜子也是一部百科全书，它所反映的人物属于各个阶层，这些阶层就包括主子之上还有主子，奴才之下还有奴才。过去说人分十等，等等有别，其实不只十等，故民间有上九流下九流之分，那就是十八等了。其实也不止十八等，赖大本是奴才，但他又是主子，贾赦本是主子，但在皇权面前他也不过就是一个奴才。所以我常说一个七品知县就可以成为百姓的父母官，但在皇帝面前不过是芝麻官。一个芝麻都可以成为父母，可见中国底层人民地位卑微、人格渺小。

最为遗憾的是，这种官本位和等级制的文化影响直到今天还远远没有消除，虽然没有人再说万般皆下品，唯有读书高的话了，但看每年的“国考”有那么多的年轻人蜂拥报名便可知中国社会的转型包括文化转型真的是任非常重，道非常远。

比较中西文化的这两个特点，可以知道双方的交流非常困难，所以已故美国著名文化学家亨廷顿写过一本《文明的冲突》，文明有差异必定有冲突，但不一定就是不可调和的冲突，事实上它可以变成零和游戏，也可以双输还可以双赢，用封闭的方法对待对方就会双输。中国历史的发展凡封闭必失败，有人以为西方人是不封闭的，一贯开放的，这我也不完全同意，我看很多西方人他们的心理歧视也是很封闭的，因为他们并不认真对待异国和异族文化，并不能真正地虚心了解这些文化，读这些民族的典籍，理解他们的价值和追求。负面的交流方法是用各自的劣性对待对方，其结果必定双输。正面的交流方法是吸纳对方的长处以他山之石攻玉，其结果就应该是双赢。

西方文化经过千年的蜕变，特别是文艺复兴以来数百年的蜕变，终于改变了外部歧视的方向，自20世纪中期以来，我以为摆在西方文化面前的，有三个重大课题：种族课题，民族课题和异质文化课题。第一个课题已经解决了，其标志就是奥巴马当选为美国总统。黑人可以做总统，是林肯时代的美国人无法想象的，是马丁·路德·金时代的美国人无法想象的。这是一个伟大的历史性符号，它证明西方文化的一个里程碑式的品质性提升。第二标志是欧盟，西方民族问题、宗教问题和国家问题三者纠缠不清，历史上的欧洲从来没有真正统一过，因为这三大问题的纠结与冲突付出过巨大的社会代价和生命代价。但欧盟是一个标志，证明这个问题可以解决。虽然现在欧盟面临诸多困难，特别是欧债危机一类的重要问题，但我相信欧盟可以成为样板，而这个样板的成功则标志着人类文明可以走向大同之路。第三个标志就是以文化标志，也就是亨廷顿讲的文明的冲突。西方文化主要是基督教文明能否与伊斯兰文明或诸如中国式的儒学传统文明达到真正的共存共荣与双赢，不仅是对各种文化的考验，尤其是对西方文化的考验。

中国文化也同样有三道门槛需要跨越。一是必须从官本位文化蜕变为公民文化；二是必须从等级文化蜕变为民主文化；三是必须从礼治文化蜕变为法治文化。这三个门槛跨过去了，就无异于凤凰涅槃、古老文明的辉煌再生。

我坚信无论是西方文化还是中国文化都可以经受住历史的考验，因为从本质上讲它们具有同样伟大的内在性品格。多年前就有人说21世纪将是中国的世纪，我一贯不同意这样的看法，我的看法是最好的世纪将是各种不同的文明共赢的世纪，而最不好的世纪则是这些文明无法共存的世纪。何去何从需要我们每一个人类成员做出认真、明智和严肃的选择。

第二个证明是社会生活层面的，在这个层面中西文化也有着显著的差异。中国文化可以概括为生活理性，西方文化则可以称之为理性生活。

先说中国人的生活理性。生活理性是什么意思？在位序上讲就是首先重视生活，重点重视生活，甚至核心都属于生活。中国国际广播电台有一个老外看点栏目，一位中国名字叫杜博的法国友人用几个关键词概括中国文化，第一个词就是生活。中国人实在是太会生活了，最近的一个影视例证就是《舌尖上的中国》，这个题目首先就抓住了中国文化的一个关键性视点，而且名字也起得十分雅驯，这就更中国文化化了。如果你简单的说中国人好吃，那不符合实际，那不算会生活，会生活的中国人不单非常重视吃穿住用这些最基本的生活需要，而且要吃得非常讲究，一直要讲究到如诗如画的程度。

中国人的生活能力还表现在他可以在任何环境下找到生存的资源、生存的空间和生存的诗意。中国的一些偏远地区，依着西方人的标准完全可以列为不适宜人类居住区，但我们的祖先祖祖辈辈就生活在那样的地方，而且活出许多精彩出来。我有一个年轻朋友，去美国做交换学者半年，他的一大感受是美国人不会吃，那吃法太单调了，中国即使是很贫困的家庭也会在饭菜上翻新出许多花样，这一点美国人办不到，英国人更办不到。例如中国的菜名很多都是非常诗情画意的，例如四喜丸子，麻婆豆腐，佛跳墙，蚂蚁上树，松鼠桂鱼种种，这些菜名都可以给未曾吃过它的人以非常大的想象空间。最近听说要把这些菜名翻译成英文，结果遇到了麻烦，译得太直白了不行，比如麻婆豆腐，太直白则丑陋了；译得太写意了，似乎也不行，比如把四喜丸子译成四个快乐的肉团，结果有人说好有人说坏。中国人的这种情趣，其实不仅表现在食物上，还表现在各种艺术品上。例如中国画，它的对象非常广泛，青蛙可以入画，乌龟也可以入画，河蟹可以入画，河虾也可以入画。鸡鸭驴牛无一不可以入画。这在西方绘画理念中，也许是难以想象的。但在我们中国人这里却是非常自然，甚至是理所当然的。他们不但可以入画，而且可以变得很美。例如齐白石的虾，黄胄的驴等等。

生活理性这个词组组合或许应该写成“生活—理性”，因为从生活到理性，中间至少包括五个层次的内容。

第一个层次是生命。中国人重视生活首先重视生命，所以有研究者对比中西文化曾经立论为生命之树与理性之树，中国人重视生命认为生是第一位的，用孔子的语言表达，就是重生超过重死，他的弟子问他死后的事情，他说“未知生，焉知死”。这和西方文化显然不同，西方哲学至少有一种哲学认为不懂得死亡就不懂得哲学，不懂得死亡的智慧就不能达到哲学的最高境界。中国人从来不这样想，我们更重视存在的生命，更重视对生命的珍视和保护。遗憾的是，在整个专制时代，它的反向表达是“因为重视生命所以惩治罪犯一定不仅仅是精神层面的，而绝对要在身体这个层面给予创伤甚至毁灭”。古来的五刑都是肉刑，且一个比一个更其不人道。

第二个层面是亲情。西方人重视理性，中国人重视亲情，中国人的亲情几乎带有宗教性质，中国人重视亲情尤其重视亲子之情。它的表现就是特别重视家庭情感和家庭生活。信教的西方人其出生、婚姻与死亡都与教会和教堂有着极其密切的关系，中国人的这些内容则都是家庭内部的事情，它带有极其浓重的家庭痕迹和血缘基因。中国人重视亲情从生到死始终不渝。一个新的生命的出生特别是男性生命的出生乃是人生特别重大的事情，而婚姻则是所谓终身大事，到了临终的时候，也有与西方人截然不同的表现。信教的西方人临终前最重要的意识是向上帝做忏悔，中国人不讲忏悔，不会考虑什么忏悔一类的内容，它所需要的第一位是亲情，第二位是亲情，第三位还是亲情。我听很多人说过有些身为父母的人在临终前为了等待儿女的到来甚至会有超出生理极限的表现，直等到儿女到来才含笑而去。中国人的这种重情感在语言上也有表达，所以我们常常会讲合情合理，我们又会讲妙在情理之间。合情合理首先是合情，不合人情的东西中国人是很难接受的，即使你有理我们也不接受。所谓情理之间不是二元对立的，而是情理交融的，所以一切中国艺术品都有两个最重要的标志，一是雅俗共赏，二是声情并茂。中国人最重视感情，这是我们的优长所在。

第三个层次中国文化特别重视礼仪。中国人讲生活不是只为了生存，换句话说不但要活着，而且要活的有礼，不合礼仪的生活是为中国古人所鄙视的，也是现代中国人非常不乐于接受的。它的消极表现就成了面子，它的积极表现则成了一种审美仪式、道德仪式和情感仪式。这仪式其实是非常必要而且非常美好的。例如中国人过年，传统的过年内容非常丰富，礼仪妙在其间，这些礼仪其实给了年节一种新的动力和生命，它使每个人觉得人生更有趣味，也更有价值。中国人对于礼仪的痴迷和尊重，表达的正是一种非常成熟的古代文明状况。我相信这种状况经过蜕变、吸纳、借鉴和生长一定还会有益于今天的中国人与未来的中国人。

第四个层次是品味。品味是中国文化中不可或缺的重要内容，所以负面的一个词叫做没品。品味其实是一种追求，这种追求几乎带有普适性质，官有官品，人有人品，物有物品，艺有艺品。

这四品当中，官品是最值得商榷的，中国的官是品级制的，它的消极意义就是加深和放大了等级制。而它的积极价值或许更接近于现代人说的科层制。这个且不管它，单以人品而论，依着我们中国文化的价值追求，人是不可以无品的。没有品位的人，一定是非常庸俗的人。这样的人肯定缺少完整的人格。

中国人不但讲人品而且首推人品。人品的好坏是关系人生与人际关系的劈头第一个大问题。把这样的思想发散开来，中国文化又非常讲究物品。物也可以分成各样的品级，有真品、有仙品、有逸品、有绝品。这样的品级划分其实成了一种品质追求与审美追求。所以我们常常会内在性的要求自己把人做得更好，也把物做得更好。

人有人品，物有物品，艺又有艺品。艺品的划分在书法、绘画、戏剧等诸多领域中都有非常精彩的表现。最高的等级就可以成为圣，而且这种圣还不仅仅表现在艺术领域，最伟大的医生例如张仲景被人尊称为医圣，最伟大的书法家王羲之就被尊为书圣，最伟大的绘画家吴道子又被尊为画圣，最伟大的兵学家孙武则被尊为兵圣。西方文学非常重视作品的艺术风格，比如浪漫主义和现实主义等。中国人不太讲风格，特别讲品味，唐代诗歌批评家司空图有一部重要的作品《诗品》，其实也是讲风格的，这是中国文化的一大特色。从这个特色上看，中国人的品不仅是品级性的而且是多样性的，这种多样性显然对比于人类文明的现实，来得更其可贵。

第五个层次修养，中国文化非常重视修养。不仅儒家，道家也是如此，老子说信者，吾信之；不信者，吾亦信之。这样的境界没有信仰可以做到吗？佛家主张定慧双修，禅宗虽然特别强调机锋和棒喝，但禅宗的创始者达摩老祖面壁九年，显然有非常深厚的修养功夫。虽然儒道佛的修养含义并不相同，但在中国人特别是中国士人那里，这三家是完全可以相互融通的。出儒而进道，出道而入佛，由佛而进儒。他们悠游于三者之间形成自己特有的精神结构和修养状态。

最重视修养的当然还是儒家，苏东坡说“匹夫见辱，拔剑而起”，并非勇者。真的勇者猝然临之而不惊，无故加之而不怒。这样的心理状态当然不可能是与生俱来的，曾子说吾日三省吾身，现代人恐怕很难做到，因为我们浮躁，能一省已经很了不起了，倘或十天有一省，我相信离婚率都会大幅度下降。但这还不是儒学对修养的最高要求，儒家修养的宗旨是修齐治平，由此可见修养不但有关于家庭而且关乎国家，尤其有关于天下。一个人的修养都和天下的治平有这样密切的关系，恐怕在中国文化以外的地方是很难寻找得到。但中国文化是这样认为的，也是这样实践的，且回头看去在数千年的历史发展过程中，它确实起了非常重要的作用。西方人重视信仰，中国人重视修养，这两者所代表的丰厚内涵十分值得关心中西文化比较的人细细咀嚼和回味。

中国文化的生活理性中间包括这许多内容，但不证明我们就没有理性。我们的理性和西方人显然有不同，有什么不同稍后再讲。

中国文化属于生活理性，西方文化则属于理性生活。理性在西方文化中占据特别重要的位置，但西方文化的历史发展曲线和中国文化有很多区别。中国文化属于积淀型的，日积日厚，日长日远，它从来没有发生过历史断层。数千年历史或有高潮和低潮，但在精神文脉是没有出现过重大断裂的。可以说自盘古开天地一脉相承至于今。西方文化不一样，即使不用断层这个词，它也是发生过重大的转折的。古希腊文化完全可以成为理性时代，为和后世的理性时代相区别，我们也可以称之为西方文化的第一理性时代。中世纪的情况完全不同了，那应该是一个信仰时代，文艺复兴成为西方历史曲线的否定之否定，重开人性与理性的大门。文艺复兴以后又经过了好几个历史段落如理性时期，启蒙时期，现代主义和后现代主义时期种种，但总体言之，完全可以称之为第二理性时代。

西方的理性生活也可以写成理性—生活，因为在理性与生活之间，同样包括着至少五个层次，分别是：逻辑，实证，方法，体系和主义。

首先是逻辑。西方人重理性因为特别重逻辑。西方人的逻辑学历史非常悠久，而且是一个古老的完整学科，并且一脉相承到今天仍然是最重要的学科之一。中国古代并非没有逻辑理念，例如使我们很多同行引为骄傲的墨子的逻辑与思想，但严格说那还不是逻辑学。而且直到新文化运动之前，中国都没有逻辑学。如果以真善美作为最基本的结构形态，那么中国文化的三者排序是善美真。善是第一位的，而且是主导的，美是与善共在的，处于第二位次，孔夫子讲尽善尽美，但依然肯定善的主导地位。西方的三者排序与我们恰恰相反，在他那里真是第一位的，起主导作用的，其次是善，最好才是美。它的一个显著表示是西方学术分科早在亚里士多德时代就成熟了，但美学的出现非常之晚，可见其对真的重视远远超过对美的强调。

西方人重逻辑，不仅逻辑学而已。任何一种学问或者任何一种生活方式都有逻辑存在，没逻辑就是不自觉，不自觉就是不理性，不理性的生活在他们那里是会被鄙视的。在一个时期之内，中国所谓的马克思主义带有强烈的教条主义形式主义色彩，什么都用辩证唯物主义和历史唯物主义去套，这其实并不符合马克思本人的观点。马克思最重要的作品乃是《资本论》，《资本论》就不从历史唯物主义讲起，也不从辩证唯物主义讲起，他从商品讲起，从商品的两重性讲到价值的两重性，从价值的两重性讲到劳动的两重性，从而得出工人出卖劳动力，资本家获得剩余价值这样的结论。他的逻辑起点是商品，任何一个成熟的学科都应该有自己的逻辑起点，这一点我们也终于认识到了。

其次是实证。西方人重视实证正是理性逻辑的必然结果，也是科学发展的必然结果。当然不是说什么都需要实证，罗素有一个非常高明的观点，他说凡科学都是可以证明的，完全不可以证明的属于宗教，处于二者之间的则属于哲学。这观点非常重要。科学与实证有着因果关系，这和中国文化又有本质性区别。中国人不重视实证影响了科学技术的发展，英国学者李约瑟花毕生精力研究和撰写中国科技史，他提出一个著名的李约瑟悖论，说中国古代的科技发现占到全人类的一半以上，但中国的科学技术没有直接走向现代化，这是一个悖论，这个悖论引起很多争论和关注，至今没有找到特别令人信服的答案。我的看法是这首先与中国文化的整体结构有关，其次又与中国科技的结构形态有关。这两种结构导致了李约瑟悖论的产生。

单以科技结构而论，刘青锋先生做出过重要的研究，她的结论是科学技术最好的发展时期是理论、实验与技术三者处于平衡状态的时期。这样的时期依她的详尽统计在西方现代史上屡屡出现，而中国古代科技史少有这样的时期，亦即缺乏这样的结构形态。中国科技发展的结构形态是重技术轻理论更轻实验。我以为这个解释可以从科技自身的结构状态解释李约瑟悖论。

中国人不重实证眼前还有一个证明。近些时有网友批评眼保健操认为它完全无用，眼保健操自1963年开始在全国中小学生推行，至今已有49年历史，一件事做了49年应该很有成效了，但有成效吗？近视眼变少了吗？有人批评保健操有害，也有专家出来解释说不能证明有害，但也无法确认它有益。既不能证明有害也不能证明有益，却让数以亿计的人一做就是49年，这也太不实证了。如果我们无法用别的角度去批评这种现象，至少我们可以说这和中国文化的轻视实证有着密切的关系。

西方文化全然不是这样，不能实证的就不是科学，所以一种药品上市是要经过非常复杂和漫长的过程，一款新车成功要经过非常严格的实验验证，一个科学结论的确认，要经过非常充分的论据和证明。比如大爆炸理论这应该是最前沿的学科了，它无法进实验室，但同样需要提出物理证明和实验证明。不能证明的只能看做假想，但即使天才的假想依然不是科学。这样的观念现代中国人确实需要真切的体悟和有效的学习。

再次重视方法。西方人重视理性和逻辑必定重视方法论。或许可以这样说：实证与方法论正如西方文化的车之两轮，鸟之双翼，这二者是缺一不可的。中国古代文化中也有方法论，如公孙龙子的白马非马，如道家的辩证法，更好的概括则是道的方法、阴阳方法与五行方法，在我看来这三者是中国古代思想文化中最重要的内容。但和西方文化相比，他们显然对方法论具有更自觉的认识和更形而上的追求。例如古希腊时期赫拉克利特的辩证法，特别是柏拉图的“相论”和亚里士多德的“四因论”，这些哲学方法不但影响了整个西方文明的历史发展，而且对全世界都产生着越来越大的影响。方法论在中世纪也没有完全衰退，而是以神学的方式得以生存和发展。这一点可以从奥古斯汀特别是圣·托马斯的神学著作中得到证明。文艺复兴以后，随着理性主义的历史出场，对方法论的追求更趋于自觉，也更趋于多元化，其历史表现完全可以用极其重要和极其绚丽来表达。早一些的如笛卡尔的“我思故我在”，这不仅是一种命题而且也是一种方法论，是他特有方法论的独特概括。他后面的斯宾诺萨的实体论同样具有非常重大的理论价值。再有莱布尼兹的充足理由律，以及他的单子论与和谐前定思想，都可以看做是方法论之一种。莱布尼兹的著作太浩繁了，直到今天德国人都没有把它完全整理出来，我们中国人能看到的部分更少了，但它的方法论至少从能看到的部分去理解依然有很重要的价值。再后来的康德，也是非常重视方法论的，他提出来的四个悖论就是方法论，如时间和空间有始以及时间与空间无始的悖论，在方法论历史上有着重要的一席之地。这些悖论说明什么呢？说明“物自体”不可认识。虽然“物自体”不可认识，但人类仍然有循着先验世界所固有的规律无限接近于其固有规律的能力。再后来的黑格尔完全可以称之为辩证法的大师，如此等等不一而足。

需要说明的是至少从尼采开始已经有了非常鲜明的反理性表现，后现代主义尤其如此。然而建构主义既是一种方法论，则解构主义其实也是一种方法论。反理性也需要理性，解构理性也需要逻辑，站在东方人的角度看，这对于许多后现代主义作家而言，确实有点悖论似的黑色幽默了。

又次，西方文化非常重视体系。中西文化不但在内容上有很大的区别，在形式上也有很大的区别，我们现代中国人越来越明白形式也是极其重要的，就像程序正义非常重要一样。我认为中西文明发展的两个高峰在古希腊时期和春秋战国时期，而二者发展的一大分野就在于西方出现了分科化，中国则没有。分科好像是个形式，至少从亚里士多德开始分科化已经非常明确和成熟，亚氏留下的著作就包括政治学、形而上学、逻辑学、伦理学等等。这看似一种形式，但这种形式在很大程度上约束和改变了内容。

分科就需要体系，没有体系，学科无法建立。学科体系还构成整个的思想体系，又成为一种文化的品质型特征。我们很多中国人不习惯西方人的大块文章，我们很习惯抒情性表达的短文章，诸葛亮的《出师表》说的是那么重要的关乎蜀国生死的君国大事，不过区区几千字，就是那些最具经典品味的思想巨著，文字也不长。《论语》不过一万多字，《道德经》才五千字。其余如《周易》《孙子兵法》篇幅都很有限。西方人的著作不是这样，无论是政治著作、经济著作还是哲学著作，皇皇巨著比比皆是。为什么？我以为其中一个特别重要的原因就是他们要确立一个体系，在一定程度上讲，无体系即不科学。所以我们中国人很熟悉的一个观念——木桶效应这样的理念只有在体系化的思辨中才能凸显其重要价值。而这也正是西方工业化、程式化所必需的前提性条件之一。

最后是主义。中国所信奉的主义不多，在历史上也没有这样的观念，先秦时期诸子百家那是流派，也是思想最繁荣的一个时期，后来连这个都少了，罢黜百家独尊儒术了。盛唐时期或有儒道释共荣的一段时光，而且创造出极其繁华盛大的历史文明，但很快这个阶段就过去了，以后仍然是儒学主导，一家为尊。

西方的情况全然不是如此，它的主义太多了。政治上如此，学术上如此，经济上也是如此。以经济而论，有亚当·斯密的自由主义，也有凯恩斯的国家干预主义；以文学而论有浪漫主义也有现实主义，以后有现代主义和后现代主义（这两个主义只是一个总的概括包括在其中的种类非常繁多，例如达达主义、印象主义、新现实主义、意识流、黑色幽默等等）。

主义多其实是一件好事，众说纷纭代表了文化的繁荣，各种意见的系统提出又代表着社会的平衡。社会和历史发展确实非常需要平衡态，平衡是很难得的历史发展机遇，这一点稍后我们还会提及。

中国文化的生活理性中生活是第一位的，理性也是重要的，但其存在方式显然有我们自己的特色。我们不仅是生活第一理性第二而且是理性蕴于生活之中。比如孔夫子是一个非常尊重礼仪的人，礼在他心目当中占据了特别重要的位置，有人说孔子思想仁是核心，其实仁与礼是不可分的，所以他才说克己复礼为仁也，当然这个礼不是那个理，好像此鸭头非彼丫头，但孔子显然是一个很有理性的人，只不过这种理性植根于礼制之中，生长于生活之内。所以孔子的理与礼常常与衣食住行这样的事如鱼与水般的集合在一起。这些既是生活，又是礼教，还蕴涵着深深的理性。

道家也是如此，有人批评中国古代没有哲学也没有本体论，其实不确。老子讲道生一，一生二，二生三，三生万物，就是本体论。这是一个思路，这个思路是从道讲起的，由道而及万物，想来也包括人类的生活在内。中国文化的特色是不但可以从这个方向发展还可以从另一个方向推演。这可以说是中国式的本体论了。因为老子又说过人法地，地法天，天法道，道法自然。讲到治国，他讲过另一句经典——“治大国如烹小鲜”，这样的理路已经成为中国文化的一部分。治理国家和炒菜有什么关系？在西方人那里可能没关系，但在我们这里就是有关系，不但有关系而且理在其间，道亦在其间矣。用宋代大儒的话讲就是“万物皆为义理”。用现代人熟悉的语言表达就是“天人合一”。这就是中国生活理性的特质所在，也是中国文化的特性之一。

西方人没有生活理性，只有理性生活，理性是第一位的，但并非不重视生活品味，他们也重视生活质量，也非常重视日常生活在整个社会系统中的重要地位。过去林语堂喜欢引用一句话，说男人的最好的生活状态是娶日本妻子，住英国房子，用中国厨子，英国人的烹调技术固然很难恭维，但英国人的房子确实非常舒适，这也是很重要的生活啊。西方人重视生活品味但受理性的指导，什么东西都喜欢量化，或者叫科学化、技术化、标准化。这个其实很有必要，比如西方人卖的食品都要写明营养成分和保质期，现在我们也这样做了。比如西方人的药品都要写明组织成分、治疗范围、用药剂量和可能出现的不良反应。这也非常必要，我们现在也这样做了。它的量化标准体现在生活的方方面面，所以我们看西方人的菜谱，都是非常标准化的，用油多少、用肉多少、用盐多少都有具体的数量标准，三克就是三克，多了不可，少了也不可。这和我们中国人太不相像，中国烹调高手遍地皆是，但量化标准并不严格。一个好的菜肴，厨师告诉你用盐少许，用醋少许，用味精少许，西方人看不明白少许，少许是多少啊？中国的烹调讲究火候，西方厨师更不明白，火候是多少度啊？由此看来西方文化和中国文化各有自己的妙处所在，如果能够两好合一好，一定会变得更好。所以未来的人类不但需要生活理性而且需要理性生活。

第三个证明是行为方式层面，西方文化的主要特色是批判，中国的主要特色则是继承。

批判应该是西方文化得以发展的最重要的推力之一，这不仅关乎行为而且关乎品质，尤其关乎价值。

西方文化的批判传统在学术和文化的承继关系上有着最典型的表现，广为华人所熟知的乃是柏拉图的那一句名言“吾爱吾师，吾更爱真理”。变成一句通俗语，就是真理高于柏拉图。柏拉图是西方哲学史上最伟大的人物，以至有后世著名哲学家评价说，西方两千年的哲学史就是对柏拉图的解释史。这评价很有意思，但并不全面，我以为这句话也可以表述为西方两千年的哲学史就是对柏拉图的批判史。因为柏拉图以后的哲学人物，不论是他的弟子亚里士多德，还是理性主义以来的那些哲学巨匠们，他们没有一个顶礼膜拜柏拉图的，他们尊重他，也要批判他。他们要写出与柏拉图全然不同的东西，以此证明自己的存在价值，以此满足哲学的内在需要，以此构建社会文化的新内涵与新结构。

西方的这种批判传统可以说在任何一个时代都未曾断绝，而自文艺复兴之后尤其愈表现愈充分，愈发展愈深刻。我们东方人看西方文艺复兴以来的思想史、科技史、文学艺术史和文化史都会发现这是一个各类大师层出不穷的时代，甚至是巨人如过江之鲫的发展时代，在这数百年内，伟人前仆后继，巨星层出不穷。其中有三个原因是最重要的，一是科学技术的推动，二是市场经济的推动，三是批判文化的推动。这三者不可或缺，批判显然在其中起着非常重要甚至至关重要的作用。

西方人的批判是一种价值表达和价值诉求。他们认为新的东西的存在就在于它提供了先前没有的发现和发明，这一点和中国人的价值追求有很大的不同。表现在学术领域，中国人最害怕的似乎是出错，尤其是害怕出硬伤，一篇论文或者一篇著作错了怎么办？错了是最难堪的事情，特别是那些叫做硬伤的东西一旦出现便觉得难堪之极，有无地自容之感。西方人似乎不在乎这个，他关注的重点不在于错不错，而在于有没有什么新的东西，我看杨振宁的一篇讲演，说美国大科学家泰勒每天上班的时候都有新发现，而且有极高的兴趣把这新发现讲给同事们听，你不听都不可以，他会追着你讲，这些新发现常常是错误的，禁不起反驳和推敲的，泰勒也不在乎，你反驳他他很高兴，你证明他错了，他更高兴，因为他还要接着想，他的理论逻辑是这样的，一个月有30个想法，错了15个，那还有15个没有错，就很了不起了，就是错了29个，独有1个正确，也很了不起，一个科学家或者一个思想家一年有12个新想法或新发现，能说他不是很了不起吗？

这些年中国学术界似乎有这样一种集体诉求，就是特别强调学术规范，我不反对学术规范，但我反对学术规范的平庸化，反对它的滥用，反对没有内容没有创新，只剩下了所谓学术规范的空洞表达。我曾经问一位读书很多的尤其是读西方书很多的朋友，我看过的很多西方著作尤其是经典著作，从笛卡尔到康德，再从康德到尼采，再从尼采到后来的德里达、福柯、巴赫金、罗兰·巴特、罗尔斯、诺齐克、汤因比等等，他们的著作并没有那么多的规范而是写法各异，康德连用语都不规范，他的很多哲学术语和前人及同代人所用并不相同，罗兰·巴特的著作也不规范，你说它小说不是小说，你说它论文又不像论文，汤因比也是如此，他的著作为很多同时代的历史学家所不认同，福柯的著作更是这样了，哲学家认为这不是哲学书，史学家认为这不是史学书，社会学家认为，这也不是社会学书，连学科的归类都找不到。但他们的影响都是巨大的，甚至是划时代的、超时代的。我的朋友回答我说，一流的思想家和科学家不讲规范，二三流的必须讲规范。我反问说，既然这样我们为什么不让自己的学生首先学习一流学术人物呢？或许换个说法，即使学术文章既包括规范性表达，也包括个性表达，这二者相比较，个性表达显然是首位的，我以为没有个性表达的规范乃是死的规范、无价值的规范，虽然规范也很重要，但再重要的规范最终还是应该服务于创造者的个性和个性者的创造。

中国这些年的讲规范不能说没有一点效果，但至少对于防止抄袭甚至剽窃作用不大。中国的论文虽然越来越多，但真正有价值的比重并不高，讽刺一点说可谓之“规范与抄袭齐飞，平庸与学术共舞”。

批判必然造成了很多不同意见。其实作为学术尤其是作为社科和人文方面的学术研究，它最高与最好的追求乃是多样性表达。世界上从来不存在只有一个真理的状况，中国先秦时代百家争鸣，各有自己的存在价值与根据，孔墨相争激烈，儒学有它的价值，墨家也有它的价值。后来孟子批判墨子与杨朱，对于墨子的兼爱和杨朱的为我，特别不能容忍。他的立论是为我就是无君，兼爱就是无父，无君无父乃禽兽。批判固然十分尖锐，但墨子真的是禽兽吗？显然不是。杨朱真的是禽兽吗？显然也不是。他们不是，批判他们的人是禽兽吗？当然也不是。

西方哲学史上争论非常之多，洛克有一部书——《人类理智论》，莱布尼茨不同意他就写了一部《人类理智新论》，这两部书各有自己的存在价值如许。康德很伟大，谢林不同意他，谢林很杰出，费希特也不同意他，费希特很杰出，黑格尔更杰出，他不仅不同意费希特和谢林，也不同意康德。然而正是这些相互争执的局面，构成了德国古典哲学的一段历史辉煌。

批判似乎只是一种理性表达，其实也不然，后现代主义常常是反理性的。后现代主义流派众多，经典作家也不少，他们各自的观点并不兼容，如果想找出一个能概括他们风格的词汇的话，这个词汇应该是解构。西方传统中，理性是非常重要的，规律因而也是非常重要的，重视理性必然重视规律，逻各斯又是非常重要的，甚至有人称之为逻各斯中心主义。但解构主义的批评对象就是它们。依照解构主义的观念，理性再重要，比人更重要吗？如果理性大到影响了人的存在和人的最充分的自由发展，那么这种理性的社会建构就成了新的监狱式的存在，所以要解构它。规律再重要，有人的生命重要吗，有人的充分发展和各种需求重要吗？如果它的存在影响人的发展和充分需求那么同样要解构它。逻各斯也是一样。逻各斯如果是普世的，就会成为解构对象，当然逻各斯中心主义就更应该成为解构对象了。不仅如此，连中心都应成为解构对象，有中心就有边缘，中心的恒定就是对边缘的永久性压迫所以就不能存在。怎么消除这种永久性压迫？不是打倒你，而是颠覆你，颠覆的方式就是解构。用釜底抽薪的方式让你展示和暴露出自身存在的无根据与无价值。

记得早几年学校让我给青年同仁做一次讲座，我说青年人做学问应该坚持三条，第一是原创性，至少文章应该是中国味的；第二是补上理性这一课，至少学问应该是有逻辑的；第三是与后现代接轨，至少应该与西方学术发展同步的。说道这末一点，我就举了一个解构的例证。鲁迅在《二心集》里有一段名言："煤油大王那会知道北京捡煤渣老婆子身受的酸辛，饥区的灾民，大约总不去种兰花，像阔人的老太爷一样，贾府上的焦大，也不爱林妹妹的。"

对这段名言，我曾经非常佩服，而且至今认为它具有充分存在的理由和价值，但也可以用后现代主义的方法去解构它，例如鲁迅说贾府上的焦大也不爱林妹妹的，这是一种阶级分析，但阶级分析不是唯一的，焦大可能不爱林妹妹，但他就必然爱刘姥姥吗？显然也不见得。何况说还有其二，鲁迅先生又不是焦大，他怎么能断定焦大就不爱林妹妹呢？或许他非常爱林妹妹也未可知。还有其三就算他不爱林妹妹，或许是因为他不喜欢瘦美人，他还很可能就爱薛宝钗呢？此外还有其四，就算他一切贵族美人都不爱，他也许就爱上贾宝玉或者秦钟了呢？子非鱼安知鱼之所爱或所不爱？如此推论下去甚至还有其五其六其七，比如他可能非常自恋除去自己谁都不爱，比如说他就特别地爱上了史太君，又比如说他只爱他早已亡故的母亲，而且恋母情结伴其一生。请问这些都不可能吗？都不可以吗？如果可能和可以，那么你得承认，对于任何经典都存在批判和反思的必要性。

政治选择与理论选择是不同的，现实的政策可能只是一种，而思想资源显然多多益善，不怕相互争执，也不忌讳相互对立，这才叫百家争鸣，百花齐放呢。对于这种相处两端而具有各自价值的理论场面，我称之为真理的两端性。

西方人批判价值，体现了人的价值，中国人之所以不能批评，骨子里和它的等级制有关。卑贱者不能批判高贵者，下一个等级的人不能批判上一个等级的人，臣子其实也不能批判皇帝，就算你批评了，那都不能称之为批评，更不能称之为批判，而要称之为进谏。臣的这面是进谏，皇帝那边是纳谏。其实反映了双方地位和人格的不平等。中国历史上确有敢于秉笔直书的史官，也有敢于犯颜直谏的臣子，但那是要用生命做代价的。海瑞上书皇帝预备好一口棺材，并且把仆人都遣散了，嘉靖皇帝一看他的奏章，勃然大怒，首先说别让他跑了，有太监启奏说他是抬着棺材来的，嘉靖皇帝很诧异，把丢在地上的奏章拿起来再看，再看还是很生气，就命令锦衣卫把海瑞抓起来。后来嘉靖死了，有狱卒给海瑞道喜，他一听说皇帝殡天了，马上痛哭流涕。这样的场面反映的是双方的不平等，这种不平等显然不利于使批判成为一种风气。毕竟整个古代专制社会也没有几个海瑞。而且真的人人如海瑞那么去做，这社会恐怕就更其丑陋了。

西方文化的批判不仅限于学术，它至少包括社会批判，批判社会上的一切丑陋现象；文化批判，批判文化中的一切不足，和他所认定的不足；当然也批判自己所钟爱的事业和专业；最后还包括批判他自己。批判自己的著作也有称为经典的，例如奥古斯汀的《忏悔录》。并非真的批判自己，但要强调这样的名称的，也有巨大影响的著作，例如卢梭的《忏悔录》。总而言之，没有批判精神，就没有西方文化，更没有它昨日的辉煌与今日的进取。

中国文化最主要的特色不是批判而是继承，继承自古以来就是主旋律。北京大学有一个很著名的说法，叫做照着说与接着说。这是什么意思呢？就是说一个做学问的人你先要照着前人的著作去说，然后再接着往下说。实际上我们的理路还应该加上一点，我们所遵循的路径是第一学着说，第二照着说，第三接着说。老师最惯常批评学生的话是没学会走先别想着跑，先把前人的东西弄懂。然而事实是完全把前人的东西弄懂几乎是个伪命题。为什么说它是一个伪命题，因为这个任务几近无法完成。比如我们可以问有哪一个学者他可以说把孔子及其学说全然弄懂了呢？又有哪一个学者可以说把佛教的经典哪怕是最重要的十部经典全然弄懂了呢。没全然弄懂，连照着说的资格都不够，更别说接着说了。

所以中国人很羞于提到批判两个字，在我们的内心深处也许认为这两个字是很负面的，作为孔子门生怎么可以说批判孔子？作为宋明理学的后学又怎么可以说批判濂洛关闽？不要说这些，就是一个研究生批判自己的导师也不可以。我认识一些和西方学者接触较多的人，他们的体会是对西方学者的批评可以增进与他们的关系，你批评的越尖锐，他的兴趣可能愈大。有一位社会批评家，在网络上发表过很多社会批判文字，有网友不高兴，说他为什么只批评中国不批评美国？于是这批评家花精力研究美国，批评美国，批评的结果是美国被批评的部门和对象对他非常热情，请他去美国做客，更充分地表达自己的意见，这在中国是很难办到的，至少今天还办不到。比如有一个新书出版了，邀请大家去座谈，请相信虽然说是座谈，但得说过年的话。如果你硬去批评，轻者是不知趣，重者是造成没来由的相互伤害，别人还会指责你故意捣乱，大煞风景。

另一方面，中国文化虽然不重视批判，但不证明我们没有选择的眼光，也不证明我们没有变革的能力。西方文化的特点是凡事要找出其不足，因为要找不足必须善于使用批判这个武器。中国文化的特点不是找不足而是找优势，所以我们虽然不擅长批判，却非常擅长选择。那些做学生或者做徒弟的，并非看不到前人或者师傅的短处，但他的目光关注的重点不在那里，他关注的不是短处而是长处，他的聚光点正是那最亮眼最精彩的部分。所以中国人的继承是一种优选式的继承，是一种具有高度自觉的积淀式的继承。

这种继承的演化方式，不是风驰电掣的而是潜移默化的。它追求的显然不是墨守成规，不是不变而是渐变。用梅兰芳先生的话讲叫做“移步不换形”，那意思就是慢慢地发生变化，今天修改一点，明天修改一点，看似没有变化，其实日见其真，日现其美。过了一段时间对比昔日的形象，真的就不同了，这样的变化是中国文化所追求、所遵循甚至所推崇的。

无论中国的思想发展还是文学艺术发展还是科学技术发展，大约都遵循着这样的规律。以中国思想史而论，儒家后人极少有公开站出来批判孔子和孟子的。东汉有一个王充，他的《论衡》中有问孔、刺孟两篇，已经很扎眼了，但和西方人的批判相比，例如和伏尔泰批判基督教相比简直就是微不足道。明代有一位李贽，也是一位另类思想家，他的批判风格在中国人这里已经十分出格，但和西方的批判相比，也不过是一段寻常事罢了。

儒学后人并不以批判为己任，但自有发展创造在其中。董仲舒对儒学显然就是一个历史丰碑式的发展，宋代大儒尤其博大精深，我们看宋明儒学经典作家的作品，会被那内容的博大与分析的精细所感动所震撼。我以为它们所达到的深度和广度是先秦时的任何一个作家所达不到的。但他们并没有举过任何批判的旗帜，也从来不以叛逆者自居。

文学艺术尤其如此，中国的文学无论时代怎样变迁，是治世还是乱世，都有自己的伟大创作，先秦时不用说了，汉代很强大，于是有了汉赋这样与之媲美的作品，魏晋南北朝实际上是一个乱世，但也有六朝赋那样杰出的文学创作。唐诗空前伟大，宋词别开生面，元曲另辟蹊径，明清小说成为那个时代最杰出的作品，不仅比之于中国，甚至傲然于世界。但有一条是要特别说明的，这种文学的体式和风格的更替并不以批判作为自己的首要手段和标示，唐人既没有发表宣言批判六朝诗风，宋人也没有发表宣言批评唐代诗作，元曲与宋词比，由雅转俗，相去何止百里，同样没有发表宣言批评宋词。或许应该说中国式的发展是充分积淀式的，它不全然否定前人，却要重新塑造自己。新生的我中，包含了旧有的你，唐诗中包含着多少前人的诗歌精华，宋词中干脆就有完整的唐诗精美句子的嵌入。元曲风格虽俗，但对唐诗宋词吸纳很多。最伟大的元杂剧剧本应该是《西厢记》，《西厢记》也曾被清代大文学批评家金圣叹列为第五才子书，它在语言上的一大贡献就是充分吸纳了唐诗、宋词以及各种民间谚语、俚语的精华，并且化而用之，使之焕然一新。

中国人的这种创造姿态，在各种艺术作品中都有反映。比如我们今天听到的很多相声作品，经典确实非常经典，但作者是谁，没人知道。例如相声中的绕口令，相声使用这个段子，快板书也用这个段子，西河大鼓等古曲同样使用这个段子，但词句会根据自己的需要有所改变。它的原创作者是谁呢？不知道。中国很多文学经典历经百年而盛传不衰常常是这样形成的，你修改一点，我也修改一点，他又修改一点，或者改过来的还要改回去。这样改来改去剩下的往往是最精华的东西。刚才提到的清代大批评家金圣叹，他评点的《水浒传》影响非常巨大，在中国文学史和文学批评史上占据极为显赫的地位，他评点六才子书，尤其是评点《西厢记》和《水浒传》也很反映中国文化的这种风格。他常常会这样做，自己先把原著的句子改改，然后再加评点，说写得太棒了。今人观之确实改得很好，也评得很好，但这样的做法符合著作权法吗？显然不符合。虽然不符合却当真是一种历史创作的佳绩与佳话。

中国最伟大的文学作品首推《红楼梦》，构成《红楼梦》成功的因素很多，其中很重要的一条是它吸纳、融汇和内生性地运用了各种艺术创作手段。这些手段显然都是出于前人的，例如唐诗，例如宋词，例如元曲，例如六朝赋，例如各类经典书信，例如《金瓶梅》，例如各种戏曲创作。《红楼梦》中的很多杰出创作手段，如《葬花吟》如《芙蓉女儿诔》，都是有源可寻有本可见的。像《红楼梦》这样的创作方式造就的伟大作品，在西方文学艺术殿堂中很难见到。

比较中西文化的批判与继承我以为它常常会造成双方理解的误区，它又应该成为双方互相借鉴的重要资源，就中国文化这一面而言，学会批判，学会有效的使用批判这个武器应该成为这一代人的历史性责任。我们应该有信心和能力把批判作为传统文化通向未来文化的一座桥梁，这座桥梁早晚是要搭建而成的，如果我们这代人没有做好这件事，至少是没有做到历史赋予我们的那一段文化责任。

基于上述想法，我选取了九篇长文和十一篇博文奉献给各位读者。九篇长文分别选自《泡沫经济：透视中国的第三只眼》、《三言》序言、《中国人走出死胡同》、《中国艺术史导读》、《正义你听我说》、《大学生GE阅读》系列以及《民间视点：中国现在进行时》。十篇博文选自天涯集群博客——声音。为什么要选这些文章呢？理由如次：第一篇文字《地缘定理、人文定理与现代化进程的边际效应》主要讲述的是不同大文化类型对于现代化的影响。中国古人喜欢讲决定胜败的是人心，所谓得人心者得天下，失人心者失天下，在我看来决定人心的是经济，而决定经济的是文化。

第二篇文字《中国文化史上的三次开放与融合》。中国文化源远流长未曾断层，这是一个客观事实，但之所以造成这种客观事实的最重要原因之一却是开放，不开放就没有新鲜血液，从动物学意义上讲不开放就不能进化，从社会学意义上讲不开放就不能生存更不能发展，中国历史上的前两次开放造就了两次历史辉煌，而今正处在第三次开放进程之中，结果如何既取决于历史，更取决于我们。

第三篇文字《中国传统文化的结构分析》。这篇文字很长，是我多年前的一个作品，它分析了中国传统文化的整体结构和八个子结构，这八个子结构所得出的结论正是使用逻辑演绎和推导的结果，记得写那篇文章时，写到这八个解构的结论真的是很兴奋，现在回想当日情形依然历历在目。

第四篇文字《中国艺术精神》。我认为每一种文化都有一种独特的精神，这种精神不死，其文化就会有生命力，所以研究中国文化，不能舍弃其精神，而这种精神在中国艺术上有最充分和完整的表达。

第五篇文字《三位文化巨人的三式人格》。内容是评价胡适、鲁迅、陈寅恪三位先生的。我以为这三位先生是中国文化的三个杰出代表，也可以把他们看做三面镜子，这镜子既可以互照，也可以照见我们这些后人。

第六篇、第七篇、第八篇文字，夸张一点说也可以称为方法论，分别讲的是结构、位序分析方法和真理的两端性，这是我自己的一种经验和总结，它对于我这些年的学习与研究很有价值。是否对读者朋友有用，我一时也难确定，把它奉献给大家算是我的一种美好心愿。

第九篇文字《公民权利解读》。研究文化不能离开主体，主体就是人，但因历史的发展不同，人与人显然不同，依我的看法人的属性需要站在文明的历史最高点上才可以得到充分解读。这个时代的最高点就是公民，而解读公民文化的第一步，是解读它的各种应该存在的权力和必然存在的权力。

另有十一篇博文都是短篇文字，也有批评狭隘民族主义的，也有强调契约文明的，也有解读公司文化的，也有说明文化规则的，也有主张文化发展的优选法则的，也有关注生命价值的，也有关注现实状况的，也有体悟文化取向的，虽是短文却也反映了我的种种生存状态与心理取向，不管是好是坏，它都体现了一个真实的我。

为本书起一个好的名字也是一件破费周折的事情，书名因为很难，所以尤其重要。这书名我断断续续思考了十几天都没有结果，诚所谓一名之立，旬日踌躇。忽一日，想到了我过去写过的一首小诗：

欲怒何曾怒，
欲喜何曾喜。
人生天地间，
无非你和我。

于是，就将本书命名为《文化无非你和我》。

本序言口述于2012年7月19日，曲辉博士代为即时录入

第一辑

文化中国

地缘定理、人文定理与现代化进程的边际效应

从我国的内在条件考虑，中国实现现代化定位有种种独特有利条件。对这些条件，站在不同的角度，可能会有不同的理解，而且这些条件只有作为一个整体结构时，才能产生最大限度的社会效应。也就是说，对这些条件，既有单独分析的必要，更有综合考虑的必要。这些条件不是孤立出现的。即使它们可以孤立存在，其社会效应也只有在整体结构条件下方能充分表现出来。这好比一架飞机，飞机无疑是由许多零部件组成的，没有这些零部件，则飞机不可能存在，但只有这些零部件，它决然不是一架飞机。飞机的效应虽出于它的各个组成部分，又不等同于这些个别成分，此所谓整体不等于局部之和。只是为了表述的方便，这里对这些基本条件且一一记述之。

现代化进程的地缘边际效应

很显然，这里讨论的是地缘问题，或者说是地缘经济问题。然而，地缘作用的研究，在国内曾是禁区；以为一讲地缘作用，就有地缘决定论的嫌疑，而一旦成为地缘决定论，就成为历史唯物主义批判的对象。

然而，地缘是一种客观存在，地缘是否有决定价值，也是一个并未真正解决的理论问题。依本人看法，地缘作用如何，会因历史发展阶段不同而有异。越是在人类发展的早期阶段，地缘环境的作用就越大，越到人类文明的成熟时期，其作用就相应变小。但无论如何，其作用的客观性都是不容否认的。相比之下，反倒是那些认为人类的实践可以决定一切的观点是靠不住的。否则为什么人类的实践只能产生于地球，而不产生于月球，不产生于金星、木星、水星、火星？人类不产生于已探知的其他万万千千的星体而独独诞生于地球，就证明了地缘在人类初始时期的决定作用。

对地缘作用的研究，东西方实有不同。西方人对地缘的研究，或可追溯于古希腊时代，至少在18世纪已经成为一种理论潮流。比如大名鼎鼎的法国启蒙主义思想家孟德斯鸠就是一位地缘性格论者。在他最为著名的法律著作《论法的精神》一书中，就专有一章讨论“法律和气候的性质的关系”。单这题目在某些中国人看来，就属胡思乱想。法律属上层建筑，属人类历史文明的一部分，而气候属于大自然的一部分，请问法律与气候有什么关系？难道因为你是寒冷地域的哈尔滨人就可以和处在亚热带的海南人享有不同的法律规定么？但孟德斯鸠的态度是认真的。他意在说明，因为出生的气候带不同，其人的气质和性格因之而产生差别，正是因为有这些差别，南方人和北方人在行为方式和法律追求方面才有所不同。这在南北方交流不多，甚至难于改变生存地域的年代，自然是有它的道理的。

孟德斯鸠对此多有论述，但看他的感情倾向，似乎对于北方人更多偏爱，而对于南方人不甚多情，对印度人批评甚多。他说：“印度人天生就没有勇气，甚至出生在印度的欧洲人的儿童也丧失了欧洲气候下原有的勇敢。”[①]他认为：“在南方的国家，人们的体格纤细，脆弱，但是感受性敏锐，他们或者耽于一种在闺房中不断地产生而又平静下来的爱情，要不然就是耽于另外一种爱情，这种爱情给妇女以较大的自由，因而也易于发生无数纠纷。”又说：“人们在寒冷气候下，便有较充沛的精力。心脏的动作和纤维末端的反应都较强，分泌比较均衡，血液更有力地走向心房；在

①《论法的精神》上册，第230页。

交互的影响下，心脏有了更大的力量。心脏力量的加强自然会产生许多效果，例如，有较强的自信，也就是说，有较大的勇气；对于自己的优越性有较多的认识，也就是说，有较少复仇的愿望；对自己的安全较有信任，也就是说，较为直率，较少猜疑、策略和诡计。”[①]

孟德斯鸠之后，英国学者巴克尔、德国学者赖亚尔、美国学者森普等都对地缘的人文价值发表过很多颇有影响的意见。德国大哲学家黑格尔，影响20世纪史学走向的汤因比和写过《东方专制主义》的魏特夫，也都对这一问题发表过重要意见。在他们看来，自然环境，必然会对民族文明产生巨大影响，人们在同相应的自然环境作生存斗争时，就会形成自己独特的民族风格和文明类型。

有研究者看到西方人的研究，便联想到中国古人对地缘作用的议论，于是想到中国源远流长的风水术。但批评者便认为，这属于文不对题，拿中国的风水术和西方的哲学、人类学、史学观念作比较，不知道是对中国文明的推崇还是对中国文明玩的一个黑色幽默。但是风水术也并非全然迷信，客观地讲，东、西方对于地缘环境的研究本有不同。西方文化属于海洋文化，它的品性——从历史的发展趋向考虑——本来就是外向的。因此，它的地缘环境研究，注重的是大的环境区域的地位与作用，比如将寒带、热带、沙漠地区和内陆地区作为进行相互比较的具体研究单位。而中国传统文化属于大陆性文化模式，它的基础在于家庭，以伦理为中心。因此，中国的地缘环境研究不能不围绕家庭环境进行，即使对帝王兴亡的研究和预测，其实也是家庭地缘环境研究的一个特列而已，其内容依然不脱阴宅、阳宅这两个基础部分。中国古人对地缘作用的重视，当然不限于风水一术。实际上，中国人在建筑特别是在军事方面，对于地缘的人文作用有更多更好更科学更有价值的理论和应用。建筑方面的应用，源于天人合一理论，要把自然和人工巧妙地结合起来，使人工胜似天工。在军事方面的应用，则有更充分的功利考虑，所谓“一夫当关，万夫莫开”，并非“夫”之厉害，乃是“关”之厉害。所谓靠山近水，安营扎寨，乃是利用

① 《论法的精神》上册，第228页。

地形地貌，保证自己的势利与安全。但无论从哪个方面下功夫。中国人虽是最不喜欢谈论功利的民族，但在对地缘的利用上，首先考虑的还是利益关系。

那么，地缘环境对于近、现代经济究竟有什么影响？回答说，影响十分巨大。如果我们从各大洲的经济发展顺序看，现实中那些沿海国家首先取得发展。而在同一个大的经济区域内，又总是一个岛国开始发展，比如欧洲最发达的国家乃是英国，而东方最早进入现代化的国家，乃是日本。凡此种种。难道仅仅是一种偶然的巧合吗？

依笔者的研究，世界文化类型，可分为大陆文化、海洋文化与岛国文化。大陆文化的代表，首推中国。中国是个大国，又是一个大陆性国家，虽然中国有漫长的海岸线，但在历史的发展过程中，它的品行不是外向的，而是内向的。中国文化以农业为基础，以家庭文化为本位，以中央集权制为统治框架。这三点决定了它在封建时代创造出人类前所未有的辉煌业绩，也决定了它很难从大陆文化的束缚中挣脱出来。因此，它虽然有辉煌的历史，却在资本主义时代，落后于西方，惨败于西方。大陆文化的另一个代表是印度，印度虽东、西、南三面临海，它的重心却在内陆。它处在东西交汇点上，然而很可惜，它既不愿向东方发展，又不愿向西方发展。反过来看，东方人常常认为印度便是西边的终点，而西方人也同样认为印度便是东边的终点。于是印度便成为所谓的“桌球袋”。它虽然处在海洋的拥抱之下，却没有将海洋作为自己的文明发展之路，这一点，则与中国传统文化有某些十分相似的地方。

海洋文化的代表则是基督教文明，或者更确切地说是西欧文明。西欧文明自古希腊时代起，就是开放性的，到了文艺复兴时代，更有了空前的外向性要求，于是沿海国家首先是西班牙和葡萄牙，尔后是意大利，再后是荷兰和英格兰、法兰西。于是从远洋航海开始，以哥伦布发现新大陆为契机，揭开了西方近代文明辉煌的一页。

与海洋文化相比，岛国文化尤有特点。岛国文化的代表首推英国和日本。岛国文化集海洋文化与大陆文化之特点，岛国文化对内具有很强的凝聚力，对外又有很强的开放性。因为对内凝聚，它具备了某些大陆文化的特性；因为对外开放，它又具有某种海洋文化的特性。费孝通先生有一个论点：越是资源缺乏的地区经济发展越快。而岛国文化又反映了这一定律。岛国一般面积不大，所以又增强了它们向外扩张的愿望。以欧洲大陆和英伦三岛相比，大陆人的盲目乐观性显然高于英伦三岛。而中国和日本相比，中国人往往在危机四伏的情况下，还会高枕无忧，甚至自我感觉良好，但日本人在高速发展时期，都往往大喊大叫，认为可怕的危机就在面前。

正因为有这样的品性，英国人才能在17、18世纪的欧洲，创造出令历史感叹的经济奇迹，而日本人，也能一枝独秀，以亚洲人的身份，率先跨入世界发达国家行列。

岛国发展于前，大陆沿海国家紧随其后，或者说二者相互感应，形成近代西方经济发展的一大奇观。但是东西方的历史进程有先有后，这里除去地缘原因之外，还另有别因。但在同一地域之内，无疑是那些靠近海洋通道，或接近海洋文化和岛国文化地缘条件的国家，更容易发达起来。比如亚洲的“四小龙”，几乎个个都具备这样的条件，他们或者处在一个独立的岛上，或者具备典型的半岛条件。总之，海洋通道对于它们来说，还是血脉相关。

有人说，近、现代经济，完全可以称之为海洋性经济。对这一点，自可仁者见仁，智者见智，但有一点是显然易见的，即越是靠近海岸线的地带，经济的近、现代化进程越是方便。自文艺复兴运动以来，世界经济的发展，可以说产生过三条黄金海岸线。这三条黄金海岸线是：

第一条是西欧大陆海岸线。其北端始自荷兰，其南端，止于葡萄牙和西班牙，正处于北纬60度之内。这条海岸线，甚至可以称之为欧洲近代文明的摇篮，它不啻于欧洲资本主义文明的生命线。

第二条是美国东海岸线，其位置同样处在北纬60度之内。这条海岸线，也可以称之为西欧海岸线的对应线。西欧近代经济的发展。迫切需要一个与之相适应的大市场，而这个大市场，首推美洲新大陆。历史业已证明，这个大陆虽然在文明基础方面落后于亚洲，落后于东欧，甚至落后于非洲，但其潜力的开发，却较之任何一个地方更为容易。而当它一旦觉醒起来，又很能成为足以令西欧震惊和无奈的经济伙伴和对手。

第三条海岸线即美国西海岸线，其长度大约跟东海岸线相同。其发展虽比东海岸落后许多，但其经济价值，对于20世纪的欧、美而言，也绝不比东海岸逊色。美国的发达，可以说是伴随着西部开发而兴起的，而西海岸的开发，更成为美国经济另一大门户。美国经济得天独厚之处，正在于其终于达到东西并进、左右逢源的良好境地。

这三条海岸线的共同特征在于：他们大体上都是南北走向，而且地域开阔，同时，他们都处在北纬60度之内。这两个特征对于我们中国人而言，正可以从中得到许多重要的启发。

近代世界经济的历史走向，在于由西向东，又由北而南。由西向东，表示了西方先于东方的态势。换句话说，世界经济已经得到开发的黄金海岸大体上都发生在北回归线以北至北纬60度以南这个区域之内。

令人遗憾的是，中国漫长的海岸线虽然也在北纬60度之内，却是没有发挥出如上述三条海岸线那样的巨大作用。

令人欣喜的是，中国的海岸线的潜力正在发挥出来，而它的未来或许更加美好。

现代化进程的人文边际效应

方才讨论的地缘的经济作用，姑且可以称之为地缘定理。即内陆与海洋国家相比，海洋国家的经济发展先于内陆国家；岛国与大陆国家相比，岛国的经济发展先于大陆国家；沿海国家与内陆国家相比，沿海国家的经济发展先于内陆国家。

但是，地缘固然重要，只是问题的一个方面。同是海洋国家，西欧经济发展较快，东欧发展慢。但值得注意的是，东、西欧的发展速度并不是按地球的经度划分的，也不是按历史上的强弱划分的，甚至不是以种族渊源划分的，而是按其宗教流派划分的。西欧经济发达地域中的国家，大体上属于基督教占主导地位的国家，如英、法、德、奥、意、荷兰、瑞士、北欧五国等等，而发展速度较慢的中、东欧国家大体上是信奉东正教的国家。

自然，宗教的分布是和世俗的历史演变不能截然分开的，但宗教信仰作为一种长期形成的文化传统，显然对一个区域的经济、文化的历史选择与走向产生莫大的推动或制约作用。如果把目光放得更远大一点，我们还会看到，在世界经济的总体分布图上，相同宗教信仰区域的国家，其经济发展水准往往处于同一个级次之上，而具有不同宗教文化传统的国家间，则出现了一条或隐或显的经济分割线，有时甚至一线之隔，恍如两世，此一端经济发达，彼一端未离贫困。

历史地讲，任何宗教信仰，均无贵贱之分，不论哪种信仰，都应受到人类的共同尊重。宗教既无贵贱，信仰更加自由。但同时也应该承认不同宗教传统的地域，其经济发展的模式和速度也确有不同。

以当今世界而论，政、教分开本来已经成为大的历史趋势，甚至早已成为历史。而信仰自由，同样成为公认的世界潮流。不同民族的宗教信仰原本不应该对于经济发展再产生任何消极作用。但现实提供给人的信息却是，正是因为宗教文化传统不同，在当今世界上才造成种种民族性冲突或地域性冲突。这些冲突包括：中东以色列和阿拉伯国家长达半个世纪的冲突；前苏联境内的阿塞拜疆与亚美尼亚之间的冲突；中东地区的冲突以及曾经持续很长时期的黎巴嫩不同教派之间的冲突。这种冲突，或者持续几年，或者持续几十年，给各方多少人造成种种损害和极其严重的不良后果。认真地说，有些冲突各方，本来属同种同源同语同国，例如波黑冲突中的各方即是如此。但是，偏偏这些同种同源同语同国的民族，即发生你死我活的惨烈酷杀。这在局外人看来，似乎十分不可思议，甚至有的东方人会问，他们之间有什么区别，不就是宗教信仰不同吗？实际上，上述种种冲突的各方，原因其实复杂，但宗教传统不同，显然是其中一个重要原因。

中国则不然，儒学传统，虽然强调等级观念，但宗教意识薄弱，宗教态度宽容。中国传统文化，唯在民族关系与宗教信仰方面具有特殊的价值。中国是一个多民族的国家。历史上虽然也有许多民族纠纷，民族侵害，也有汉族对少数民族的压迫，但从历史发展的总体情况看，中国传统文化，在处理民族关系方面是成功的，在处理宗教信仰方面，尤其成功。世界上主要的宗教信仰，中国无所不有，无论佛教、基督教、伊斯兰教，以及中国土生土长的道教，佛学东来以后在中国土地上诞生的禅宗，加上其他种种教派，可说宗教信仰百花盛开，但中国文化都能宽容对待它。儒家态度，对待鬼神，原本是无可无不可的，所谓“祭在，如神在”，“敬鬼神而远之”。儒家的这种态度，转移到对各种外来宗教的立场中，同样采取敬而远之的态度。儒道佛之间，或与其他宗教之间，虽有冲突，终于相容；虽有分歧，终于相通。儒家最为敬重的，与其说是鬼神，不如说是君主。忠孝仁义，虽与神鬼无涉，但有宗教般的虔诚。中国儒学文化的这个传统，使古代中国从来没有成为政教合一的国家。而历史上有作为的帝王，对于各种宗教所采取的政策，也大体上与儒学传统相吻合。中国历史上虽有灭佛之类的毁灭宗教的行为，但大体言之，宗教与世俗政权之间，各类宗教与儒学之间，均能相安无事，甚至互通有无。

中国儒学文化的这个传统，为当代中国经济的发展准备了一个良好的条件。在国家内部，很少发生因宗教信仰原因而出现的民族矛盾与纠纷。在海外华人中，也很少出现因为宗教信仰而出现的民族矛盾与纠纷。儒学传统，就其本意而言，本来有轻商重仕的传统，对工商业的发展产生消极影响。但表现在人际关系上，又有亲和礼让，态度宽容的现实风格，这种风格对华人经济的发展，显然有重要的帮助。我们在前面说过，近现代经济的发展，常常以同一宗教的传播范围为同一水平线，儒学虽不是严格意义上的宗教，但它在中国文化传统中的地位，有某种宗教性含义。同时，也有学者认为应该称儒学为儒教。儒学是否可称儒教，仁智互见，此处不论。但儒家文化作为一种传统，在它的传播范围内，同样具有规范社会风俗、联通经济发展、促进相互关系、加深彼此信任的作用。举个例子说，亚洲“四小龙”的成功，固然有其相近的地缘环境在起作用，同时，也不能忽视其共同的文化传统的现实价值。四小龙中，台湾、香港属于华人经济，韩国和新加坡也具有浓厚的儒学文化传统。或许可以这样说，在东南亚这块土地上，与儒学文化更为接近的地区，才是经济最早发展起来的地区。不唯如此，即使如印尼、菲律宾、泰国、马来西亚等相关的东南亚国家，其内部最活跃的工商阶层，也首推华裔后代或华侨阶层。奈斯比特说："东京的富士通研究所调查了亚洲5个主要国家的上市公司，发现绝大多数为华人拥有。"

奈斯比特为此而感叹道："华人居然拥有如此雄厚的经济实力，而这个令人惊异的结论还仅限于公开上市的公司。此外，华人还控制着亚太地区中小型企业的90%，为社会提供了一半以上的就业机会。"①

因为华人经济的影响日益扩大，也因为儒学文化圈的影响日益扩大，近几年出现不少新的说法，其中有一个观点，叫作儒家资本主义。儒学本与资本主义无关，也与市场经济不搭界，但华人经济影响太大了，儒学的地位提高了，既然基督教可以与市场经济发生某种内在联系，则儒学作为人类的重要文化遗产，自然也可以与市场经济发生联系。

或者应该这样说，任何一种文化传统都可以在未来经济发展中找到自己的位置，但这需要种种必要的条件。中国传统文化，经过一百多年的洗礼与再生过程，终于找到自己在未来经济中的一个合理位置。西方著名学者马克斯·韦伯曾写过一本影响巨大的理论著作《新教伦理与资本主义精神》，是专门讲资本主义发展和新教伦理的内在联系的。通俗地说，就是为什么唯有在新教伦理文化氛围下可以产生出崭新的资本主义精神。后来日本取得经济奇迹之后，日本学者山本士平也写过一本《日本资本主义精神》，虽然这本书不及韦伯的那本影响巨大，但毕竟它也替日本人发出了自己的声音。但在我看来，市场经济作为人类一种必然经过的经济形态，不论在东方，还是在西方，都会取得生存和发展条件。只是由于东西文化传统不同，它的出现会有先有后，它的结构模式，也会形成各自的特征或特长。或者换句话说，任何文化传统都无法彻底拒绝市场经济的到来，如果彻底拒绝，则只能是这种文化传统的灭亡。而伟大的文化传统，一个也不会灭亡，于是就会形成不同的市场经济模式，即所谓的新教伦理与资本主义精神，或者日本资本主义精神，或者儒学资本主义，或者基督教资本主义，或者其他文化传统下的市场经济模式。无论如何，时至今日，作为人类重要文化遗产的儒学文化，终于迎来了市场经济发展的历史性高潮时

① 《亚洲大趋势》，第11－12页。

期。这一时期的到来，既是孔夫子的胜利，也是亚当·斯密的胜利。

走出边际效应的中国人和中国文化

华人经济或者按其文化传统可以直接称之为儒学经济圈，但二者其实还有区别。或者换句话说，华人经济圈的范围比之儒学经济圈还要大些。儒学经济圈，至少从目前看，主要分布于东亚和东南亚一些地区，而华人经济则流布于五洲四海，甚至可以说，凡有人类的地方，都有华人的足迹。当然，作为一种传统可以说任何华人活动的地区都有儒学文化传统的影响，但以其现实地位而言，他们的经济成就或许更为引人注目。毕竟中国人向海外寻求生活不是以传播某种文化为其生存使命的，这一点和基督教的发展有质的不同。

基督教向世界各地的发展，往往充满了与某地固有文化的冲突。中世纪不消提了，彼时的基督教会，政、教合一，情态野蛮，对外传教即对外侵略，特别著名的如十字军东征，实际上是一场历时百年的充满刀光剑影的大洗劫。中世纪之后，西方文明虽然取得世界发展的领先地位，但基督教的对外传播，依然与所传播地区的文化充满尖锐的矛盾。基督教属于神教，一神独尊，万物皆生于我，这不能不和各种异教徒产生难以调和的矛盾。即使英、法革命之后，传教士的使命依然是明确的。明清之际，到中国来的传教士，可谓最少政治目的，最富科学精神，然而其传教使命依然明确。仅仅因为他们中的某些人为了在中国打开局面，而改变一下服装和用语，还受到罗马教廷的严厉斥责。

中国人流布海外，几乎无处不在，但中国人的海外发展，绝对没有政治目的，更没有宗教目的。我们的先人辛辛苦苦，离开故土，不为别的，只为谋生。中国圣贤早有名论，食、色，性也。中国人的人生哲学，以生存为第一要义，以忠孝为价值之本。不能生存，何言忠、孝。为了忠、孝，必须生存。所以，我们无数祖先，流布于世界各地，可以说，他们不曾因为信仰或者政治问题而和所在国发生过矛盾。尤其在西方，只有西方国家歧视华人的历史，没有华人有负于西方社会的历史。

中国人为了生存，可以忍受一切难以忍受的苦难生活，可以付出常人难以想象的艰苦劳动，可以创造各种生存奇迹，可以和任何一种肤色，任何一种民族和睦相处。

然而，中国侨民并非没有自己的理念，没有自己的人格，没有自己的社会观点。中国文化从来不属于宗教文化，但中国人自有自己独特的民族感情。中国文化对鬼神固然不甚敬重，但对祖先却存在永难消减之情。应该说中华民族是最重视亲情，最重视乡情，最重视民族情的民族。身为炎黄子孙，无论走到何处，他们最无法忘却的乃是亲情、乡情和民族之情。所谓“久旱逢甘雨，他乡遇故知”。他乡遇旧尚且如此，到了异国他乡见到自己的同胞，其情其景可想而知。

中国人重视乡情、族情、种情有时到了难以理解的程度。比如中国的侨民，已经入了他国国籍，但一旦回到祖国，报刊上还是要大讲某籍华人，如过去我们闻之耳熟的美籍华人杨振宁，美籍华人吴健雄等等。其实，华人既已入外国国籍，再强调其华人身份，似有不妥。比如美国是个移民国家，美国总统也有欧裔或非裔，怎么没有听见人家说这些总统是美籍英人或美籍爱尔兰人呢?

然而有一弊必有一利，中国侨民生活在世界各国，不生事，不存异念，而且勤勤恳恳，为居住国辛勤劳动，作出贡献。在基督教徒心目中，世界本为上帝所造，所以他们不怕迁移，甚至于喜欢迁移，只要有希望有幸福，哪里都能去得。中国人少有宗教情结，但有乡情族意，他们不论走到哪里，都不会丢掉那一份如火如荼的故乡情，那种拳拳眷眷的游子情。他们富了，要还乡看一看，穷了也想回家看一看，甚至一生最大的愿望，就是落叶归根。中国传统最重视落叶归根，最欣赏狐死首丘，认为衣锦还乡是大荣耀，即使不能衣锦还乡，只要你还惦念着故乡，故乡人也一定对你有一份慈母之情。

华人遍布世界各地，有些行业，几乎是华人的专利。如华人餐饮业,真如离离原上草，春风吹即生。华人好像天生善为烹调，凡有人群的地方，便有华人，凡有华人的地方便有华人餐馆，华人餐馆物美价廉。去华人餐馆用餐，不但可以亲身体验到中华民族的乡情乡俗，也可以体会到华人的勤劳与智慧。

自20世纪中叶以后，旅居海外的华人，文化层次日益提高，从劳工型开始转向知识型；华人的智慧，原本早为世界所承认；所谓人类的钱袋装在犹太人的钱袋里，人类的智慧装在中国人的头脑里。美国的大学教授、医院主任医生以至硅谷的科研人员，华人都占有很可观的比例。华人本有政治传统，而旅居国外，不愿从政，但近些年已日益在社会公共生活中发挥自己的聪明才智。

中国海外华人仿佛一个强大的信息网络，更是一个无所不在的商业网络。中国抗日时期，旅外侨胞就曾作出过极其巨大的贡献。中国实行改革开放政策以来，各地的旅外华人，纷纷为自己家乡的经济腾飞出钱出力,献计献策。单海南一省，海外华人的投资即有2.5亿美元之多。而侨胞对海南的投资额比起广东而言．还要少得多!

中国重视亲情、乡情、族情、种情，但表现在经济领域，或者说表现在大的社会区域方向的社会活动上，则更为重视乡情。虽然族情也要，种情也要，但相比而言，乡情更甚。日本人是最重视族情种情的，直到今天，还有不少日本人认为大和民族源于一脉，对非大和民族的人，采取另眼相看的态度。所以一个外族人，即使在日本居住几十年，他依然还是一个异族人。中国人就不一样了，无论你是哪个民族出身，只要居于斯地，便为斯民，而且无论多长时间，便成为地道的乡里人了。既为乡里，便生乡情，来日异地相见，不免“老乡见老乡，两眼泪汪汪”。中国人的乡情，并非只是籍贯。柳宗元于柳州做官，官清政和，人称柳柳州，他死之后，柳州人为他立庙祭祀。柳柳州也者，并非柳州人也，但柳州人认他为同乡，也在情理之中。中国的乡情，反映在军事上，便有湘军、淮军之说。反映在旅外乡人间．又有同乡会。这种重乡情的特有的中国情结，对于海外华人的生存，对于不同地域华人的商业活动，对于大陆与海外华人的联系，确有非常重要的关系。中国商人多以行业区分，更以地域区分，历史上最有名的商人，常常冠以晋商、徽商、粤商、浙商、川商头衔；中国的古人，常以籍贯自称，如燕人张翼德之类。中国文化这些传统作风，无疑对现代华人经济贸易圈产生了重大影响。比如你想出国，最好找同乡帮助；比如你想发展实业，也最好找同乡联络；比如你准备回国投资，同样最好找同乡接洽。中国人走到海外，开始时难免遇到种种困难，然而一旦找到同乡组织，马上会有“宾至如归”之感。而海外华人如此之多，海外同乡会更是比比皆是。真可谓“只消寻得同乡会，天下谁人不识君”了。

华人经济圈，常以地域区分，而中国地域广阔，又为这种经济圈提供了种种地利之便。过去国人常讲华南经济、华东经济、东北经济，说法固然不错，界限未必过于疏广、模糊。确切地说，中国地域经济，其实有更为精细的划分，而其热点所在，如南方的广东与香港经济区域，东南方的福建与台湾经济区域，东面的山东与韩国经济区域，北方的京、津、唐经济区。对于后者，也有环渤海经济区的说法，但我们看来，这种环法，困难尚多，实行不易。倒是京、津、唐之间更易产生联系和发展。加上以上海为龙头的长江中下游经济区，都将有非常光明的发展前景。其中任何一个经济区域的成功，不但对中国经济，而且对世界经济的发展都将产生重大的现实价值和历史价值。

中国文化史上的三次开放与融合[1]

我们中国人热爱历史，超过世界上任何一个民族。

我们热爱历史，因为我们中华民族具有无比辉煌的独特的历史。

中国历史的辉煌，人已所知，中国历史的独特还有待研究。大而言之，我们中国人的历史，自有其独立于世界文化之林的三大特征：

其一曰，几千年文明未曾断层。世界上有四大文明古国，中国只是其中的一个。但中国文明的独特性在于，中华文明虽然不是最为古老的，但却没有出现任何文化断层。“自从盘古开天地，三皇五帝到如今”，中华文明依然是中华文明。

其二曰，几千年文明不曾分裂。中国历史上，也有过列国纷争，也有过分疆裂土，也有过南北对峙，也有过封建割据。然而，分裂不合中国文化之道，不合中华民族之心，一个罗马帝国可以分裂成数十个国家而后强，伟大的中华民族只有走向统一才能强盛。分裂必不长久，统一才有光明。罗贯中所谓“话说天下大势，合久必分，分久必合”。然而，分是歧途，合为正道，大道在于人心，虽然几经分治，必定走向统一。

①本文原为笔者主编《中国近代名人思想录》导言。

其三曰，几千年文明以世俗为本。虽然中国自古就是一个宗教宽容的国家，几乎任何一个教派都可以在中国找到生存和发展的空间。但中国却从来不是一个宗教性的国家，而是世俗性国家。爱教更要爱国，爱国才能兴教。所以，在中国的历史上，既没有发生过宗教战争，也绝少出现过宗教迫害。中国历史文化主流属于儒家文化，儒家的鬼神观念是“敬鬼神而远之”。信仰只作信仰，但不让非人的力量干扰和破坏人间的生活。

但要说明：中国历史固然辉煌，但并不一味闭关自守；中国历史固然伟大，但绝不拒绝接受新的文明。

相反，中华文明的历史发展，正是一个不断地吸收新文化、接纳新文明，不断进行新的文化融合与民族融合的过程。这个过程，至少自商、周以来，可以说是从来没有间断过的。虽然其融合形态或者是自觉的，或者是不自觉的，或者是顺流而下、水到渠成的，或者是两相碰撞，终于一蹴而就的，或者是主动的，或者是被动的，或者是和风细雨的，或者是充满拼杀的，或者是朝气蓬勃、龙飞凤舞的，或者是生灵涂炭、以亿万生命作代价的。

然无论如何，唯有不断吸收新鲜血液，民族生命才有无限生机，唯有不断丰富和深化自己，民族文化才能赶得上甚至领导人类文明的历史潮流。

中国文化通过不断的弃旧从新，使自己成为各种人类文明形态中的一只不死鸟；中华民族通过不断的融合，使自己数次成为火中的凤凰。

简而言之，中国历史上有过三次极其重要的文化融合，正是这三次极其重要的文化融合，才使得中华文化历数千年而不衰，才构成中华文明独特的发展历程和独特的历史风格。

这三次文化融合是：春秋战国时代的南北文化大融合；魏晋南北朝时代的文化与民族大融合；以及至今仍在进行中的中、西文化大融合。

如果说，春秋战国时代的南北文化大融合，主要是华夏民族间不同地域文化的融合，而这种融合最终造就了中国历史上第一个封建大帝国；而魏晋南北朝时代的文化融合，既扩大了地域范围，又扩大了民族范围，而且最终使佛学文化在中国这块滋养丰盛的文化土地上扎下了根，并因此造就了闻名和领先于世界的盛唐文化。那么现在仍在持续中的中、西文化的第三次大融合，就必定会使中华民族自立于世界民族之林，并作出符合自己历史身份与民族身份的文化贡献，从而实现数代中国人梦寐以求的现代化。

从文化品性上看，第一次文化融合是从奴隶制时代走向封建时代的一次大革命；第二次文化融合，则是从旧的封建文明走向新的封建文明的一次大革命；唯有这第三次文化融合，乃是中国走向世界，世界迎来中国，从而使中国从落后的封建时代走向现代文明的一次生死攸关的大冲杀。

本书所编写的人物与文章，正是这伟大的中、西文明大融通历史的“第一时间”。

这个“第一时间”，自林则徐广东禁烟开始，至辛亥革命为止。这正是中国历史上发生第三次文化巨变的第一阶段。这是一段惊心动魄的历史；这是一段披肝沥胆的历史；这是一段幽咽悲痛的历史；这是一段壮丽如虹的历史。历史时流并非恒速，波峰波谷泾渭分明。回首往昔，我们分明看到这是一段以血写成的历史，以泪写成的历史，以恨写成的历史。

从林则徐赴广东禁烟，到孙中山宣告中华民国成立。先是禁烟运动与鸦片战争，又有太平天国起义，再到洋务运动，又有戊戌变法，接下来的是孙中山先生领导的辛亥革命。七十年间，五次运动，中国的仁人志士，可说是想尽一切办法，用尽一切心血，探索一切道路，追寻一切可能。从外交谈判到兵戎相见；从藐视洋兵器到引进、制造洋兵器；从唯我独尊到学习夷技；从闭关自守到国门洞开；从只知办科举、学八股，到选派成千上万的留学生；从只知给孔圣人磕头，到翻译和介绍各种西洋书籍。

就这些不同的相互交接的历史运动而言，他们往往彼此矛盾，甚至水火难容。林则徐就不能同意太平天国；洪秀全也不能同意曾国藩；曾、李、左、胡依然不能同意戊戌变法；而康有为也不能同意孙中山。

这些不同历史运动的对立，导致了领导这些运动的领袖人物之间的对立；而这些领袖人物的对立更反映了他们所代表的社会阶层和不同政治力量间的对立。于是相互冲撞，相互辩诘，相互批判，甚至是相互仇杀，便成为历史的必然，但也在这些冲撞、辩诘、批判和仇杀中，廓清了历史前进的脉络。然而，站在今天的立场上回首望去，这段纷乱的历史，正是一个从无序走向有序的过程，也就是一个阶升梯进的过程。换个通俗的说法，中国近代史上，没有林则徐、没有洪秀全、没有曾国藩、没有康有为、没有孙中山都是不可想象的。

我们甚至可以这样去考虑问题：没有鸦片战争，怎么会有洋务运动；没有洋务运动，怎么会有戊戌变法；没有戊戌变法，又怎么会有孙中山先生的国民革命？

作为这些历史人物的继承者，我们读这些前人的文献，完全可以得出这样的结论：即使在你死我活的对垒阵营之中，也有着对于历史和现实相似或相近的看法与评论。只消看一看太平天国晚期领袖人物之一的洪仁玕的文章和洋务运动的主要推动者李鸿章、张之洞、盛宣怀等人的主张，就可以知道太平天国失败后，固然会掀起一场意义深远的洋务运动；就是太平天国胜利了，也还是会掀起一场影响深远的洋务运动。可见，智者之心既有相通之处，洋务运动也反映了历史发展的必然性要求。

从林则徐到孙中山，这个时代的风云人物，可说前仆后继，代有英贤。虽然他们各自的见解不同，个人的性格不同，所追求的目标不同，所信奉的理念不同。但他们都是些先公后私、当仁不让的时代俊杰，他们完全可以当之无愧地称为中国历史的脊梁。

这是一个惊涛骇浪、惊天地泣鬼神的历史时代；这又是一个英雄辈出，“引无数英雄竞折腰”的历史时代。一个千古难逢的时代，必定造就一些千古风流人物。

这些人物中：

有民族英雄林则徐；

有与林则徐同心同德同荣共辱的邓廷桢；

有远见卓识，在中国未享大名，而在日本备受重视的杰出思想家魏源；

有太平天国的领袖洪秀全；

有为太平天国立下汗马功劳却死而不得其所的杨秀清；

有洪秀全胞弟，对西方世界有着崭新认识的洪仁玕；

有第一个毕业于美国第一流大学的有胆有识的留学生鼻祖容闳；

有被称为中兴名臣，又被讥为“野狐狸”，被尊为清代大儒，又被骂作刽子手的曾国藩；

有既带些儒气又带些痞气，能军事又能政务，终于因为“弱国无外交”而落一个汉奸罪名的李鸿章；

有与李鸿章齐名，力主收复新疆且立下不世之功的湘军大将左宗棠；

有原本属于清流，后来终于成为洋务运动领袖的张之洞；

有身为幕僚，胸怀天下，号称时务巨擘的薛福成；

有身为买办，通达贸易，又有新思想新见解，充满民族危机感，并因而写下《盛世危言》的郑观应；

有游历欧洲，有才气且有大志向但终于未能一展政治身手的王韬；

有因为有抗英而被清朝政府迫害的姚莹；

有怀着一腔爱国心的大书法家理论家包世臣；

有《马氏文通》作者，身为大学者又充满爱国热忱，不揣冒昧，勇于进言的马建忠；

有小刀会领袖刘丽川；

有黑旗军将领刘永福；

有光绪皇帝的师傅翁同龢；

有湘军名将刘铭传；

有大翻译家严复；

有新文化人物朱执信；

有大实业家兼大爱国者张謇；

有高张变法旗帜，胸藏大同理想的康有为；

有一代变法宗师又是一代文化宗师的梁启超；

有认定变法必定流血，流血不后他人的谭嗣同；

有革命军中马前卒，少年英才邹容；

有与康、梁大战，大呼载湉小儿的章太炎；

有鉴湖女侠秋瑾；

有忧国至五内俱焚，决心以自己的生命唤醒国人的陈天华；

有立志君主立宪，不幸成为袁世凯称帝的帮凶，几经周折，又成为共产党人的杨度；

有国民党元老，宣扬《民报六大主义》的胡汉民；

有国民革命的伟大领袖孙中山。

一切关心中国近代史的中国人，一切关心中国未来前途和命运的中国人，对于上述这些历史人物，纵非心受，岂无耳闻？近几十年，特别是近十几年来，介绍他们的文章、书籍、小说、散文、电影、电视，可谓多矣。然而那终究不过是后人的见解，或者旁人的“取相”。本书不重议论，不多评述，只将他们那些有代表或有特色的文章文字，按专辑收集排列，让关心他们也关心中国历史的人们，看看他们的本来面貌，听听他们自己的现身说法。

对这些历史人物，我们切不可把他们文物化了，认为他们不过是一些历史人物而已。殊不知，这些人物，个个都是叱咤风云的英雄角色。他们雄姿英发，不让前贤，品味卓异，何惧后人。想当初，梁启超见张之洞，张之洞有意煞一煞这位后学的锐气。彼时张为封疆大吏，官居武汉。武汉古称江夏，于是张之洞出一上联，联曰：“四水江第一，四十下第二，老夫居江夏，谁是第一，谁是第二？”好一个梁启超，只管不慌不忙，从容答道：“三教儒在前，三才人在后，小子本儒人，岂敢在前，岂敢在后。”

对这些历史人物，我们也不该把他们简单化了，可惜的是，我们常常不能生动而深刻的感知他们——并非他们离我们太过遥远，而是我们没有真正进入他们的精神世界。他们的精神世界其实丰富得很，甚至可以说，举凡我们后来碰到的问题，均已初见端倪。或者说他们已经碰到过、思考过、也提问过了。例如，国体问题、民主问题、科学问题、军队问题、教育问题、工业问题、农业问题、交通问题、人口问题、财产的所有权与经营权问题、私人资本问题、政府与企业关系问题、国民素质问题乃至中、西方文化关系与前途问题等等。不是有人常说，最重要的事情，不是解决问题而是提出问题吗？那么，对于中国近代史上，这些第一次面对西方文明的冲击，首先提出问题的人物，我们不能不给予特别的同情与尊重——尽管他们并非最后的胜者。

近代历史中的中国，对外，则面对西方侵略者的强权政治和西方文明的冲击；对内，则面对封建末世的无可救药的腐朽与破败。西方文明固然大大先进于东方，而帝国主义的掠夺式进入，则无论如何不能容忍；封建末世的腐朽与破败，固然早已病入膏肓，但有五千年文明的中华民族又绝不甘心灭亡，也绝不可能就此灭亡。

内忧外患，令人窒息，但内忧外患既是灾难又是机遇，唯置之死地而后生，唯敢于向命运挑战者可以获得新生。

从纵的方面来看，中国在近代历史中，经历了器物引进、制度引进和思想文化引进的三个阶段。

所谓的物器引进，即鸦片战争及其以后，出现的“以夷制夷”的文化思潮。表现在社会行为方面，最为突出的就是洋务运动。

中国人固然有五千年文明，但是中国的冷兵器，绝对打不过西洋人的热兵器。关云长的大刀，无论如何抵不住英国人的火枪；中国人的红衣火炮，也终究抵不住英国人的兵舰。于是开明的中国人，早醒的中国人，有实践经验和爱国心的中国人，面对敌人的快枪巨炮绝不屈服的中国人，就开始倡导以夷人之技战胜夷人，以夷人之器对付夷人。你是孙悟空，我就取你的铁棒；你是蝎子精，我就取你的毒汁。关云长的大刀既然抵不住洋毛子的快枪，那么关云长就不用大刀好了，也取一把快枪过来，我们再重新较量。

“以夷制夷”堪称妙法，然而，看那效果，却令人寒心。

物器可以引进中国，但是，制度不对，依然不能战胜敌人。关云长终于使不惯洋人的快枪。而且他老人家脑子里只有忠义二字，什么洋枪洋炮，一概油盐不进。

于是，先进的中国人，早醒的中国人，不屈的中国人，永远不能忘记国仇家恨的中国人，便开始变革旧体制。于是洋务运动告一段落，变法维新活动渐次走向历史的前台。

变法维新，其内涵亦深矣大矣。但根本指点，在于反对君主专制的旧体制，要求确立君主立宪的新体制。君主立宪，并非不要君主，而是反对皇帝一人大权专揽，主张以立宪的方式帮助君王，富强国家。

君主立宪，对于有五千年历史的中国人而言，真是闻所未闻。这件事对年轻有志但权势未稳的光绪皇帝而言，固然是闻之大喜；但以慈禧太后为首的一帮保皇党们，却听都不要听的。于是维新不过百日，便大祸临头。光绪被囚禁，康、梁出逃，六君子被杀。虽然谭嗣同大义凛然，面对死亡毫无惧色，且作绝命诗云："有心杀贼，无力回天。死得其所，快哉快哉。"但改良已成泡影，唯有革命才有前途，康有为不明此理，很快成为历史旧物。孙中山领导的国民革命继尔掀起新的惊涛骇浪。

然而，制度的改变需要人心作保证，需要相应的文化作支撑。没有共和文化哪来的共和文明？没有人文思想哪来的人文革命？于是文化制度的引入转向思想文化的引入。而思想文化引入的高潮，在于1915年前后兴起的新文化运动，不过这已经是下一个历史阶段的事情了。

从横的方面看，中国近代史上这一百多年，则在三个基本方面进行了不屈不挠、百折不回的生死抗争。将这三个方面的个人历史文献，分编成册，便是本书的"三言"：对西方侵略势力顽强反抗的，是为《不屈者言》；对封建体制不断否定的，是为《变革者言》；对西方文明尤其是西方经济技术学习借鉴的，是为《建业者言》。

"三言"相互联系，本为一体。以《不屈者言》为例：反抗封建压迫，固然是不屈；抗击外国侵略势力，同样是不屈。就是没有真的走向战场，但在内心深处，抱定一个信念，任你千变万化，本人就是不屈从于一切有悖于历史发展的恶势力，也是不屈。

但不屈者最壮烈的表现，不是墨写的檄文，而是血写的事实；不是充满仇恨的文字，而是生命的冲杀。我们中华民族，正是以血肉之躯做资产，以宝贵的生命作代价，誓与一切压迫势力拼争到底，才有中国的今天，才有我们民族的希望。老子曰："民不畏死，奈何以死惧之？"毛泽东引用了这句话，而且赋予它革命的含义。

因为有千千万万不怕死的中国人，近代中国虽屡战屡败，受尽屈辱，才终于死而后生，没有亡国。

即使彼时的思想志士，未以枪炮为友，而以笔墨为文，同样能够风驰电掣，意相奔腾，其中最有影响力的乃是《革命军》。《革命军》的作者虽然只是一位青年人。但那文章却是大气磅礴，无可比拟，急浪惊风，一气呵成。它以它特有的气氛、气势、气魄、气概与气派震惊了中国，激警了千千万万的中国人。

有人说《革命军》影响虽大，但内容浅显，没有多少理论在内。但受苦受难、多灾多难，到了生无其时、死无其地的中国人第一需要生存，第二需要生存，第三还是需要生存。处在腐朽统治之下，处在死亡边缘但绝不甘心国败家亡的中国人，第一需要革命，第二需要革命，第三依然需要革命。为着生存，先要呐喊；高头讲章，留待后人。殊不知，理论也需要环境。柏林大学固然可以产生黑格尔一样的理论家，但在生死存亡的战场上，首先需要的是战斗英雄。被逼上梁山的李逵，命且不保，管他仁义道德，一见仇人，只管大喊一声“直娘贼”，便板斧舞得风车一般，向着敌阵排头砍去。

需要指明的，为国捐躯中，作为主体的还是千千万万的军人和老百姓。英雄为国，留名千古；百姓为国，名都不要。所谓“杨三既死无苏丑，李二先生是汉奸”。

但，我们中华民族是最富于智慧的民族，虽然不怕死，却不盲目死拼，我们是一要反抗，二要胜利。所以中国近代名人录上，就不但有林则徐，而且有张之洞；不但有关天培，而且有盛宣怀；不但有邓廷桢，而且有李鸿章。张之洞、盛宣怀、李鸿章都是洋务运动的主导人物。

洋务运动，过去也曾被讥为“买办运动”、“卖国运动”，但它在中国正式文明史上的作用和价值是不能低估的。许多运动为中国近代的经济文明特别是中国人历史上最为短缺的工业文明打下了基础，虽然这个基础并不十分雄厚，然而长城虽长，但没有第一块基石，就没有长城伟大建筑的开始。对于中国近代史的工业成就，连毛泽东都是充分肯定的。他曾对天津工商业巨子李烛尘先生谈过，有几位先驱不能忘记：讲钢铁工业不能忘记张之洞，讲纺织工业不能忘记张謇，讲化学工业不能忘记范旭东。我这里或者还应补充说：既不要忘记张之洞，就不该忘记李鸿章；既不要忘记张謇，就不该忘记盛宣怀；既不要忘记范旭东，就不该忘记胡雪岩。

我们中国先人常常认为“创业难，守业更难”。殊不知，守业也是创业。从中国古代的历史经验看，不屈难，变革难，建业更难。如果不是建业更难，为什么会到今天中国还有众多的人口未能脱离贫困？打倒封建王朝易，使人民过上幸福生活难。

洋务运动的主题：先是求强，再是求富。求强则全力发展军事工业；求富则扩大原有领域，不但发展军工，而且发展铁路、航运、纺织、钢铁、电讯等等。求强不得，转向而求富，民富则国强，思路是不错的。然而，在那样的社会背景和文化系统中，又不是办几个厂、造几个船队就能真正决问题的。甚至不是一个甚至十个洋务运动可以解决问题的。

近代中国，不但需要富强，尤其需要革命。

然而，革命与革命也有不同。有人说起义也是革命。例如太平天国起义就是革命。但这是泛而言之。确而言之，起义固然可以称之为革命，但最好还是称之为起义，或者称之为造反。美国史学家斯塔夫里亚诺斯在描述中国历史发展的特点时，曾特别强调，在古老的中华帝国，“只有造反，没有革命”。

为什么这样说呢？因为，自秦始皇以来，中国历史上固然有过大大小小数百次农民起义，有些是改朝换代的大起义。然而，起义的结果，终不过“换汤不换药”而已，依然是封建文明，依然是皇帝坐龙庭，依然是小农经济，依然是“三纲”、“五常”。依然是皇权、神权、族权、父权。所以斯氏评述中国的历史发展道路，说我们中国“只有造反，没有革命”。换成哲学用语，黑格尔老人作如是说：“中国的历史从本质上看是没有历史的：它只是君主覆灭的一再重复而已。任何进步都不能从中产生。”

好个大胆的黑格尔，竟敢用这等语言谈论我中华，真真是可忍，孰不可忍也！中国五千年文明，难道什么进步也没有，只会在原地转圈圈吗？

事实上，虽然朝朝代代，甚至日日夜夜，中国都有进步，中国的文明成果都有发展，可惜其文明类型和文明形态，确实进展不多。所以中国虽有古代科技的“四大发明”，但这些发明在中国的作用却是小之又小，而一旦与西方近代文明相联系，便产生天翻地覆的大作用。

这样看来，造反或者起义，当真不能称为革命了。革命是要改变旧的文化结构、旧的政治关系、旧的社会形态的。在中国近代史上，可以称为革命之举的，不是浴血冲杀的太平天国起义军，而是从儒学队伍中脱颖而出的康有为、梁启超，是他们领导的戊戌变法运动。

虽然戊戌变法运动依然忠于皇权，依然效忠皇帝；虽然它力主的不过是君主立宪而已，然而，君主立宪百代不闻。请问，秦始皇听说过君主立宪吗？朱元璋听说过君主立宪吗？康熙大帝听说过君主立宪吗？没有，这等好事，他们一个也没听说过。但康有为偏能乘时而作，殚虑中华，毅然上书，要求变法。

变法是短命的，但革命的作用不以实际而论。但变法的本质在于改良，而改良近乎妥协，偏偏妥协的药方治不好中国封建专制这个顽疾。于是，改良失去历史的根据。孙中山先生后来居上，开始发动国民革命。于是，新的历史纪元从兹开始。黑格尔描述的中国历史的圆圈圈，既被康、梁的改良运动悄悄越过，又被孙中山领导的国民革命一举打破。

令中国历史老人百年而难开颜一笑的是：中国的近代史，可说是殚精竭虑，百药遍尝，却没有取得真正的成功。禁烟不成，吃了败仗，还要签订不平等条约；造反不成，虽然打了许许多多胜仗，终于全军覆灭；洋务运动不成，维新运动不过余天的光晕，就成了明日黄花；革命还不成，虽然辛亥革命推翻了帝制，但国家政权很快落入袁世凯手中；等到孙中山先生临终之际，还要留下遗嘱，那遗嘱上说："革命尚未成功，同志仍需努力。"

为什么？

因为中国太腐败了；中国的问题太严重了；中国与西方相比太落后了。凡此种种，既不是靠一时一事的努力可以解决的，也不是靠一代、两代人的努力就可以解决的。

特别值得注意的是，旧中国的腐败，不仅是政府的腐败而已，虽然政府的腐败显然处于特别突出的位置。以鸦片战争为例，中国军队之所以打不赢英国人，原因固然很多，更有一些深层面的原因，但皇帝昏庸显然是其中最主要的原因之一。先有道光皇帝，朝三暮四，好像贪吃栗子的猢狲一般；后有咸丰皇帝平庸乏味，更胜乃翁。我们只消看一看大战之际，各位代表人物的一些言谈，无须请教战史，便知胜负如何。

咸丰皇帝这样说："英夷背约恃强，先行开衅，并非我中国失信，唯念古来驾驭外夷终议抚，若专意用兵终非了局。"

大臣桂良这样说："夷人最怕花钱，任其自备资斧；又畏风尘，驻之无益，必将自去。”

可英国人并不这么看问题，义律的观念是：“迅速而沉重的打击会使今后许多年内不再发生这类惨剧，必须教训中国政府，要他懂得对外义务的时机已经来到了。”

巴麦尊的观念是：“凡是能做远征的供应中心与行动基地，并且将来也可以作为不列颠商务之安全根据地的——陛下政府是有意永久占有这样的地方的。”

这样的皇帝，这样的大臣，碰上这样的对手，中国军队不败而何？

为着能更全面、生动地说明这一段历史，我们在编选本丛书时，不单选录了彼时中国代表人物的观点，而且附录了相当数量的反面人物或者其他负面意见。既收录了禁烟者的意见，也收录了贩烟者的意见；既收录了起义军的意见，也收录了旁观者的意见；既收录了办洋务的意见，也收录了清流家的意见；既收录了改良者的意见，也收录了革命者的意见；既收录了爱国者的意见，也收录了卖国者的意见；两相对照，是非曲直，愈见分明。

然而，中国近代社会的腐败，还有更深刻的原因。换句话说，这已经不仅是一个皇帝、几位大臣或几届政府的腐败而已。它的腐败尤其表现在整个社会的组织系统和文化结构方面。实实在在，中国近代社会进入旧有文明的死胡同——它已经全然衰朽，彻底没落了。对这样的社会，唯有将其全然摧毁，才有再生之机。

然而，谈何容易！

中国传统文明，属于一种超稳定性质的一元化结构体。它首先是一元性质的，所谓一元性质，即专制性质，皇权第一，无可抗衡。而且这种专制，又十分稳固地建立在超稳定的社会组织系统之上。所谓超稳定社会系统，包括家—国同构。即家庭组织形态与国家组织形态的同位性。家庭犹如国家，皇帝仿佛家长。家、国同构，使社会需求皇帝，而皇帝也需要稳定的社会组织与家庭。

不但家—国同构，而且礼—法同构，维持社会价值系统的是礼教，而礼教最有利于的乃是皇权、神权、族权与夫权。保证社会强力运转的是法律，而法律与礼教完全处在同位同构状态，从而更使得中国的礼教取得犹如西方中世纪宗教一般的社会地位。

还有俗—神同构，俗神同构即不但世俗社会以皇权为最高权力，而且神的系统与价值也承认皇权的这种至高无上的特殊地位。

还有士—仕同构，即知识分子价值观念的行为规范与官僚认知系统和官僚体制的同位同构性。

还有礼—俗同构，即礼教与民俗的同位同构性。

还有经—史同构，即经典理念与历史文化选择的同位同构性。

如此等等，中国传统社会与文化的变革与新生，岂能是一个革命或者两个革命便能实现的目标？

更为要命的是，一方面，是中国封建文明的彻底没落，另一方面，则是西方近代文明的强劲和跋扈。中国封建文明虽然没落，但中国人要求变革的努力却永未止息；西方文明虽然强大而先进，但他们对中国的掠夺与欺侮又绝难容忍。近代中国人和他们的领袖人物，就处在这样两种文明的强烈对比之间，从而呈现出如下几种奇异的表现。

中国人要民主，要宪政，要自由，但是面对帝国主义的欺压与倾轧，相对于近代中国人而言，最最迫切的问题，不是民主，不是宪政，不是自由，而是独立。

中国人要科学，要文明，要发展，要确立近代乃至现代化的社会体制。然而，中国又是一个小农经济势如汪洋大海的国家。不解决农民问题，建立现代化社会体制便没有基础。实在说，孙中山先生倡导的民主革命，没有什么不对的地方。但是，在近代中国，如果不把农民问题作为最核心最基础最重要的问题来对待，那么，一切革命都有可能成为儿戏或者梦幻。中国民主革命几十年，中心问题还是农民问题，谁能赢得农民，谁就能赢得战争；谁能赢得战争，谁就能赢得政权。然而，农民问题不真正解决，纵然有了政权，依然难于发展。今天我们知道了，从根本上改变中国数千年小农经济基础，使亿万农民摆脱土地的束缚，自由奔腾，冲天而舞，没有别的办法，只有实行市场经济。

中国人需要开放，需要走向世界。世界已然开放，面对开放的世界，不打开国门就没有出路，不走向世界就没有活路。但近代世界的开放，是资本主义用兵舰和大炮作开路石的。西方贸易是联络全世界经济与文化生活的鲜艳的丝带，而他们的兵舰和大炮则是束住这鲜艳丝带的纽结。中国人渴望开放，但不能忍受侵略，不能同意强权，不能永远生活在不平等条约的压榨之下，不能允许外国人在自己的家园恣意而行。

中国人需要接受一切先进的思想文化，但中国又有深厚如海乃至沉重如山的文化传统。中国不能在全然保留传统的结构形态下，接受新文化；但中国又不能在全然抛弃自己传统的组织形态下接受新的文明。坚持前者，则使我们欲出而无门；固守后者，又使我们欲生而无地。

凡此种种，形成悖论。这个悖论的化解，只能依据国际文化形态的整体变化——因为自中国近代起我们已然慢慢融入整个世界文明的进程之中——和中国自身文化变革不断向更深层次与更广阔领域浸润与拓进。

到了20世纪末期，中国开始实行改革开放政策，一些人一时弄不明白，觉得中国人革命几十年，仿佛走一个大大的怪圈。

当初与帝国主义不共戴天，如今却又要打开国门，走向世界；

当初坚决反对一切洋厂洋货，如今却又要大办三资企业；

当初坚决鄙视和反对一切买办，如今却又要把国际中介人看成一个不可缺少的社会行业；

当初一定要反对奴化教育、洋化教育，如今却把学习外语、选派留学生、翻译和介绍西方文化看做富国强民的战略问题；

当初一切为着农民的生存而奋斗，最令人期盼的革命莫过于土地革命，如今却要实行市场经济，使中国农民最终走向城镇，使中国农业最终走向产业化道路。

如此等等。

我们说，这并非历史的倒退，并非打倒南霸天又回到北霸天那一边去了。它是历史的进步，即所谓否定之否定式的螺旋式发展。

中国的未来，系于现代文明的战车上，而现代文明对比于中国的现实而言，至少应包括以下各点：

继续开放，使中国社会与国际社会全面接轨；

继续改革，使我们国家真正成为自由、民主、繁荣、强盛的现代化国家。

未来的世界，必定是一个全面开放的世界；必定是一个各种民族文化相互促进，相互融合，共存繁荣，共盛共进的世界。无论西方还是东方，在文化兴亡这一点上，都将遵守如下法则：

自大者败，自强者胜；
封闭者败，开放者胜；
独尊者败，共尊者胜；
保守者败，变革者胜。

一些学者自西方国家归来，常常感叹西方资料库中，有关中国的资料不多，认为人家无论对待我们中国的历史还是现实，都重视不够。相比之下，倒是我们中国人，对西方文明，无论是他们的科技还是精神文明都十分重视，而且借鉴唯恐不多，介绍唯恐不全，翻译唯恐不准，诠释唯恐不确。但我要说，这不是中国人的耻辱，而是中国的希望。想当初，中日甲午战争之前，日本对中国的情况就万分重视，信息不厌其多，资料不厌其烦，而当时的中国人，却一副天朝架势，并不把日本人放在眼里，以为无论如何，中国大于日本，高于日本，如果发生战争，一定打败日本。结果呢？日本大胜，中国惨败。

自然，因为我们有着数千年的文明历史，这既是中国人的骄傲，也是我们精神方面的一个沉重的负担。现在看来，要紧的是正确区分文化传统与传统文化，不把传统文化当作文化传统。有继承，更有发展；有发展，还有融通；才是真正可行的现代文明之路。对历史文化全然否定，是断乎行不通的。即使你再批判孔夫子一万次，儒学作为一种历史文化，依然存在。克服传统的最好办法是继承传统，这如同炮制中的草药一般，只有熬出它的全部精华，才能化解它的种种无用之物。又好比现代人的修水库，修水库固然要改变水流的形态，但不是为了枯竭水源，如果因为大河曾经泛滥成灾就幻想将其从根本上消灭，那么，吃苦头的，不是造成水灾的河流，而是企图取消水源的人。唯有将传统文化中那些有益的内容尽数吸收过来，未来的中国人才可能成为传统的真正的舵手。

一方面，要吸收传统文化中的丰富养分，一方面，又要借鉴一切外来的文明成就。借鉴外来文明，切忌羞羞答答，缩手缩脚，更不能虚情假意，口是心非，甚至因为飞进来一只苍蝇便将国门紧紧关闭；借鉴外来文明，需要新的行为姿态和新的思维方式。实在说：用读“四书”、“五经”的方式或姿态，是永远也弄不懂笛卡尔，弄不懂洛克，弄不懂康德，也弄不懂萨特和海德格尔的，更不消说弄懂爱因斯坦和玻尔了。就是用“训诂”、“义理”和“考据”这等老宝贝，去对待这些外来文明，一定也寻不到入门的路径。

现代学人曾截取梁启超的一副集联，其联云：更能消几番风雨，最可惜一片江山。情思深矣，忧思重矣。然而还不够，我更欣赏毛泽东的两句诗文：待到山花烂漫时，她在丛中笑。

此亦本书编写的初衷。

1997年8月2～3日

写于北京广外莲花河畔寓所，同月6日改定

中国传统文化的结构分析

一个社会就是一个结构。结构虽然是由具体因素构成的，但它比具体因素重要。好像一片森林是由一棵一棵的植物构成的，但它不是植物的简单集合，它已经发生了“质”的变化。

现实结构都是具体的，它有没有生命力取决于它所处的时空背景。如果其与历史的时空背景是和谐的，那么它就有生命力，或者借一句黑格尔用语，那就是合理的；否则，就慢慢丧失生命力，也就是不合理的。比如奴隶社会，其人际关系特别是奴隶主与奴隶之间的人际关系是何等残忍不合人道，然而，就它产生的历史条件和历史机遇考虑，它是合理的，舍此不能进入更文明的历史时期。文化现象也是如此，中国人重儒家学说，看到印度佛教时期就有点不舒服，看到欧洲人的中世纪也要皱眉，然而那是因为各个民族文化都有它自己的发展根据。诚如黑格尔所说：“一切存在的，都是合理的”，大略情形如是。

因为人类文化的发展是一个不断融合的过程。彼时没有融合，因为没有沟通；此时开始融合，因为已经沟通。之所以没有沟通，有科学原因、自然环境原因、社会制度原因和认识原因等等。然而沟通是历史的必然，融合也是历史的必然。融合不是自然形成的，两种文化即两个结构的沟通，首先不是发生融合而是发生冲突，或者说发生撞击。撞击即比较，经过比较找到本文化的结构性不足，用人家的文化予以弥补就成为融合。融合也有不同的形式，或者取长补短；或者以自身结构为主；或者打碎旧的结构体系，重新构建；或者基本上接受人家的文化，只保留原有文化的某些因素。这些情况在世界文化史上都曾经发生过，而且今后还会发生。

结构有历史结构，有现实结构，又有未来结构。一般地说，历史结构总是有重大缺陷的，否则现实结构就不可能产生了。而现实结构也一定会有不足，因为有不足，才会为更高层次的文化结构所取代。然而结构的缺陷有质的差别，可以分为一般缺陷、重大缺陷和致命缺陷。有些缺陷是可以弥补的，有些则无法弥补，这就要和上面讲到的历史时空背景、不同结构的文化冲击结合起来进行考虑。一般地说，没有缺陷的文化结构形式是不存在的，实际上，很多情况下，有点缺陷本也无妨，比如两个人恋爱，男方接受女方，难道女方就没有缺点吗？或者女方接受男方，男方也肯定是有缺点的。有缺点还要看这缺点的性质和接受对象对这缺点的容忍程度。有的男人小气得要命，别人借他一分钱，他都能八宿睡不着觉，这个缺点不算太大，可也不算太小。要遇上一个慷慨好施的女子，连看他一眼的兴趣怕都没有。但要是给一个勤俭持家过日子滴水不漏的女子看见，没准还正好投脾气呢！虽然也知道他那种过分的小心眼不算什么优点，然而可以原谅。

结构又有层次之别。不同层次的结构起的作用不同，也就是说，上一个层次作为因素来考虑的，下一个层次就作为结构来考虑。比如一个国家，以国家为结构，则经济建设就是它的一个构成因素；而经济作为一个研究主体考虑的时候，它本身也是一个结构。本文对中国传统文化的分析，把它分解为八个结构对象考虑，其层次并不全处在同一层面。具体内容想来读者一看可知，无须赘述。这八个结构，可以看成八个相互关系的圆圈，最先叙述的是基本的圈子，地位居中；后面那些，各据一方，可以看成第二层次。

顺便说一句，本文所用的结构分析主要是静态分析，动态分析还复杂些。但静态分析是动态分析的基础，通过这基础，可以思考整个文化的动态发展规律是怎样进行的。我要叙述的八个结构形态依次是：

1. 官、土、家、德，以官为本；
2. 士、农、工、商，以农为本；
3. 儒、道、佛，以儒为本；
4. 礼、刑、利，以礼为本；
5. 汉夷一体，以土为本；
6. 士、俗分合，以经为本；
7. 家、族、男、女，以家为本；
8. 德、才、学、识，以德为本。

一、官、土、家、德，以官为本

1. 构成中国传统文化基本结构的四个重要因素

哪四个主要因素？官、土、家、德。其具体含义是：

官，指以皇帝为中心的官僚体制。中国历史也有许多阶段，但影响最长最大的则是中央集权的封建历史时期，所以我们要以此作为中国文化的重要代表。中国古代以皇帝为中心的官本体制和基督教文化、印度佛教文化、伊斯兰文化乃至古埃及文化比较，有它自己鲜明的特点。这些特点主要表现在三个方面。

第一个方面，它在天人观念上是一元的，但不是神主导的一元而是人主导的一元。就是说天上地下，皇帝是最高权威。这一点，不但和基督教、佛教、伊斯兰教不一样，和日本也不尽相同。前面说过，在西方基督教国家，只有上帝才是至高无上的，一切尘世间人，不管皇帝也好，教皇也好，都是凡人。教皇还可以看做上帝在人间的代表，有些神的味道；皇帝则纯粹凡人一个，和一般骑士、大臣在人格上并无本质区别。中国文化不同，它的皇帝是至高无上的，不仅可以管理人间的臣民，而且可以管到天上，管到阴间，就是玉皇大帝对他的话也要百依百顺的，就是如来佛祖也要听凭他给安排座次。这种一元化的天人观念，使中国文化在世界上具有独一无二的特色，也是中国传统文化历数千年而未发生断层的重要原因。

第二个方面，它在权力分配上是集权的。中国历史上曾有好几次大的分裂，时间很长。罗贯中《三国演义》总算注意到了这个特点，开门就说："话说天下大事，合久必分，分久必合。"然而，分裂的时候，正是中国处于动乱的时候，也是老百姓最为流离失所的时候；历来写到这样的历史时期，总不免黯然神伤。而中国统一的时候，也往往就是国家兴盛的时候，这个时候所实行的权力分配制度总是以中央集权为主，因为中国人的天人观念本是一元化的，其权力分配又是中央集权的，前者为后者提供了理论依据，后者又为前者提供了政治基础，二者相辅相成，形成巨大的合力。在中央集权制度下，中国的经济、文化、政治、官吏、工人、农民、商人、手工艺者以及一切主要的方面，权力都在中央，所以中国有这么一个传统，无论它对外关系如何软弱无能，如何屈辱卑微，在对内关系上，中央总是握有生杀大权。皇帝需要天命，所以三国鼎立前后那样混乱的局面，雄才大略如曹公者，也只能"挟天子以令诸侯"。直到他平定了北方，取得了天下，孙权上表，请他做皇帝，他也不敢做；还说孙权这小儿，想把我放在火炉上烤。中国中央集权制度的影响之大，由此可见一斑。所以，虽然直到唐代还有封王裂土之辩，但远见卓识如柳宗元者，一篇《封建论》，马上定了乾坤，任何封王裂土的理论在它面前都无法站住脚跟。

第三个方面，它在管理制度包括一切人际关系方面实行等级制。我们前面分析过中国传统文化的人格特征就是它的等级制。因为中国传统制度，是礼法同一的，所以人格既是等级的，宗法也是等级的。而在官吏制度的等级属性上，又有两个特点，其一是，等级森严，僭越便是犯罪，所以才有"官大一级压死人"这样的说法；聪明智慧如陶渊明，因为羞于见长官，不肯为五斗米折腰才弃官不做，回家作闲人的。但这只是一个方面，而且不是最主要的方面。其二是，全国臣民只效忠皇帝一人，全国官吏只对皇帝一人负责。就是说它不是严格的分级隶属制，而是皇帝中心制。知县当然要服从知府，然而他也可以参劾知府。反过来知府对于知县，一般也只有参劾权力，而没有更多的其他权力。所以，古代就有所谓钦差大臣、尚方宝剑的说法。京戏舞台上更把尚方宝剑说得神乎其神。其实，不要说钦差，就是出征的元帅，其权力也是有限的。虽然说“将在外君命有所不受”，这只是形象之辞，真给你来道金牌，看你有什么办法？想当初，大将曹彬伐南唐，赵匡胤特赐敕书一道。上面写道：“江南之事，一以委卿，……城临之日，慎毋杀戮；设若困斗，则李煜一门，不可加害。朕今匣剑授卿，副将而下，不用命者斩之。”可谓特殊情况下的特殊办法。封建等级制的一个特色，就是普天之下，只有一个中心；而且只有一人可作这中心，这个人就是皇帝。

土，指以中国为主要背景的生活环境。中国文化的地域特征是大陆文化，这个已说过了。中国的大陆文化也有三个特点，即辽阔性、单一性和封闭性。

辽阔性特点，说俗点就是大。我记得上小学的时候，老师就教导我们，中国地大物博。地有多大？960万平方公里（这还不包括海洋的面积），和整个欧洲面积差不多。其实汉文化的主体区域部分，没有这么大，但也相当不小。因为它大，所以才可能产生像中国这样历史悠久的中央集权国家。又因为它大，才有那么多的回旋余地。中国古人以大为美，实在是国使之然也，势使之然也。

单一性特点。中国文化，就其主体而言，生活方式是单一的，就是农业生产。中国是农业国家，最重视的就是土地。现在看起来，我国适宜种植的土地是太少了，因为人太多了。但在古代，土地不算少，田地不算少，质量也是上乘的。先是黄河流域，后来长江流域，成为中国文明发展的两大摇篮，这个摇篮中培养出的乃是炎黄子孙。这些子孙所依存的是土地，所爱恋的也是土地，它们和土地同命相连，构成了清一色的生产和生活颜色。

封闭性特点。中国的封闭是人为的，也是自然的。讲自然就和它所处的地理环境相联系。中国以黄河、长江两大平原为中心，东、南、西、北均不能发展。四个方向，北方有些危险，天然屏障不行，所以就来了一个人为的屏障，现早已成为值得人类赞叹的文物——万里长城。为什么修长城？因为要维护国家的安全。为什么长江和黄河能连成一片，越过长城就不能联合？因为过了长城，生活方式就变了，不再是单一性的农业生产了。就因为这个，就非得有一道长城不可。

辽阔性、单一性、封闭性三者相互关联。因为辽阔才可能单一；因为单一才要求封闭；因为封闭才更其单一；又因为单一才巩固了民族疆域的辽阔。话说过去，又说回来了。说过去是从自然到经济基础，从经济基础到社会；说回来时，又从社会到经济基础，从经济基础到自然。把它们加上一起，就是区域文化的共同属性。

家，指以血亲家庭为基本单位的生产所有制形式。这个内容很好理解，而且关于它的重要性前面已经用过很大篇幅讲过了。但还有一点要作些补充。中国的经济主体是单一的——农业自然经济。它的所有制形式主要是以血亲家庭为基本单位的所有制形式。然而这种所有制形式，第一，它在政治概念上，是归皇家所有的，所谓“普天之下，莫非王土”。所以皇帝可以赐给大臣土地，也可以收回土地。而且，对于死亡的功臣，动辄迁几百户为之守墓，就是说不但土地，连人都属于皇帝的私有财产。他可以随意将“人”送人。第二，这种土地形式不纯。因为除去家庭私有土地以外，还有官地、皇田以及赐给寺院的土地等等。第三，土地兼并严重，而且终封建社会之世，这个问题也没有真正解决。中国的封建文化，本质上乃是一种土地文化——家庭私有制的土地文化。很可惜，土地不能尽归天下家庭所有，每当一个强盛的王朝立国之时，土地都要重新分配。然而，过不了多少年，土地兼并就越来越严重。因为封建等级不同，起点就不同；起点不同，其于种种冲击的承受力也不同。于是大鱼吃小鱼，小鱼吃虾米，弄得有人土地奇多，多到成了小皇帝；有人土地沦丧，由土地的主人成为土地的奴隶，即拥有土地者的奴隶。所以有哲人讲过，中国农民战争说到底就是土地战争，连中国第一次国内革命战争，也有叫土地革命战争的。土地是中国传统文化的命根子，也是自古以来中国老百姓的命根子。贾宝玉丢了他那块玉——他的命根子，都得发疯发痴，中国千百万老百姓如果丢了命根子怎么能不造反呢？土地一乱，天下大乱，这至少是中国封建时代的一个基本规律。

德，指以“纲常”礼教为主旨的意识形态。中国是礼教的国家，重礼教而轻宗教，这种特征是好是坏，还有分歧。但也因此而使中国的封建意识形态有了两个特点：一个是以德育代替宗教的文化传统；一个是以“三纲五常”为基本内容的道德体系。之所以礼教代替宗教，因为一方面古代中国皇帝权威至上，皇帝权威既已至上，就没了上帝的位置，上帝成为多余的了。另一方面，皇帝权威固然至上，他毕竟还不能脱离生老病死的规律限制。这就出现了一个悖论，没有皇帝的无上权威就构不成中国传统文化，只靠一个皇帝的无上权威这皇帝最终又是要死的，也构不成中国传统文化。于是中国人找到了天道、天命这样一些指导理论，而以三纲五常作为社会道德行为和法律行为的共同准则。

2. 四大“家族”，一损俱损，一荣俱荣

官、土、家、德，可以认作中国传统文化中的四大“家族”。《红楼梦》讲贾、王、薛和史家的时候，也曾说过，这“四家皆联络有亲，一损俱损，一荣俱荣”。用在这里，却也恰当。

官在四“家”中居于首位，其理另议。“官”可以理解为官吏制度，也可以理解为贪吏清吏，即官场作风，这二者合在一起，可以构成四种基本形式：官吏多或者少，作风廉或者贪。交叉起来，就有官吏过多，机构庞杂；贪官污吏，比比皆是，这一种是最坏的，每到这个时候，纵然不曾天下大乱，也离天下大乱没多远了。又有官吏过多，机构庞杂；而为政清廉，甚得民意，这一种算是较好的，虽然官僚主义作梗作怪，一时还不至于搅得天下纷纷。再一种官吏简约，机构精当；但为政不清，为官不廉，这种情况也不算好。官吏少些，虽然老百姓头上负担不重，然而，却时时作鬼作怪，虽不重也往往承受不住。最后一种，官吏简约，机构精当；且为政甚清，为官甚廉，这样的时候，如果其他条件尚可，就是所谓的太平盛世或者奠定了太平盛世的政治基础。

“官”的情况如何？影响甚大！就是土地再肥，家庭生产再好，社会风气再纯再朴，如果从皇族到整个官吏制度是腐败的，那么，也会很快就把一出好戏唱砸。官吏制度虽不是构成整个封建文化的基础，却是支撑这文化的柱石，柱石一坏，整个建筑就站立不稳，“忽喇喇大厦将倾”。

土地的作用，狭义上说是中国古代文化的自然基础；广义上说，也是生产基础。中国土地辽阔，相对于东亚大陆而言，可耕地是最多的，回旋余地也是最大的。但作为农业自然经济的基础，它需要有几个必备的保护条件，才能发挥作用。

第一个条件，要风调雨顺。这一条看起来其“命”在天，然而和人的主观行为也有关系。现代科学告诉我们，能否保持自然生态平衡是能否使自然与人类达到合谐和“共利”的基本条件。黄河水本不浑，然而，森林砍伐过重，水就浑了。而且一旦泥沙俱下，便很难使之恢复本来面目。中国古文化，本以黄土高原为发祥地，以后渐次东移，南移，和自然环境的破坏有直接关系。

第二个条件，要使土地的使用分配合情合理。何为合情合理？标准也在时刻变化，用一句话表示，就是使天下人人得以耕者有其田。但这样的情况在中国既属常见，又属罕见。土地兼并，连年不绝；弄来弄去，总要弄得耕者不得其田，食者不尽其耕。到了这时候，就是土地环境再好，其效益也快成为“零”了。孔子的“不患寡而患不均”，用在这个地方，有些道理。

第三个条件，社会安定。社会如不安定，首先受到冲击的是生产，而农业生产又是最经不起动乱冲击的。十年动乱，十年恢复，有时候，就是用去比动乱时期更长的时间怕还不能恢复呢！

第四个条件，人口多少与土地使用面积比例适当。

上述四种保护条件还要结成一个体系，才能共同发生效应，四者缺一不可。比较起来，第二个条件是最为关键的条件，只要这个条件尚好，风不调雨不顺也可以苦度荒年，社会不安定，也容易趋向安定，就是人口多些，只要不超过一定限度，似乎也可能负担。但是这几个条件都有一个危险“极”限，一过极限，任何一个条件出了问题，都会引起其他条件的连锁反应。本来在生产力低下的条件下，荒年已经可怕，连遭荒年就十分可怕了。在这样的情况下，纵然决心苦度荒年怕也是度不过去的。

家，指家庭农业生产所有制。但实际上，它既包括人与人的关系，又包括人与物的关系。人与物的关系，主要是土地关系，这个上面已经说过了。中国的土地所有制度，本质上属于皇帝所有制。其分配形式主要以人丁分配为主，而土地的实际归属则在家庭。所谓人人得以耕其田，说透了，就是家家皆有足够糊口的田地可耕。这一条是决定家庭关系成败优劣的基础，也是决定社会治乱的最基本的物质条件。但农业生产本属不易，生产力低下更增不易。因此家庭中人与人关系就表现得特别重要。其基本要求就是必须稳定，土地的稳定，家庭的稳定，而家庭的稳定又能保证土地的稳定和社会的稳定。所以，尊卑有序这一条在封建家庭关系中是无论如何不能更改的。人、物关系与人际关系达到平衡，社会就有了兴旺的希望，否则，就成了动乱的基因。这一点，历代开明的统治者也是最清楚的。所以，中国虽然是最讲伦理道德的国家，却也不敢小视“民以食为天”这句话的重大意义：虽然明白“民以食为天”的重大含义，却还要从上到下强调三纲五常，发生什么动乱皆可，就是不能乱了“纲常”。

德，主要是道德规范与社会风气。表面上看来，它的好坏决定了其他几个“家族”的兴亡盛衰，所以，以中国人的脾气，每有乱子，先要大叫“人心不古，世风日下”。其实“人心不古，世风日下”往往别有原因，不过，“德”本身的作用确实不能低估。从中国历史发展阶段看，常常有这样一种“悖论”现象：凡是道德规范与社会风气比较良好的时期，也是思想和学术活动比较呆板没有生气的时期；凡是思想和学术活动比较活跃跳荡的时期，也是社会风气和道德规范出现混乱的时期。二者你进我退，我进你退，这好像不成悖论。其形成“悖论”的实质在于：社会风气不合道德规范，则不利于社会发展；思想活动和学术活动呆板没有生气又不利于社会发展。二者未可兼得，就成为“悖论”。中国传统文化，自秦汉以来，没有走出这个“悖论”。思想、学术的进步常常要以社会动乱作为代价，而社会繁荣兴盛又要以思想学术呆板平庸作为代价。所以说到底，社会的进步，最终是要打破中国意识形态里的“德”的统治，而在“四大家族”共同活动的统一机制中，它又偏偏不能打破，一旦打坏，就成大乱。

官、土、家、德四者的组合形式，我们可以在理论上给它划清基本形态，这个形态是：

四者皆佳，则传统文化兴旺发达，社会处于上升或发达阶段。

有佳有不佳，则传统文化有乱有治，社会处于过渡或不发达阶段。

四者皆不佳，则传统文化乱大于治，处于停滞或动乱阶段。

其中一项情况过差，则传统文化出现危机信号，处于动乱边缘。

那么，从中国传统文化的历史合理性的理论考虑，追求四者和谐，才是基本方向，唯有四者和谐，才能四大家族皆大欢喜。而这样的历史机遇实在太少，到了后来就更不可能了。

3. 官本位作用：混凝土统治马铃薯

官、土、家、德，以官为本，是说四者的地位不是平等的，而是有主有从的。这种主从现象，既是中国文化发展规律使之然也，又是中国文化不断进行历史选择的结果。换句话说，就是官本位的出现既是客观的，也是主观的。

封建农业经济在欧洲的表现形态和中国有不同，所以马克思在《路易·波拿巴的雾月十八日》中才对法国农业经济给了一个“马铃薯”的比喻。马克思说：“小农人数众多，他们的生活条件相同，但是彼此间并没有发生多种多样的关系。他们的生产方式不是使他们互相交往，而是使他们互相隔离。这种隔离状态由于法国交通不便和农民的贫困而更为加强了。他们进行的生产地盘，即一小块土地，不允许在耕作时进行分工，应用科学，因而也就没有多种多样的发展，没有各种不同的才能，没有丰富的社会联系。每一个农户差不多都是自给自足的，都是直接生产自己的大部分消费品，因而他们取得生活资料多半是靠与自然交换，而不是与社会交往。一小块土地，一个农民和一个家庭；旁边是另一小块土地，另一个农民和另一个家庭。一批这样的单位就形成一个村子；一批这样的村子就形成一个省。”[①]然后马克思就作了法国小农经济像马铃薯的生动比喻：“这样，法国国民的广大群众，便是用一些同名数相加形成的，好像一袋马铃薯是由袋中的一个个马铃薯所集成的那样。”[②]这个比喻很生动，小农经济互不来往，就像一个一个集成的马铃薯。对于农民间的不来往，中国人也早就认识到了，所谓“鸡犬之声相闻，老死不相往来”。两个农民，

①《马克思恩格斯选集》第 693 页。

②《马克思恩格斯选集》第 693 页。

如果仅仅是种地而又不发生地界纠纷的话，他们就永远是两个农民；你不干涉我，我也不干涉你。那么，结论是什么呢？结论是因为小农经济是脆弱的，它完全经不住资本主义工业的冲击；再加上资本主义商品市场的作用，就是有一亿袋马铃薯，也可以很快就让他们变成马铃薯罐头而出卖到世界各个角落去。

然而，中国的情况和法国不同，和整个欧洲也不同，和所有基督教国家完全不同。中国的小农经济，就其本身来讲，也是马铃薯经济。他们也不相互往来，也不应用科学技术，也主要靠自给自足生活。可是一旦超出小农经济的个体范围，而从社会整体上考察这些马铃薯的时候，你就会发现这些马铃薯，似乎不是埋在地下，而是长在树上。这是一株巨大的枝繁叶茂的大树。这些马铃薯好像一个一个的海棠果，而且它们简直就不是长在树上，而是被焊在树上似的，纵然想摘下来，也不容易。

中国封建小农经济的马铃薯之所以不是松散的、脆弱的，是因为有特殊的信息作联系，维纳有一句名言："社会通讯是使社会这个建筑物得以粘合在一起的混凝土。"①这个比喻也是绝妙的。用在对中国封建小农经济的分析上，同样绝妙。于是结论有了，法国小农经济为什么是脆弱的？因为它就是一些马铃薯。中国的小农经济为什么是稳固的？因为还有混凝土联结着它们。

照我的看法，儒生的流动和语言、通讯的影响与作用，自然都是非常重要的因素，但是最为首要的因素，还在中国封建时代是一个以皇帝为中心的官本位的等级社会。官本位系列就是统治着无数马铃薯的主干结构，它是使马铃薯铸在大树上的主干。

中国小农经济与欧洲小农经济不同。西欧的小农经济，是以贵族庄园作为基础的，每个庄园都可以看成一个独立的王国，而每个农户，又是这王国中的小王国。加上欧洲的封建社会不是中央集权的社会，而是政教合一的社会。于是，在中国封建社会中，表现为强烈的纵向管理特征的地方，欧洲的封建经济就表现出三个层次的脆弱。

①维纳《人有人的用处》第 17 页。

第一个层次，小农经济农户阶层的脆弱；

第二个层次，贵族庄园经济的脆弱；

第三个层次，封建割据，城堡主导式小农经济形态的脆弱。

中国的封建经济就不取这样的形态，虽在第一个层次上，和欧洲的小农经济是一样的：一样的分散，一样的自给自足，一样的缺乏信息往来，也一样的脆弱。然而，到了第二、第三个层次就不一样了。如果说西欧小农经济，是三个层次的马铃薯的堆集的话，那么，中国的封建经济就是混凝土对马铃薯的纵向统治。

统治的渠道是多样的。郡县制是一个渠道；科举制度又是一个渠道；儒家政治——伦理学说还是一个渠道。但在这些渠道当中，确认皇帝的无上权威是最主要的，确认有效有序等级森严的官本位体制同样是非常重要的。中国的官本位尽管在今人看来是如此不好，但在中国历史上，它确实发挥过重大的历史作用。它使国家得到统一，也使国家权力得以集中，又使中国脆弱的小农经济得到强大的政治保护。它把知识分子——儒生纳入自己的等级轨道，也把一切人都纳入官本位的放射性等级序列中去。无论是僧，是道，是商，是农，是男，是女，是老，是小，是汉，是夷，是官，是吏，是凤子龙孙，还是达官贵人，在皇帝面前都是无比渺小的，都只能奴仆一样地臣服在皇帝的脚下；而且，各自按照法律和礼教共同规定的序列去寻找自己的位置。

皇帝权力至高无上，这是官本位文化的第一特点。皇帝就是中国的上帝，真的上帝其实并不直接插手世俗的事情，而皇帝却想管什么就可管到。这样看来，即使上帝也没有中国的皇帝权力更大。不要说皇帝，就是一个诸侯，当着他决定把某个人提到某个位置时，他就可以变魔法一样，使一个极其普通的人变成达官贵人；同样他也可以转瞬之间就把一个达官贵人变成阶下囚。齐桓公当政，一心确立齐国的霸业，后来得管仲，决心重用管仲，管仲不受，认为自己家贫不富，与王不亲，权势不重。于是齐桓公便赐国内赋税给管仲，以使其富；称为“仲父”，以示其亲；任为相国，以示其权。齐桓公一个诸侯，尚能如此。后来自秦始皇开始，皇帝贵为天子，其权力之大更是可想而知。我们看史书，常常为皇帝的昏庸无道而叹惜而愤慨。奇怪为什么皇帝昏庸到如此地步，大臣们还要恭恭敬敬，以听圣命。就像《努尔哈赤》电视片中写的那样，熊廷弼在前方苦战，明皇帝却在朝中大玩蟋蟀，献媚的大臣，就是趁着皇帝玩得高兴的机会，赶紧去办自己想办的事情。皇帝是够昏够庸的了，然而他要杀谁，马上杀谁。而对这样的皇帝，为什么正直的大臣也好，不正直的大臣也好；聪明智慧的大臣也好，不聪明不智慧的大臣也好，还一样要俯首听命，把他敬若神明呢？回答是，中国的封建经济，中国的封建道德，中国的地域环境，中国的官本位体制，统统要求皇帝至高权威的存在。如果这个权威不存在了，那么这个国家也就要乱了。宦官干政要乱；外戚干政也要乱；就是后妃干政都有可能乱。自然也有曹孟德挟天子以令诸侯的历史故事。然而那毕竟带些“地下党”性质，虽然可以挟天子以令诸侯，终究不是长久之计。其最终结果要么自己被满门抄斩，要么就干脆在时机成熟的时候，自己或由自己的儿子出来做皇帝。

等级序列严整，是中国官本位文化的第二个特征。等级严整，上下有序，一丝一毫，混乱不得。而这个特点的存在，正是使中国小农经济保持稳定的一个十分重要的保证。

一切社会关系中，以官僚序列作为主干，是中国官本位文化的第三个特征。有人说，中国的知识分子——士，在混凝土统治马铃薯这种社会现象中起了关键作用。这个话不确切。中国知识分子作用很大，然而，其作用能否发挥，或发挥多少要有一个条件，就是看士人能否入仕。入仕即做官，能够入仕，则如同鲤鱼跳龙门一样，从此身价百倍，作用也百倍。如果只是一个白衣秀才，或者连秀才都不是，满腹经纶，等于没用。

简而言之，中国传统文化结构中，一切事情都围绕着官本位这个主轴转动。这是中国封建社会的特殊模式造成的结果。当这个主轴和其他各种关系都处在比较协调的位置上的时候，也就是中国社会最稳定的历史时期。

4. 抗拒割据与边患的法宝：五种模式的重合效应

中国封建社会，时间又长，发展又慢。国势时而强大，全世界瞩目；时而出现混乱，令史家悲伤。从总的情况看，统一的时间长些，稳定的时代多些。中国社会出现动乱有内部与外部两个方面的原因，如果内外夹攻，可能就得改朝换代了。内乱主要是割据，外乱主要是边患。然而，不管如何内忧外患，或者经过中兴，或者改朝换代，或者经过长期的分裂局面又走向统一，中国封建文化的特点始终不变。这一点，实在是使很多学者大感兴趣，也使很多外国朋友们深感惊奇的。

中国既没有像西方那样，经过不算很长时间的封建时代便进入资本主义时期；也没有像其他三个文明古国那样遭受到文化断层的悲剧。中国就是中国，自周秦以来，或自秦汉以来，就是那个老样子。它分裂过，兴盛过，领先于世界过，也为异族统治过；但是风平浪静之后，一块美玉依旧一块美玉；一块顽石，仍然一块顽石。这不是说中国自秦汉以来的社会状况就没有发展，而是它发展得委实太慢了。当然也有人说，自秦汉以来发展得太慢了，是因为春秋、战国时代发展得太快了。好像一个孩子，虽然早熟，却终于没有长成一个大小伙子。这说法也有道理。照我的看法，历史发展的纵向不平衡和现实发展的横向不平衡一样，是不可避免的。而且正是因为现实发展的横向不平衡才带来历史发展的纵向不平衡。比如中国的古代历史，就经过了“短线”“长线”“短线”这样一个过程。奴隶制为短线，比不过古希腊、古罗马。封建制为长线，又成为封建制度的世界之盛，远强于欧洲中世纪。但自封建末世开始，又进入短线，短短数百年时间就大大落后于西方。但我们现在讨论的主要议题是，为什么中国封建时代发展得那么缓慢，纵然内有割据，外有边患，也没能从根本上奈何于它？

我以为这里面包含五个方面的具体原因，而集中在一点上，就是以“皇权为中心”的官本位社会机制在起作用。

五个具体方面的影响是：

第一，共同的生产环境模式。中国的环境，可以用地大物博四个字表示；但古代中国环境，却又有单一性特征。所谓中国之“中”，指的主要是黄河、长江流域的农业生产环境。这个环境当然是在变的。西周时候，秦的地位很低，不能与中原匹敌；楚国的地位同样很低，在秦则为西夷，在楚则为南蛮。蛮夷之地，不足一论。孔子是看不起秦国的，所以后人才有“孔子西行不到秦”之叹。不但秦楚，就是吴国越国，西周之初也被称为“披发左衽之地”，和中原的习俗大不相同。且中原人看来，那都是蛮夷之邦，野蛮之地，然而，自春秋战国以来，就都成为中原盛土。既为盛土，虽千变万化，越变越趋于一致终于不再出现反复。但自秦岭之南，陕西以西，长城以北，就不能如此这般的得到同化。不但不能同化，而且在某些边远地区，直到中华民国都诞生了，大清帝国风流云散了，还是不能取得与汉族平等的地位。究其原因，实在与以黄河、长江平原地区为中心的生产环境相一致有着密切的关系。不仅如此，中国历史上异族入主中原的重大社会变乱就有好几回。然而，这块以黄河、长江平原为主干的圈子，简直就是一个魔圈。无论哪一次少数民族入主中原，不需多少年，就在这“魔圈”中被同化了。“五胡”入主中原，史称“五胡乱华”，结果怎么样？五胡乱华而华终未乱，结果“胡”人反而成为中原民族的不可分割而又难以分割的组成部分。元朝属少数民族入主中原，清人入关也是如此。清朝接上了民国，有些特殊。元代的创业者，曾经走遍小半个地球，别的地方不知结果如何，但一入中原“魔圈”，很快成为地道的中原人。不是原来的种族不存在了，而是同样开始按照中原习惯制度去生活，他们也变成中原人了。中国之“中”在中国历史上地位特殊，正是这个中国之“中”的特殊地位的影响，才使得历代封建王朝在这片土地上形成共同心理与行为的基础。

统一的基础奠定了，于是这个基础就发出了一统的声音，它需要一位统一和保护这基础的人间之神。

第二，共同的制度模式。制度包括社会政治制度，也包括生活制度。春秋无义战，战争无宁日，但是战乱不是没有规律没有原因的行为。战乱的结果，是产生了强大的秦帝国。秦始皇是中国历史上的一位伟人。虽然有种种缺陷，也决然是一位伟人。其伟大之处，不但表现在他统一了六国；还表现在他顺应历史潮流的发展，建立了郡县制。又表现在他统一文字，统一度量衡，促进全国交通和经济发展，建立共同的道德行为准则等等。简而言之，就是书同文、车同轨、行同伦。

郡县制这个制度在中国封建王朝的发展中，有着如同近现代西方民主中“三权分立”式的历史意义。西方民主制度，无论如何变化，君主立宪也好，共和主宪也好，内阁负责制也好，总统负责制也好，变来变去不能离开“三权分立”。中国封建制度也有其基本特点，不论你封王也好，不封王也好，帝相一主一辅制也好，皇帝首辅制也好，反正离开郡县管理体制就没有办法。西方中世纪不算封建制度的成功模式，就是因为它们缺少郡县制这样强有力的“混凝土”结构，中国封建社会特别发达，几乎臻于历史的完美，实在和这个郡县制大有关系。

同时，对书同文、车同轨、行同伦的社会意义也不能低估。书同文是一个伟大的创举，因为有这个创举，中华民族才有了不走向分裂的信息保证。《圣经》上有一段故事，说人类本来可以用自己的力量建造一座通天塔，后来，上帝使人类的各个部分说着不同的语言，因此，尽管他们有力量做这件事情，却没有办法使这力量得以沟通。这样看来，秦始皇就是一个和上帝唱反调的英雄，假使他能够使所有人都说一样的语言，就是上帝也拿他没有办法。书同文的历史意义大得很。书不同文，也就没有后来的中国，即使有了中国，中国也不是这个样子，每每想到这一件事，我甚至觉得赵高虽恶，看在他整理规范小篆的功劳上，也应该从十八层地狱把他赦免到第十七层地狱上来，或者更宽大一点，就让他戴罪立功，在阴曹做一名书记官也未尝不可。

书同文属“信息建设”这个范畴，车同轨也属于这个范畴。秦始皇是中国交通建筑的鼻祖，或者说头一号功臣。虽然从现代的观点看，他的交通建设也不过是修驰道，通水路，去险阻，划一制器具，大移民，确定土地个人私有制度（范文澜先生语）几件事而已。然而没有这个“而已”，中华民族也许真就“而已，而已”了。可以说，他的这些措施等于疏通了中华帝国的全身脉络，也使这个本来有些权威不足、疆域不足的散漫国家成为一个孔武有力行为敏捷的社会巨人。

第三，共同的习俗模式。中国习俗异常丰富，南北有别，东西不同，然而，在以汉族为主的居住区却大同小异，无甚重要区别。例如过春节，过端午节，过中秋节，过元宵节，这都是一样的。习俗这件事情，说它大它也不大，说它小它又不小；不大不小，正是一种不可忽视的社会力量。比如吃饭，吃米粥是为了生活，吃面包也是为了生活。换句话说，吃米粥的可以长大成人，吃面包的也可以成人长大，然而这二者其实并不同。饮食文化对于一个民族的影响，恰如饮食习惯对于每个人的影响：能够按照科学规律安排饮食的人，他至少是会长寿的；而完全不按科学规律安排饮食的人，纵然他同短命人比也算长寿了，却不可能达到他生命本身允许他活到的年龄。民族饮食的差异自然与个人饮食的差异不同。民族饮食文化就其宏观历史发展看，只有结构之别，没有优劣不同。但是这已然足以促成民族发展的种种差异了。除去衣、食、住、行这些事情以外，宗教信仰在很多历史场合也可以划入习俗这个范畴中来。很显然，一个信奉伊斯兰教的人和一位信奉基督教的人在生活习俗上是不一样的。这种差别，有时候，实在比男人与女人的差别还要大些。而古代中国，在习俗模式方面，基本上属于“一家之言”，虽有各种宗教之影响，毕竟都慢慢化入儒家学说为主导的行为轨道中去了。

中国古人的这种共同性行为模式，特别是在它顺应了环境与制度的要求之后，也就同样地提出了需要一个人间之神的迫切要求。

第四，共同的文化积淀模式。文化是一个历史过程，每一段历史，都会产生某种变异与积淀。一个民族，当它的文化积淀没有达到成熟的地步时，它可能还会消亡；一旦成熟，便难消亡。恰如一个母腹中的受精卵，一旦它降生为婴儿，就是它未能成人，他毕竟已经是一个“人”了。既已成“人”，要否认它就成为不可能。个人如此，民族也是如此，欧洲在中世纪之前有过多大变化？但是自从法国、德国、意大利各自建立起自己的国家，并且形成自己特殊的文化模式之后，它们就不可能灭亡，只可能更新了。因此，历史积淀是一种伟大的影响力。这种影响力通过春秋战国的陶冶和锤炼，到秦始皇那里，已经有了一个雏形；自西汉以后，就几乎成为一种不可逆转的历史力量了。中国有过分裂，然而，分裂了中国的土地，不能分裂中国的文化；文化既不能分裂，到头来，中国还是中国。

这种文化积淀模式同样提出了一个人间之神作为它的历史代表的要求。

第五，共同的心理模式。中国要求统一，要求一统。统一天下、天下一统是我们中国人强烈的民族心理与民族情绪。这种心理是历几千年风雨而形成的。合起来说，这是中华民族的共同心声；分开来说，虽然官、农、士、商、工各种不同的阶层有着种种不同的情况，但在要求统一和要求一统这一点上，从秦始皇统一中国直到宋明理学开始没落这么漫长的历史时期内可以说都没有消失甚至没有淡漠过。中国的“工”，主要指手工艺人和从事非农业体力劳动者，他们不必强求皇权保护。然而，这是西欧的情况，中国则不同。中国的“工”，是以皇家生活需要和官僚体制的活动需要作为生活必要依据的，因此，他们对于统一的中国有着十分强烈的要求；对于一统天下的中国也有着西欧中世纪工匠们所不能理解的类似宗教样的虔诚心理。“商”，指商贾，其情况与“工”有着极其相似之处。因为中国的商贾同样和西方的不同，它没有工业作基础，又没有商团作枢纽。它是依附于官僚体制的一种社会力量。因此，与其说他们从内心反对封建官僚体制对它们的压迫，不如说它十分得意于这种压迫；因为这种压迫反过来又表现为一种保护性力量。只是这压迫不能过“度”，需要当政者“为官清廉”或大体清廉。实际上，唯有安定的统一的中国，他们才有更多的赚钱机会；而一个动乱的中国，就主要考虑“兵”与“食”这两件事去了。安定的中国，重农抑商，商人本没有自己的地位，而动乱或分裂的中国，就更没有商人的地位了。两害相较取其轻，中国的商人从此也就有官商和官奴两种脾气。其详细情形，我们以后再谈。“农”，中国的农民家庭与中国的王朝政治，简直就是一张图纸和它的放大样。有人说这个叫做家庭与国家同构。形象地说，就是中国封建帝国仿佛一个封建大家庭，而中国封建大家庭其实也就是一个封建小帝国。所谓同构云云，本质上都是指它们实行共同的彻底的封建等级制。因此，没有谁能比一个封建家庭更尊敬和热爱皇帝的了。因为，他本人就是他那个家庭的小皇帝。士人意在入仕，入仕即为官宦。贵为朝臣贱为布衣，布衣还可作隐士。做朝臣心怀天下忧烦，实际是为皇帝老官作奴仆；作隐士，身在江湖，心在朝阙，还是用自己的心给皇帝大人做奴仆。中国封建知识分子，没有完整的人格；它只能依附于别人才能成其功名立其事业。在某些特殊情况下，甚至不如那些没有多少文化的流氓无赖来得更有独立生存力和历史开拓力。甚至可以这样说，士、农、工、商四民之中，那些最有能力也最忠诚于皇上的，十有八九，百有九十九，千有九百九都是知识分子。唯有知识分子拱立朝门的时候，才能做到“鞠躬尽瘁，死而后已”。而中国的官僚层次，包括它的代表人物，也是最希望中国统一和一统的。在封建割据严重的时候，割据就有“有为”与“无为”的区别，也就是有英雄和庸才的区别。曹孟德宴请刘备，留有“青梅煮酒论英雄”一段佳话。当时天下割据者正多，讲势力，首推袁绍；讲勇武，首推吕布；讲地利，首推孙策；讲富庶安定，首推刘表；其余的有马腾，刘璋，袁术，张鲁等人。然而，曹操一个也看不上。刘备心中又何尝不是如此？“天下英雄，唯使君与操耳！”可谓一语道破天机。为什么“唯使君与操”始可称英雄？就因为他们有统一天下的雄心壮志。东汉初兴之时，天下纷争，诸强也曾各据一方。马援先投隗嚣，意气不合，继投刘秀；投刘秀时，还说了一句千古名言：“当今之世，不但君择臣，臣亦择君”。为什么择君？因为君亦有英雄和庸才之别；英雄者何，无非还是有统一天下的大志和一统天下的能力而已。官僚要求统一，在于统一便可荣华富贵，便可光宗耀祖，便可功垂青史。所以，刘邦在荥阳大战不利，郦食其劝其封王，张良劝其不要封王。各讲一番道理；刘邦是明白人，骂了郦食其，同意了张良。朱元璋将取天下，未取天下之时，也曾向朱升问策，朱回答说：“高筑墙，广积粮，缓称王。”后来这几个字还把现代中国人折腾得好苦。为什么战败不能封王，战胜又要“缓称王”？因为，不做皇帝，追随者总有希望在前头。把这个话反过来说，追随者之所以追随明主，其意在于他们认定了这一定是个未来的皇帝。

而未来的皇帝，就是人间之神。

以上五种模式的重合，就产生了强大的社会效应，正是这种社会效应，最终成为边患与割据的致命克星。

那么，中国古代历史就不发展了吗？回答说，发展。

那么，中国古代历史就没有改革了吗？回答说，有改革。

但是发展是缓慢的，虽有不断的改革行为，对比中国封建发展史，遵循的乃是变法效果递减率。因为，中国的以官本位为主干的封建模式是一个不断强化的模式，又是一个不断僵化的模式。强化提高了客观效率，而僵化又抵消了这个效率。终于僵化战败强化，中国封建末世出现了巨大的结构性裂痕，也出现了不可抗拒的危机。

然而，中国同化过那么多少数民族的入侵，为什么就不能同化出一个资本主义呢？是的，中国文化是有一种非凡的同化力量，这一点连美国国务卿艾奇逊都为之惊叹不已。蒋介石败在毛泽东手下的时候，美国国务院曾发表过一本白皮书，它的导演者艾奇逊说："中国自己的高度文化和文明，有了三千多年的发展，大体上不曾沾染外来的影响。中国人即使被武力征服，最后总是能够驯服和融化侵入者。他们自然会因此把自己当作世界的中心，把自己看成是文明人类的最高表现。"①但我现在要说，这段话有些道理，但很不全面，或者说很不正确。其道理在于它朦胧直觉到中国文化的凝集力和宽容态度。不正确的地方是它没有说清中国解放战争的性质。不全面的地方在于它没有注意到这一点，只有落后文化入侵先进文化的时候，后者才可能同化前者。所以，无论哪一个游牧民族，一入侵中原，便有些眼饧耳热，骨软筋酥。于是，不知不觉之间就弃戈贪欢成为失败者的俘虏。那么，为什么落后者可能战胜先进者呢？那是因为文化先进者的社会结构本身有了问题。在中国古代的地域活动圈中，中原文化始终处于先进地位，这就是中原故国虽三起三落，而终于反败为胜的基本原因。

那么，为什么中华民族不和西方国家进行沟通呢？纵使西方人未能大批涌入中国来，可是中国不是也曾有过郑和下西洋，张骞通西域那样的历史壮举吗？对此，我作如下分析。

5. 郑和下西洋基本上是剃头担子一头热

从世界历史看，东、西方沟通和南、北方沟通是文化史上的经纬线。然而，南北沟通相对来说容易些；东西沟通则比较困难。因为人类古代文化的发祥之地不是竖着排列在地球上，而是横着排列在地球上的。其中四大文明古国，埃及文明，巴比伦文明，印度文明和中国文明，基本上从东到西排列在大体相同的纬度上，只是中国略略北些。这四大文明古国，埃及和巴比伦是沟通的，后来又有古希腊、古罗马文明，和欧洲也开始大规模沟通了。向

①《毛泽东选集》合订本第1401页。

北沟通欧洲，向东也沟通了印度。但是印度是东、西方发展的一个隔热带。西方人第一次到印度，是亚历山大的远征，远征极有魄力，然而至印度恒河而返。中国也有成吉思汗及其子孙的远征，也曾到达中东，至中东而返。东、西方的沟通，到了这里就不见面了。你走你的回头路，我走我的回头路，然而毕竟印度文明更倾向于西方，于是佛教灭绝，印度文明出现了大的断层。四大文明古国的兴衰际遇不同，实在与地理环境有重大关系。

西方人未曾东来，也未肯东来，又未能东来；真正东来是资本主义兴盛以后的事情。未曾东来，就与地域环境有关；未肯东来，则与他们主要的竞争中心不在东方而在欧亚之间的空间环境有关。那个时候，他们正忙着十字军东征哩！连异教徒都不能灭亡，哪有心思去管什么东方神秘世界？未能东来，则与他们的生产和科学技术不够发达有关。

西方人不能东来，中国人也不曾西去。张骞是西去过的，玄奘也曾西去，但是比较起来，都没有郑和下西洋规模更其宏大。所以还是应该以郑和下西洋为代表作说明。郑和下西洋，船队之大，行程之遥，历史影响之远，都是值得大书特书的。然而，哥伦布发现过新大陆，一发现就成为历史的纪元。郑和也发现过新大陆，他去过西洋，也到过非洲，然而，却如同一阵飓风一样地刮过去，就算完了。比较二者的不同，郑和下西洋，应该说是一种开放性的封闭。它的客观行为是开放的，观念上却是封闭的。所以，走是走出去了，然而，既没有学习人家的谦虚，也没有侵占人家地方的霸道，郑和想的和哥伦布完全不同。哥伦布是要找黄金、发大财的，既为了自己发大财，也为了给西班牙国王发大财。郑和则不同，他本人不想发财，要发财就不去海外，只需静悄悄殷勤呆在皇帝身边就行了。在朱棣皇帝看来，世界之大，大不过中国；世界之富，也富不过中国。除去天上的玉皇，就是朱棣最伟大；除去海里的龙王，就是朱棣最富有；除去阴间的阎罗，就是朱棣最权威。他不需要向别人学习，甚至不需要去占领别的地方。因为身为中国的大皇帝，什么都比别人伟大。中国只需要别人的臣服，跪在丹墀，望诏谢恩。哪里需要动兵刀、舞干戈，只需一介使臣，即刻万邦归顺。郑和下了西洋，应该说，在文化交流方面，在经济特别是经济作物的互补方面，在民族交流方面，是有重大意义和作用的。然而，其本意并不在此，之所以产生伟大结果差不多就等于“歪打正着”。郑和的本意，照一般的说法，大目的在于弘扬大皇帝德威，走遍天涯海角，遍布恩泽；小目的还有一个寻找建文帝的下落。也不知道哪位先生说的，这建文帝偏偏没有惨死在皇宫，而是逃到海外去了。因为这样一种目的，可以说，郑和下西洋虽在客观上堪称一大壮举，其主观期望却几乎等于零。郑和下西洋，辜负了西洋，辜负了船队，辜负了历史，最后也辜负了郑和自己。

郑和为什么会产生和哥伦布完全不同的想法和作法。那是因为：我们刚说过的，文化心理背景和动机不同；社会基础不同；二人所处的历史时代不同。

就直接原因分析，像东西方这样地域辽阔且困难重重的大规模文化行为，非有三个必备的条件不可。首先要有工业产品作为基础；其次要有专门的商队作为后应；第三要有成熟的开放意识作为指导。而这三个条件，郑和一个也不具备。明朝有珍宝，然而那不是工业产品，所以就算明朝的珍宝再多，他也不能把这些珍宝都拿到海外去弘扬“佛”法；明朝再富有，也不能把所有的绫罗绸缎、手工艺品统统往海外送。其次，郑和的船队虽然也有商业行为，但那是其次的；主要的还是政治行为。因此，他的船队就是明朝的一个使团。他的后面没有专门为商业行为而来的船队作为后应，而这一点就和“鸦片战争”英国的背景完全不同。哥伦布虽然是一支军事船队，然而，他有着明确的经济目的，这个经济目的的成熟就是商业船队的兴起。因为这三个原因，使得中国在走向蓝色海洋的时候，终于没有摆脱黄色大地的特殊的吸引力。更没有摆脱中国传统文化官、土、家、德，以官为本的宏观结构的束缚和桎梏。

6. 官本位的双重膨胀结果：混凝土压碎了马铃薯

什么叫官本位的双重膨胀？即队伍的膨胀与官、绅兼并土地的膨胀。在前者就是官僚主义恶性发展，腐败现象比比皆是，在后者就是官本位权利趋向无边，土地兼并日益恶化。

但这个话要从两头说，一是“马铃薯”的承受能力，一是混凝土的压迫力量。

先说“马铃薯”的承受能力。中国自先秦至明，农业生产虽有许多发展，农业产品品种虽有许多增加，农业技术也有许多改革，但从宏观上讲，在总体格局上可以说有三个应量不变，即农业土地面积应量不变；全国人口应量不变；平均亩产量应量不变。

具体情况分列于下：[①]

	秦汉	三国两晋南北朝	隋唐
耕地	57700万亩	缺	约合今6.6亿余市亩
人均耕地	9.68亩	缺	12.6亩
平均亩产	140市斤	135市斤	140市斤
全国人口	5959万	缺	5291万
	宋元	明	清初
耕地	南方36000余万亩	8507623顷（约合今7亿余亩）	7260000顷
人均耕地	缺	12.7亩	4.1亩
平均亩产	220市斤（估计）	250市斤	280市斤
全国人口	7681万	6659万	14341万

应该说，中国古代这块“马铃薯”具有它的特点。它成熟得早，在西方农业还很不发达的时候，它已经快成熟了，然而，发展得缓慢，自秦至明，没有大的突破。人口就在几千万上下打转，产量就在140~250斤浮动，而且有些数字还不十分准确，人均耕地也在10亩上下浮沉。这种情况促进了中国古代社会的发展，又制约了它的发展。它是决定中国文化发达与否的一块底模。这个底模如果不破裂，则中国社会就不会发生动摇；它如果不扩展，中国社会就不能拓展；它如果不更新，中国历代社会和中国古代文化的历史命运也就千变万变，终于未大变。

①材料引自《中国古代农业科学成就展览》

然而，与这三个不变相对应的，常常又有三个异变。那就是事情的另外一面，“混凝土”的变化。

中国古代社会非有以官本位为主干包括儒家政治——伦理学说，家庭生产所有制和士人入“仕”制度在内的“混凝土”式的联结板块不行。混凝土统治了马铃薯，才使得中国封建时代的结构模式不同于西方，不同于波斯，不同于埃及，不同于印度，成为独特的延绵不断的以大国的中央集权和分散的小农自然经济相结合的文化模式。我们刚刚看到，作为经济基础、人口基础和土地基础的马铃薯没有大的变化；但是作为上层建筑的混凝土却在时时发生变化。这种变化从小而大，从缓而剧，从弱而强，终于成其巨变，压碎了作为社会基础的小农经济，也扰乱了整个社会的运行秩序，使中国古代文化几经浮沉，几经变化。

“混凝土”的变化也主要表现在三个方面：官僚机构及其附属部分的无限扩大；土地兼并的难以控制及其严重后果；边患连年，少数民族入侵中原，以及严重的自然灾害。

对于后一个方面这里不再列举具体资料。对于前两个方面，还要着重说说。

中国官僚机构及其附属成分无限扩大的“无限”二字，不是说它的扩大永无止境，扩大1000倍，也没法可想。而是说，这种扩大就社会承受能力或者社会内部机制本身的力量来说，是无法完全控制的，所谓“无限”，本质上讲的乃是“失控”。

历代官僚数量虽有不同，但有一个趋势则显而易见：任何王朝末期，官僚的数量都比其初期时数量大得多，有时甚至膨胀数倍或数十倍。公元627年唐太宗省并官职，偌大一个唐帝国的京都——百万人口的长安，只留用了643至730名京官，外官主要是地方官数量也相应减少。30年后，高宗显庆年间内外官员膨胀到13465名。到元和年间（806年～820年），文武官吏及诸色胥吏已达368668人。如以当时全国纳税户144万计算，平均每10户就要供奉两个官员。宋朝官员膨胀情况更为惊人，从仁宗皇祐到哲宗元祐的40年间，就外官而论，节度使由3人增加到9人，两使留后由1人增到8人，观察使由1人增至15人，防御使由4人增至42人。仅大夫至三省之吏，自景德年间到元祐年间就发生失控性增长。其中：

大夫由 39 人增至 230 人；
朝奉郎由 165 人增至 695 人；
承议郎由 127 人增至 369 人；
奉议郎由 148 人增至 431 人；
诸司使由 27 人增至 260 人；
副使由 63 人增至 111 人；
供奉官由 193 人增至 1322 人；
侍禁由 316 人增至 2117 人。

官在涨，机构也在涨。因为官多了无事做，就非有机构不行，机构多了没事可做，就非找事不行。找不到别的事情，就非扯皮和剥夺老百姓不行。然而在严重的等级社会中官的比例毕竟是较少的，而吏的比例就大得多了。一般认为吏的数目大约为官的10余倍。东汉时为19倍、唐时为20倍。这就有点触目惊心了。

官僚膨胀，危害至少有三：

第一，机构越涨，效率越低。中国的官僚，包括皇帝在内初登宝殿的时候，大抵还是勤政务实的。过一段时间，屁股坐得稳了，就开始偷懒，开始摆谱，开始加劲儿表现特殊，以使自己更像个皇帝。于是，应自己办的，就叫下面去办，然而全交下面又不放心。于是该交一个人办的，必交两个人办；该交一个部门办的，又必交两个部门办。让他们互相牵扯，自己的权威却不受影响。欧洲有一位大学者叫帕金森，研究西方官僚主义，发明了“帕金森定律”，说：“为了保证自己的领导地位，必须找两个下属互相牵掣。他们的权威少了，自己的权威就大了。”帕金森先生对中国官本位现象大约没有研究，他大概至今也不知道中国人对他的这个定律是早就熟悉得很了。不过我们聪明的祖先却不说出来，秘而不宣，以葆其魅力。其结果，就弄成机构和人员的增多呈几何状发展，终于越来越多，不可收拾。而管理效率又呈几何状递减，减来减去，几等于零。

第二，等级森严，职责不清。封建时代官多，官既多，名目也多，我不知道那些专攻历史的学生是怎么记住历史官职表的，像我这样的不愚不傻但又不聪不明的中常之人，没有办法，只能用谁查谁，因为中国官僚职称实在太多，而且等级森严，不容僭越。在那个时代，等级就是秩序；等级一乱，秩序全乱。很可惜等级却不是效率。具体表现出来，就是官位虽多，职责不清。不清的原因，一大半还在皇帝那里。有的皇帝，以为宰相应该统管一切，为主分忧嘛，像后主刘禅那样的，你让他管，他也管不了；他对孔明先生倒是万分放心，于是一应事件，均交丞相。但换了朱元璋，他就有新考虑，相权不能太大。因为相权与君权从来是中国官本位权力中一个难以解决的顽症。相权小了，日常事务难以有效处理；相权大了，君权又要受其影响。当皇帝的也有惧怕，最惧怕的恐怕还是相权。不信给您来一个曹操，您怕不怕？不要说曹操，就是霍光，还把一个小皇帝弄得如芒在背呢？所以朱元璋就开始限制相权，以后干脆取消了这个，来个阁僚制，请几位官位不高的人入阁，协助皇帝办日常事物。有对中国历史情感深厚的同胞，就说内阁制西方也没中国早，中国人在明朝就发明内阁制了。其实那是谬误。关键不在什么形式，而在对谁负责。皇帝为了对官僚队伍实行控制，有些职责绝不下放，有些职责故意不清，有些事体随便向下交办，弄来弄去，弄得职责模糊。职责模糊，是官僚机构膨胀的副产品。职责清楚便不利于特权与享乐，职责不清才更能切合官僚主义的享乐需要。

第三，纵向关系突出，横向关系脆薄。官僚机构虽多，官僚队伍虽大，却不准发生横向联系。因为对最高统治者来说，横向联系也许是最脆弱的，所以卫青虽为大将，又是皇亲国戚，权力炙手可热，却绝不与文官来往，一心自管自事，只对皇帝负责，才有安全可言，这是一条不能言传的经验。恶性发展以后，就变成官僚之间，互相揭短的多，互相支持的少；互相背弃的多，互相沟通的少；互相贬低的多，互相肯定的少；互相打击的多，互相协调的少。一方面，人人害怕自己失宠，另一方面人人又乐意别人失宠。其结果是君子忙于务事，常常不能自保；小人每每务“人”，偏偏最易得手。到了这个时候，虽医国圣手，要治理也就难了。

然而，这个也许还是可以忍耐的，何况中国的老百姓——中国这块“马铃薯”这么乐于听话，这么肯于吃苦，这么能于耐劳呢？但是，官也好，吏也好，他们不像孙大圣一样从石头缝中生出来的，他们有家庭，而且等级社会的一个特点，就是越是富有者，家庭也就越大，规矩也就越多，妻妾越要成群，奴仆越要成队。一个皇帝有多少妃子，又有多少太监？妃子的数目，历朝稍有不同，但数目总在数百人至数千人之间。白居易诗云：“后宫佳丽三千人，三千宠爱在一身。”虽是诗歌，大抵可信。中国传说中的第一个皇帝——黄帝，他有八个妃子，确否，未详，但他儿子只有四个妃子，一个正妃，三个侧妃。圣人虞舜，即位前是个农夫，因为向老天爷没有请示好，所以依照当时制度规定，就不能设正妃了。大概他有点个性吧，干脆减一之后再减去一，名分上只有两位皇妃。到了夏朝，皇妃的人数增为12人，一大跃进。殷朝时，又增为39人，又是一大跃进。到了周代，《周礼》一书记载：“后一人，夫人三人，嫔九人，世妇二十七人，女御八十一人。”再来一大跃进。然而，除《周礼》之外，其余都近乎传说，少有书籍可查的。西汉元帝时，有一位臣下上奏说：“高祖、文、景三帝时，宫女的人数仅在十几人，而武帝时，广召天下美女，后宫美女多达数千人，人民受到影响，也以大量娶妾置妾为时尚，诸侯的妻妾多达数百人，豪富之人家也有歌女数十人，使得社会上造成许多的旷男怨女。”[①]盛汉、盛唐，乃中国历史的光荣，汉之文、景、武、昭、宣，又是极盛时期，雄才大略的汉武帝竟成为这样“享乐”的皇帝，可谓双料的雄才大略了。而盛唐之盛，在于“贞观之治”和“开元天宝之治”。天宝年间的唐玄宗又怎肯落后，他在长安和洛阳两地的嫔妃就多达万人，评论者说：“争妍斗艳，盛况堪称冠古今。即使如此，却没有一个妃子能够获得唐玄宗的宠爱，最后，他还是强占了儿子寿王的妃子，这就是历史上有名的杨贵妃。”[②]然而，很快就天下大乱了。

---

①转引自《中国宦官秘史》第35页、第36页。

②转引自《中国宦官秘史》第35页、第36页。

这种官僚机构、官僚队伍及其附属成分的急剧扩大，无限扩大，在《红楼梦》、《金瓶梅》、《品花宝鉴》一类书中也可以看出一个大概来。如果细细统计一下《红楼梦》中的家庭组成情况，也可能得到更深刻的启示。

官僚机构官僚队伍及其附属部分的无限膨胀，使得封建王朝严重头重脚轻，已经有些浑浑噩噩，站立不稳了。然而，他们还在和自己的两只脚玩命地过不去。脚上加砖，脚下剜肉，采用的形式就是土地兼并。

对于土地兼并，一般地说，中国文化是一种实用的聪明的经验文化。它的土地政策，自秦以来，就是人有其田，田尽其赋。这个无疑是符合中国集权的封建王朝的实际情况的。然而，它又同意土地买卖，但买卖要受限制。因为全无买卖，不能增加土地的活力，也不能提高土地的管理和使用价值。但是，过度的买卖又会发生过多的流离失所者，出现大量的流民。土地兼并这件事，历朝皆有，而且往往成祸。中国的清官大抵与土地有点关系，在包拯就是“放粮”，在海瑞就是强迫徐阶等乡绅土豪“退田”。中国的农民起义绝对与土地兼并有直接联系。

兼并的原因很多，方式也不少。如果用个比喻，那就是大鱼吃小鱼，螃蟹吃虾子。封建土地的分配从一开始——建朝之初就是不平等的，有贫有富，有多有寡。因为有贫有富，有多有寡，才特别适合“封建”二字的原意。这就叫大鱼吃小鱼。以唐代为例，唐代虽有“均田法”，然而因为基础不同，收效甚微；以至贞观十八年，唐太宗到了灵口，问及每丁受田数，回答说每丁受田30亩，就感到那个有危险，于是下令查明受田甚少者，给了一点方便。但是，唐在实行均田法的时候，同时存在着三种土地占有形式。一是地主占有永业田；一是按均田法农民占有的田地；一是无田百姓，得不到田，只好自己垦种十亩五亩小田地。这个就叫做“均田法反而不均”了。不均才合乎封建等级制的本质，硬要其均，反而会成为新朝王莽。但不均有个限度。范文澜先生在《中国通史简编》第三编第一册中曾列表，对“唐代贵族官僚永业田”、“唐代勋官永业田”、“唐代内外官职分田”、“唐代兵府军官职分田”、“唐代公廨田”的分配情况，分别列表说明。因为篇幅关系，我这里只引用一种，即唐代勋官永业田：

上柱国	3000 亩
柱　国	2500 亩
上护军	2000 亩
护　军	1500 亩
上轻车都尉	1000 亩
轻车都尉	700 亩
上骑都尉	600 亩
骑都尉	400 亩
骁骑尉	80 亩
飞骑尉	80 亩
云骑尉	60 亩
武骑尉	60 亩

因为他们所受田业并非仅此一种，即使就这一种和农民所受田业的比例也是相差悬殊的。

除此基础不同，封建社会各种等级的权力和人格也不同。虽同为皇帝臣民，却有贵贱之别，地位越高，权力越大，人格也越高贵；反之，权力越小，人格越低贱。一旦发生纠纷，低贱者十有八九是要一败涂地。中国古来虽有清官如许，但老百姓盼清官如盼星星望月亮一样，可知清官之难得，贪官之易见。

具体兼并情形，历朝历代亦有不同。以明代为例，洪武初年，天下田地共为849.6万顷，但到了嘉靖三十一年，经过不到200年时间，就剩下428.0358万顷，失额一半以上。这些失额土地既不会从地上飞走，也不会弄成荒田，实际上，都是被兼并去了。兼并的方法，仅以嘉靖时期为例，就包括：赏赐，即皇帝向臣下的赐予；请乞，即公侯伯爵及王府、外戚以及文武百官向皇帝要田；投献，即贫苦百姓无力承担繁重的税赋，索性将自己生活的土地捐献给权贵；再加上占寺。连赐带要外加占寺，天下百姓的生活可想而知。封建时代赖以生存的土地政策混乱不堪，以家庭为单位的土地所有制形式，在很大程度上已经对相当数量的贫困家庭失去了任何意义。

官僚机构、官吏队伍及其附属成分的无限膨胀，如泰山压顶；土地兼并，又仿佛脚下抽筋，上有泰山压顶，下有脚下抽筋。天下焉能不乱，人民焉能不反？然而，往往在这样的情况下，又偏偏祸不单行，边患又要加重，自然灾难又要频发，混乱一开，封建割据还要再起。于是七灾八难，归于一身，任凭孙大圣般的仙躯，也要摇摇晃晃，闷死在火云洞前。

我在前面说过，中国封建文化的基本结构在于官、土、家、德四个方面，四个方面和谐社会才安定，一个方面出现问题，则一损俱损；问题出得大了，超过极限则整个结构溃变。我们看漫长的中国历史，官僚机构、官吏队伍以及他的附属部分的膨胀是一个不治之症，只有潜伏期，没有根治期。纵有花好月圆之时，瞬间便成幻影。国土的安全，也没有长期的保证，或者来自外部侵扰，或者来自内部的割据。两相夹攻，可谓急火攻心。以外部的侵扰而言，汉武帝以后，中原地区没有真正的胜利；以封建割据而言，宋太祖以前没有真正的平静。然而，二者犬牙交错，此一强也，彼即弱也。唐代闹割据，吓怕后世皇帝；宋代无割据，却又屈辱于外邦；可谓左也不是，右也不是。土地的家庭所有形式（计算为人丁所有），总是暂时的，不稳定的，纵然可以承认基础不同，而基础不同却又不能安于不同。强大的一方终成老虎，弱小的一方终成羔羊，羊入虎口，怎能不死？德即儒家学说的政治—伦理学说。儒家讲一统，讲等级，也讲道德；中国的士人为着自己的道德观念，身体力行，有苦无甘，什么样的艰苦和屈辱都可以受得下去。然而，到头来，乱自上始，不论你如何忠君，如何谏上，如何教天下莘莘学子像你一样的忠君，如何以儒家学说灌输给天下万民，皇帝老爷一样不买你的账。你虽一片忠心，他可能一不高兴就杀死你；你要谏，他不听；你要鞠躬尽瘁，死而后已，他理也不理；即使掉三滴眼泪，转过屁股，还是昏天黑地，自行其是。道德的败坏差不多总和土地的破坏，和官僚阶层自身的腐败和土地兼并同时产生，且相互影响，转换生成。到了这个时候，儒家的学说也没有意义了。从实际情况看，历代的农民起义大约都距儒家学说最远，而距种种宗教意识最近。天下好像一堆干柴，一遇星星之火，便成燎原之势。

于是，“混凝土”压碎了“马铃薯”。

7. 斗与斗也有不同

马克思分析历史，以阶级斗争方法为入门方法。这个也是对的。中国封建时代的斗争，说到底还是阶级斗争。包括异族入侵，也可说是阶级斗争的特殊表现形式。但是，中国封建时代的阶级斗争与西方近代以来的阶级斗争有“质”的差异。这个斗争有它的特殊性和复杂性。我称为“斗与斗也有不同”。

从具体的斗争形式来看，可以分解为四种情况。

贫苦农民斗官府；

两头合力斗割据；

上下齐心斗商人；

全国一致斗入侵。

中国社会的动乱，虽有种种原因，压迫是其中最重要的原因，自然灾难只能伤物伤人，社会压迫才是既伤人，又伤心。悲痛莫过于心伤，绝望莫过于心死。老百姓对官府伤透了生活的心，也死了希望的心；于是，一不做二不休，既已无生存路，便来个鱼死网破。忍无可忍的农民终于以起义的方式来消除和击毁世上的不平，这个就是贫苦农民斗官府。

但是，中国在明清之前没有产生资本主义的可能，充其量只有“假”资本主义现象，而没有真资本主义基础，所以弄来弄去，还是要走回到封建集权的老路上去。农民起义的结果，一是走向失败，虽失败却打击了官府，打击了社会恶势力，虽败犹荣；一是走向自己的反面，成为新的朝代的新的统治者，以军功大小，受奖受封。所以，在贫苦农民斗官府这个形式进行到一定程度之后，就会转为两头合力斗割据。即将当上皇帝，或者已经当上皇帝的这一头，和农民起义的那一头联合起来，斗妨碍民族走向统一，政体走向统一的割据势力。纵然双方都是起义军也罢，哪怕双方都是豪绅权贵也罢；就算都是“天下英雄唯操与使君”也罢；总而言之，天上不能有二日，地上不能有二主。在积极的意义上讲，只能有一个中国。在消极的意义上讲，还是回到封建专制的旧有模式，不过换一个圣明的皇帝，求一个清明的朝代，盼一个太平盛世而已。

不仅如此，因为中国的皇帝是最能代表农业自然经济的，所以，历代皇帝只要他想在中国这块土地上并且在小农经济的海洋中不至跌跤，不至翻船，那么，他就得实行重农抑商政策。于是又形成上下齐心斗商人的情况。当然小商可以不斗，不过小商小贩在中国人眼里，哪怕是在最贫贱的士人眼里也没地位，在最贫穷的农民眼里，也不正直。至于大商大贾，则不惜一个限制，两个限制，三个限制；然后法外生法，再来一个大大的限制。

最末，如有外侵，则一切争斗暂停，全国同心同义斗入侵者去了。

中国的社会斗争极其复杂，所以中国人长于合纵连横，论权谋讲策略，出其不意，攻其不备，攻城攻心，先灭心中贼后灭山中贼种种方法有着特别丰富的智慧。然而，从推动历史进步的速度来看，也不过是些小智慧，而不是大智慧。因为闹来闹去，还是从一个帝国变成另一个帝国，换汤不换药而已。

这是一个魔圈，有人说造成社会动乱的是社会无组织力量，而中国封建王朝有奇特的修复能力。大动乱既有调节作用，封建王朝的稳定性又与无组织力量残存程度成反比。于是修复的办法，就是从“第一块修复模板：宗法同构体”到“第二块修复模板：一体化目标”，最后淘汰与一体化不相容的力量，达到两块模板的拼合，即新的王朝秩序的建立。

但也可以简单点说，无论农民起义也好，社会动乱也好，它由动乱走向安定的过程，一般需要三个阶段。第一阶段，对于旧秩序的反抗，然后，发生一个转折，由主流趋向于反叛转变为主流趋向于统一；于是第二个阶段开始，准备统一的条件和采取统一的步骤；最后是第三个阶段，建立起新的与原来的太平盛世大同小异的社会秩序。还是“官、土、家、德，以官为本”这样一种老样式。

因为中国社会混乱特别是农民起义军走向胜利必然要经过这种转变，所以许多历史学家和政治家对此都有浓厚的兴趣。我国20世纪五六十年代，也曾对新的封建王朝建立以后，统治者是向农民让步还是反攻倒算，大大地打过一段笔墨官司；不幸的是，还打过一场政治官司。

但要我说，中国的封建结构模式，如果不能突破“官、土、家、德，以官为本”的模式，就只能在“魔圈”之中跳舞。您可以化装成为多愁善感的林妹妹，也可以化装成为铁面无私的包青天；既可以化装成为风流倜傥的周公瑾；又可以化装成外恶内善的钟判官，但那本质并无大的区别。所谓一块顽石经风经雨，还是一块顽石；一块美玉，经霜经雾，还是一块美玉。那么，中国的封建“魔圈”就没有破法了吗？历史证明，它早已经打破过了，不过这是近代历史开始以后的事情。打破中国封建结构的办法有两个，一个靠内部力量的积蓄；一个靠外部力量的打击。当然这二者不是绝对可以分开的。中国的情况，就是在内部力量已然发出自己巨大的历史抗议的声音的时候，鸦片战争中，英国人的大炮也对着中国封建王朝的皇冠开始吼叫起来。这个老田鼠，真叫掘得狠。

8.“魔圈”是由工业国家的大炮打破的

中国封建时代的魔圈终于让英国人的大炮打开了一个缺口。从此接二连三，这些洋鬼子就开始拼命地欺负中国人了。于是一场新的斗争，就以无比复杂的形式在中国揭开了序幕。说它复杂，是因为这是两个文明的斗争，又是侵略与反侵略的斗争；是极为激烈的阶级斗争，又是民族反抗的斗争。反帝还要反封建，反封建又要反帝。这里边既有政治矛盾、民族矛盾、经济矛盾、科学矛盾，还有文化矛盾。好在本文的主旨并不在此，我们且把它按下不表。这里说明的只有两点。

第一，英国人的大炮固然厉害，英国人的商船更其厉害。因为以武力征服中国，最终总是要失败的。而以商业征服中国，却出现了新的情况，不论你服与不服，它都以新的文化思想挖了中国人的墙角。

第二，中国古代文明，在与现代西方文明发生碰撞以后，神秘的“魔圈”一下子失灵了。人们很快看到，官、土、家、德这个结构不行，其结构缺陷是致命的。和西方近代文明形成剧烈对比的是：

你要领土完整，天下一统；他要你门户开放；

你要皇权第一，实行官本位制度；他要你接受民主，实现共和；

你要农业自然经济，自给自足；他要以大工业优势，抢你市场；

你要儒家政治—伦理学说，以礼为本；他要你放弃旧说，实行市场文明。

在这样复杂的斗争中，到了武昌起义，终于推翻了帝制；到了五四运动，终于由中国人自己觉悟到中国古代文化所最最缺乏的乃是民主与科学这两件事，新文化运动即从此开始。

二、士、农、工、商，以农为本

士、农、工、商是旧时的划法，古称“四民”，认为是最基础的社会阶层构成。研究古代文化借用古代划法，或许是合适的，不过要给点新解释。

“四民”自然也有阶级之分。比如士与士不同，跟着黄巢起义的有知识分子；为着大唐帝国捐躯的也有知识分子。既有为王先躯，为着崇祯皇帝的江山一根绳子把自己吊死的士；也有为起义军做参谋，为李自成的农民起义事业出谋划策的士。“士”如此，农也如此。按我的观点，农与农有不同，有地主之农，也有贫农雇农之农；一个在天上，一个在地下。但封建时代不管你这个，它只承认农有贫富善恶勤懒之别。你贫因为你懒；贫而不能安命，就是恶；再扯旗造反就是十恶不赦。他富是因为他勤，勤能致富，富而不忘皇上的恩德就是善，万一后来又贫了，犹能不忘恩德，更是大善。民有善、恶之别，对于善者就要讲究礼义，对于恶者就要讲究刑罚。孔子虽最重“善”字，当了大司寇，还不是一样杀少正卯。少正卯自然不是农民，但劳心者治于人也，连少正卯都诛得，将不能改恶从善的农民诛杀几百几千又有什么关系？商人也有大小之别，大富户，可以富比一方；小商人不过是如牛似马。刘邦起义，手下有一位大将灌婴，就是布贩。刘邦的后人刘备先生，人称“织席贩履小儿”，是个做小本生意的。不为列宗争光，却为祖宗丢脸。然而，终于当了皇帝，毕竟凤子龙孙与众不同。“工”的地位不高，其内容也与我们今天研究的不一样。所谓“巧心劳力以成器物者”也，但也出现大人物。工匠也好，手工艺人也好，从艺皆讲师传，未有师传，便有家传，不论师传家传，一律等级关系森严。师徒如父子，而且比之父子关系还要严格。有些师傅已经不再干活，成为剥削徒弟的不劳而食的阶层。这样看来，士、农、工、商实际是有阶级差别的，不过有些阶层分化严重，有些阶层分化不算十分严重罢了。

既有阶级之别，就有阶级斗争。但这个问题要具体分析，要看社会政治背景，因为不是每天每时，不同的阶级都在做拼命搏斗。如果是那样，人类早就斗没了。因为社会形态不同，阶级斗争有激烈时，也有平和时，甚至因为形势的原因，农民与地主也有利益极其相似时。例如反对外来侵略和共同反对奴隶主阶级的时候就是这个样子。不同的阶级之间在特定的历史时代，也可能产生共同的要求，比如我们前面说过的封建时代的农民需要皇帝，其中包括地主需要皇帝，也包括贫民需要皇帝。贫民需要皇帝，笑话！反动！其实这是最简单不过的常识，贫民不需要皇帝，为什么农民起义的结果，就会拥戴出一个皇帝，他们的这种拥戴不是完全被动的，更不是完全被迫的，也不是完全被欺骗的。在那样的历史阶段，大约也只好如此。仿佛新中国成立的时候，刘少奇到天津去，讲到劳资关系的时候，说工人阶级欢迎剥削，那是有具体的历史背景的。后来批判刘少奇，说他是工贼，不公正。现在全国私人雇工很多。私人雇工，主要利润归谁，还不是归雇主。如果说所有的雇工都不欢迎这种形式，为什么它还能存在和发展呢？要说全体雇工都是被强迫、被欺骗的，肯定不合实际。

封建时代的士、农、工、商，是建立在“官、士、家、德，以官为本”的结构基础上的，所以就其总的倾向说，他们都是皇帝的臣民；而且他们也愿意做开明皇帝的臣民。等到历史发展了，他们不愿做也无法做皇帝的臣民了，就到了该宣布封建时代灭亡的时刻了。不过作为一种社会文化和社会心理，这种情况就是在封建制度宣布退出历史舞台以后，也还有作用。例如直到新中国成立以后，虽然中国早就没有皇帝了，很多社会主义公民心目中还存在着皇帝的影子。这影子影响之大，非同小可。以至于一看到天安门城楼上的伟大领袖，马上热泪盈眶，个别人干脆趴在地上，大碰响头。足见改变一种社会文化形态是多么不容易的事。

“士、农、工、商，以农为本”，这是由中国传统文化的结构属性决定的，以下分而述之。

士，原有游侠之意，但后来成了知识分子的专用名词。中国“士”人的影响奇大，而命运奇糟，这是有目共睹的。春秋战国时期，士人在决定诸侯兴旺成败方面有着特殊的重要意义。虽然那时候的“士”，还不全指知识分子。士与农、工、商不同，他可以为官僚，也可以做客卿。楚国不用，可以去秦；秦国不用，可以去赵；赵国不用，又可以去齐。士人自由。因为自由，眼界也宽。士人的影响，举足轻重，所以战国有四公子者，皆因为养“士”的原因。其实公子何止几百几千，但没有得士，就没有声望。士去秦，则秦兴，士去楚，则楚强，所以秦始皇一下逐客令，李斯就反对。短短一篇文字，就说服了这位古来中国历史上开风立纪的大人物。但是，秦统一六国之后，士的作用就不同了，士不但不能对国家的统一和安定有好处，还会产生种种危害。于是秦始皇便焚书坑儒，把这账都算在知识分子头上了。到了汉代，感到知识分子的重要性，又担心知识分子的危害性，于是汉高祖带头尊孔；汉武帝独尊儒术，并确立知识分子的选拔制度，从此给中国知识分子的培养和成长定下了一个基调，直到清朝末世，这个基调才慢慢改变。

士人最奇特的地方，在于士可以入仕。入仕便是为官，为官就成了官本位体制中的重要分子。因此，士与农、工、商的关系都有些特殊，士人本不愿与工、商为伍，也不愿与农为伍。但其最主要的关系还是与“农”的关系，我们讨论这一点——士人与农的关系——因为中国封建时代是主张以农为本的，所以，这种关系就有了种种特别的表现。

以农为本，不是说以农民为本，而是说以农业为本。但以农业为本，就决定了农民在士、农、工、商中的主体地位。知识分子——士的地位虽然特殊，简单说来，他无力也无法改变农民的这种主体地位，不管他自己乐意不乐意，他只能承认，“皮之不存，毛将焉附”这句话很有道理。农民就是皮，知识分子就是附在这张皮上的毛。但这要给点说明，从表面上看，知识分子不依附于农民而依附于封建官本位体制，但是恰恰这个封建官本位就是建立在农业自然经济基础之上的。

士与农的相互关系，有这样两种基本形式：

一种形式，统治——制约。士人可以入“仕”，入仕就成了官僚。最小的官僚例如七品芝麻官，也是民之父母。芝麻官小不小，那要看和谁去比。和皇上去比，恐怕比芝麻还小；就是和宰相去比，也小得可以；给人家提靴子，怕也没这机会。但要和老百姓比，就不是西瓜，而是泰山。当然，知县也不能一概而论。秦始皇实行郡县制的时候，县令不是很小，而是很大，但是，中国的官僚机构越来越多，知县就弄得越来越小了。这种遗风，至今未绝。比如早几年报纸上批评的，现在的和尚都要比照政府官员安排一个级别，或处级，或科级。和尚是主张四大皆空的，生老病死，都以为是轮回现象，你让他当处级和尚，岂非一大笑话！究其原因，实在与中国文化传统过老过古有点关系。士人入仕，就与平民百姓拉开了距离。昔时的乡村父老，一下子都成了本太爷的良善子民。其地位的变化，可说是乾坤颠倒，委实大矣。《儒林外史》最有名的故事，恐怕就是范进中举；中国古典戏曲中影响很深远的一出戏就是《朱买臣休妻》。范进本穷秀才，因为中不了举人，长期得不到温饱，饿得两眼发蓝，老丈人也瞧不起他，开嘴闭嘴骂他没有出息。一旦中举，马上成了大老爷一流人物，送礼的也来了，送钱的也来了，送房产的也来了。把老丈人乐得两眼眯成一条缝，平地阳关，便矮下三尺。士人一旦入仕就成为农民头上的统治者，这是中国封建社会特有的一个现象。在西欧，没有这种事。就是于连那个时代，你要功成名就，不当军官，就得去当教士。

然而，士人即使已经入仕，也不能不受“农”的制约。因为入仕便是为官。你要治理一郡一县，首先要处理好与农民和农业的关系。清醒的官僚，是把农民和农业看成国家之根本的。所谓爱民如子，主要就是爱护农民，保护他们那一点点本来已经不多的利益。自然，保护也与保护有区别，是保护地主，还是保护自耕农，这就有很大区别。所谓的清官，就在处理与农民特别是自耕农有关的事宜上，能够持些公正。对于富豪的兼并有些抑制，对于贫苦农民所受的冤屈，能够依照法度，来点公道。

而士人——无论士与“仕”的思想都不能不受“农”的强烈影响。他们只有和农民取得比较一致的立场和观点的时候，才能使自己的政治抱负得到最大效益的发挥。毕竟士人不是社会的主体，也不是社会的主人。他是夹在皇帝和社会的主体“农”之间的一个阶层。它要在这两者之间，左右逢源，上下得体，确确实实大为不易。不为农民办事，便是不能为民做主，枉为民之父母，就是为官不清。而不听上司特别是皇帝的旨意，又是不忠。不忠不清全是极大的罪名。以历史的眼光看，为解民间疾苦而犯颜抗上的自然是最好的直臣。而从现实的利益讲，如果不听从皇上的旨意，必定不能官运长久，最终也就没有给民做主的机会了。所以，中国古来的士人，慢慢就养成了一种正直廉洁而又委曲求全的精神。此等情状，他们不免要感叹圣主难寻，知音难遇，昔日范仲淹遭贬南下，作《岳阳楼记》说：“先天下之忧而忧，后天下之乐而乐，微斯人，吾谁与归？”正是这种心情的写照。

还不仅此。士人虽可入“仕”，却很难成为独立的社会力量，所以历来开国之君，除去出身豪门者外，知识分子可以说一个也没有，倒是那些流氓无赖，来得更有魄力，也更有魅力。这可能就是中国知识分子自秦汉以来无法摆脱的一个历史悲剧——他只能给人家作仆从，哪怕是极其伟大的仆从，却不能给自己做主人。

另一种形式，背离—结合。知识分子是穿长衫的阶层，和穿褐衣的农夫不同。因为他可以——可能入仕，就有了一种特别的身份。他又可能无权无势，手无缚鸡之力，肩无担担之能。然而，谁知道明天清晨起来，他会不会变成一位大老爷呢？当然，变成大老爷的不多。可变不成大老爷，索性脱去长衫，下地劳动的更少。中国古来的士人，不能或不去入“仕”，就去当隐士，鲁迅先生对此多有讽刺，可谓既深刻又精辟。他写的“孔乙己”户口虽不在封建时代了，人格却是封建文化毒害的结果。他的人格是畸形的。他没钱，他好酒，他爱面子超过爱自己，他生活无着，又要去偷，有点学问又要去炫耀。他一生经历实在是太苦了，然而也太可怜。他活得没有意义，死的也没有意义。如果不是因为还欠店老板几个铜板，就是死也没人会想起他来。中国古来士人脱离农民，脱离实际的倾向，是他们不大可能获得独立人格的重要原因。

然而，他们又有与“农”相结合的一面。一般地说，他们越是入仕，就越能与“农”相结合，因为他终于找到了一个适合自己内心模式的身份，于是就凭借这身份和农民结合了。结合的形式很多，但没有其特殊身份怕是不行。比如诸葛亮，不做刘备的军师，他就不大可能和当地农民来往；一旦作了军师，却又十分关心百姓，主要是农民的疾苦。这种现象，可以说比比皆是。

士人关心“农”的利益，才能取得成功，这法则可说在一切以农民为主的历史阶段都是适用的。西欧的教会如果得罪了农民，就非发生战争不可：而中国的士人只有和农民找到思想和行为的共同点，才算有了大展身手的社会机遇。而这也从另一个方向说明了“士”人不能成为社会主体的道理。

而且，一般地说来，在中国传统文化占统治地位的情况下，中国“士”人成功的机会，大略只有两种：一种是为社会效力，那就非和“君主”找到共鸣不可。一种是走文学之路，不过在他们主观上没有文学的概念，只有以诗言志，以文言志，以画言志的志向。在中国的文学家中，他们的这种入世思想是永远也不能扭转的。当自己掉过头来的时候，虽然身为隐士，心里还在隐“仕”。以此，杜甫才能称为“诗圣”，姜太公高龄还要在渭水“钓鱼”。从中国古来知识分子的知识结构考虑，他们只有现代人心目中的某些文科知识，而绝少现代人心目中的理科知识。

讲到知识，还应该对中国古来的教育讲几句话。中国不以宗教立国，而以儒学立国，所以教育堪称发达。孔子是私人办学的先驱者之一。他的很多教育经验，直到今天还有很重要的借鉴价值。但是中国的教育也有它先天的缺陷，简单说来，就是它少有独立，没有独创性。而管它的人太多，婆婆太多。中国士人的发展，以求学为入仕的第一阶段也是为“士”的第一阶段。但是中国的莘莘学子，入仕堪称大不易事。因为从他入仕的第一天起，就大半已经失去了自由之身。

在和政府的关系上，教育要以官吏为师。这思想是韩非提出来的，但是儒家很欣赏。怎的知道很欣赏？因为从后来的实际情况来看，他们就是这样做的。以科举为例，最高的考官，不是别人，而是皇帝。朱元璋也要主考天下举人，谁不知道他没有学问，是个草包。然而，一做皇帝，马上成了天底下最有“学威”的人。这个且不说，就是一切学政，都要由专门的官僚指导，使得汉武帝以来的任何教育，都不能取得离开官本位的束缚而成为独立的学术团体。有些讲学团体，只要稍一不慎，就会被牵到某个学案中去。以吏为师，古已有之，吏即是教育之师，也是师长之师，更是学问之师，悲夫，孔老夫子，哀哉，孔老夫子。

在安排学业上，教育要以德为本。道德不是现代道德而是三纲五常，君君臣臣，父父子子。启蒙入学，先学这个。自宋以后，以《百家姓》、《三字经》启蒙，然而，骨子里还是一样的货色。照理说，《百家姓》无思想，但以百姓编书，姓有百家，缘何以赵为第一？回答说，因为天子姓赵，“赵”不第一，谁能第一，谁敢第一？于是，糊里糊涂，进了政治圈子。《三字经》就是四书、五经的浅显读本。所宣传的思想和宋明理学大同小异。以道德为本的教育方针，使得中国古来教育虽有发达的历史，却没有辉煌的历史。因为自孔夫子起，两千多年时间，它硬是没有突破一个古老的模式。思之想之，可以知道农业自然经济和官本位结合在一起的时候，有多么专横跋扈，不合科学道理。

在处理师生关系上，以师长为尊。尊师敬道，无可厚非，然而这里讲的尊，是说中国古来的师长对于学生处于一种高高在上的不平等关系。所以，师长体罚学生，就是常事。应该说，作为私塾先生的“士”人，在中国等级社会中是最没有地位的阶层之一。然而，他们对于自己的学生，特别是开蒙的孩子们，却有着无限的威严。他们可以任意责罚他们，行使自己皇帝一般的权威和权力。这种遗风，直到今天，还时时在我们中间作怪。在我们中国，真正以学生为主人的教育的建立也是很不容易的一件事情。我们这些作师长的，最习惯的还是耳提面命，侃侃而谈。我们确实肯钻学问，肯教给自己学生学问，肯于严格要求自己。然而，我们常常自觉不自觉地就要以自己为中心，全忘了如果培养不出好“产品”，那才是最大的失职；又常常忘记，我们自身本来也有很多局限，不仅有教学生的义务，而且也有向学生学点什么的责任。中国古来学童，一入学就知道要像尊敬皇帝一般的尊敬师长；等到长大成人，也就没了独立的品格和独立的勇气。他们非要遇到明主才能“鹏程万里”；就是给大官僚当个幕僚，也仿佛才算找到些发挥才能的机遇。他们就像一条条青藤，没有树干作支撑，就不能靠着自己稍稍站起。

商与农的关系。中国古代的商业不能说不发达，但它的命运和“士”的命运也差不许多，而它的地位却比寒士的地位更低下。春秋时代，士人并不以经商为耻，例如越国的范蠡一俟灭亡吴国，马上弃官不做，游五湖作商人去也。这里面既有避祸的意思，也有另觅一美好前途的道理。要不然，为什么偏偏选中作商贾，而不选中进深山作隐士？就是秦始皇当了皇帝，还专门表彰过某些经商有道的人。但自汉以后，情况就发生了变化，从此士人不入商业流，士人成为清洁儒雅的象征，商人成为奸诈油滑的典型。

中国的商业，有官商、民商之别。官商经营的项目不算太多，却都是有关于国家财政命脉的大商业。在古代最著名的就是盐铁两项，这件事在汉代曾有反复，引起过朝野上下激烈的争论，后来桓宽把其中最富代表的观点，整理成《盐铁论》。儒生是讲道德礼义的，桑弘羊则讲了些功利主义。后来历朝历代，虽然不把桑弘羊当作什么著名的人物，却能够兼而有之，儒家的仁义道德也要，桑弘羊的盐铁理论也要，熊掌与鱼兼而得之，可见中国人有怎样的灵活态度和务实精神。

官商事业也大，钱财也多，然而主要还是为皇帝和朝政服务。因为全国的资财，在本质上都属于皇帝，虽说要入国库，其实也几乎等于就是入了皇帝的私囊。官商的经营者也是官吏，所以它虽有很多经营经验，却不能作为单纯的商人看待；他们首先是官吏，其次才是商人。用“官商”二字，似乎不甚恰当，用“商官”二字仿佛更近乎事实。比如曹雪芹的祖上就是作江南织造的。然而他不仅是织造，也是一个不小的官，还负责给皇帝收集民情，打听情报。三者兼而有之，权势财势，炙手可热，虽然自己也捞了不少油水，毕竟开支大于收入，加上几次接驾，更弄得入不敷出，财政拮据。后来因为客观上卷入皇家内部的派系之争，便被抄家问罪。到了曹雪芹长大成人的时候，已经与贵公子无缘，而成为才华横溢，不泛流俗，对封建末世有着深刻体会和满腔愤懑的一介寒士了。官商权力很大，但在皇帝面前，只不过是一个奴仆。民商本无权力，在官商面前也不过奴仆，所以也可以这么说，封建时代的商人，不为官商，便为官奴。无论进退，人格都不完整。

然而旧时商人地位低贱，不仅于此；商业的艰难又不仅于此，整个封建时代，重农抑商政策都是作为国策流传下来的。个别时候，虽有所松动，兴盛时期，也曾有过商业发展的某种壮观，但从宏观上考察，中国商业和商人的地位都是十分低下甚至十分低贱的。

中国商业不能发生异变，如同中世纪西方资本主义早期出现的那种情况，除去重农抑商政策而外，还有五条原因。

其一，没有工业做后盾。商业的发达，非有商品不可。而商品的生产，仅靠手工业恐怕不行，连手工业都不发达更其不行。手工业的发达，在于使用机器，在于发展动力革命。而中国的情况则不同，中国的商业除去官商经营项目以外，主要以消费品为主；而又以为城市人口服务为主，城市人口则以官吏富豪为主。三个为主联在一起，就使得中国的商业得了“软脚病”。它有点头重脚轻，步履艰难。虽然资财也可能达到十分雄厚的地步，虽然市场也可能达到十分繁荣的程度，然而它的基础是脆弱的。一有战乱，首先影响的便是商业，最受轻视的又是商人。封建战争，最重要的不是资财，而是军饷。兵马不动，粮草先行；没有粮草，一切皆完，所以即使战时，对于农人的重视，也远在对商业的重视之上。农人可以种粮，地主可以屯粮。三国时候，孙策的军粮有了困难，遇到鲁肃。鲁肃本江东富户，家有粮食两屯，大如小山，知道孙策需要粮食，便手指一屯言道，这个便送与将军。这实在比一万个富商更使孙策动心。农人可以种粮，又可以从军；地主可以屯粮，又可以养军。商人夹在二者之间，既不能一下子拿出许多粮草，又不能成为军队的主人，情形狼狈，进退维谷，这和西欧近代历史全然不同。西欧的第三等级，实际上就是工商等级。在欧洲文艺复兴运动中起了基础性作用，在法国大革命中更是做出了很大的贡献。可以这么说，封建社会是农本社会，而资本主义是商本社会。离开工商业作基础，一切等于虚构。其主要差别，就在于用商人的秤杆打不过封建制度，只有以大工业生产做后盾，才可能产生战胜封建主义的种种奇迹。而这一点，正是中国古来商业和商人最缺乏的基础。

其二，没有平等的社会地位。平等在等级社会本来就是一种可笑的幻想。然而，民与民本应该近乎平等，但是中国的等级社会，既没有上帝统管一切，就把世间一切事物统统等级化了。士、农、工、商，商人地位极低。如果用个字表示，可以说是：官府压，士人耻，土匪劫，农夫笑。官府不尊重商人，可以压抑商业，欺辱商人。汉代规定，商人不能乘马，乘马要判刑，可见对于商人的歧视到了怎样的程度！而且中国历史，商人如不贿赂官吏，简直就没有出路，而官吏剥夺了商人的钱财，似乎也不算什么问题——谁让你有钱来着！官吏看不起商人，士人也看不起商人，因为士可入仕，入仕便是商人的父母老大人；最可怕的这还是一对偏心父母，面对工、商、农的利益，总要偏向农人许多。中国儒学反对功利主义，主张义利分离，义高于利，义重于利。商人既没有政治权力，只好在“利”这个方面去改善。这一点正好和儒家的义利观相冲突，因此，士人对于商人总持一种看不起的态度。“君子不言钱”，把这意思延伸一下，也就反映了以商人为耻的士大夫观念。商人需要长途跋涉，而世道常常不算太平。在城镇，流氓是最能和商人捣乱的，连要饭的要到门口，也要准备一份钱来打发他们。就像老舍写的《茶馆》，茶馆兴旺也罢，不兴旺也罢，萧条也罢，濒于破产也罢，反正总有一批人白喝白拿不给钱的。在城里，要给流氓说好话，求他们照顾自己的生意。您想一想，市井无赖能够照顾您什么生意？不照顾您倒霉，您就得念佛！出外贩货，又怕盗贼抢劫。山大王对于商人恐怕是最有兴趣的了。抢官府，那个不易！像梁山泊英雄智取生辰纲那样子的事情，实在并不多见。劫平民百姓，又没大油水。唯有富商，劫一个是一个，危险不大，油水不少。这一面一定要劫，那一面买卖又不能不做，为着安全起见，就和镖行建立关系。官府既不能保护商人，商人只好自己慷慨解囊，自己保护自己。一般说来，农人比商人穷；就是大地主，只要和大官僚不沾边的，怕也没有商人富有。然而，农人眼里的商人没有自己高贵。所谓“农夫笑”三个字，不是说农夫笑商人辛苦，而是嘲笑他们没有完整的人格，说他们奸猾不实，中国商人的名誉不好，实在和老百姓的心理反感大有关系。商人处在这样的位置，他们就只有三条道路可走：第一条攀官吏，找官吏最好找大官作后台；第二条兼作地主，既作商人又作地主，便好像有了些身份，即使买卖不成也还有退身之步；第三便是委屈求存，甘受欺辱。好像《林家铺子》的林掌柜和《四世同堂》中祁天佑那种样子。但这不是说商人的低贱，就比任何人都低贱，不过在中国传统文化的背景下，总有些直不起腰杆。但中国人是最务实的民族，而且封建时代又是等级社会，因此，商人既然有钱，他便可以高居于无钱者之上。而商人既然可以高攀官府，又可以贿赂官府；所以又有所谓的“店大欺客，客大欺店”的说法，这是等级社会的特点。也正因为有这两个特点，中国商人的人格发展就产生了某种重大的缺陷。

其三，没有良好的环境。首先是法律不重视商业，也不重视商人。因此，一旦发生纠纷，不论是商行间的纠纷，还是店务纠纷，解决起来于商人不利。其次是没有必要的辅助条件，要商业服务的衙门可谓多而又多，为商业服务的机构却是少而又少。商业全凭自己的努力，还要打点好三教九流。可以说大部分小商小贩的生存，主要靠在夹缝中发展。另外，因为封建社会即官本位社会，官的俸禄很低，为官清廉的，到了死时，有的连棺材都买不起。如明朝的海瑞就是如此，汉代的张汤也很穷困。官俸如此之低，就限制了商品在社会中的流通，虽有大商大贾，没有足够的资金流通，正好和现代社会的通货膨胀形成鲜明对比。看起来，货币发得太多，固然不好；货币发得太少，也有不利。封建社会以官为本，以农为本。以官为本，则金银囤积于官，看着金山银山，其乐无穷，不使它进入市场；以农为本，则保护自给自足，这就讲到与农人的关系了。

其四，中国传统文化，士、农、工、商，以农为本。而农民以自给自足为其经济生活特点。商人无法和农民建立起密切的关系，也无法打破农民对自己生活的“垄断”，于是只好把眼光转向城镇，把利润寄希望于皇亲国戚，达官贵族，特别是皇帝的需要。但是，资本主义的发展证明，没有广阔的市场，商业不可能真正发达。资本主义时期，城镇市场不足，就去农村，本国市场不足，就去海外，以大炮加工业的方法建立了多少殖民地半殖民地。作为农业国家，主要市场还在农村，如果农民都靠自己织布做衣服，那么纺织工业就不可能发展起来。而中国封建社会，几乎所有农民需要的东西，要靠自己生产，剩下就去集市上来点相互调剂，这样的社会基础，显然于商业大为不利。

其五，从地理环境考虑，西北的丝绸之路，确有作用；东南的海上丝绸之路，也有很重要的经济意义。然而中国是以封闭为主要特征的文明古国，而它的地理环境和文化历史又决定了它一定要实行海内统一和国家一统。于是，在整个中原地区，就根绝了长久分裂的可能，也从根本上根绝了大规模的商品交流。从西方发展历史看，地区的发展不平衡，国家的发展不平衡，于资本主义发展有利。中国没有分裂，于农业是一大幸事；于商业并非幸事。因为它以一个统一市场的面目出现，而这个市场实际上又是自给自足的，所以它就没有了市场的意义。现在有专家认为为了中国现代化建设顺利发展，应该变共和制为联邦制，甚至说如果古代中国出现永久性分裂，也未必就是坏事；但我要说，中国过去没有分裂，不是坏事。现在世界已开始形成统一的市场，分裂更不合历史时宜。连时宜都不合，就更不会长远。西欧都在推进统一市场，因为如不统一，必然削弱竞争能力。中国自然要以一个统一的国家和统一的市场去面对世界，不仅大陆不能分裂，还要把大陆、港澳和台湾结成一个有机的强有力的贸易整体。中国只有一个，统一才能发达。在这一点上，中国古老的文化送我们到了新的历史门槛上，使我们免除了分裂之苦。

综上所述，可以这样结论中国商业与商人的历史地位以及商、农关系：

重农抑商政策是古代的一项必然性国策，它使得商农相比，商业和商人处于附属地位；

自给自足的农业自然经济，又消除了产生巨大市场的可能，从而使中国商业发展丧失了宝贵的机缘。

中国商业历史虽长，经验虽多，却不能取得平等参政地位；它在中国社会结构中同士人一样只有依附性人格，没有独立性人格。

工，指有技艺能进行物质财富创造的从业者。他们的待遇和中国商业与商人的地位极其相似。在他们内部，实行的也是严格的等级制度；在它的外面，他们又是一支备受歧视的生产力量。因此，他们固然有很大的潜力，这个潜力却未能得到充分发挥。因为他们没有辽阔的市场，也没有必要的社会地位，在生存能力这一点上，他们比很多商人生活得更苦，更难。邓友梅写过一篇《烟壶》，那里边反映的苦难境遇很有点典型意义。

对于中国古代手艺人的科学技术创造及其结构性缺陷，我们放在后面关于中国科技历史发展那个题目中再去考虑。

最后，讲一讲士、农、工、商，以农为本的“农”。

以农为本，也就是以农业立国。封建时代初期，它保护了社会的健康发展，它是中国传统文化的最坚实的基础。但是，后来它又限制了社会的发展。总是农业当家，就不可能产生资本主义。于是中国的农本思想就陷于两难境地，向前走，打破旧的模式，没这个勇气，也没有这种力量；向后走，保持旧有传统，又捉襟见肘，不能适应历史的要求。农业处在两难境地，农民也处在两难境地。农民的解放，在于摆脱土地的束缚；而农民的生存又必须服从土地的束缚。西方资本主义之初，有一段火与血的历史，是以牺牲农民的现实利益乃至牺牲他们的土地、家园、自由、生命作为代价完成资本原始积累进程的。这在中国不能接受。传统中国已然不能接受，现代中国更不能接受。如果没有外界的干涉，完全靠中国内部机制的调整，那么，自清末算起，经过一二百年有可能走上这条道路，但是时机已过，西方的工业触角已伸到中国来，在这触角的后面，还有大炮和兵舰作为它的保护壳。农民处在两难境地，反映在信仰上，安定时信仰皇帝，动乱时便亲近宗教。可以说，历次大的农民起义都与宗教有某些关系。不过起义的结果，却只能依旧回到儒家传统的轨道上来，否则必定中途夭折，全军覆没。

以农为本限制了农民自身的发展，也限制了“士”的发展，又限制了“商”与“工”的发展。商与工都需要市场，最直接的广阔市场，乃是吃、穿、用、行，这个道理在西方也是通的，总是先有纺织业，煤炭业，建筑业，轻工业和交通业这些和国计民生有直接联系的工商业最发达，然后才是重工业，才是机械业的发展。当然，它们也是一个有机结构，就是上述两大部类有内在联系，整个工商业有统一的活动机制。但在中国，农民的市场没有打开，或不能打开，或不许打开，则中国的工与商永远是头重脚轻，只能成为依附于官本位体制上的附庸力量。

以农为本，决定了中国传统家庭在国家中的特殊地位，也决定了中国农民的生活其实就是传统中国的一个生动的缩影。

首先，中国传统农民既有强烈的依附性，又有突出的散漫性。他们的人格不能独立；没有皇帝，就有惶惶然不可终日的意思。因为小农经济十分脆弱，如不寻求强力的保护，很快就会土崩瓦解。然而，小农经济又是农业自然经济，它十分分散，各自为政。现在实行承包责任制，有时候为浇水打架，你抢了我的地，我踩了你的地，闹矛盾。昔时，土地私有，有钱者可以凿井浇地，那是自己一统江山；无钱者只好求老天爷恩赐。土地限制了他们，使他们一家一块土地。因此，农民又有特别突出的散漫性，这种散漫性有时候达到了顽固乃至疯狂的程度。

其次，中国传统农民既有强烈的求同性，又有突出的专制性。一方面，他是要“傻子过年看隔壁”的；一方面他又要主宰自己的家庭。很多老实巴交的农民，一入家门，就成了皇帝，当然只有男性老年者是皇帝，别人都是奴隶；奴隶也有大小，一级压着一级。中国人的求同意识在世界上怕也是极其出名的，不够天下第一，也得并列第一。求同性助长了中国人的爱国意识、乡土意识，求同性又助长了中国人的保守精神，它使中国传统文化既有很强的承受能力，又使中国农民的应变能力变得很低。即使遇到造反这样的事情，也常常是一哄而起，一方面讲求同，一方面讲专制。求同就没了个性与创造性；专制又反对自由和平等精神，这实在是中国几个世纪以来落后于西方的一大原因。

再次，中国传统农民虽有强烈的现实精神，却没有相应的科学精神。讲现实精神，中国传统农民的理性要求不高，比如阿Q说他祖上比别人“阔多了”，有多阔，别人不去问，他也不去想。我们这些出身农家的人大约都知道，老人对过去的回忆都是现实主义的，他们最能记住和他们本人经历有关的事情，而对于别的都是回忆加传说而已。然而，他们对于生活要持现实主义态度，对于生产也是如此。因此，他们不需要某种严格的宗教信仰作精神支柱，也不能允许破坏生产打乱生产秩序的行为出现。可惜的是，因为他们缺少理性，缺少文化，缺少平等地位，所以他们对于科学技术，既没有多大兴趣，也缺少研究能力。

最末，中国传统农民虽有强韧的吃苦精神，却又处于高度的封闭性状态下。能吃苦耐劳，练就了他们与天地奋斗的勇气。他们既要求天地的帮助，又要靠自己的努力。与其说他们寄希望于天地的帮助，还不如说他们更看重自己的努力。所以他们强调勤劳，反对懒惰；强调节俭，反对奢侈；强调克服困难，反对临阵脱逃。然而，他们的世界是封闭的。封闭的环境，特别是封闭的主观世界，限制了他们。使他们的眼光不能离开土地，去寻找别一色彩的幸福和光明。

总而言之，研究中国传统文化，非研究中国传统农业不可，士、农、工、商，只有农民才是最具资格的农业社会的代表。讲落后方面，鲁迅先生笔下的阿Q就代表了农业国国民性的落后一面。那么，先进的一面呢？其代表就是鲁迅先生。先生幼年生活在农村，他了解农村，有许多农民朋友。他爱他们，同情他们，可怜他们，又有点怨恨他们。哀其不幸，怒其不争，这是鲁迅文学作品的一个基调。但先生是接受了中、西文化的中国现代史上的一位伟人。只有这样透彻了解农民的伟人才能写出那样深刻的反映中国国民性的作品，他自己也才能成为中国民族之魂。是“五四”以来的新文化运动塑造了鲁迅，又是鲁迅引导了新文化运动。鲁迅先生是彻底摆脱了土地束缚又回过头来关心自己故土的一位伟人，旧文化造就不出这样的伟人，新文化正需要这样的伟人做开路先锋。

三、儒、道、佛，以儒为本

古代中国是一个宗教宽容的国家，这可能是中国文化自古不绝的一个重要原因。西方是有宗教战争的，一打就是几十年、上百年、几百年，中国没有。中国只有世俗战争，没有宗教战争。不同宗教之间也有斗争，然而和西方比起来，都是小打小闹，而且最终可以归于平和。中国的宗教要参与世俗事务，或多或少，都要有点关系，虽有关系，绝非领导关系，这也是和西方不同的。所以，直到今天，我国的宗教还有鲜明的关心世俗生活的倾向，这是值得自豪和欣慰的。

在古代中国的意识形态中，儒、道、佛的影响最大。现在很多学者好讲儒、道互补，即儒家和道家的学说互补。我在本文开始的时候，讲过

“共鸣说”，其实，儒、道、佛也是一种共鸣。儒学自然是中国的产物，道教也是中国的产物，佛教来自天竺，然而，慢慢也就中国化了，既已中国化，就成了中国文化的一部分。这好像一个人吃了羊肉，长了身体，羊肉的营养就化作身体的一部分，想把它清除出去，不太可能，何况这比喻也不够深刻。

从历史发展的阶段来看，中国自汉代以来的封建社会，儒学一直占据统治地位，就是说以儒为本，但它不是一成不变的。虽然我们已说过，中国儒学少有创造，只会读经，不能写经，站在孔圣人面前，总有些弯腰驼背。但是，儒学还是在发展的。以大的阶段来看，自孔子至董仲舒为一阶段；董仲舒开拓一代新风，至汉末为第二阶段；魏晋南北朝为一过渡，自唐统一到五代十国为第三阶段；宋明理学至清为第四阶段。这几个阶段的发展，不是儒学一家的天下。第一阶段，诸子百家争鸣，未能分其高下。道亦有“道”，儒亦有“道”，阴阳家亦有“道”，法家、名家亦各有其“道”。这个时期，对于中国的文化自觉与形成有着首屈一指的重大作用。西方人不能没有古希腊文化，中国人则不能没有先秦文化。东西方文化各有千秋，古希腊和先秦文化就是它们各有千秋的奠基阶段。先秦文化是自由的文化而不是专政的文化。孔子学派，只是奇花一朵，不是一花独放。论其现实效应，诚不如法家；论其思辨能力，又不如道家；论其接近人民疾苦，复不如墨家；论其关心天地鬼神，亦不如阴阳五行家。但它也有自己的特殊作用，讲人事、讲礼义，讲天下应归于一统，则首屈一指。

后来，汉代兴盛，需要一个统一的思想作为中央集权制度的理论依据和舆论指导，于是董仲舒出来，推荐了儒学；刘彻（即汉武帝）远见，“废黜百家，独尊儒术”。这件事其实秦始皇原本就该办的，但那看来太不容易。因为秦始皇一个人横跨了两个时代：前半生在于统一六国，以战争为主；后半生终于统一了天下。情况变了，然而人的思想不是一个晚上就可以改变的，何况说他是一位统一六国、开拓中央集权制帝国的创始人，你让他把昨天还熠熠发光的思想改变过来，那个办不到。不但不能改变，他还要继续强化它。结果，以自己的行为导致了天下大乱。到了汉武帝时候，社会安定已经有了好几代人时间。汉初讲无为而治，人们已经有些不大耐烦；武帝提出“独尊儒术”的主张，既适应了中央集权体制新要求，也符合他当时的社会现实背景。但是，董仲舒的儒学，其实和孔夫子并不一样。孔夫子讲过“天不变，道亦不变”吗？当然不能因为孔夫子没说过这句话就说它不合孔子原意。实事求是地说，只有孔孟之说，不能成就汉代儒学的宏大景象。董仲舒虽然认定自己是纯而又纯的大儒，但其学说已经不那么纯了。他的儒学是把阴阳五行学说和孔孟学说结合起来，是以孔孟为主体的一种新的儒学。当然这也不是董仲舒一人之见。我们看《黄帝内经》、《淮南子》等汉代名作，大致都有这么一个特点，一方面推崇儒学，一方面又没有忘记把阴阳学说和道家学说的某些重要内容请到儒学的体系中来。而这个时候——至晚在东汉，佛学也通过丝绸之路传到中国来了。开始时汉人对佛学有很大误解，以为和道家学说差不许多，甚至当时的某些佛教徒也自称为“道术”，例如牟子《理惑论》就把佛教看成“道术”之一。汉代虽独尊儒术，但如果无阴阳五行学和道家学说的地位，就不可能对佛学持这种宽容的态度了。反过来，佛学初入中国，便被接受，可知中国自汉代时就对宗教问题持以宽和精神。

到了魏晋，儒学遇到了困难，因为连刘氏天下都遇到了麻烦。想当初，王莽新政，天下也曾一乱。不过东汉中兴，很快恢复了正常。刘氏天下真好像要万代流芳，永远坐下去的样子，但后来终于大乱，儒学也跟着栽了跟斗。于是玄学之风渐炽，谈玄论道之风大起。玄学不是儒学，这个恐怕没多少争议，但主张玄学的大师，个个都是儒生，似乎也应该没有问题。魏晋南北朝一段，玄学确有影响，不仅影响了当时当世，而且在中国古代思想史上已确立它的独特地位。但是玄学不合中国大政权小经济的现实要求。如果说儒学终于不能解救刘氏天下于水火，玄学就更不能帮助任何一方渡过东晋十六国的大动乱。于是玄学转逝，佛学大兴。我在前面曾经说过，佛学是一门求解脱、讲慈悲的学说。越是动乱的年代，它就越容易造成影响。但是佛学不能使当权者统一天下，例如后赵石勒父子，虽与佛教徒有许多交往，要取得胜利，还得依靠儒生。又如苻坚在北方的兴起，不是靠着佛学，而是靠王猛。这就慢慢提醒了人们，不论你南方也好，北方也好，要统一中国，还是应该考虑中国的情况。佛教既已盛行，儒学又要独尊，斗争不可避免。而且从其争论的主题来看，确实超过先人，出现了高层次的理论探讨。后来隋朝取得了天下，随即失去天下，经过几年战乱，大唐帝国就在中国这片土地上站稳了脚跟，演出了与秦亡汉兴有某些相似之点的故事。

唐代开始第三阶段，这个时候，要一下子取消佛学影响，恐怕不行。因为它已经通过南北朝的大乱找到了自己存在的理由，也显示了自己的本来面目。同样，道教也有了自己的地位，并完成了自己的组织建设和理论建设。但是，要治理天下，离开儒学也不行。于是三家共存，争先恐后，就成为唐代文化的一大特色。

其实，儒、道、佛三家之争，由来久矣，特别是儒佛之争，早在南北朝的时候已经较量过几次。主要的争论内容包括“神灭与神不灭”问题，即灵魂问题，“因果报应有无”问题，“名实关系”问题，“人和众生的地位”问题，“沙门应否敬王”问题等等。这件事到了唐代，争论仍在继续。不过唐王朝既然已经取得并建立了天下，无论佛教也好，道教也好，再摆出救世主的劲头来怕已经不行。在“沙门应否敬王”这个特别敏感的问题上，形式上虽无结论，实际上已有结论，区别不过当事双方承认不承认罢了。儒家本来就是主张“三纲五常”学说的，甘心为王先驱，位居主导，势所必然。道教和佛教此时也只好承认皇帝的权威，转而要求在儒、道、佛三家的座次上皇帝能够支持自己。于是，唐代就出现了两个“奇观”。一个奇观，世俗最高权力者可以裁判宗教的社会地位；一个奇观，经过二次裁判之后，便从此相安无事。唐代承认了儒、道、佛三家的地位，从而在法律上、习俗上、制度上、经济上以及一切相应的方面都给三家的发展提供了方便。三家从此慢慢合流，成为中国古代思想史上的一个新的共鸣时期。

唐后期又发生了社会大动乱，乱到五代十国，真是乱得可以。争夺天下，不再考虑什么儒、道、佛排座次问题。一方面，对于佛教、道教已经约定俗成，赞成者也没有先前狂热，例如唐代那样的狂热；反对者也只好睁一只眼闭一只眼。宋继后周统一了天下，接受唐朝经验，认定外患危险，内乱更危险；边患危险，割据更危险。所以，要求高度统一的呼声，朝野皆是。正是在这个情况下，没有读过几本书的赵普才敢说："半部论语打天下，半部论语治天下"。儒学的地位委实突出了，但要天下人心服，又能适应当时的学术要求，还能得到社会特别是统治者的认可，可不是一件容易的事情。宋代大儒，从佛学、道家中取得很多有用的方法，经过综合提炼，创造了宋代理学，以后又有明代理学。虽然他们自己绝不承认佛学，如董仲舒一样，认定自己是纯而又纯的大儒；实际上，后人看得清楚，他们这些大儒其实也是不纯的。

如此看来，中国文化史本来就是一部儒、道、佛等种种学说的共鸣史。不能深入理解这一点，便很难理解中国文化。

从各个具体领域考虑，佛学、道学对于社会的影响也是全面的、深入的。无论达官贵人，无论士、农、工、商，无论文学艺术，无论习俗风化，都是如此。

道教是中国宗教，土生土长，虽不必尽合老、庄古意，却特别容易投合中国文化的口味，这个我已经在第二章《中国古代文化的价值特点——生存文化》中讨论过了。佛学来自天竺，初不为士人所解，继而不为儒学所容，再到以后，双方都有些让步。儒者既从佛学中学到不少有益的内容，佛学也开始了自己的中国化过程。乃至禅宗出来，就完全中国化了。禅宗反对修炼成佛，只讲心性：认为人人心中皆有佛性，放下屠刀，立地成佛。这个和儒学的讲人格，讲人性，大有共同之处。中国古代社会最活跃的是"士"，在理论和思想方面最有影响的也是"士"。中国的"士"与西方的教士不同，他们以入"仕"为荣，入仕即入世，为皇上、为黎民、为江山、为社稷做一番事业出来。然而，常常是落花有意，流水无情，无端遭贬，心理难平。心理既不平衡，就产生莫大苦闷。中国士人的苦闷恰如农、工、商的苦闷一样，虽苦闷，还要生活，不容易走到既十分苦闷就要爆发这条路上去。于是要求心理平衡就成为一种社会思潮，入世则为忠良，这是儒家的主张；隐世则为高贤，这是道家的理想。可是，如果连高贤也当不成，把您发配海南，和苏东坡先生一样，要想找一个中原的灵魂作伴都不容易！那么，就需要出世以求解脱了。讲到解脱的效果，儒学不行，道家怕也不行。儒学是背着忠、孝、仁、义的大包袱的，即便走到天涯海角，一时一刻也不能忘记君、臣、父、母。所以，林语堂先生说“中国人在伦理方面是最没有想象力的”。道家主张无为，然而，满腔痛苦和恐惧虽欲无为，却又困难，于是离儒而近道，离道而近佛，想不到这件事在禅宗那里，无比便当。试想放下屠刀，便可成佛；本没有拿过屠刀，只是一生一世都是守着忠、孝、仁、义的人，成佛岂不更易？况佛学的思辨能力中国古代任何一家学说都比不过，思辨是人类特有的一种大趣大乐大美大快之事，与禅宗连在一起，又添了大彻大悟的含意。受苦受难的中国“士”人，此时此刻，一遇禅学，莫不豁然而解，如牛释重，心理上也就平衡多了。入世而为忠良，隐世而作高贤，出世而求解脱，这是古代中国人心理平衡的一剂良方，对于稳定中国古代社会秩序也是大有好处的。倘若入世不能为忠良，马上就来个扯旗造反，中国也就不是今天这样子了，而古代中国彼时彼地的稳定也就成了问号。

佛学道学对于中国人的心理平衡，特有作用，对中国士人思辨的影响，特有建树，这个不再评论。对于文学、艺术、习俗、武术、气功、医学、军事等等也都有自己独特的贡献。它们影响了中国文学，使中国文学出现了新的发展局面。唐诗最负盛名，其中影响最大的诗人，应首推李白、杜甫、王维。后人论其诗风，称李白为“诗仙”，杜甫为“诗圣”，王维为“诗佛”，应该说是允当的。李白诗有仙才，人也有仙气，仙风浩荡，遇酒则迷，才能写出那么想像奇异、文字洒脱、遣词精灵、风格飘逸的作品出来。杜甫被奉为诗圣，但在当时地位不及李白，也不及王维；唐人选唐诗，杜甫就不被重视。但他的诗风雄健沉郁，他的思想特合儒学脾胃，忧国忧民，疾恶如仇，宽达明放，先人后己，以一个贤儒的形象成为诗坛的圣人。王维信佛，信佛但不迷恋，一面信佛，一面又要做官；一面超脱是非，一面又没了是非。所以王维虽信佛却不是标准的佛教徒。他也没有出家，不但没有出家，而且极会享乐，这些都表明这是一位中国的“诗佛”，而不是印度的“诗佛”，但他的诗淡泊而能致远，静中偏有精神，偶然一发情思，便成千古绝唱。写大漠孤烟也有佛学博大气象，写田园小景，更具佛家悟空味道。李、杜、王三个人成就，说明到了唐代，儒、道、佛已经成为中国文化缺一不可的整体内容。

佛学道学对文学的影响，在《红楼梦》中也看得十分明显。没有佛学影响，《红楼梦》要失去许多博大精深的旨趣；没有道学，又会失去很多深思苦辨而又洒脱不羁的精神。例如“贾宝玉神游太虚境”、“听曲文宝玉悟禅机”、“因麒麟伏白首双星”、“贾宝玉品茶栊翠庵”以及“感秋声抚琴悲往事，坐禅寂走火入邪魔”都是很精彩的文章。读《红楼梦》，没点佛学道学知识怕是不行。反过来说，如果把这些都去掉了，《红楼梦》的价值能不大受影响吗?

文学以外，对于艺术的影响同样很大。中国的三大石窟，个个都与佛学有莫大的关系。中国的绘画，也都有他们的影响。中国人历来把文学艺术视为小道。然而，现在看起来，文学艺术的历史地位实在比那些道学文章更令人钦敬，也更其影响深远。佛学的艺术，曾经影响过鲁迅先生；“莫高窟”的艺术曾经影响过张大千先生。这二位都是中国现代史上的伟人，以此可知佛学、道学在中国文化史上的地位是不能低估的了。

除去文学艺术，对于医学、气功，特别是对于社会习俗，佛、道二家都有极大影响。中国古人信神不厌其多。就是现在很多老年人特别是农村的老年人，对于神佛的虔诚也是最易通融的。他们不管属于哪个宗教、彼此有没有矛盾，都能以宽容的、自信的、恭顺的和有来有往的态度去对待他们。实在说，习俗在大文化里占有极其重要的地位，而中国的习俗正是儒、道、佛三家的共鸣曲。

但是，上述种种，不能说明中国文化是儒、道、佛三家平起平等的文化，没那回事。中国传统文化中，虽然有佛学、道学的地位，但从其整体发展来看，从来没有忘记过以儒为本这样一个原则。佛学也好，道学也好，只有符合儒学的根本道德原则，才能得以生存并且有所发展。甚至可以这么说，中国的宗教也是道德化了的宗教，但中国的道德却不曾是宗教化了的道德。

儒学曾和佛、道有过激烈的斗争，后来允许他们存在，甚至向他们学习，和他们中的杰出人物成为好朋友，就像苏东坡、白居易那个样子，但这有个过程。儒学和佛、道共存的一个前提，是要找出他们之间某些共性的看法，而后给以儒家的说明。

林语堂先生有一本名闻遐迩的《中国人》，他在书中谈到中国人对宗教的态度时曾说："中国人热爱生活，热爱这个尘世，不情愿为一个渺茫的天堂而抛弃它。他们热爱生活，热爱这个痛苦然而却美丽的生活。这里，幸福的时刻总是那么珍贵，因为他们稍纵即逝。他们热爱生活，这个由国王和乞丐，强盗和僧侣，葬礼与婚礼与分娩与病患与夕阳与雨夜与节日饮宴与酒馆喧闹所组成的生活。"这个态度是不是儒家的，恐怕还有值得商榷的地方。林语堂先生又说："所有的中国的小说都有一个特点，就是不厌其烦地详述一次家宴各道菜肴的名称，或是客店里一位旅客的晚餐。接下来是胃痛，然后到一块空地——也即自然人的盥洗室——去了。中国的小说家们这样写了，中国的男人女人们也是这样生活着。这种生活已经够丰富的了，容不了什么灵魂不灭的思想掺和进来。"①

可是，中国人对佛教持欢迎态度，这一点，林语堂先生是怎么观察和怎么结论的呢？他讨论了佛教对中国的影响，认为佛教是中国人感情宣泄的一个途径。为什么？他讲了三个理由。第一，"它使传统对妇女的束缚不再那么严格，变得稍微可以忍受。"例如"女人们朝山进香总是比男人积极一些。这既是由于她们通常要比男人'虔诚'一点，也是由于她们精神上有一种需出去走走的必要。"第二，"春天朝山进香，为已经相当萎缩的中国旅游欲提供了一条合法的宣泄途径。"比如，"在北方，每年在妙峰山进香是流行的习俗。成千上万的朝拜者不分男女老幼，手持木杖，身背黄色香袋行进在蜿蜒曲折的小路上，昼夜兼程，向神庙出发。一路欢声笑语，如乔叟时代一般，并且像乔叟写的那样，一路还讲着多种多样的故事。"第三，"佛教为中国人提供了一个欣赏名山大川、秀丽风景的机会，因为大多数的佛教寺庙都建筑在风景优美的高山之上。"②

佛教对于中国人的感情宣泄有好处吗？身背香袋，手持木杖，行进在进香的山间路上，故事不绝，笑声不断，黄童白叟，男女无别，真乃世间一大乐事也。然而这和佛教的信仰是相契合的吗？和《金刚经》告诫人们

①林语堂《中国人》第 85 页。

②林语堂《中国人》第 110 页。

的是一致的吗？

不用说，二者并不一致。但与林先生前面讲的中国人拒绝宗教的态度却是一致的。我相信林先生本人也是一个以这样的态度对待宗教包括对待佛教的人。这是给佛教内容以儒家学说解释的一种样板。

但林语堂未曾说他就是儒家，当然他对《论语》极有兴趣。唐朝有一位天然法师，本是儒生，自往长安应试，旅途中遇见一位禅客。这位禅客问他到哪里去，他回答说：选官去。禅客就说，选官不如选佛。于是这位儒生便打听了选佛的最佳去向。先去江南，又去南岳，再回江南，七闹八闹，得到一个希迁剃发，道一赐号的光辉结果。但他很不满足，又去云游，在慧林寺烧木佛取暖，在洛阳天津桥横卧，挡住留守郑某的车轮。这留守问他，挡车何故？回答说无事僧。于是声誉鹊起，成一代名僧。然而这样的名僧实在只有中国才能有的。佛学讲究“四谛”，认为四大皆空，于功名利禄，不屑一顾。然而，选官与选佛能有同样的效应，而且选官尚且不如选佛，除去中国文化，哪里能有如此美妙的解释。以此看来，儒佛本能相通，出于君里，入于吾里，里与里间，未隔一里，好不相近事也。

唐人如此，宋人更甚。很多学者出儒入佛，出佛入儒，佛儒不分，终究一儒。也有许多僧人，成为茶酒僧，成为绘画僧，成为书法僧，成为武林僧，这就不仅仅是用儒学思想解佛，简直就是佛门弟子入儒门寻道了。

清代有一著名小说《林兰香》，名声不如《金瓶梅》、《红楼梦》显赫，但也堪称才子之笔。书中有一段主人公梦卿和香儿论及佛、儒关系的文字，很有趣味，那日正是四月初八，佛的生日，京城风俗，好佛之家，都煮五色豆儿相送，名日“结缘”。香儿便问梦卿：“来生之缘，果然结得么？”梦卿道：“生死轮回，儒家不讲。今生既不知前世，则今世岂能又知来生？佛经上说的一切有为法如梦幻泡影，此话看来，是今生来生，总不必管他，又何结缘？”后来香儿又问“轮回之说，固未足信，但报应之说，恐亦儒家所不废也。”梦卿道：“佛教主气，其说报应处，未免太着形象，故有天堂地狱之谈。儒家主理，其说报应处，似无实据，然却丝毫不爽。如孟子所说，杀人之父者，人亦杀其父。杀人之兄者，人亦杀其兄。非报应而何？”[①]这作者没有曹雪芹那样伟大的才学，女主人公也没有薛宝钗那等学问、林黛玉那般见识，然而，作者于佛于儒，各有所闻，而能指点参差，评说成理，甚和以儒解佛的旨趣。中国人对待佛教的态度，激烈的时候少，平和的时候多；否定的时候少，兼容的时候多；认真弄清佛理的时候少，以儒解佛，以佛见儒的时候多；到了最后，还是以为儒学乃是根本。唯在这一点上是不敢动摇，也不容动摇的。

无论什么宗教，似都可以引入中国。然一入中国，就要听从中国皇帝的旨意，这是第二点，也是至为关键的一点。

中国古代社会，以皇帝为中心。天人合一，皇帝就是上天派到人世的代表。天地人三才，人居其中，皇帝又可以上管天界，下管阴司，比之任何一个神明都更有权威。中国人没有那么多的宗教成见，是神就敬，见神就拜。但有一个条件，就是再大的神仙，也得和皇帝取得一致性。虽然对什么神佛仙鬼都可以给以崇敬，最敬畏的还是皇上。这是中国文化区别于其他文化的一个最显著的特点。因为这个，中国人才能人神不分，要把活人像神一样的崇拜；也因为这个，中国人要对宗教取宽容态度；更因为这个，才常常至神佛于两厢，而把孔子的圣像供到最崇高的位置上来。对此，本书已经议论多多，就此打住不议。

此外，中国人心目中的宗教已经或多或少儒家化即道德化了，这是第三点。

西方基督教盛行的时候，特强调宗教的特殊地位，宗教是凌驾于尘世之上的一种特殊的权利。虽然教皇与帝王也常常有矛盾，有斗争，但有一点是肯定的，皇帝可以否定教皇的权威，却不能也不敢否认上帝的权威。而且在很长时间中，都是政教合一，教皇垄断尘世间的一切权力。中国则不同，中国的宗教不是与尘世中人相分离，而是相结合。道教喜捉妖降妖，又炼丹练气，愿意帮助尘世，以神仙的身份不是统治而是参与人世间的生活。佛教本来主要研究轮回，到了中国就改为重点研究心性。而且从接受者这一面看，他们心目中的佛教或者道教显然已经和这些宗教本身

①见《林兰香》第 153 — 154 页。

的教义大有距离，甚至大相径庭。然而，接受者是参与者。现在有接受美学，其实也应该有接受哲学，接受文化学，接受宗教学。不论什么，一经人类接受，便成巨大力量；一旦为人类摒弃，便无声无息，这是一个普遍性规律。中国接受宗教，例如接受佛教，有他们的独特理解。他们塑造和认可的宗教神话人物，也带有鲜明的中国儒学思想的印记。在一切反映出家人的形象中，我认为影响最广、家喻户晓的人物，莫过于观音菩萨，花和尚鲁智深和那位电视剧里唱着“鞋儿破，帽儿破”的济颠和尚。

观世音菩萨，在中国民间影响极大，在佛学界地位也很高。中国有四大名山，其中浙江的普陀山就是供奉观世音菩萨的所在。然而观世音菩萨在印度并非中国人见到的这般模样，而且还是男身。再追述上去，早在佛教尚未产生的公元前7世纪，天竺已经有了“观世音”。不过，那个时候的观世音，并非丈夫身，也非女儿身，而是一对可爱的孪生小马驹。它作为婆罗门教中的“善神”，象征着慈悲和善，神力宏大。它能使盲者复明，可使公牛产乳，可使肢躯残缺者健全，可以使朽木生花。到了公元3世纪，大乘教考虑到佛教中也需要这样一位慈悲的菩萨以安抚众生之心，便将婆罗门教中的“善神”观音，正式吸收为他们中的一位菩萨。他开始的时候，还是一个马驹，到了后来，才慢慢改作男人身。佛经典籍记载，西方极乐净土世界有阿弥陀佛，阿弥陀佛又有左右两胁侍，左胁侍为大势至菩萨，右胁侍便是观世音菩萨，合称“两方”。

观世音到中国，情况慢慢变了，她的形象变了，她的性别变了，她的信仰变了，她的身份也起了某些变化。她成为最受中国老百姓爱戴和尊敬的一位神祇。人们习惯称她为大慈大悲观世音菩萨。

范文澜先生说：“禅宗提倡自由自在，但不敢突破天竺戒律，公开娶妻生子。尼台指尼寺，禅僧怕活尼，甚至死尼也怕。客俗人家有妇女，禅僧也望而生畏。”[①]所以，男僧女尼，绝不同寺，男人入佛门，理应受戒，便剃去头发，身穿缁衣。就是主持，也不过一袭袈裟。中国人尚通融，有所谓带发修行。这在古印度是不能想象的。然而中国人想得出，也做得

①范文澜：《中国通史简编》第三编第二册第634页。

出。中国的观世音菩萨就是一位带发修行、道德无边、可敬可亲的女菩萨，观世音法力无边，大到极点；慈悲无边，善到极点；瑰丽无边，又美到极点。有一本春风文艺出版社出版的《观音菩萨全书》，上有这样几句话："女菩萨本应剃光头，穿袈裟。而观世音却面如小月，眼似双星，玉面天生喜，朱唇一点红。璎珞横披，环结宝明。袒胸露臂，紫衣锦袍。乌云巧叠盘龙髻，璎带轻飘彩凤翎。右手执柳枝，左手托净瓶。神情端庄妩媚，秀美可亲。一副长发唐装，俨然翩翩嫦娥。"[①]四川大足石刻有一观世音像，中外驰名，人称"媚态观音"，曾被比做东方的维纳斯。如此美好的形象，典型地反映了中国人对佛学思想的接受文化。

不仅如此，中国人还为观世音菩萨寻了一位未婚夫。据说观世音菩萨云游峨嵋，见嘉陵江水流湍急，过往十分不便。就巧妙施法，化为美丽女性站在河中，说道谁能用银子打中她，她便嫁谁。以此收集银两，作修桥之用。当然，神仙是打不中的，况且是观世音菩萨这样法力无边的神仙。偏有一好心的木匠，也要凭自己手艺挣钱为民修桥，此时经过多少辛劳，刚刚集了一两银子。欲投向观音有些舍不得，不投向观音也有点舍不得。正在这时，一位长者拍拍他肩膀，告诉他说："你只要真心，我保证你打中她。"于是这木匠照老者的手指，轻轻一扔，正中少女胸怀。观世音不免大惊，定睛一看，却是吕洞宾在捣鬼，真是哭笑不得，进退两难。只好现法身说明真相，然而这木匠死活不依。观世音不能与他成婚，只好带他回山，让他做自己的一名侍者，这位侍者就是鼎鼎大名的护法神韦驮。所以，无论在普陀山，还是在别的地方的观音庙里，都有韦驮侍者对面而站。人们就说这是"对面夫妻"。

让大慈大悲的观世音菩萨也要成其"对面夫妻"，虽非中国大儒的发明，却和中国儒家重家庭重子嗣的思想大有相通之处。

观音菩萨是那样子，在中国人接受者这一边是这样子。鲁智深和济颠僧更是有过之而无不及。这两位不同的地方很多，相似的地方也很多。两位都好酒，然而这是犯戒的；又都好肉，又是犯戒的。犯戒无所谓，依然

① 《观世音菩萨全书》第 241 页。

得正果。恐怕是任何一个天竺僧人所不能理解的吧？然而二人又有不同。在鲁智深，本是天下数得着的英雄好汉，虽入空门，不失其英雄本色。一生无所好，就是爱打抱不平。为了打抱不平，不怕危险，不怕艰难，不惜生命，不惮闲言。他可以坐在房中当新娘，也可以身入虎穴救朋友。他要吃狗肉，他要睡大觉，他要教训泼皮无赖，他要杀尽贪官污吏；他可以滚落桃花山，他能够倒拔垂杨柳。直到圆寂的时候，他还以为钱塘江水乃是战鼓之声，竟然不知道“圆寂”二字究竟为何物？这样一条好汉，虽是和尚，又不像和尚；虽不像和尚，却真正是和尚。作者借他师父之口有两句话说得倒好：“虽是如今眼下有些啰嗦，后来却成得正果。”这看法诚非高僧应有之言，倒很合中国儒者如施耐庵先生口吻。他不过借着佛门高僧之口，说出了他本人的见解。

济公不同于鲁智深。他以幽默见长，且是成正果后方来人间。最关心人间疾苦，最爱管天下不平。电视剧上的主题歌中有一句“哪里有不平哪有我”，虽是现代人的理解，却甚合这疯和尚本意。很显然，这样的和尚，轮回对于他来说，也许只是一件极小极小的事，而扶危救难，惩治恶人，对他则是很大很大的事。这样的僧人既是中国文化的结晶，也是穿着僧衣的儒家思想的一个代表。

但是，民间的理解，文学家的理解，文学人物的塑造，还不等于儒家学说的正统观点。儒家学说最重视的还是“三纲五常”，最突出的还是入世思想。他们的人格理想，还是孔夫子宣扬的那些内容。因为儒家学说是最合乎封建官本位理想的，最合乎封建等级制要求的，最利于农业自然经济稳定的，最利于中央集权国家完整的。所以，儒学、道学、佛学，说来说去，还是以儒为本。五四运动以来，头一件事就是欢迎“德”、“赛”二先生，打倒孔家店，于佛于道，不屑一言，也就毫不足怪了。

四、礼、刑、利，以礼为本

礼指礼教，刑指刑法，利指功利。关于利这一点，是我的杜撰，但并非凭空杜撰。是耶非耶，有待高明指教。

先谈利。中国人的义利观，特别是儒家的义利观，是重义轻利的，说“君子喻于义，小人喻于利”。君子是不言钱的，不但不言钱，孟轲老夫子看见屠夫牵牛过堂时牛儿浑身哆嗦，都心有不忍，不但不忍，还由此讲出一篇大道理以规劝当权者。但这只是问题的一面。问题的另一面是，中国儒家学说重义轻利，而中国人的人际交往，又非有“利”不可。比如朋友往来，亲戚往来，上下级往来，都是如此。贾宝玉挨了打，躺在床上想林妹妹，就叫晴雯去看看林妹妹在做什么，说“她要问我，只说我好。”这晴雯就说：“白眉赤眼儿的，做什么去呢？”后来又提出，送点东西。于是贾宝玉便给了两块旧手帕。到后来，这两块手帕不知惹出多少事来；诚可谓礼轻人意重矣。就是皇帝与臣下交往，自然也离不开利的内容。臣子向上贡奉，大多是只嫌其少，不厌其多的。上司对下级也大抵如是。皇上对臣下好讲恩赐，反正天下都是皇帝的，他想赏赐什么就赏赐什么。赏赐包括精神奖励也包括物质奖励。虽然说重义轻利，而奖励起来，就要“双管齐下”，一面表彰，一面发奖。一个皇帝一生之中奖给臣下多少财富，怕是不好统计。仅从名目上看，就包括奖官爵，奖金银，奖绸缎，奖珍宝玉器，奖美女良马，奖奴仆家人，奖宴席，奖歌舞，奖土地，奖官宅……，可以说天下应有之物，无所不可用以为奖。我们前面说过的嘉靖皇帝，他本人赏给臣下的土地，在《明世宗实录》中是有案可查的。清朝入关，八旗贵族可以跑马圈地，都算皇上的恩赐。即使明代的那几位著名将领，所得的赏赐同样数目惊人。后来，大清朝完蛋了，溥仪到天津，借人家的房子住，还是挥霍无度，仅赏赐一项，就开支浩大，弄得左支右绌，脾气暴躁。中国人不好讲利。然而，口上不讲利，私下图大利，也可以说是中国文化传统的一个痼疾。这个毛病不改，社会风气好转也难。

一方面，要以利笼络人心，让你感恩戴德，永世难忘；一方面又要恩威并举，讲究惩罚。所谓有功则赏，有过则罚。如同奖励一样，上至皇帝、下至平常老百姓家，上行下效。只是皇帝是最高权威，赏赐格外丰富，惩罚也格外严厉。不管你王公贵族也好，功臣名将也好，三代老臣也好，才子词臣也好，一旦龙颜大怒，管叫你在劫难逃。刑罚是严厉的，手段也是极其残忍的。在汉代宫刑还很普遍，大才子司马迁就是受害者之一。在明代则有廷杖。柏杨先生在美国讲学，题目叫作《丑陋的中国人》。讲到兴奋之处，就提到廷杖。有人问廷杖是什么？柏杨先生回答说，“廷杖就是打屁股，四个宦官打趴在地上的官员的屁股，伸展开拴起来，然后用麻袋把头套住，由两个宦官搂住大腿。当皇帝宣布廷杖一百时，就打一百。”因为是廷杖，地点就在午门以外，由皇家特务组织——东厂专门负责施刑。打的方法已经够残忍的了，而且打有打的妙处。指挥施刑的人，最是皇帝的心腹。虽说同为廷杖，却有轻重不同，重的要一顿打死，轻的只伤皮毛，这指挥对皇帝的旨意必须心领神会；或者另有密旨。然后，端坐一旁，喝令用刑。即使皇帝没有特别的意思，照柏杨先生的说法，官员也是可以行贿的，有钱可买腚不疼，表面上打得震天响，实际上却不大受皮肉之苦。这样的功夫，除去我们伟大的中国人，哪个民族练得出来？

中国人的刑罚之毒，在于往往给人比死还悲惨千倍的痛苦与侮辱。我们看古印度给犯人用刑，因为印度人是信佛教的，不忍杀生，碰到非杀不可的罪犯，就请大象代劳。把犯人的头按在地上，有专门训练好的大象过来，抬起前腿，就是一下，脑浆迸裂，死得痛快，诚如评书上说的，“可怜万朵桃花开”。我们中国人可没有这么慈悲。中国人最讲仁义，谁违背仁义，对谁绝不手软。所以不但有刖刑，要把你的腿弄残；而且有宫刑，把你弄得人不人鬼不鬼；还有大辟和腰斩。清代有一考官受贿，便被腰斩。自腰而断，人且不能马上即死，半个身子在地上滚动，蘸着自己的鲜血，连写七个“惨”字。除去腰斩，还有“寸磔”，俗称剐刑。剐刑之外，还有剥皮揎草，尤其令人发指。鲁迅先生曾惊叹中国人在医学方面之无知，而在用刑方面之“科学”。中国人的聪明唯独放在这个地方的时候，方始达到合乎解剖原理的历史最高水平。

这样看来，中国人是既讲“利”，又讲“刑”的，恩威并济，好不厉害。但是，中国人比对利与刑更重视的乃是“礼”。礼与利比，礼为其本，礼与刑比，礼又为其本。礼、刑、利三者相比，礼皆为其本。

利与礼的关系。中国人讲现实，交际无“利”不行；沟通上下关系无

“利”不行，就是奖励或惩罚，没有“利”也不行。然而，利不能独存，利只有在与“礼”发生关系的时候，才能找到自己存在的理由或者不能存在的理由。“君子不食嗟来之食”，这是好的。因为肚子固饿，人格不能丢。这在很多有骨气的爱国志士和同样有骨气讲气节的“士”人身上体现得特别明显。古时候有伯夷、叔齐，韩愈写过《伯夷颂》，在封建时代，在民间交往上，讲究以礼行利。比如说，林黛玉做生日怎样怎样，薛宝钗做生日怎样怎样，贾宝玉做生日怎样怎样，史太君做生日怎样怎样，这个就有“礼”可循了。不是说尊卑有序、长幼有别吗？就是薛姑娘和林姑娘的生日，王熙凤还要费些思量。这方面，礼是不能错的。比如说，人家老太太做生日，你没有去；小儿子做生日，你又去了，就是无礼。无礼便不能礼遇，碰到达官贵人，就得出“事”。碰到平民百姓，也要听点“说辞”。这遗风流传至今，尚未根绝。我就见过农村某些当家主事之人，说到某某亲戚来看老太太，一点礼物都不拿；“看老太太来了，老太太都七十了，连点东西都不买，这叫人不叫人？我孩子他妈说了，给俺们孩子买不买东西，俺们都不在乎，连老太太都不想着，我都替他害臊。”没礼物不行，有礼物还要讲礼。礼既不周，礼物再多，也得倒霉。想当初，英国派使节来我国，为着跪拜礼节一事闹得天翻地覆，想出种种可笑的方法。英人绝不屈服，大清皇帝越想越气，明白点的就要下诏书，开导开导那些不懂礼的洋人；糊涂的就要为这个和洋鬼子开仗。中国人重礼重到了这样的程度，实在是一大历史悲剧。

然而，在中国人内部，往往不尽于此。比如，有权有势的头面人物，看到下属家有某种东西不错，就可能随口称赞一句。等这上司一走，若是懂“礼”的，马上就该把这不错的东西包好装好，派人或者亲自送上府去。为什么当时不送？当时送了，好像人家要似的，给人家脸上下不来，非礼；为什么走后马上就送，不马上就送，又好像自己舍不得似的。早晚要送，晚送不如早送，这才叫懂礼。为什么不送不行？上司说了喜欢，你还不送，不是傻到极点就是无“礼”到了极点。想当初卢象升就因为没给皇上派来的监军高起潜送礼弄得很倒霉。正直人要骂高起潜，聪明人却怨卢象升，谁让他恁地糊涂，不明人间往来之“礼”。按理说，人家的东西，你凭什么夸奖一句，人家就得给你送去，这就叫做上尊下卑，礼教所维护的乃是等级制度。级与级间，等级悬殊，你要生存，不这么办行不行？自然，封建时代的人身依附与奴隶时代的不同，在理论上，是讲天下众生都应该尽忠即依附于皇上。而实际上，能和皇上有直接关系的能有几个？相对于普通的老百姓，七品知县简直就是生身父母。不错，封建时代的人已经不是奴隶，对奴隶不能讲礼教。对人则必须讲礼教，讲礼教讲来讲去，还是一个人身依附关系，而且要你自觉自愿去依附别人，这才是中国礼教独有的妙处。

而且，如果仅仅是“利益”冲突，旧时代的法律还偏偏没有太多的条文认定。中国古代法律也称发达，但发展缓慢。对于诸如借贷等纯经济问题，在儒家学说中未能合理解决，在法律上也属结构性薄弱环节。到了唐代，才开始有关于“钱债”的规定，到了明代清代，才有了比较详细的规则。而在事实上，讨债是不讲法的，讲的是“逼”。“逼”的手段很多，或者抢你家中财产，或者抢子女为奴，或者动手就打，或者派人来打，或者强占庄田，就像黄世仁对待杨白劳那种样子。而一旦利益冲突和“礼”发生关系，马上性质就变了。官府也喜欢管了，是非也分明了，判决起来也迅速明快得多了。不过“判”的结果，还是合“礼”就是有理，无礼就成无理。既已无理，少不得皮肉就要受苦，经济就要损失。弄得人财两失，你还得承认这种结果全是因为自己无“礼”造成的。

刑与礼的关系，刑即刑罚，但是法律不仅包括刑罚，所以，对中国古代法律还要多说几句。中国的刑法和礼的关系密切，大致说来有这么几个特点：

其一，法自君出，君居法上。中国古有成文法，好像比世界很多民族还要先进似的，但是法律却概由钦定，即为皇帝认可，才能算法，这就把皇帝置于法律之上。遇到开明的皇帝，自己颁法自己守法，这当然是普天之下老百姓的莫大幸福。一旦他们不再守法，实际上别人也奈何他不得。他可以出尔反尔，到头来还说别人是阴谋诡计；他可以口含天宪，到头来还说别人犯了朝廷王法；他可以随意对臣下给予种种处置，即使是莫须有的罪名也足以置大功臣于死地。如果你搬出法律来和他论理——这件事在封建时代本极少见，他就干脆可以把这法律改一改，因为法律是钦定的，既然可以钦定，自然可以钦改。钦改之后，再来一次钦定就是了。实际上，中国古代文化，本有礼法不分的倾向，法的界定十分模糊，倒是皇帝的圣旨、朝廷的法令、祖宗遗训更具威力。这遗风流传至今就是权大于法，法律离人民较远，而政策离人民较近。

其二，保护特权，执法不平。孔夫子是认定了“礼不下庶民，刑不上大夫”的。后来情况有些变化，有“王子犯法与庶民同罪”一说。不过形象之辞，在法律上没有体现。不但没有体现，而且中国古代法律本身就是一心维护特权、维护等级制度的。同样杀人，父与子便处理不同；同样伤人，夫与妇又有不同；同样犯罪，官与民还有不同。老百姓告官，本身就有罪；告倒了别人，自己还得受惩。媳妇对于婆婆，孝道大于公道，礼教也重于法律。有些贤妇人为着保持父母名誉，就是屈死也不招供，最后还要受到表彰。为尊者讳，为贤者讳，为亲者讳，礼教既要“三讳”，法律便要“三轻”。古代，法有“六典”，刑有“八议”，所谓“八议”，就是对八种特权的保护。“八议”出自《周礼·秋官·小司寇》，那上面说：“以八辟丽邦法，附刑法：一曰议亲之辟；二曰议故之辟；三曰议贤之辟；四曰议能之辟；五曰议功之辟；六曰议贵之辟；七曰议勤之辟；八曰议宾之辟。”译成白话，就是：“以八种议刑法附于邦法，减免刑法：第一是对宗亲的议刑法；第二是对故旧的议刑法；第三是对贤良的议刑法；第四是对有才能人的议刑法；第五是对勤奋者的议刑法；第六是对贵族贵人的议刑法；第七是对勤劳官事者的议刑法；第八是对宾客的议刑法。很显然这八种人都是大有特权的人。第一是宗亲，就是历来的皇亲国戚，这个要特殊。第二是故旧，故旧即最高权势者的“老关系”，中国人际关系在故旧这一点上特别发达，看来在《周礼》那个时代已经如此。难怪到了今天，还是老朋友、老关系、老部下，不问是非，先办事。有些老资格，简直是普天之下，都有故旧。儿女要走点后门，不论天南海北，处处都有“亲”人，“莫道前路无知己，天下谁人不识君”。第三是贤民。第四是能人，能力可以减刑免刑，貌似有理，纵然如此，也要看这个能究竟能在何处，可叹只有于最高权势者有好处其能才有价值，其人才可称“能”。若真论才能，整个西汉，有几个比得太史公司马迁的？然而，一旦触怒龙颜，照样严惩不贷。贤民最重品质，头一样就是忠君。屈原最受敬仰，因为他到死也不背叛楚君。其实屈大夫的治世之才不见得比得过曹操，社交能力肯定比不过张仪。然而，后者却是大坏蛋，大奸臣，前者却是万古贤人。第五讲功勋，大抵如同第三、第四。然而实行起来似乎更普遍，约定俗成，叫做“将功补过。”这毛病至今仍有影响。其实以现代法制要求而论，功即是功，过即是过；有奖则奖，有过即罚。里根的儿子骂了人，也要赔礼道歉；巴顿将军骂了士兵一样要赔礼道歉。没有这个，就是没有法制。把功劳转化为特权，就失去了功劳的民主价值。第六讲勤劳官事，勤劳可以附议刑法，原有些道理。但天底下，最勤劳的怕还是第一线的劳动者——包括体力劳动者、脑力劳动者，但是偏偏这些处于第一线的劳动者与议刑法无干。人家讲的勤劳是勤于官事。勤于官事，说得漂亮罢了，就是跟皇帝斗蛐蛐斗得好了，那也是官事；说不定杀了八个好人，也能平安无事。第八讲到宾客。中国人真不愧是讲礼教的文明之邦，对宾客都可以法外开恩。不幸的是，宾客有贵贱，主人也有贵贱之分，宾客的贵贱取决于主人的贵贱。汉高祖刘邦的宾客自然是贵宾贵客，磨豆腐王小二的宾客就是贱宾贱客，《周礼》讲议刑法，要害在于议刑即减刑，减的程度与“贵”的程度成正比。所以，我们看京剧《打龙袍》，知道包老太爷说错了一句话，就差点让人家把他老人家的黑脑袋给割了去；而皇帝处在大不孝的地位，也不过脱下袍子，让包丞相比划两下完事。其三，出礼入法，礼法不分。中国人好讲礼，先讲礼，礼能解决的，就不用“法”了，这习惯至今犹然。但这并不正确。而且礼与法的关系，不是“分工”不同，而是礼大法小。中国古代法的制定，不是从社会现实出发，从社会各阶层的实际出发，而是从“礼”出发。所以，讲到中国古代法律，先提《周礼》后提《法经》；而且《周礼》不过是儒家经典中的一部罢了。最重要的还是四书、五经，但其主旨还是“三纲五常”这几条最基本的规范。

对于三纲五常，本文已经用去不少笔墨。简单说来，那是中国封建等级制的理论结晶。然而只是理论结晶还不够，还要把它变成行为规范、礼教原则和法律主旨。中国的法律出礼入法，礼法不分。犯礼并不等于犯法，却很有可能犯法。而犯法却绝对等于犯“礼”，非得严惩不可。有些行为，虽然明明触犯了法律，但由于对封建礼教无伤，也就罢了。曹孟德执法甚严，十年动乱中评法批儒，乱点鸳鸯谱，曹公被冠以法家桂冠。但他同样不能执法以平。《三国志·曹植传》上说：“植尝乘车行驰道中，开司马门出。太祖大怒，公车令坐死。由是重诸侯科禁，而植宠日衰。”司马门乃军中要门，曹植乘车行驰道中，竟敢私自开此门，论法本应严处。然而，不过“植宠日衰”而已，而那个倒霉的公车令却因此而死。请问，这个可是公道的吗？不仅如此，因中国特有的家族本位的伦理观念在礼与法中都占有极其重要的地位，所以中国古代法律对于封建礼教也给予特别的支持。它确认家长的权威。不仅人格有别，尊卑有序；而且一应财权、事权，全归家长。比如对于“卑幼私擅用财”一条，就有明文规定，犯此处以笞杖之刑。家长的权力在古代中国是独一无二的。在某些朝代，甚至家长处死子女也不犯法。例如汉文帝时就曾经下令“民得卖子”，它确认家长对子女的惩罚权，惩罚死了，也只能怪你活得不结实。这样的事，就是在民国以后，也还时有发生，父母卖子，别人管不得，要卖就卖，要买就买。民国时期，父亲打死儿女，倘在荒僻乡村，几乎无人去管。我的一位姑祖父，就曾经打死过自己的儿子。死了一个，他还没事人一样；又死一个，才有点紧张。后来别的孩子也出现了危险，他才害怕起来；请一风水先生，这先生说是五鬼闹宅，要死五个儿子，把他吓坏了。什么五鬼闹宅？头一个儿子明明是打死的嘛！然而，当时的政府不去管他，村邻也不去管他。大家照来照往，此人我看见过，对亲戚十分和气热情，据说在村里人缘还不错。但我每每想起祖母告诉我的这件往事，总感到有些不舒服。

其四，重在惩戒，反对公开。中国人没有或者缺少法治观念，和法的地位“悲惨”有关，和法律不肯公开也有关。先秦时候，有人要铸法于鼎，孔子就反对。他主张“民可使由之，不可使知之”。以为土老百姓，让你干吗你就干吗，知道多了有害无益。这种愚民政策在儒家思想中可以说是一贯千载，至宋明而愈烈。法律应该归于全体公民，这是一个方向。公民——每个公民的权益受法律最大限度的保护，应该成为现代法律的一个原则。法律不是限制公民的，而是保证公民自由的。法律不合人民意志，人民有权通过必要的民主程序，改变原有法律内容。这些应该成为构成现代法律的主要内容。而任何当权者，在执政过程中，都不能越过法律规定的一分一毫，稍有越过，必究不贷。作者在某个地方也曾说过，如果执政者常常能够战战兢兢，事必三思，克勤克俭，秉政如伤，那才是全体公民之福哩！很可叹，中国传统法律，本质上乃是一种惩罚律。太爷刑法在手，如同唐三藏学会了紧箍咒一般，稍不如意，便要念起大咒来。

我们那些可亲可爱的老中国人们，实在是太重视“礼”，重视“礼教”了。有人说，中国是儒教国家，说儒教有些牵强，不如说是“礼教”国家来得恰当。你们有佛教国家，有基督教国家，有伊斯兰教国家，我们是礼教国家。

礼教好不好，怕不能简单而论。若在先秦西汉时期，就得说好，很好。若在明清之际，就得说坏，很坏。因为任何一个事情的发展都有一个过程。屈原高冠博带，在汨罗江畔沉吟，悲壮不悲壮？悲壮得紧。但是，这恐怕只能在那样的条件下才能有那等悲壮的情节发生。倘使七七事变的炮声正隆，亡国危险就迫在眉睫。您偏要学习屈原大夫，头戴高冠，腰束博带，踱步汨罗，放声长吟：“世人皆睡我独醒，吁嘻嚱！”“黄钟毁弃，瓦釜雷鸣，吁嘻嚱！”“谁知吾之廉贞耶，吁嘻嚱！”您试试有人同情您没有？人家爱国志士都在准备着“以自己的血肉筑成新的长城”，您乐意跳汨罗就赶紧去跳罢！汨罗江中神鬼都要去抗日了，没人再来听您的自我剖白！

礼教的发展也有一个过程，大致阶段，如前所述。简略说来，汉武帝之前，处于争鸣时期，孰吉孰凶，未可定论。汉武之后，属于极盛时期，血气方刚，锋芒毕露。汉末魏晋属于无序时期，异端既起，礼教犹存。唐属重新调整时期，三家鼎立，终于归“晋”。至宋明发生大变化。到了这个时候，儒学把自己内部的潜力挖掘尽了，把儒家能够吸收别家的潜力也快要吸收尽了。表面上如钢似铁，骨子里已中空起来。“夕阳无限好，只是近黄昏”，而这个黄昏到了明末清初就只剩下回光返照了。

中国人的礼教同欧洲中世纪的宗教统治比，有它优越的地方。如果说人文主义不是确定的概念而是一个相对的概念的话，那么，就称中国古代文化是人文主义文化也可以——和西欧中世纪宗教统治相对而言。但是中国是讲中庸的民族，主张德治，反对法治；主张人格完美，反对巧取豪夺；主张天人合一，反对打破和谐。所以中国的古典文明，中国的古典哲学，古典文学，古典科学技术，古典法律，古典艺术，古典军事理论，古典医学，都有很高的成就。中国是世界上最了不起的封建王国，其成就有值得自豪的充分理由。可悲的是，现在已经不是封建社会时兴的时代了。因为中国古代社会有这样的成就，所以，它的幽灵就特别难于摆脱，大有点“不离不弃，芳龄永继”的味道；又有些“才下眉头，又上心头”纠缠不清的意思。他一般并不强迫你，而是想法软化你。中国古书特别是一些优美已极的文学，精美绝伦的艺术品，您要革命，最好不看；只要一看，保准入迷。所以伟大如鲁迅先生都说过“最好少读或不读中国书”。虽是激愤之词，可知中国传统文化的“厉害”。又有些好讲传统的人，讲革命传统都讲到秦皇、汉武那个地方去了。你说科学，他问你知道不知道蔡伦造纸？蔡伦想当初要是申请一个专利，别说美国十大财团，一百大财团也绝对不是对手；你讲民主，他问你知道不知道刘邦先生和李世民先生纳谏的故事？你说爱情，他问你知道不知道贾宝玉和林黛玉，知道不知道梁山伯与祝英台，知道不知道狐仙小翠，知道不知道雷峰塔和白素贞？连中国的狐精、蛇精都如此有情有义，可知中国人是多么看重爱情。你说传统建筑，他问你去没去过故宫？你说文学，他问你懂不懂《红楼梦》？你说军事，他问你读没读过《孙子兵法》，顺手还要告诉你连威廉皇帝战败之后看了《孙子兵法》都激动得直要下泪，连美国西点军校都学习这部古老的兵法。总而言之，你说什么，这里就有什么，而且都是上好的货色。

真的，我们中国的祖先在他们那块时空里，确实伟大过，光荣过，神气过，先进过。可悲的是，他们没有保住这伟大和光荣，也没有发展这神气和先进。儒家学说曾是促成汉代兴盛的理论，又曾经是束缚社会进步的僵死教条。到了宋明时代礼教彻底僵化了，但它也快死亡了。

中国古代文化，惯以礼教为本。什么刑法，什么功利，全不在话下。它因此而把中国变成一个中央集权的封建大帝国，也因此阻隔了中国迈向新的历史时期的前进道路。它的弊端，约有如下种种：

弊端之一，只要管人，不要管事。世间事物原有大小之分。但为了礼教，可以大事化小也可以小事夸大。与礼教无碍，则畅通无阻，与礼教有碍则寸步难行。和礼教无关，再大事也是小事；与礼教有关，再小的事也是大事。有时候，简直就到了是非不明好歹不分的程度，偏还能振振有词，仿佛有十万道理都在他家存着。比如清朝末年，自鸦片战争以来，清军节节败退，清朝元气大伤，然而国粹派总能找出理由。洋务派虽不能拯国难于水火，相比之下，总算还看到了中国不如西方强盛的事实。但就是这个，也不能为清谈家所容忍。他们说："御敌之道，但当论我之欲战不欲战，不当问战之能胜不能胜。孔子曰：'三军可以夺帅，匹夫不可夺志'，故弱女夺掌而纣虎避路，相如张目而秦王击缶，岂力能胜之哉？志以为必胜也。"[①]说得堂哉皇哉，颇有点气吞山河、扭转昆仑的气概。然而，没有用，一个人只凭志气打不死老虎，别说是老虎，连条赖狗都未必能战胜。你不要以为武松就是胆大，不信请你入老虎笼子里呆上3分钟试试——告诉您，笼子里的老虎可是温和得多哩！务实者反遭白眼，空话连篇倒成了义正词严。难怪出使过西洋，对西方有些了解的曾纪泽要感叹说，我国的清谈士大夫们，只会高谈阔论，讲究唐、虞、周那些糟粕遗风，而对于肘腋腹心的危险，却置之不顾；论其危害，不仅于国家无益，实在足以贻误国家大事。……纪泽去过欧洲，看见过他们的政治情况是很有条理的，富国强兵是有根据的。对此艳羡极了，而又愤懑随之而生。但是，引商剖羽，杂以流徵（以儆国家），支持的不过几个人罢了，只能跑到深山雾谷里去长歌当哭（一日三叹）了。然而一唱三叹也没有用，曾纪泽终于郁郁而终。他的死可不像屈原大夫的死那么震动，死了就死了，中国人依然相信礼教，以为匹夫既不可夺志，疯劲一上来，非振兴中华不可！后来实在不行了，也没有真的去务事求实，一帮大忠臣们便又向僧道神鬼求援去了。其中有一位启秀就曾经郑郑重重向"圣上"奏之说："使臣不除，必为后患。五台僧普济，有神兵十万。请召之，会歼逆夷。"五台僧未曾下山，自然一个神兵也没派来。倒是义和团的勇士借着神鬼之威砍下了几颗洋人的脑袋。礼教到了此时，可谓山穷水尽，当事人却终于未曾明白。

---

① 《湘绮楼诗文集》，卷二《陈夷务疏》。

弊端之二，但保皇位，何问困难。封建中国属于官本位国家，旧礼教千保万护，为的就是这个官本位，官本位其意不仅在官；因为官的上面还有皇帝。这种体制，最难走向民主，最难走向科学，最难走向平等；却最容易走向腐败，走向平庸，走向特权。中国好讲道德，然而，往往道德其外，特权其内。说得无比美妙，内心最是龌龊。特别是在困难临头的时候，为了保住自己的皇位，尽可以置国家主权于不顾，置黎民于不顾，置国土于不顾。人家要赔钱，就给钱；要和亲，就和亲；要割地，就割地。就是要堂堂大汉皇帝作干儿子，万般无奈，也只好同意。实在说，中国有骨气的老百姓并不算少，但有骨气的文武群臣就不算多了，有骨气的皇帝、皇后、皇太后就更其少了。中国人讲历史，好讲唐、宋、元、明、清，但是唐代的皇帝，有为的有几个？宋代的皇帝，有为的有几个？元代的皇帝，有为的又有几个？明代的皇帝，有为的还有几个？没几个！有为的不多，无为的不少，昏庸的更多。老百姓说得好："兵熊熊一个，将熊熊一窝。"中国的皇帝常常就是最为平庸和自私的家伙。中国自宋以来，常常处于水深火热之中，就不是没有理由的了。然而，中国的旧礼教，什么都可以让步，唯有对"三纲五常"寸步不让。礼教之坏，也恰恰坏在这个地方。

弊端之三，为当主子，宁做奴才。中国古来内治极严，外治极宽，越是对于外来的强大的不讲道理的人越是喜欢让步。让一步不行就让两步，两步不行就让三步。就是一百步，二百步，一百里，二百里，也可以接受。宋军一败，就败去了大半江山。但做皇帝的不思恢复，二帝未死，不思恢复，二帝死了，也不思恢复。宁可给强人当奴才，也不愿冒险当烈士。但对内却极其严厉，而且越是对付忠臣良将，越是严厉。好像江山丢了一半倒没啥了不起，部下稍有不逊就十分了不得。岳飞之忠，可鉴千古；袁崇焕之忠，千古可鉴。然而，最终却成了千古奇冤。洪承畴怎么样？与袁崇焕相去远矣，然而一降清人，就成为大将，杀起本族同胞，特别卖力。有人写文章替洪承畴说好话，那是糊涂油蒙了心窍。但是清主之明却与明主之昏有天壤之别。然而，作为专政社会，明主不能久明，昏主却可久昏；昏的不能自明，明的可以变昏；这是一条规律。因为他至高无上，别人不敢看也看不到他的缺点；就算看到了，你一说，就可能把脑袋赔上。而且越是封建末世，对于自己的臣民，就越是残忍，动辄就杀，动辄就捕。皇帝也厉害，官长也厉害，将军也厉害，家长也厉害。然而，这厉害却是对内的。大清朝败在洋人手下，实在是因为生产、科学、民主等等文明程度不如人所致；大宋朝败在元人手下，大明朝败在清人手下，却不是文明低劣所致，而是礼教腐败所致。礼教发展到宋明时代，已经成为一具僵尸。雕塑出的人物虽然常常比活人更美，但终究是一尊雕塑。何况说，靠僵化的礼教"塑造"出来的人像，个个都是畸形，只会叫人伤心、痛心、恶心。

我在士、农、工、商一节曾经说过，中国人的人格都是不完整的。士人要入仕，不论入与不入，皆不完整，其余农、工、商同样带有强烈的依附性。没有官的支持，没有皇帝做主，没有大一统国家，他们便成为离开狼群的狈，前肢太短，要跑不得，要走也不能。这里我要补充一句，中国古来人格的不完整——人格畸形，实在与封建礼教有关，因为礼教作为一种文化现象，它本身就是一种畸形的文化。越是到了封建末期，它就越要使社会畸形，使生产畸形，使人际关系畸形，使人性畸形。一言以蔽之，以礼为本，扼杀民主；以礼为本，打击科学；以礼为本，扭曲人性。

五、汉夷一体，以土为本

中国文化的结构体系里，可以分成很多小的结构，本文将其分解为层次不同的八个具体结构。在这八个结构中，我认为最值得骄傲的还是现在讨论的这个结构，将来最有发展的也是这个结构。中华人民共和国成立以后，确认全国共有56个民族。应该说，所谓中国文化就是56个民族共同创造的文化。不过我们这些研究文化传统的，常常因为水平不行，知识不够，往往受汉文化的局限，这是应该祈求读者特别是少数民族同胞的谅解的。

但中国文化是中华民族全民族共创的结果，这个结论在作者的头脑中是根深蒂固的。民族固有大小，历史固有长短，然而天生一人必有一人之用，每个民族都有它自己独特的贡献。作为汉族学者，做出这样的结论，并非有意谦虚，而是实事求是。其实，所谓汉文化，也绝非纯而又纯，如果没有其他民族文化的营养，中国文化不仅不是现在这个样子，汉文化可能要遭受更多的困难和挫折。公平地说，各个民族的文化都有优有劣。从历史发展的客观考虑，优点越多的，劣势也越大。这好像是一个不能逻辑说明的悖论。实际上，因其悖论才更科学。比如汉文化，在相当长的历史时期内，都是作为中国文化的主体部分出现的，而中国文化在宋以后，特别是明朝中叶以后，与西方发展速度相差悬殊，差距越来越大，汉文化也应该负主要责任。

肯定中国文化是各个民族共同创造的结果，例证很多，举不胜举。自汉以后，西北文化就对中原文化产生越来越大的影响。中原文化大体上有三条道路与外部世界沟通，一条为丝绸之路，这条道路虽“狭”，沟通东、西文明所起的作用却大。没有这条道路，中国古代四大发明就不能传到西方去，至少要晚很多世纪才能传去西方；那么，整个人类文明的发展节奏都会受到影响。没有这条道路，佛教也不能传到中原来，莫高窟是不会出现的了；佛教也不能东来。根据作者的意见，如果没有佛教，就不可能产生盛唐那样的大帝国；产生了大帝国，也不能有灿烂的盛唐文化。佛教之于中原文化的影响，其在历史上的地位，近乎五四运动前后西方文化对中国的影响，不过时代既已不同，二者也就有些难以同日而语了。但在那样的时代，佛学东来，确是一件值得纪念的伟大的史实。

在很多中国古人心目中，五胡乱华是最难接受的事实。但这不能全归于五个少数民族，也有西晋王朝的莫大责任，孰是孰非，未可轻论；兄弟一家，亦可不论。就其文化意义上讲，不同民族的融合，对于中国历史的进步同样有大意义。没有民族融合，也就没有佛学的深入，没有佛学的深入发展，又怎能有大唐帝国，同样，儒家学说也就不能得到更高层次的发展。“胡人”这个词，在某些人看来，不是一个好的称谓。但看《辞源》，却实在是一个很重要的文化标志。《辞源》在胡字这个词条上，有多条涉及文化问题。包括胡床、胡姬、胡笳、胡琴、胡椒、胡鼓、胡跪、胡饼、胡旋舞、胡拔思、胡笳十八拍，但至少还缺一大条——胡服。

其中胡床是用具，于中国大有影响。胡床，也叫交椅、交床，可以折叠，十分轻便。梁山好汉，有英雄排座次之说，坐的就是虎皮金交椅。看来没有胡床，就算是梁山好汉，也只好一个个都席地而坐，把屁股放在自己的脚跟之上。据《汉书·五行志》上说，“灵帝好胡服，胡帐，胡床，胡座，胡饭，胡箜篌，胡角，胡舞。京都贵戚皆争为之。”可见影响之大，而且不止胡床一种，尚有胡服、胡帐、胡座、胡饭、胡箜篌、胡角、胡舞，一路“胡”来，好不热闹。

说到胡笛，便想到胡琴、胡鼓、胡笳、胡拔思、胡旋舞。看来中国现在的民族乐器，自西北少数民族传来的为多。有些乐器，自古入汉，又由汉人带去胡地，再经加工而用，可说是否定之否定。比如胡拔思，也叫火不思，相传其名为昭君所起。昭君出塞，带一琵琶；后来琵琶用坏了，当地人便仿照原样做了一个，形虽似而小。问昭君意见，昭君便道：“浑不似”。浑不似音近乎火不思和胡拔思。虽不似而能流传久远，就属于形不似而“神”似了。可见这乐器还是民族团结的一个象征。说到胡琴，流传至今的，包括现在的京胡、二胡、四胡、板胡，都属胡琴。别的不说，仅京胡一件事，就伟大得很。因为京剧为中国国剧，京剧没有京胡，差不多塌了半边天。一应梅、程、尚、荀、马、谭、奚、杨都成虚话。现在京剧在国内虽不走运，在国外却影响甚大，京胡的功劳不容小觑。可见京剧也是各族文化的结晶，而非汉文化一家之功劳。

说到胡笳，又想到《胡笳十八拍》，那歌词实在可以称得千古绝唱。写入话剧，话剧生辉；引入京剧，京剧生色。有人说此诗非蔡文姬所作，也有人认定作者非蔡文姬莫属。无论谁是谁非，其受匈奴文化的影响都是显而易见的。汉文学的名篇很多，但能超过《胡笳十八拍》的实在少见。而这首千古绝唱，恰恰是胡汉历史文化的结晶。胡笳声悲凉呜咽，极富抒情特色。非此乐不能配此诗，非此诗不能成此乐。惜乎古谱失传，未知其歌声幽咽，比李世济先生的“胡笳”唱段优劣如何？

说到胡服，便想到胡服骑射。虽是远为赵武灵王事，却对中原文化产生莫大影响。好在那个时候，文化还不像后来那么封闭和保守；赵王要胡服骑射，也就胡服骑射了；使赵国强盛，使中原文化和社会面貌为之一新；成为历史上一个重要事件，也成为中国文化发展史上的一段佳话。

说到胡跪，便想到清人的打千。在清军入关时，打千和强迫汉人留辫子、穿清服一样，带有民族压迫的含义。汉人不愿接受，很有理由。强迫接受，终于成为反清反封建的剪割刀裁之物，更有理由。但随着历史的推移，打千作为一种历史文化现象，现在琢磨起来，也有它们的优美之处。我们看一些反映老北京的旧电影片段，熟人见面，便要打千，姿势优美，动作洒脱，不仅是很趣味的风俗，还有点美学意义。打千进入“人艺”，安排在很多话剧名剧之中，经过艺术家加工，更有味道，进入京剧，效果还好。比如谭元寿演的《连环套》，就有几个打千的动作。那动作之漂亮，传情之细腻，身段之脆美，都臻于上乘。不仅打千，就是花盆底样式的女人靴子，搬上舞台，也很有风采。说到胡饼，又想到烤全羊、羊肉串。烤全羊可谓蒙古族名菜，好美食者，不食一只，真为遗憾；羊肉串则纯属小吃，在街头叫卖，欲与各种小吃争风。夏日非其所长，冬月最受欢迎。现在差不多全国各地，都有它的踪迹。虽不必以四海为家，想来如果断了档，别的地方不知道，至少北京人还真有点顶不住。

说到胡椒，又想到中国人的饮食内容，实在很多很多都与少数民族的传播和劳动贡献有关。当然也和汉族人的贡献有关。相互交流，始有今日。江西省政协、江西省历史博物馆编印的《中国古代农业科学技术成就展览》一书中，有一张自汉至今的农作物及果木中外交流种类统计。自然，所谓引进者，不等于少数民族的劳动结果；所谓外传者，也不等于都是汉民族的成果。但传入者与丝绸之路，海上之路，即与少数民族大有关系，传出者与汉民族的农业发展也大有关系，这一点应该是没有疑问的。自汉至明清这一段，其内容如下：

汉代：

引进：石榴、葡萄、大蒜、黄瓜、苜蓿、蚕豆、胡桃、胡椒、胡葱、薏苡

外传：大米、邛竹、桃、李、杏、肉桂

南北朝：

引进：亚麻、甘蔗

外传：小米

隋唐：

引进：莴苣、菠菜、西瓜、若莲

外传：茶叶、荔枝、姜

宋元：

引进：占城稻，胡萝卜

外传：银杏、荔枝、茶

明清：

引进：红薯、玉米、菠萝、烟叶、番茄、苦瓜

外传：大豆、枇杷、银杏、茶叶、薏苡、柑桔、蚕桑

其中以汉代引进为最多，以明清外传为最多。汉代的引进，就和丝绸之路最为相关。

各位读者看了这单子心情如何我不能预料。但我在第一次看到这单子的时候，真是吃了一惊又一惊。一惊，如果没有这些引进，中国真要不成中国了；一惊，不对外开放真不得了。而开放的高潮也就是引进和外流的高潮，开放一在西北，丝绸之路；一在东南，海上通道。这样看来，张骞、郑和虽一心只为圣主，其历史功绩犹然彪炳青史，永驻人间。

一个“胡”字便能引出这么多联想，其他少数民族文化对中国文化的贡献可想而知。讲到中国建筑，就不能不想起西藏的布达拉宫，又不能不想起北京的雍和宫。讲到文学，不能不想到阿凡提和他那头可爱的小毛驴。讲到宗教，就不能不想到佛教、伊斯兰教对中国文化的巨大贡献。讲到射猎，又不能不联想到鄂伦春人。讲到中国历史人物，就不能不想到成吉思汗和康熙大帝。讲到汉武帝，就会想到金日磾；讲到唐太宗，就会想到长孙无忌；讲到忽必烈，就会想到耶律楚材；讲到赵光义，就会想到萧太后；讲到门神爷，就会想到秦叔宝和尉迟敬德。您一定知道秦叔宝乃山东第一条好汉，但您可知道尉迟敬德的祖先便是鲜卑族人——连门神爷都

是汉夷文化的结晶。

在这一点上，中国古代文化和西方文化有显著区别。中国属于民族融合的文化类型，而西方尤其在中世纪属于民族自由的分聚文化类型。中国文化往往以民族冲突开始，而以民族和睦结束。西方人同样以民族纠纷开始，却要以民族胜败而结束。“五胡乱华”，而中华终未乱也。自两晋算起到隋统一南北共三百多年，却成了各民族融合的一个大的历史机遇。十字军东征，从1095年教皇动员第一次东征开始，到1291年十字军在东方强占的土地丧失殆尽，历时196年，以侵略者的彻底失败而告终。中国文化在民族文化上走了和西方中世纪完全不同的道路，从文化结构考虑，中国文化有如下四个特点：

1.以土地为依据。我在前面曾经说过，日本人重血缘，西方人重宗教，而中国人重土地。日本人重血缘首先和它是一个岛国有关。虽然近代日本人对于祖先的考察取得很多科学进展，但在一般日本人心目中，“大和族”同种同源的观点还是强烈的。甚至可以说，他们在感情上希望这样，于是便认定了这样。所以一个异族人，迁入日本，要成为地道的日本人很困难。西方国家自新教运动以来，宗教的地位有所下降。在中世纪，为着信仰的不同，是要进行十字军东征的。可以这么说，在中世纪时代，去西方最好别是异教徒，去日本最好别想长期住。中国人重土地，既然重土地，就难免为土地发生战争，发生械斗，发生种种麻烦，乃至种种牺牲。当然，中国人也重视祖先，人家是上帝崇拜，我们是祖先崇拜。比如西方人遇到了麻烦，就去教堂，而古代中国人遇到麻烦，就去祖庙。刘备取西川不容易，后来蜀汉要亡了，没出息的阿斗没有代表性，有代表性的刘谌就去哭祖庙，哭罢祖庙，自刎身亡。就是现在也有这个劲头，有了事情，先想到天安门广场，人民英雄纪念碑，虽然性质和过去不同了，但怀念先烈的心情，我以为总是和中国古老的文化背景有关。中国人重土地，不肯迁移，也极不愿意别人迁移到自己的土地上，但在动乱之后，却可以找到和平共处的方式。清人人关，满汉矛盾激烈，后来建立了新的秩序，也就慢慢相安无事。时间久了，就成为满汉一家人。我们家乡就是满汉同住的，大家都是乡亲，和睦相处，“一方土地养一方人”。我本人身上就有满族血统，但幼年在农村生活的时候对此毫无知觉。中国历史上，西晋时候，匈奴、羯、狄、羌、鲜卑曾大规模入主中原，也曾取得江北土地，也曾和东晋大战，也曾发生过种种内乱，也曾出现过南、北朝对峙局面。但后来，就平息了，统一了，大家合住一方。唐太宗做了皇帝，念及旧时功勋，曾建凌烟阁，画了诸功臣像，头一位就是长孙无忌，而长孙祖系拓跋氏，拓跋氏鲜卑族人。唐太宗没有因为妻兄是少数民族就把长孙无忌的座次后移。长孙皇后是历史上有名的皇后，身为皇后，便是天下国母，我敢说，在大唐时节，没有人感到不自然的，在历史学家那里也是十分引为自得的，为中国有这么一位贤后自得，并未去想她出身哪个民族。隋朝统一中原，唐朝又取代隋朝，无论哪个民族，凡是留在中原地区的，就慢慢都成了一家人。中国人重土地，因为中国是大陆国家；中国人重乡情，因为中国是农业国家；中国人重祖先，因为中国是儒学国家。只要在中原这片土地上生存，大体上都可以慢慢成为一家人，至于民族矛盾一类也就被搁到后面去了。世界上至少有两个民族，他们走到哪里，都是色彩鲜明的。一个是犹太人，走到哪里都有犹太人。过去受尽欺辱，19世纪以来，连续出了马克思、弗洛伊德、爱因斯坦三位巨人，也可以说他们代表了人类智慧的光荣。但在历史上犹太人与当地人同化是困难的。再一个是吉普赛人，通过电影和文学书籍，现代中国人对他们了解一些，应该说很有好感。然而，他们的境遇比之犹太人还要差些。吉普赛人若在安定时期进入中原，大约也会改大篷车为生产工具，在中国安定下来的。

中国历史上的民族团结与民族融合，乃环境文化使之然也。

2. 以天子为中心。有人说中国历史上是一个封闭国家，这要看怎么讲。从主体上看是封闭的，不封闭为什么郑和下西洋成了“一头热”？但形成与现今中国版图大略相当的圈子以后，中国对内又是开放的。所以我说中国古代文化的特征是封闭下的开放，开放中的封闭。其信仰、社会与政治缘由，就是中国不是宗教国家，而是儒学国家。中国最重天子，而不是最敬上帝。上帝在中国地位不高，皇帝代表一切，也代表上天的所有神灵。在中国古人眼里，中国住在当中，皇天浩荡，天地无垠，没有一个地方不应该向天子臣服的，何况居于天下中间的最肥沃最美好的地区，就在天子脚下。这种观点，显然有它落后的一面。这落后的一面助长了中国人的自高自大，自以为是，总好以老资格自居，一讲历史便“没酒三分醉”，伟大的祖宗压在背上有点气喘吁吁。但也有它积极的一面，至少在历史范畴内有积极的一面，就是他不盲目排外，也不去侵略别人。他只有在认为别人不尊重他的权威的时候，才会动怒，而希望世界上一切人都能拱手称臣，所以汉武帝临终的时候，他的托孤老臣中，除去霍光、桑弘羊，还有一位金日磾，金日磾本匈奴王王子，归顺汉朝成为重臣，在汉武帝那里，毫无芥蒂，终为股肱之臣。这种天子在上、天下一家的文化特征，使得中国有一种希望万邦来朝的不恰当态度，也有一种一视同仁的人文主义精神。

因此，又可以说，中国历史上的民族团结和民族融合，乃社会政治文化使之然也。

3.以亲和为主旨。中华民族内部，历史上确有很多不愉快的事情，然而，亲和是主旨。王昭君也曾和亲，和亲这个词有歧视的含义，但王昭君在匈奴确实生活得很好，匈奴人喜欢她、尊重她，她死了以后，还有种种美好的传说作为对她的纪念。这件事现代人写了种种文学作品，但写得好的不多，有的人写来写去写成两条路线斗争了，可谓离题万里。公正地说，昭君与匈奴和亲，它的意义超过了一般和亲的范围，也超出了统治阶级的眼界；它的直接意义也许是小的，而它的文化意义绝对是大的。汉有昭君出塞，唐有文成公主入藏。文成公主和松赞干布成为汉藏团结的伟大象征，其意义尤其令人瞩目。清朝还有一位容妃，是维吾尔族人，即后世传说中的香妃，也有佳话无限。

中国人讲民族亲和，反映在文化典籍上，最突出的就是对佛教的态度。佛经大部分出于印度，但在印度没有保存下来，而在中国保存下来的很多。西方人有宗教战争，相信最高神明只有一个。所以，历史上，信奉《可兰经》的地方就不能允许《圣经》的存在；信奉《圣经》的地方，也不能允许《可兰经》的存在。据说古代宗教战争，伊斯兰军获胜入城，便要烧毁一切其他书籍，与《可兰经》相背谬的当然要烧，与《可兰经》不背谬相一致的也烧。前者的烧在于消灭异端，后者的烧，在于避免重复。

中国只有皇帝不能共存，即使共存也是暂时的，独存才是长久的。赵匡胤坐天下，人家南唐皇帝李煜一点也没招他，也没惹他。他要什么，人家就给什么，就是要太子作人质，人家也没违拗。结果呢？还是派曹彬为大将把人家给灭了。什么原因？这位大宋皇帝回答得却妙：“卧榻之侧，岂容他人酣睡？”在古代中国，你只要承认一个皇帝，那么《圣经》也无妨，《可兰经》也无妨，《佛经》也无妨。秦始皇焚书坑儒，那是“极左”，后人赞成的少，反对的多，反对的人总有理由站住脚跟。汉武帝“废黜百家，独尊儒术”，也有点“左”的味道，然而其作法却更合儒家风格。儒家并不同意别人和他平起平坐，但他可以同意别人的存在。所以，汉武帝虽然独尊儒术，中国的典籍并未沦失。人们现在看《老子》，读《庄子》，习《墨子》，研究《韩非子》、《公孙龙子》，十分便当。中国人以儒为本不合乎时代发展的要求，但中国人允许种种典籍存在，在那样的时代则具有开明含义。

古代中国在民族问题上，类似于今天的美国。不过，今天的美国是世界性国家，虽以欧洲人为主，但欢迎世界精英前往美国，最好就成为美国人。美国人各有各的民族，但不影响他们是美国人。美国文化就是世界文化相互冲撞与调整的结果。中国古代是在中国本土这样一块地方实现民族交流和民族融合的，终于成为一个统一的中华民族。同样，中华民族由几十个民族组成，然而这不影响我们是一个统一的中华民族，中国人也都有民族归属，但也同样不影响我们是中国人。

这就是说，中国历史上的民族团结和民族融洽，乃习俗与文化使之然也。

4.以保家卫国为己任。

中国人少有侵略别人的历史，却又不受别人侵略；中华民族没有分裂他人的历史，却又不受他人分裂。这是中国古代文化一份非常值得骄傲的遗产。在国难当头的时候，不论哪个民族，人无分老幼，地无分南北，都要团结起来，共御外辱。所以，在中国抗日战争、解放战争的功臣中间，有着全国各民族的优秀代表。现代如是，古代亦如是。因为中华民族有这样一种内在的凝集力，才使中国文化历数千年而不绝，成为人类文化中独具特色的一份宝贵财富。

中国自秦以后，统一的局面常有，动乱的局面也常有。产生周期的原因，和官本位的社会制度最为相关。大的动乱，汉末三国算一次，然而，问题解决得不彻底；到西晋十六国、南北朝出现更大的动乱，至唐而安；五代十国又发生战乱。这些动乱涉及民族问题最多的，还是西晋十六国和南北朝这一段，这一段真可谓风雷交加乾坤俱动。然而终于没走向永久性分裂，而走向了强盛的唐朝；其原因，我在官、土、家、德那一节已作了些基本分析。反映在民族问题上，还应该有如下三点补充：

首先，相互借鉴，才能生存。这是一条定律。西晋十六国，战争频仍，阶级斗争虽然激烈，不如民族斗争更为激烈，二者相互作用，上下浮沉。但一味屠杀，只能逞强于一时，好比风高放火，火尽而息。那些有些作为的皇帝，都是能够在不同程度上接受异族的皇帝。石勒虽然残暴，对于汉人张宾却能礼遇。看起来，只是石、张个人关系，实际上，反映了石勒对于汉族士人的态度。苻坚强盛，主要靠的就是王猛。王猛在桓温北伐的时候，曾去见过桓温；他身披短衣，扪虱而谈；然而不能用。于是去投苻坚。苻坚得王猛，如鱼得水，其关系同样不是苻、王个人关系。王猛帮助苻坚，但不同意苻坚与东晋为敌。王猛临终，苻坚问后事，王猛就说，东晋虽然在江南，但正统所在，民心归附。我死以后，千万不要打算攻晋，苻坚信任王猛，却不能深知王猛之心，后来淝水大战失败，弄得“八公山上，草木皆兵”，自己建立起来的国家也就完了。

其次，谋求统一，才能发展。统一是历史的方向。其原因，不再重复。然而统一必定要处理好民族关系，没有统一大志自然不能生存，有些大志，却一味以本族为主压迫他族的，更不能生存。又要统一，又要处理好民族关系，双翼才能高飞。十六国的历史，大致如是；北朝的更迭，也大致如是。从总的趋势看，军事力量、政治导向、社会制度、民族关系、领导才能都在起作用。发展不能平衡，各有各的优劣长短。而从整体发展方向上看，越是后来者，在处理统一和民族关系这两件事情上越能找到更好的结合部。愈到后来，民族矛盾愈是趋于缓和，不能缓和的人只好退出历史舞台，能够缓和的人才能站在历史舞台上。到了隋唐交替时候，民族矛盾就完全被挤到后面去了。

再次，追求文明，才能强盛。北朝强盛，至周武帝到了高潮。范文澜先生说："周武帝是解脱了鲜卑旧俗，真正接受汉文化优良部分的英明皇帝，最明显的表现是在周国内释放奴隶和杂户。……生活朴素，勤政爱民，统率将士，赏罚严明。557年，颁行刑书要制。……周武帝灭齐，颁发划一的权衡度量。"[①]如此这般，他已经完全成为北方各族和睦关系的代表。武帝死后，儿孙不济，天下又乱，然而，那行为被证明正确无疑的了。后来隋朝灭周，"中原地区成为各族融和的大熔炉，凡商周秦汉以来前后出现的各族，全部或极大部分合并入汉族。融化各族的炭火，就是汉族的经济和文化。"[②]客观地说，在南北朝时期，汉文化是先进的，它代表了当时中国的文明方向。民族团结只有追求文明才有希望得到团结，得到发展，得到强盛。反过来说，文明的民族关系标志，首先应该是平等的，亲和的，否则就是文明人办了野蛮事，不正确的政策使本来属于文明的制度发生了畸形。

中国古代文化的民族关系，除去上述特点以外，应该承认，还有很多令人不快的，即不能正确处理民族关系的史实存在。民族冲突也曾经极大地破坏了中国社会幸福、社会安定和人民的生命安全。内部民族冲突，不同的历史时期，情况各异。元代统一中国，便将国民分为四等，蒙古人为第一等，色目人为第二等，北方汉人为第三等，南方汉人为第四等。这种民族歧视政策，必定给元代的政治、经济、文化等诸方面带来长期的消极影响。直到明朝取代元朝，才算得到解决。清人灭明，又有民族歧视，汉满间不能通婚，在社会地位上也有差异。清军初入关时，行为同样野蛮残暴，不过后来得以修正，大体上维持了一个可以接受的关系形式。加上他们接受汉文化很快，比之元人要快得多，比东晋十六国和北朝的皇帝也快得多，所以，很快清王朝出现了一个社会恢复和发展的局面，这个局面的经济结果，就是孕育了康乾盛世。但是国际背景毕竟不同了，盛世不久，民族矛盾不断。孙中山先生起来提出十六字方针，可以说是一下子把清王朝打得乱了阵脚。但从整个历史的发展看，还是汉族人歧视少数民族的时

①范文澜《中国通史简编》第二编第 488 — 489 页。
②范文澜《中国通史简编》第二编第 535 页。

候多，比如对于蒙古人，对于清人的祖先，对于很多少数民族，都有过歧视、压迫和残害，这是应该承认的。现在时代不同了，民族关系应该有更好的进步和发展，中华民族是一个统一的大民族，这个思想是明确的，坚定的。

处理民族关系要平等。没有平等，就没有民族和睦。一个民族尚能分裂，不同民族更易分裂。平等既是一个普遍原则，又是一个历史概念。今天的平等，要求在政治上、经济上、文化上等方面都适用于平等原则，这不仅是一个政治问题，而且也是一个有关于中国文化存亡的大问题。

处理民族关系又要坚持国家的统一，不统一就没有民族发展的保证，有些人或者出于好意，以为联邦制度适合中国的情况，这是不正确的。也有人认为西方经济之所以发达，和它在历史上的分裂有关，分裂成不同的国家，更利于市场经济的发展。这个观点也是不正确的。中国的社会发展，需要统一的国家作保证，中国人最需要的不是民族的分裂权利，而是公民的民主权利，和国家的现代化民主建设。至于讲到经济发展，现在世界已经一体化了，早不是中世纪的情况，也不是19世纪的情况，甚至比20世纪中叶以前都发生了极其巨大的变化。中国的经济要走向开放，走向世界，以一个统一的中国参加国际市场，力量都嫌薄弱，一个分裂的中国，干脆就没有进入国际市场的希望。对内当然要搞活。但搞活的基础，在于建立一个健康的经济机制和与之相适应的民主机制，这才是问题的本质。

处理民族关系，既要提高中华民族在世界上的地位，又要追求文明。古代中国，儒家学说代表了文明的最高水平，至少在宋明以前是这个样子。宋明以后和北方游牧民族，也是如此。因为儒家学说为主体的民族文化居于当时文明的领先地位，才能用它统一中国，团结各族人民。但是儒家学说的局限性在宋代以后就非常突出，明清时期已经成为阻碍社会发展的落后力量。所以五四运动不提别的，先要提出打倒孔家店。未来中国的强盛，民族的团结，自立于世界各国和各民族的条件，在于我们追求新的文明，建立新的文化模式。这一点对于民族和睦和民族进步同样具有十分重要的历史意义。

六、士俗分合，以经为本

这个问题有点复杂，分成五个小节叙述：

1. 两个文化圈

士、俗文化本身既是一个文化圈，也是两个文化圈。它们有时相合，有时相悖。但我这里讲的两个文化圈还不是这个意思。这里的两个文化圈是说从历史发展看，文化是一个不断放大的过程，这是一个文化圈。从文化的现实组合看，文化是由不同的小文化圈组成，这又是一个文化圈。但我们讨论的是士俗文化这个方面，而这个方面涉及很多问题，所以才从历史与现实两个文化圈说起。

先说现实文化圈。现实文化圈有种种划法，以地域划分，可以有区域文化，地方文化，民族文化。从性质和功能上划分，可以有软文化，硬文化。这里从士文化与俗文化这个角度分析，士文化其实近乎雅文化。但为什么不称雅文化而称士文化？因为士文化不见得就是雅的。

其实，除去士文化以外，还应该有官文化。除去俗文化以外，还应该有野文化，除去野文化以外，还应该有匪文化。官文化指的是官方确立的文化系列，在学术上就是国学。士文化主要是专业人员的文化，在中国主要是以儒学为中心的专业文化网和著作圈。俗文化也就是民文化，是百姓的文化。野文化有士文化和俗文化的某些特点，然而难以归类，与俗文化更接近些。比如妓女文化就属于野文化的一种，青、洪帮文化也是这里边的一种。鲁迅先生讲过烟枪，说那个玩意可以作为文物，背着周游世界。这倒是真的，现代人吸毒的虽多，对烟枪已经陌生了。研究文化的人，最好看见过烟枪，知道贵族怎样吸大烟，士大夫怎样吸大烟，平民百姓怎样吸大烟，地痞流氓又是怎样吸大烟的。邓友梅写《烟壶》，烟壶虽小，涵容却大。它映出了斑斑点点，整个社会。粗看近乎全豹，细看还有学问。可惜作者没福，不知溥仪先生的皇后和旧日广东老牌烟民所用的烟枪区别在哪儿？如果把野文化划入俗文化，一定有很多人不乐意，而且那也不确。但野文化确实重要，比如对妓女的研究，就是一个十分重要的文化题目。可惜研究得不够，文学作品写得也不够，没能写过类乎《堂吉诃德》那样了不起的作品。《堂吉诃德》一出，就揭了骑士的老底，于是骑士之风，屁滚尿流。但中国人看妓女，理想化的时候多，好像妓女个个都是“李娃”、“杜十娘”、“霍小玉”那样的人，悲欢离合，终于成就青楼女子一段奇事。清代言情小说盛行，写妓女的小说不少，《青楼梦》把妓女个个写成佳人，不合实际；《九尾龟》把妓女个个写成坏蛋，也不合实际；《海上花列传》好些，但亦嫌其就事论事，不能通透。其实，妓女这现象很复杂，里面包含着多少文化问题，怕是现在还没弄清楚。昔时天津老艺人陈士和先生善说《聊斋》，对于妓院的种种规矩描写详细。后来他的评书刊印发行，说那些东西对青年有害，没有意义，给删除了。其实在我看来，那才是最有文化意义的。评书《聊斋》虽好，终比不过原本《聊斋》，但原本聊斋对于逛妓院之类并不细写，因为对时人来说，那是常识。常识应该省略，于是不写。但于后人来讲，常识中包含的真理，比真理中包含的真理也许还多出几倍。你也不写，我也不写，到了后来就不明白。比如“文化大革命”中的事情，具体细节不明，只知道谁是谁非，其实和什么都不知道差不了许多。五四运动以后出现的大手笔，对于民风民俗，大半都是重视的。如对吃、喝、嫖、赌这样的事情，也很重视。鲁迅先生就研究过赌钱的事，以为那是文化问题。自己虽然不赌，写《阿Q正传》就用上了，因为有这方面的知识；写阿Q戏台下面的暴赌暴跌，活灵活现。可惜他没有去过旧监狱，对监狱的情形不明；鲁迅自己也曾想闹个小错，进去瞧瞧，后来终觉不妥，没有实行；所以写阿Q坐监那几段就没有赌钱的情态来得精彩。林语堂也是重视俗、野文化的，他对于妓女这形象还有特别的看法。他在议论中国宗教的时候，顺手就提到了提香的名作《人间的爱和天上的爱》。画面上维纳斯正和一个少妇在聊天，中间一个小孩儿，画得十分精美。但林语堂先生认为仅有天堂的仙女和人间的少妇，还很不够。他说：“《人间的爱与天上的爱》需要修改，以产生出一幅更为杰出的作品。画中应有三个妇女，而不是两个：一个脸色苍白的修女（或者一个手持雨伞的女道士），一个妖娆的妓女，以及一个神采奕奕、怀孕已有三个月的妇女。……他们分别代表宗教、人文主义与自然主义这三种类型的生活方式。”①

妓女，在正人君子眼里，也许是最下贱的人，但在中国封建社会，这些最下贱的人正是那些高贵的人造成的。他们创造了她们，凌辱了她们，从她们身上取得了欢乐，然后又痛骂她们，以便使自己更像个正人君子。有钱的女人自然瞧不起妓女，小家碧玉也是如此。但对中国服饰与生活饶有研究的专家早就提出过，服饰的变革，一大半倒是从妓女开始的，而后大家闺秀，而后小家碧玉。正人君子看不起的人，他们的夫人却是常常跟着人家屁股后面跑，实在是下贱的女人领导着当时服饰装束的新潮流。野文化还不同于匪文化。匪指匪盗，匪盗不见得全是坏人，但其中坏人却是不少。有时候，“右”劲上来，一切匪盗都是坏蛋；有时候，“左”劲上来，一切匪盗又全成了梁山好汉。其实，有作为的“匪”，必然近“士”，弄来弄去，由杀富济贫到农民起义；不是自己“登基”，就是让人家给招安了去。那些没作为的“匪”，不过杀人越货而已。但他们都有自己的文化。姚雪垠写《李自成》，我认为写张献忠的“匪”气写得最好。大概和他小时候让土匪抓去过了一段被迫的土匪生活有关系。对匪文化的研究，同样薄弱，而总是研究不明，至少也是一大缺憾。

官文化、士文化、俗文化、野文化、匪文化是相连的一串。大抵来说，俗文化一般总要转化为士文化，而士文化又要转化为官文化。而一旦成为官文化，文化也就开始僵化了。不论什么文化内容，都有这个特点，不论东方、西方，大抵如是，在这一点上没有太大的区别。野文化亦阴亦阳，匪文化阴盛阳衰，略去不议。俗文化是生气勃勃的，士文化是文质彬彬的，官文化是堂哉皇哉的，然而至此也就到了头了。一经钦定，永难发展。那么，这个规律适用于一切社会吗？回答说，是的。不过真正达到高度民主的社会，所谓官文化的特点也就式微了，它不再去钦定什么；它只是作为社会管理者发表一点“自己”的意见。

文化俗、野，复杂异常，既考虑到叙述方便，又考虑到在中国官、士、俗、野、匪文化中，士文化与俗文化是最基本的成分。所以将对士、

①林语堂《中国人》第 89 页。

俗文化分合的讨论作为重点。

再说历史文化圈。历史的发展实际上是一条线，但这条线在和现实结合的时候就成为圈了。中国士俗文化的历史发展，和儒家礼教文化的发展大致是同步的，但在分属上又有些不同。约略的考察，自先秦至晚清，可以分成七个阶段：

第一个阶段，春秋以前——自发与过渡阶段。

中国古来的大学问家，有名有姓的，多产生在春秋战国时代。春秋以前，有名有姓又有著作有历史记载的不多。但我们看春秋诸子百家的著作，看《诗经》等，常常会觉得，为什么一入春秋，先秦诸子一下子就有了那么伟大的水平？实际上，这水平不是从天上掉下来的，春秋以前就应该有比较发达的文化发展阶段。这个阶段的作品现在还可以看到，十三经中就有好几种，或者说有好几种“经”的部分内容，出在春秋以前。但春秋时代是一大繁荣，一天等于一年。

“十三经”的名目出在宋代。其中以《易经》为首。据考证，《易经》的产生有一个缓慢的过程。卦辞爻辞最早，其余较晚。卦辞、爻辞外，还有彖传、象传、文言、系辞、说卦、序卦、杂卦，是为《易传》，合称“十翼”，相传“十翼”为孔子所作，不太可信，而且绝大多数现代研究者都不相信这个说法。但从卦辞、爻辞而言，那里面已经孕育了丰富的哲学思想，因为有它们作基础，才有“十翼”的发展。《书经》内容比较古老，然其情况复杂，造成复杂的原因既和秦始皇“焚书坑儒”有直接关系，又和儒家的崇拜祖先有些联系。焚书造成一个断层，崇拜祖先又助长了把某些经典说得越古越好的倾向，以至今文古文之争，争了好几百年才算了却一段公案。现在看，《尚书》中有某些篇目出现较晚，但大抵说来，可以认定是我国“最古的一部史书，大体上相当于奴隶制时代的一部历史文献汇编”。[①]《诗经》则是我国最早的一部民歌集，《诗经》的内容既有民歌，又有士大夫之作，还有庙堂之作，其产生时代大约在西周到春秋中叶这一段。有学者认为孔子作过删定工作，仿佛确有其事，其产生时

①《经学概论》第 15 页。

代之遥，大体在先秦诸子之前。十三经中这三部较早，影响也大，但它们在春秋以前，并未成“经”，作为经典出现是儒家认定，特别是儒家地位确立之后的事情。

我举这个例子是说明，在春秋以前，就曾经有过一段十分发达的时期，不过那个时候，人们的思想观念和春秋以后犹有不同。他们还没有明确的学派意识，也没有相应的政治局面作为他们的支撑基础，所以作诗的人固然有文人，也没有想到署名；写书的人，固然有权势者，也没有想到署名。绝不像我们现在提笔写字，先思出版；既要出版，又想版权；出版之后，要听反应；反应好坏，事关名誉；名誉之外，还有稿费；稿费少了，还有争议。那就太复杂了。也不像春秋之后，天下大乱，礼崩乐坏，于是诸侯纷争，学派林立。孔子“信而好古”，当然对于诗、书之类兴致浓厚；虽“述而不作”，却要忙忙碌碌，周游列国。课徒三千，扩大影响。那个时候，创作是自由的，目的是自在的，他们不知道，他们写的或者说的东西，会对后世产生那么大的影响。如果知道的话，一定更加倍努力去写，可也就很可能达不到那么自然平和的程度了。士文化和俗文化的源头，当在春秋之前，不过那还是一个自在和过渡的阶段。自在是指他们没有自觉的目的性；过渡是说经过他们的努力才接受了先秦时代百家争鸣的新的历史阶段。

第二阶段，先秦时期——自觉与自由阶段。

进入春秋时期，形势发生变化。天下纷争，强国争霸，弱国争存，存亡盛衰之间，对于学术思想，政治理论提出了迫切的要求。而这种局面震动了社会，搅乱了社会，也唤醒了社会。作为社会良知的士人，或者直接参政，或者仇恨现实，或者发思古之幽情，或者抒治世之才智，办学者多，著书者也多。因为天下大乱，管制就不能统一也不能一律，学术自由达到了空前的程度。学派多了，争论就多；争论多了，指责就多；既要指责，就要找出错谬，指名道姓，不顾情面。既有指责，又有赞扬。一般人的赞扬，可以获得社会声誉；当权者的赞扬，可以获得职位，学派也因此更加发扬光大。所以，春秋不仅是文化自由的时代，也是文化自觉的时代。这个时候，他们就要在自己的著作上写上自己的名字，——虽然不一定有这个具体形式，却一定有这个内容。在这种自由又自觉的时代，士文化的地位提高了，俗文化的地位下降了。凡留下名来的，都是在俗文化的创造上又经过提炼、加工和再创造的成品。没有经过提炼、加工和再创造的内容，一大部分也就随着时间的流逝而佚失了。

第三阶段：西汉时期——统一与构建阶段。

西汉初期，当权者对不同学派的选择有些举棋不定。但在文景之世，无为之治曾为主流。自汉武帝起，中国文化出现大变化，“废黜百家，独尊儒术”，开始了中国文化发展史的一次影响极其深远的文化统一与构建阶段。这个阶段，影响了中国文化的模式选择，影响了历史的发展。但在当时，无疑是一个正确的选择。它配合了西汉王朝的政治形势、经济形势和文化形势，而且为中国文化结构定型打下了坚实的基础。但从此，俗文化的地位变得更低了。因为在俗文化与儒家文化之间，还夹着很多不被视为官学的士文化。自此中国传统文化的俗雅文化圈开始自觉。这个文化圈就仿佛佛顶上的灵光，整整伴随着封建王朝走过了近两千年的历程。从而汉至魏晋这一段，以《尚书》为中心，打了一场旷日持久的今文经学和古文经学之战。顺便说一句，士文化的形成当在先秦时期，而官文化的介入，则是从秦始皇开始的。始皇之前，未闻有以政治力量干扰或打击各个学派的。秦始皇为始作俑者，汉武帝为集大成者。自西汉独尊儒术开始，士文化有了官文化的含义。以后士、俗文化的交合，其背后总有某种行政力量不断进行限制和干预。其是非得失，许久才知。

第四阶段：魏晋南北朝时期——破坏与发展阶段。

两汉时期，儒生全力注经，花大力气进行训诂。真真假假，进进退退，在“经”上面下的功夫不小，在“经”以外取得进展不多。这个局面被汉末大乱给打破了。首先黄巾军就不买经学的账。张角兄弟以宗教方式，号召饥民，发动起义，很快成为声势强大的社会冲击力量。黄巾军起义虽然失败，但经学研究也伤了元气。虽然经学大师们还在继续自己的事业，但真有建树的人都不在经学上下功夫，经学不如玄学，玄学不如文学。在哲学上玄学影响很大，在文学上又出了曹氏父子和建安七子以及竹林七贤，把中国文坛弄得十分热闹，特别是建安时期，开了一代新风，史称“建安风骨”。

汉末开始，天下大乱，乱乱治治，没有长期的稳定。然而乱世出英雄，不但出了很多武功卓著的历史人物，而且把自汉武帝起的文化统一与构建工程给打破了。儒学地位下降，法家地位上升，曹孟德文章洒脱，但治军据之以法；说是儒家有点牵强，说是法家也很牵强。非儒非法，王霸并用，正是那个时代的代表。但影响更多的则是佛教，佛教乘机取得发展。但那已经是东晋国和南北朝时候的事情了。

这个时期，儒学在改组，玄学在流行，佛学在发展，文学也在发展。这个时代实在是中国文学得到变革性发展的重要阶段。从此以后，文学开始自立门户。西汉时候，纯的文学家根本没有，大散文家若不是史学家，如司马迁、班固，就是政治家，如贾谊、晁错。纵然以写赋出名的司马相如、杨雄一流，也于仕途心肠过热，缺少自觉的文学意识。魏晋南北朝结束了这种局面。经过近百年的努力，使文学得以自主；诗歌得到变革；文学批评成为专门的学问；诗歌的音律平仄受到重视和专门研究；民间文化也得到比较充分的发展天地，出现很多流传久远、影响很大的名篇。总而言之，是从上到下，从俗到士，开拓了一个历史文化的新局面。这个局面，是以文学的自觉，以士俗文化圈的结构性变化载入历史史册的。它虽然还没有进入高峰时期，却已经为高峰期的到来准备了必要的条件。

第五个阶段：隋唐时期——共存和繁荣时期。

这个时期，以盛唐文化为代表。所谓共存是各个学派的共存，所谓繁荣是各种文体的创作繁荣。二者其实是密切相关的，没有共存环境，不可能出现繁荣局面。

共存与繁荣使隋唐文化特别是盛唐文化以其阳刚华美、气象万千的景象载入了史册。唐代的文学艺术形式，既有继承，又有发展，继承不忘发展，影响最大的莫过于唐诗。唐诗之所以如此发达，实在是因为唐朝简直就是一个诗的海洋。士人作诗，俗人也作诗，皇帝作诗，皇后作诗，宫女作诗，学士作诗，将军作诗，妓女作诗，和尚作诗，连白发老妪都能懂诗，而且各个阶层都出了些有名的诗人。诗人既多，名家也多；名家越多，诗风愈烈；不仅诗的质量堪称第一，而且诗的形式已有很大发展。

中国古诗形式，到了唐代，可以说是已达极境。有识者说，唐人把古诗都写绝了，后人再写古诗，无论如何，达不到他们那个水平。诗在发展，文也发展。唐宋八大家，最重要的两家就在唐代，而且没有他们的开拓作用古文运动也许就很难达到那样高的水平。文学也在发展，特别是唐代传奇，堪称一绝。腐儒不明此理，思想僵化，以为《毛颖传》之类都是小道，韩愈为此，是个污点。其实，传奇不但不是小道，正是大道。中国文学创造，唐宋传奇地位特殊，没有这个环节，就不能上通“志怪”，下通评话，说不定连《三国演义》、《红楼梦》这样的文学巨著的诞生也要受些影响。文学发达，绘画也发达，书法更发达。书圣虽不在唐代，但柳公权、颜真卿都是唐人；还有张旭、怀素，也是唐人，颠张醉素，开一代书风。简而言之，唐代的文学人物在整个中国古代文化史上，处在高峰位置。尤其唐诗一道，前人未能赶上他们，后人也未能超越他们。

总的来说，盛唐文化是和谐的，没有明显的士俗之别。

唐代文化的一大变化，在于它实行并巩固的科举制。唐代虽然承认儒、道、佛三家并存的权利，论其主旨，唯有儒家。唐太宗定道、儒、佛的顺序也好，还是武则天定佛、儒、道的顺序也好，骨子里非佛非道，还是以儒学为本。不管怎么说，科举考试，不考佛经道藏。以此度之，唐文化骨子里还是官文化为主导的文化结构，不过其表现形式比较宽松罢了。

不过，应该说明的是，唐的哲学建树不如先秦、西汉，它的文学理论建树又不如魏晋南北朝。这好比一棵大树，其最富朝气的年代，却不一定是开花最盛结果最丰的年代。那个时候，树干早已长成，树枝早已繁茂。哲学理论好比树干，先秦西汉已经长成；文学理论好比树枝，魏晋南北朝已备雏形。盛唐的优势在于开花结果。自此以后，虽然这树还有很长的生存年限，然而，极盛时期到此就算走到了尽头，仿佛站在高山之巅，无论东、南、西、北，只要一抬脚，走的全是下坡路。

盛唐过去了，中唐开始动乱，晚唐已经无法收拾，终于把一个强盛的大唐帝国弄得七零八落，弄成五代十国。周世宗粗定天下，到赵匡胤才真正结束了动乱局面。

第六阶段：宋元明时期——专政和转折阶段。

这个时期士文化的代表是宋明理学。自汉代董仲舒建议独尊儒术起，到宋明理学止，经过三个台阶。汉武帝肯定了董仲舒的意见，士文化转变为官文化为第一台阶。魏晋动乱破坏了儒学结构的模式构建，至唐形成“儒、道、佛三家并存，以儒为主”的新的结构模式为第二台阶。宋元明时期，理学兴起，汉文化模式经过改造重新出现，而且比第一次更其专政，更其生硬，为第三台阶。但也从此进入历史发展的转折阶段，专制虽然威风，却抵不住骨子里的空虚，岂但空虚而已，简直就已经开始腐烂起来。文化建设与社会同步的现象从此被打破，开始剪刀型式的向着相反的方向发展下去。从此俗文化和士文化的矛盾日益加剧，士文化内部的矛盾也开始日益突出。士、俗两家交合离会，慢慢形成相互分离的双元反向发展趋势。实在说，这是一个表面上整齐划一，内部里纷纷扰扰的历史转折时期。但居主导地位的还是宋明理学。

宋、明两代政治专政，专制达到高峰，经济发达，较之盛唐都远为过之。其城市商业的繁荣在中国历史上开始了一个新的局面。张择端的名画《清明上河图》就是宋代汴京经济情况的生动写照。经济发展了，知识分子增多了，城市人口也增多了。教育方式和教育内容有了丰富和改进，各种文学形式也出现新的面貌。这个特点，在宋代以前可以说是不曾有过的。不过从其经济结构的类型来说，没有超出我在“士、农、工、商，以农为本”一节分析的那个基本格局。而且北宋南宋两个朝代，边患和异族入侵问题始终魔影一样无法摆脱。

这种社会背景影响的士、俗文化圈，就有了如下变化：

第一，儒家学说达到最后一个高峰期。

儒学在孔孟时代，时运不佳。虽有满腹经纶，一腔热忱，惜乎知音太少。学生虽多，真正掌握政权的人却没有多大兴趣。以至孔子将死，头脑中只剩下点点残梦。董仲舒交了好运，一下子把儒学的地位提高到百家独尊的高度，既是社会之力，也是董生之力，又是汉武帝之力。以后绵延婉转，大体如斯。到魏晋成一乱，至隋唐确立科举制，儒家学说又慢慢神气起来。但到了宋代，旧儒学实在不能解释复杂的新问题，非儒学又找不出可行的出路。于是，自宋代大儒开始，吸收各家之长，把儒学建成一门体系完整、说理精辨、内容丰富、涵盖广泛的新学说，这就是宋代理学。当然这不是一下子成功的。在程朱便讲理学，讲“理”未免过多，过多不免生“迂”，生“迂”则不近实用。于是陆九渊和王阳明隔代相望，开始“心”学的研究。理学已经把儒学的体系发展到历史最高水平，心学又把理学的疏忽之处给予补充。所以说，到了宋明时代，儒学好似唐代的诗歌，在原有的框架下，已经发展到极点。再要发展，头一件事就是突破这框架，走到另一种体系中去。然而，封建时代虽将亡犹未亡，资本主义萌芽虽欲起犹未起，在这种前路已将绝，后路犹未拓的情况下，宋、元、明、清这些王朝更加离不开儒学，儒学也离不开他们。难兄难弟，丑夫丑妇，如同《红楼梦》的王熙凤，虽然背靠冰山，却也只能拿冰山作靠。宋明理学的大师们，大都有比较真诚的品格，又都有很高的天赋，加上深厚渊博的学识，本应成为一代社会改革者。最后不但没有成为改革家，反而成为旧世界的卫道专家，实在是他们个人的悲剧，也是历史给他们造成的悲剧。

宋明理学水平很高，然而方向不对。水平之高，非前代任何一个儒学学者可以比拟。方向不对则使之失去了蓬勃向上的朝气和宏大宽和的精神。它把在当时一切可以找寻到的营养全都找到了；把一切可以吸收的营养也都吸收了；不管你是道家，是佛教，是阴阳五行，凡能所用，皆有所用。可惜就是方向不对，方向既已不对，活泼的内容一入理学，就变成死硬的内容。理学到了极点，礼教也到了极点。理学的灵魂就是礼教，而礼教已然成为没有灵魂的僵尸。事情到了这个地步，纵使女娲再世，因为天上的漏洞实在太大，要补也补不成了。

第二，士文化向俗文化靠拢。

中国的传统士文化从其内心来说，看不起俗文化。它的眼睛总是喜欢向上，向着官文化靠拢；而特别不愿向着俗文化看齐。但在唐代，已有向俗文化靠拢的倾向，初见端倪，未成大潮。比如韩愈、柳宗元的某些作品，就是一个代表；李白、温庭筠的词作，又是一个代表。词经五代，成为宫中生活和士大夫生活的一种不可缺少的情趣，其似雅还俗，虽俗又雅。到了南唐后主，终于总结前人，发展前人，唱出悲凉而不失华贵的音韵。所遗词章，可为一代风标。宋代继承了这个传统，宋代经济的繁荣又为它准备了更广阔的背景。士大夫活动余地大了，因为世上读书人多了。科举已经泛滥成灾，市民又急剧增多。市民既多，商业亦多；商业既多，市场上出现从未有过的繁荣。士大夫在诗上虽欲寻找出路，然而终无出路。因为宋王朝本身就没了汉唐两代那种宏大宽放内雄外逸的历史风貌。宋代统治者对内精明，精明到了刻薄残忍的程度；对外却软弱，软弱到了失去气节的程度。这么一个宋代，纵有多少有志气有抱负有才能的士大夫，也没办法让它转弱为强，甚至没办法让它起死回生。士大夫的生活也许是宽裕的，而他们的精神却常常是苦闷的。在其前期，尚有余威余烈；在其中期，尚有改革之想；到了后期，余威既成泡影，改革也成泡影。只有宋代理学仿佛还有些希望，理学而外，全是徘徊气氛。所以，宋人尽管能诗，诗不能出唐人之右。宋人特别能词，词又不能具备汉诗唐诗那样的宏放的气概和博大精深的精神状态。苏东坡之“大江东去”，辛弃疾之“醉里挑灯看剑”以及后人托岳武穆名而作的“怒发冲冠”，虽有激情无限，终究比不过唐诗气象。宋诗好言理，言理非中国古诗之本旨。宋人好填词，词为诗之余。此一余，便“余”向个人情怀。春风杨柳，离愁情怨。宋代的词开始向个人情感开掘，她的情调之缠绵，意趣之曲折，音律之跌宕，变化之丰富，又非唐诗可比。中国本诗的国度，从诗经开始，经四言诗，五言诗，七言诗，到了诗的高峰，再去发展，旧路已然难行，于是成为长短句。长短句名为诗之余，实乃诗之余，其余波渐向世俗发展，作为一个过渡阶段，开了元曲的先声，又成为元杂剧的滥觞。

宋有词，元有曲。俗称唐诗、宋词、元曲，但有不同意见，有人认为宋词没有那么高的成就，但对元曲没有疑义。元曲有小曲，有套曲，有元杂剧。其中以杂剧地位最高，杂剧大家辈出，名剧也辈出。杂剧的艺术成绩非本书主旨，且不议。杂剧的文化含义，在于这是中国士文化走向民间的一个伟大的标志。白居易曾请老妪听诗，然而不过听听而已；柳永词曾风靡多少妓院歌女，但那都不算普及。唯有杂剧的兴起，才真正的开始了士文化向民间转变的历程。它培养了一代演员，也影响了一代世风。如果说，宋词乃旧有士文化在文学艺术上的总结，那么，元曲就是士文化在文学层面转向民间的开始。其意义之大，在于从此真正开始了中国士、俗文化圈的双元运动，一方向上，一方向下，剪刀差式的矛盾愈演愈烈。宋明理学终于成了死学问，到朱元璋手里，钻到八股文上去了；而俗文化却成了活学问，以元曲和元明白话小说为代表，日益显现出勃勃生机。

第三，俗文化主要是民间文化取得突出成就。

俗文化其本意在于民间文化。而从宋代始，民间文化又成为士文化的营养来源。到了元明时期，一部分俗文化开始雅化，并慢慢与士文化合流了。这是后话，一会儿再讲。俗文化的民间发展，历史上代代皆有特色。先秦时候的《诗经》是一大代表。汉朝的民歌，尤有遗声。南北朝时期，北方民歌词风壮美，多雄豪气氛；南方民歌情意缠绵，又不失民歌特有的泼辣风格。唐时有变文，也有俗文故事；为诗的海洋所淹，留下的不多。到了宋代，起了一个大变化，就是话本成为中国文化史上不容忽视的一个生力军。

宋代话本，内容丰富，分类也细。话本源于某种杂剧，或者说“这种杂剧中含有所谓说话”。其内容可分四科：1.讲史；2.说经诨经；3.小说；4.合生。讲史，是讲历史上的故事，或者名人传记，其影响之远，影响到后来历史小说的兴起。说经诨经，是用俗话讲说佛经本意。大约佛经难读，而信者甚众，大家欲知其然而不能，于是就有解说者出来，满足市民的需要。小说，是简短的说话或者民间笑话，加以提炼而成。合生，是“先念含混的两句诗，随后再念几句，才能懂得意思，大概是讽刺时人的”。[①]这几种文学影响最大的还是“讲史”与“小说”。苏东坡《志林》中有一则趣闻，是记述“讲史”的，虽是趣闻，却大有史料价值，以至百般引用，不嫌其烦。这条笑料说：“王彭尝云：途巷中小儿薄劣，其家所厌苦，辄与钱，令聚坐听说古话，至说三国事，闻刘玄德败，频蹙眉，有出涕者，闻曹操败，即喜唱快，以是知君子小人之泽，百世不斩。”影响之大，可见一斑。话本作者不详。虽有作者，因为出身低微，只能视为下贱的艺人，无足轻重。在士大夫看来，就没有留名的必要，但那材料是丰富的，情节是生动的，影响是巨大的。可使薄劣小儿，频蹙眉，有出涕者，达到

①鲁迅：《中国小说史略》第287页。

这样的效果，必有惊人之笔。话本属口头文学，类乎后来兴起的评书，师父口传心授，凭一纸书梁，可以说三月五月，实在是一门难得的艺术，也是一种艰繁的劳动。口头文学属俗文学类，士大夫本不以为意的，然而影响大了，士大夫的架子也就端不住了。宋评话中很有些动人的故事，如《碾玉观音》、《错斩崔宁》、《冯玉梅团圆》、《五代史平话》，都有很大影响。

一方面，民间文学在蓬勃发展，一方面士文化也在进行“活”的改造。旧时儿童启蒙，即从经书学起，这不唯于儿童不利，而且于礼教的效果也不佳。当代儿童启蒙书籍大兴，虽作者尚难考证，但那影响是巨大的。有人说，北宋以前已有此类读物，但至少兴盛还是在宋代，如《三字经》、《百家姓》、《增广贤文》都是。启蒙读物的影响，虽俗于经书，又胜于经书。不信，你调查乡村老者，他于四书、五经总是有些陌生，有些敬畏，有些知其然而不知其所以然；但于《三字经》、《名贤集》之类却往往十分熟悉，教子教孙，不时就会引上几句。比《三字经》之类更有影响的，则是话本小说民间戏曲等。鲁迅先生评论话本的意义，曾经说过，宋虽有《太平广记》，“至于创作一方面，则宋之士大夫实在并没有什么贡献。但其时社会上却另有一种平民底小说，代之而兴了。这类作品，不但体裁不同，文章上也起了改革，用的是白话，所以实在是小说史上的一大变迁。”[①]宋代的话本，至元而隐，因为有了更适合市民口味的文化娱乐形式，那就是元代杂剧。其实话本并未真的消亡，一方面它转为士大夫的小说创作；一方面它作为比较稳定的曲艺形式，深入到民间去了。

到了明代，民间文化又出现了新的创造，那就是民歌。明之民歌，实在是中国文学史上的一大奇观，也是中国俗文化史上的一大奇观。民歌内容之丰富，情感之热烈，水平之高超，影响之深远，都足以令人刮目相看。有心胸有见识的士人也曾广为收集，如大才子冯梦龙先生编述的《夹竹桃》、《山歌》、《桂枝儿》都有很高的文学价值和文化价值。

---

①鲁迅：《中国小说史略》第 287 页

一般地说，俗文学不如雅文学那么精醇优美，然而，山中的野花却比案上的盆花来得更其生机勃勃，荒野的巨木也比案头的盆景来得更其雄浑超迈。中国士大夫的诗歌词曲，到了明代，已成强弩之末；虽有创造，不能产生昔时的影响。而民歌的影响，却日益强大，一风吹起，耳目一新。况礼教缚得住士人，却约束不住情人——特别是生在民间，长在乡间，自食其力的可男可女，要爱便爱，要恨便恨，要亲便亲，要吻便吻，管你什么朱夫子羊夫子，我不理你，又能怎的？随便捡来两首，可知其中情致。

意中人，偶撞见，正在无人处。
两条心，热如火，何待踌躇。
衣未解，肉未贴，又听得人来至。
早是不曾做脚手，险些露出马脚儿。
骂一声杀风景的冤家也，你来做什么子？

《桂枝儿·调情》

隔花阴，远远望见一个人来到。
穿的衣，行的步，委实苗条；
与冤家模样儿生得一般俏。
巴不得能到跟前，忙使衫袖儿招，
粉脸儿通红羞也。
姐姐，你把人儿错认了。

《桂枝儿·错认》

第四，士、俗合流，俗文化影响暴涨。

俗文化的发生，全在于人民的创造，然而这创造是自然的，不加雕饰的。因其自然才能活泼；因其不加雕饰，才能清爽感人。但也因其自然不加雕饰而终不脱“自在”性质。璞虽美，但不雕琢不成器。俗文化的发展影响了士人，有见解有理想的士人便变俗为雅，成为民间文学的收集者、编述者、提炼者和创造者。这个就是士、俗合流。一方面是士人向民间文化学习，一方面又表现为士人以俗文化形式的再创造。他们的创造成果，便在不俗不雅之间，与民间文学比，也是雅上之雅，而与传统士文化比，又采用俗的形式。在传统道学先生眼中，这种创造自然是没地位，失身份，甚至有害于社会的。然而在后来人看来，却是极有价值的创造成果。表现在文学上，就有了“三言”、“二拍”这样杰出的白话小说集，又有了《三国演义》、《水浒传》、《西游记》和《金瓶梅》这样伟大的长篇小说。创作不止于这些，但它们可以称为当之无愧的代表。

《三国演义》一半源于史书，一半源于话本。“文不甚深，言不甚俗”，是基本风格。其影响之大，超过了《三国志》，也超过了宋人话本，甚至超过了许多伟大的历史典籍。因为创作的通俗才有广阔的市场。你向老百姓宣讲《史记》，那是困难的！因为那个社会决定了老百姓没有多少文化或者干脆没有文化。但说书唱戏，可以左右人心，老百姓接受起来，就愉快得多，自然得多，也有趣得多。《三国演义》的影响，迄今为止，如以人数而论，比《红楼梦》要大。与《战争与和平》更是不能同日而语，这当然不是什么值得骄傲的现象，但由此可知，在彼时彼地影响该有多大。

《西游记》、《水浒传》皆有话本作前驱，不过作者再创造得好，使之超过前人，成为文学巨著。其影响之大，与《三国演义》各有春秋。

唯《金瓶梅》是作者的独创。虽引《水浒》一勺水，却能瓢水波澜，演成一篇名闻千古的大故事。《金瓶梅》的意义实非三言五语可以讲明白。其文学意义，小说创造意义，历史意义，都是巨大的。其文化价值在于：首先，它以特殊的形式控告了或说证明了封建社会的不合理性。其次，它反映了当时当世的许多文化形态，如官场恶习，如人际关系，如圆社，如道场法事，如灯节，如卜筮，如相面，如饮食茶点，如酒，如红白喜事，如戏曲，如纺织，总而言之，是应有尽有，令人目不暇接，百读不厌。比之“三国”、“水浒”、“西游”之类，有了长足进步。再次，此书无礼法，目的是在戒淫，结果却有诲淫之嫌。有人考证说古本《金瓶梅》本无淫秽的描写，但愿如此。但我更相信鲁迅先生的一句话，他说：

“故就文辞与意象以观《金瓶梅》，则不外描写世情，尽其情伪，又缘衰世，万事不纲，爰发苦言，每极峻急，然亦时涉隐曲、猥黩者多。后或略其他文，专注此点，因予恶谥，谓之‘淫书’；而在当时，实亦时尚。”①

以时尚而论淫秽，是先生的特见；特见高明，是先生的一大功绩。之所以然者，因为“又缘衰世，万事不纲，爰发苦言，每极峻急。”其实作者还是关心着，热爱着，心疼着，哭嚎着那个本已该死的社会的。但是作者无补天之力，也无补天之见，眼看“又缘衰世，万事不纲”，只好以白描的手法，倾泻出心中的苦闷。到了这个时候，我们知道，儒学的统治是不能再继续下去了。然而在西方文艺复兴运动正在兴起之时，中国明朝却没有走上全新的道路，实在与中国的传统政治有关，也与儒学学说的性质和影响有关，更与程朱理学有关。

第七个阶段：清朝时期——启蒙和叛逆阶段。

清朝的文化，就官文化而言，除去继承宋明理学，别无发展。但是启蒙等文化在兴起，叛逆文化也在兴起。其缘起时间，当在明末清初，其代表人物首推顾炎武、黄宗羲、王夫之。至清中期以后，趋势愈演愈烈，内部在反抗，外面在攻击，从此形成内外交困的社会态势。直到蒋介石当总统的时候，攘外还是安内这两件事也常常搅得他坐卧不宁，前后受敌。终清之世，中国传统文化受到五大冲击。这五次冲击，从弱至强，从里至外，从雅至俗，从士至民，从言至行，从启蒙至革命，连番冲击，势不稍待。俗文化又加上士文化；士文化又加上洋文化；洋文化又加上改良文化；改良文化又加上革命文化；五个回合下来，大清王朝连同整个封建时代就一风吹去，树倒猢狲散，只剩下旧文化的幽灵还在时时作祟，不肯消散了。

这五次冲击是：明末清初的启蒙文化冲击；太平天国的异教文化冲击；以夷治夷的洋务文化冲击；甲午战争后的改良文化冲击；最后，孙中山先生指导的革命文化冲击。

而这一切的结果，是由五四运动给了一个文化结论：中国要进步，

①鲁迅：《中国小说史略》第155页。

就要打倒孔家店，请来德、赛二先生。可惜的是，五四运动的先驱们也许没有想到，五四运动不过是新文化运动的一个开始，它的道路还是如此漫长，而封建文化的幽灵，还有那么巨大的力量；一旦它与某种不良制度和不良思潮结合在一起，还会吃掉很多人呐！但士、俗文化的旧模式，至此已被宣判了死刑。

2. 士、俗文化圈的社会效应

决定士、俗文化与社会效应的，有两个基本因素。一个因素是这个文化圈与历史发展的顺应程度；另一个因素是文化圈本身的和谐程度。实际上，这两个因素是相互关联的。唯有顺应历史发展，内部才能和谐；不顺应历史发展，和谐便要从内部打破了。

中国士、俗文化圈真正形成比较固定的模式，是在汉武帝之时。在此之前，社会未曾稳定，文化模式选择也未曾稳定。俗文化自孔子以后才引起重视，但在社会文化构成中的地位如何，没有定论，士文化也是如此。你有你的“经”，我有我的“经”。汉武帝顺应历史潮流的发展，决定“废黜百家，独尊儒术”，为中国传统文化的模式构成奠定了基础。但儒术本身也很复杂，孰前孰后，孰上孰下，都有不同。这好像电影的蒙太奇，你把笑脸放在前面，把哭脸放在后面，就是先喜后悲；反之，就是先悲后喜。虽然构成因素没有增减，性质已有不同。汉武帝的独尊儒术，其设计师是董仲舒，儒术就是按董仲舒的设计安排的。但儒家自有其经。“经”的排列，《乐经》已失，甚至有人说有，有人说无，只剩下五经。《诗》第一，《书》第二，《礼》第三，《易》第四，《春秋》第五。后来东汉又加上《孝》和《论语》，合为七经。其中《诗经》主要还是民歌选编，就是俗文化的代表，经孔子编辑，成为经的一种。这个时代，文化圈的结构基础和历史的发展是顺应的，因其顺应才成就了汉代的恢弘气魄和伟大成就。现在有人认为，中国文化历史错就错在独尊儒术上，那其实是不正确的，属于非历史观点。中国选择五经，西方选择《圣经》，看起来是主观性行为，实际上是历史必然性在起作用。要不然，为什么在基督教初创阶段，厄运不断，却终于没有灭亡？秦始皇焚书坑儒，也没有把儒坑尽、把书烧尽呢？这个时候，以经书为核心，其士、俗文化圈的内部关系是和谐的，效应也是充分的。

但这种适应需要调整，因为历史在不断变化。但文化模式的选择，一旦成熟便不易改动。直到后来出了东汉末年的大乱，才开始了新的调整，这个前面已经说过了。到了唐代，模式选择又适应了历史发展，儒、道、佛三家共存，诗、文、传奇、绘画、书法、雕塑百花齐放，又出现了盛唐文化。但这种顺应趋势到了唐末又变成不顺应了。经过长期动乱，至宋才又完成新的选择。然而这个时候，儒家学说已经不能涵盖中国的现实。如果说，西汉时的选择是一个必然的行为，宋明理学的选择就是不得已而为之的选择了。时至宋代，商业发展，城市人口增加，市民文化兴起，这是一个很有希望的时期，然而希望终究未成现实。外患不绝，固然也是原因；对内实行政治和文化专制才是更主要的原因。中国自宋以后，就有商业发展的繁荣，然而，几明，几暗，虽多有高潮，不能成其大势。西方在搞文艺复兴，呼唤民主、自由、平等、博爱。中国自宋至明，多少商人多少平民，在渴望民主，渴望自由，渴望平等，渴望博爱。但是因为中西社会基础不同，产生的行为与后果也就不同。这些渴望一次一次化为泡影，变成悲剧。我们看“三言”、“二拍”，知道那时候的人们，对于理学是厌烦的，对性的自由是渴求的。“三言”涉及商业活动，涉及性爱，涉及经济遗产的占了十之八九。这个情况充分说明明代市民对于现实的不满和对于未来幸福的希望与憧憬。然而，宋代的希望破灭了，元人来了；明代的希望又灭了，清人来了。中国的资本主义，可谓“千呼万唤始出来，犹抱琵琶半遮面”。就是有了那么一点萌芽，也给理学所摧残。内有专制制度的压迫，外有外国工业国家的歧视，内压外迫，里外勾连，必置其于死地而后快。因为宋明理学背离了历史发展，其文化圈内部也就打破了和谐，而且越要专制，越不和谐。这个时候，理学固然成为国学，反抗的情绪却愈演愈剧。《金瓶梅》是一种反抗，《水浒传》也算一种反抗，《西游记》还是一种反抗。虽然反抗与反抗不同，但那声音是绝对不能和谐的了。“三言”中有一篇《蒋兴哥重会珍珠衫》，蒋兴哥是个商人，出外做生意，经年不回。本来他和妻子关系很好，他久出不归，妻子在坏人引诱下有了外遇。妻子爱他，但妻子也有凡人应该有的生理要求。后来妻子又爱上了别人。他回来，知道这事，便把妻子休了。但后来他吃了官司，他妻子已经成为主审官僚的爱妾，就出头说情，救了他性命。后来这个官僚还成全了他们，使他们重作夫妻，携老百年。请问这样的故事和程朱理学是一致的吗？不一致。程朱理学认为“饿死事小，失节事大”。蒋兴哥没死，妻子就失节了，真真淫妇！可这没出息的蒋兴哥不但没有和她特别过不去，后来还重归于好了呢！这故事大约程朱二位是不知道的，要是知道，准得气歪了鼻子。“三言”、“二拍”故事甚多，虽然也有主张忠孝节义的，但总体方向，是在和程朱理学过不去。究其原因，主要是时代与文化结构发生对抗的结果。社会文化结构既不能顺应历史的发展，内部关系必定走向对抗、走向分裂。经过一定积蓄之后，就会成为完全对立的两种文化力量。

文化圈的社会效应，可以这样理解：当两个因素都处在和谐状态的时候，效应最佳；一个因素处在和谐状态的时候，效应一般；两个因素都处在不和谐状态的时候，效应抵消；两个因素处在对抗状态的时候，负效应产生——革命就要开始了。

3．中国士、俗文化的结构类型

中国士、俗文化的结构类型为核心结构，核心就是儒家的经典。通俗地说，就是以“经”为本的士、俗文化圈。

中国古书很多，浩如烟海，但长期起作用的没有多少。通常的说法，叫做经、史、子、集，这是最重要的，也是最基本的。但是，经、史、子、集的内容其实也在不断发生变化。例如，子部里边，《隋书·经籍志》分为儒家、道家、法家、名家、墨家、纵横家、杂家、农家、小说家、兵家、天文、历数、五行、医方十四类。到了清代，《四库全书》就分为儒家、兵家、法家、农家、医家、天文算法、术数、艺术、谱录、杂家、类书、小说家、释家、道家十四类，二者显然有不同。以其对于中国传统文化的代表性而言，似乎隋代的内容更具典型意义。中国古书多，分类的办法也多；经、史、子、集，也许是最有代表意义的。其他还有或以时分，或以人分，或以类分，各有道理。但不管哪种分法，“经”的地位均居于中心。

这种分法以近代西方的科学分类方法考虑，很有些难解之处。因为中国所谓的“经”并非如《圣经》一样，是记述唯一最高神灵的书。中国的“经”内容复杂，与神灵关系不大，与世人关系不小。以六经为例，《乐经》已失，还剩五经。《书经》系古史文献汇编，《诗经》是孔子编述的一个诗歌总集，《礼经》是典章制度的汇编，《春秋》系史书，《易经》是古卜筮书。将卜筮书、历史书、音乐书、制度书、古文献和诗歌集汇在一起，称为经典，这是中国人的一个创造，它反映了中国文化的特点。中国文化更重现实，更重伦理，更重世俗管理的政治原则问题。

经、史、子、集古称“四部”，是我国古代图书典籍分类的基本方法。西汉刘歆作《七略》，将图书分为七类。晋代荀勖作《中经新簿》改为甲、乙、丙、丁四部，也就是经、史、子、集这种分法。其间，在经、史、子、集的顺序上，曾有些变动，至《隋书·经籍志》才最后确定经、史、子、集的顺序。经部包括易、书、诗、礼、乐、春秋、孝经、论语、谶纬、小学十类；史部包括：正史、古史、杂史、霸史、起居注、旧事、职官、仪注、刑法、杂传、地理、谱系、簿录十三类；子部包括儒家、道家、法家、名家、墨家、纵横家、杂家、农家、小说家、兵家、天文、历数、五行、医方十四类；集部包括楚辞、别集、总集三类。这是《隋书·经籍志》的分法。到了清代有些变化，但总的格局未变。

经、史、子、集，以经为本；这个“经”就是中国文化圈的核心部分。其余史、子、集也不是并列的。所以才有顺序的变化。一般说，史部列为第二位。中国人重现实，也就重历史。因为现实是历史的延伸。李世民怀念魏征，曾经说过：“以铜为鉴，可以正衣冠；以史为鉴，可以知兴亡；以人为鉴，可以见得失。”“史”的地位可想而知。中国的史书，是以皇帝本纪为中心的。这既有记述方便的考虑，更重要的是中国古来就是以皇帝为中心的国家。以皇帝为中心，以大臣为辅弼，以表和志为背景，纵横交错，便成为历史的大观。中国史书的长处，在于皇权虽重也论得失。虽然中国人敬皇权如敬上帝，却又可以用儒家的治国、治民、修身、齐家的标准去衡量一个皇帝的好坏。这也许和中国的现实精神有关，更重要的是皇帝也会死亡的，朝代也会更换的。所以越是朝代短促的皇帝，大约挨骂也就越多。照鲁迅先生的说法，他的臣子们都忙着给新主子作奴才去了，巴不得对老主子多骂几句。公正地批评，史书在中国历史上的地位是很高的，编写史书的人，态度也是严谨的，这和日本、印度都有很大不同。因为中国的“经”，固然在于维持封建文化的秩序与安宁，中国的“史”也在于为这种“秩序”和“安宁”提供历史的经验。

子部处在第三层次。当然它和史部的差距远远没有它们与经部的差距那么大。但也可以说子部和史部乃是中国经籍的双翼；一个是记述历史的，一个是研究方法的。方法与历史，在中国有特别的地位。大致说来，子部更近于现代科学分类意义上的哲学类，不过其中政治与伦理内容占据更多的篇幅，有着更为重要的作用。

集部处在第四个层次。其地位不仅比经部要低，比史部和子部也低。集部一般都是汉以后的作品。因为中国人最喜欢崇拜祖先，出世晚的，就有点小字辈的意味。另一方面，中国虽然重文，却更其重“理”，而集部中所收集的，大体上相当于现代科学分类中的“文学”这个范围，其与经、子、史部相比，地位也就低了。因为，我们祖先最重视的还是三纲五常，文学虽然可以装点升平，绝不如经、子、史部来得更为直接和有力。

在这四个圈圈以外，至少还有三个圈圈作为外围，因为其价值已不被社会所重视，也就略去不议了。一类是散失的各种文集、别集，这类作品的散失原因，和编纂者不收有关；一类是民间文学范围内的作品；再一类就是启蒙读物。这三类作品，以启蒙读物最受重视，虽然浅显，毕竟是经的普及物。所谓“宰相门前七品官”，本人卑贱身份可高。散失的作品居于其次，很多民间文学同样不被重视。此外，还有一些被视为异端的书籍，核心结构圈里是不要它们的，不但不要，还要予以禁止、销毁。这类作品的情况其实也因社会的变化而变化。论其内容，往往有很多独到的地方。

经、史、子、集的地位，如果仅以《经籍志》或《四库全书》所收集的内容排座次那就错了。那是不了解中国文化的奥妙。中国古代皇帝，一方面对各种书籍有严格的等级排列；一方面又特别好大喜功，因为他们总认为自己的王朝是世界上最大的王朝，是应该管着一切民族和土地的王朝，而他本人也就是最伟大最合天命最有权威也最圣明的皇帝。所以，他们一张嘴，就要把天下所有的除异端以外的书籍统统收集上来。隋朝年代不长，《经籍志》的内容可实在不短；宋王朝出息不大，它所编辑的《太平御览》、《太平广记》篇幅可实在不小。清朝本是大兴文字狱的朝代，但《四库全书》收集的图书共有3503种之多，共计79337卷。而且一共誊写七部，分藏文渊、文源、文津、文宗、文汇、文溯、文澜七阁。真个要流芳万世，永垂不朽。因为好大喜功，所以才什么都收，也因为什么都收，所以留下了那么丰富的经籍旧典。本来准备“御览”装点“太平”的书籍也就成为宝贵的文化遗产了。

但千万不要以为，他们也认为治国、治民、治家、选才需要这些书籍，不是那个意思。收集图书，出于一种考虑；排定图书座次，又是一种考虑；规定必读经学，还是一种考虑。大目标虽然一致，小目标又有不同。一般地说，中国以经为本的文化结构，主要是由五个层次构成的：

第一层次，“经”本身；

第二层次，重要儒家的注疏；

第三层次，史书，子书；

第四层次，总集、别集；

第五层次，启蒙读物。

启蒙读物大规模出现和普及较晚，前四个层次即构成中国古代文化结构的基本框架。

如果再分得细致一点，那么“经”与“经”也有不同。“史”与“史”更有不同，“子”与“子”、“集”与“集”均有不同。

“经”书里边，以五经即《易经》、《书经》、《礼经》、《诗经》、《春秋经》和《论语》为最重要；

“史”书以二十四史为最重要；

“子”书中以经以外的儒家和道家著作为最重要；

“集”书以诗赋、散文为最重要。

至于农家、兵家、医家、杂家、法家、墨家虽然列在子部，地位已相去甚远。中国封建时代培养人才，说来说去，主要就是四件事情：

一是读“经”，读经就要读注明疏；一是读“史”，读史意在明经：一是读“子”，重要的还是读官定的儒家著作；一是读“集”，主要是诗赋和以策论为主的散文，明代又添上后来居上的八股。

《红楼梦》上的道学先生贾政对贾宝玉的小厮说得好：“你去请学里太爷的安，就说我说的：什么《诗经》、古文，一概不用虚应故事，只是先把四书一齐讲明背熟，是最要紧的。”[①]

不错，这话是贾政说的，可他说这话是有根据的，根据就是程朱理学。实际上，在一切中国古书中，最受重视的还是宋代以后的四书、五经。

因为重视的乃是经书，所以你要问古来的很多知识分子，农书是怎么回事？兵书是怎么回事？法书是怎么回事？天文是怎么回事？对不起，不知道。

因为重视的乃是经书，所以，对于经书，包括主要的史、子、集是连一个字也不敢动，不但不敢动，还要反复习研，反复琢磨，反复考证。汉人就讲训诂，生怕弄得不真切；宋人就讲义理，微言大义，连上帝听了都得感动得热泪盈眶；清人就搞考据，考据到滴水不露，方显出学问的功力。而对于很多极其有名的古典文学名著，例如《三国演义》、《红楼梦》、《金瓶梅》、《水浒传》，就远远没有这样的恭敬。不但没有这样的恭敬，而且认为是雕虫小技，你也可以改几句，他也可以改几句；你也可以续几本，他也可以续几本。把这些人类宝贵的文化遗产，改得斑斑点点，失去本来面目。不知道将来会不会有伟大的震惊世界的发现，至少在现在，您要拜读曹雪芹先生写的一字不易的《红楼梦》，干脆别想，因为已经找不到了。不仅这个，就是这些名著的作者，绝大部分还是后人考证出来的！因为它们都是小道，小道无须留名，管他谁写的，谁写的还不是一样？所以连个作者的名字也没有。就是作者本人，如

① 《红楼梦》第108页。

曹雪芹那样，在书的某个地方郑重写上曹雪芹先生五个大字的也是绝无仅有。大约他们自己或者惧怕招来麻烦；或者不过是一时愤懑，借书中人出胸中气，又哪里想到流芳千古呢？所以直到今天，我们还是拿不准《金瓶梅》和《醒世姻缘传》到底是哪一位大手笔所作，只好对着兰陵笑笑生和西周生赧然一笑。

中国“经”的地位奇高，一是社会发展的需要；一是当权者的需要。后来，社会发展的需要这一条已经没有了，社会发展不需要它了，就只剩下当权者及其所代表的腐朽制度的需要了。而且越是到了这样的时候，他们还要更加卖力，牛不饮水强按头，非让你学习不可。

“经”在中国能够得到这样奇高的地位，因为社会统治者对它往往提供很多特殊的政治保证。

其一，士人入仕，以“经”为本。

士与仕的关系，前面已有议论。要而言之，仕就好比是龙门，士就好比是鲤鱼，鲤鱼跃过龙门，即成龙；跃不过龙门，还是一条鱼。事关重大，可想而知。

中国古有“学而优则仕”一说。“学而优则仕”不见得好，但要看与什么比？如果和“生而优则仕”比，那还是好的。学而优则仕，是改变穷书生的唯一一条道路；也是改变平民百姓地位的一条捷径。入仕即为官，为官则成为人上人。入仕如此重要，入学也就特别重要了。学而优则仕，关键在于学什么才能入“仕”。学什么？就是学“经”。

中国的读“经”成为国家之大事，士人之大事，起自汉朝。而士人入仕形成制度固定下来，也在汉朝。这好比车的两个轮子，中国传统文化就是坐着这样两个轮子的车发展的。后来，人家都换上了火车，我们还坐在这样的二轮车上时而得意洋洋，时而金刚怒目，相信“羽扇纶巾，四轮车，快似风云”。

入仕制度，俗称科举，但科举是隋唐才兴起的，在汉为“察举制”，魏晋南北朝叫“九品中正制”。但无论哪种制度，读经都是要事。汉武帝于建元五年兴太平，置“五经”博士，传授经学。博士教授的学制，每经1人，博士弟子共50人，而且规定博士弟子可以免除徭役，称“复其身”，成绩优良的可以做官。到了汉昭帝时，博士弟子增至100人，宣帝时增至200人。数目已经不少。及至元帝成帝时，这两位皇帝崇信儒学，还要变本加厉，一些治经学者以儒术居丞相、权臣之位。本来，汉兴“察举”制度，入仕不仅“经学”一途。但到了这个时候，儒学大盛之下，刑名之学渐废，上无异教，下无异学，儒学居独尊地位，连皇帝的诏书和群臣的奏议都得援引经义才行。到了东汉，刘秀迷信谶纬，但依然重视经学的作用，以谶纬解经学，以经学证谶纬，成为一时风尚。终汉之世，经学都占据主导地位。至魏晋而重门阀，“经”的地位下降。然而，天下大乱，至唐，就又总结经验，虽然以儒、道、佛共存，重点还在取士。它把隋朝创立的科举制度继承下来，以科举取士，其基本内容，还是考试经学。唐代将《易》、《书》、《诗》、三礼、三传合为九经，并以九经取士。唐代科举考试虽有多种，但以明经进士为主，影响也最大。终唐之世，此制未改。宋代科举大同小异，不过因为理学缘故，儒学学说事实上更受重视。元代续行科举，考试重经义而轻诗赋，这是和唐代很不同的。经义在《大学》、《中庸》、《论语》、《孟子》中选题，答案以朱熹的《四书集注》为准。明代干脆以八股取士，考试内容和方法雪上加霜，完全僵化。但不论怎样，经的地位总在提高，未曾大变。中国文化传统，本有以吏为师的倾向，加上以科举取士，以经为准，就形成了中国特有的皇帝——士人——经学，三位一体的结构形式。这和西方圣父、圣子、圣灵那个三位一体，有很大区别。西方基督教的三位一体，虽称三位，实是一体。中国人是现实类型的聪明人，他们以经取士，以士保皇，以皇定经，再回到以经取士。西方的《圣经》是为上帝辩护的，中国的儒经却是为皇权辩护的。转来转去，还是皇帝天下第一。所以，只要皇帝存在一天，中国的文化圈子，儒家经典的崇高地位就不容动摇。

其二，连教带奖，强力灌输。

教即教育。教育一是吸引，以经取士，看你们上不上钩？二是以经为本，从小就进行经的教育。大抵宋代以前，对儿童的教育作用重视不够。宋代以后，启蒙读物十分普及。朱熹肯定四书、五经的特殊作用，于是从《百家姓》、《三字经》开始，一直到四书、五经，成为经学的系统教育内容。除去教育，还有奖励。程朱理学有理欲之谈，坚持要“存天理，去人欲”，主张“饿死事小，失节事大”。后代帝王经过不太长时间，就承认了程朱理学，后来愈演愈烈。他们集注的儒家经典，成为不容有一句怀疑的新儒新典。而且褒奖节妇，成为风气。就是说，不但要理论灌输，而且要树立榜样。研究中国文化越多，越能体会到，我们中国人在这两个方面总是有特殊的才能和天赋。

其三，违背经典，严惩不贷。

严惩的办法很多，借口也很多。曹操本人对儒学儒经本来不感冒，他自己就带有很浓厚的叛逆色彩。比如他主张“唯才是举”，以为只要有才能，什么样的人都可以用，好人可用，坏蛋也可以用，这个就和儒家经典相去十万八千里。可他坐稳了屁股，就以孔融不敬父母，不敬孔孟的理由把他杀了。后来司马师杀嵇康，也是这类理由，说他“非汤武而薄周孔”。这样的事情，在中国历史上很多。仅以清代为例，一共两百多年时间，就闹了多次“文字狱”。其中一部分就直接和儒经有关，又有相当多的文字狱和儒经间接有关。早在顺治九年，就因为会试中武举人因为“文理荒谬”、“尤戾经注”，而由皇帝下令斥革，把考官都给治了罪。乾隆时候，又因为注经与程朱不合，呈词中怨孔子，指斥朱注有错，混讲经书，著《大学断疑》批朱注等罪名，先后将谢济世、李雍和、刘震宇、冯起炎、陈安兆等人治罪。其实儒经非朱子所创，朱熹作了注，别人能够指出缺点，本是好事。但儒经既否定不得，朱注也否定不得；朱先生拽着龙尾巴上天，自己也成了圣人。圣人有错，别人也不能说，你一说，就治你的罪。看看是你的学问大，还是皇帝的权力大？文字狱如此之多，儒经成了吓人的魔法。解除魔法的方法，不是改良，就是革命。

4、士文化的社会与历史影响

中国古代士文化不仅指儒家文化，但儒家文化居于主导地位，当无疑问。因此，所谓中国士文化的社会与历史影响，也就是以儒家文化为主导的中国士文化的社会与历史影响。

士文化的影响是广泛和深入的。儒术独尊之后，儒学的影响最大。在此之前，士文化影响也是巨大的。大约自春秋开始，中国文化特征，就是以士文化为主导的结构形式。西方基督教文化产生以后，宗教文化影响最大，直到近代人文主义出来，才取代了宗教文化的统治地位。中国则不同，西汉以前，士文化即已称雄。西汉以后，儒文化由雄而尊，绵绵延延，直到清末，还在产生影响。

中国士文化的影响最为直接的修身、齐家、治国、平天下这四件事，更主要的还是修身、齐家、治国。修身要习儒学，齐家要学儒礼，治国要尊儒术，三位合一，成了礼教的天下。中国人好讲“礼”，家庭则是“礼”的基础。礼教在家庭生活中可以说是根深蒂固。电视连续剧《篱笆·女人和狗》中，男主人公是个老汉，二儿子要分家，他很生气；三儿子不要强，他也生气；四儿子要入赘，他又生气。大儿子拉脚回来，父子五人坐在一起，他就开始教训他的这三个不肖儿子。每人一段开导，外加一句古语。什么古语？就是宣传儒家伦理的民间谚语。比如对二儿子说，虎生三只眼，恶不过人怀二样心。对四儿子说，金窝银窝不如自家的草窝。老汉年在六旬上下，大清朝归天的时候，兴许他还没有降生哩！然而旧文化的影响，根深蒂固，不易消除。

家庭以外，对中国政体、政治关系、官吏制度等方面的影响，大致如是。中国士、农、工、商之中，以商业最为自由。中国古代商业有商行制度。商行起于何时，未详，但在唐代显然已经比较盛行。据史书记载，唐代城市中行业种类很多，都城长安东、西二市各有220行，洛阳有120行，3000余肆，其中许多就是商行。商行在唐已很发达，在宋还要发达，其组织和职能比唐代也更为明确。商行经商，行为本应有更多的自由。然而，中国的商业，却要上依官府，下靠等级制。宋代的商行的头领，俗称“行老”。行老既负责向官府交涉本行种种事宜，又代表本行对外接洽生意，对内还要负责商行中的设施和管理。行老权力很大，俨然便是行中的家长。商行对内控制很严，为了使外人便于区别，各商行的衣服装束都各不相同。据说当时东京市上有160行，6400余行户，各行衣着都不相同。从整体上看，宋代商行主要由大商店支配，而大商店又直接受封建政府控制，封建形态十分浓厚。明代，商人组织向“会馆”发展，获得较多的独立性和自由，但在整体关系上，未有根本变化。中国的商业难以发展，和儒学、儒礼、儒理大有关系。商业在社会上既争不到平等地位，在内部也不给同行人员平等权利。所以宋、明时代商业虽特发达，却没有发生“质”的变化。

中国旧时当铺业发达。有时候英雄也怕当铺，山东好汉秦琼，虽然“马踏黄河两岸，锏打九州十府一百单八县”，到了穷得卖马当锏的时候，也只能低三下四没法可想。当铺内的人际关系，可以算中国古代工商业内部关系的一个代表。当铺自有老板，老板就是当铺内的皇帝。这是高高在上的一级。老板以下，还有好几段。初入当铺，先当学徒，三五年后，若干得好，可升三柜；三柜再好，又用去二三年，可升二柜；二柜再干得好，再用去五六年，有希望升为头柜。头柜虽其名为“柜”，一般不用站柜台了，坐在后堂，管着二柜、三柜人等。但是，当了头柜却未必当得了“朝奉”，朝奉就是当铺中的技术权威和业务“大拿”。等级如此之多，关系可想而知。

此外，中国士文化，对于礼节，对于建筑，对于服饰，对于饮食，对于称谓都有严格的规定和很多讲究。即以座次而言，就可以使现代人愁死、烦死，也可以把西方人弄得晕头转向。《红楼梦》上吃饭的描写特多，而吃饭就要讲究座次，内中很多描写，极其生动又有文化价值。但也有些描写，读者难得明白。所以一些红学专家专门对此苦下功夫，画出种种图样，以示说明。座次在家庭关系中十分严格。《仪礼·士昏礼》中对夫妻对席礼，就有明确规定，夫坐东面西，妻坐西面东。有钱人给子女请先生，先生必坐西厢，故称西宾，主人位在东面，故称东道。家庭生活位次严格，官场之中位次更严。若在朝堂，一有不慎，很可能治罪。就是梁山好汉，不是也讲英雄排座次吗？前后不过十数年时间，座次就排了好几回。后来还是假借天命，把座次确定下来。

中国士文化在中国文化史上，有积极影响，也有消极影响。它们的自身结构，有主，也有从。具体说来，可以分为四个层次：

其一，核心层次，就是儒学，儒学之中坚，就是儒家经典和经典式注疏。其二，辅从层次，虽不如经典重要，却与经典相补充相一致。其三，游离层次，和儒学学说有同有异，或同或异，大同小异。其四，反叛层次，反叛层次重在哲学；影响更广泛的却是文学。如《红楼梦》、《金瓶梅》、《水浒传》、《肉蒲团》等。

但也有所谓“封建糟粕”和“民主精华”的分法。就是说，不论哪个层次，都可能既有糟粕，又有精华。然而，这是一种十分难办的工作。常常因为眼光不准，就把糟粕当了精华，又把精华当了糟粕。

实际上，精华也好，糟粕也好，要看置于哪种结构之内。如果置于落后的文化结构体内，虽然有反叛情绪，终归还是旧文化的一部分。唯有置于新的文化结构体中，其糟粕才能如同放在照妖镜下的妖怪，原形毕露，其精华才如鲜美羊羹的嫩肉，美食可餐。

这就是说，旧的文化结构有一种整体效应在起作用。比如《红楼梦》，那是最有反叛性格和反叛思想的作品了。但是如果用《红楼梦》的思想建设新文化，能行得通吗？肯定行不通。中国古典文学名著中，有很多为人民喜欢和称道的人物，但是如果我们从封建文化的整体效应上去理解他们，往往适得其反。鲁智深是个英雄，但用他那一套改造中国行不行？武松也是英雄，像他对待潘金莲那样去处理所谓男女作风问题，行不行？头面人物中，唐三藏是一大好人，宋公明又是一大好人，可您如果非照宋公明的办法去做，就得领导全体将士受招安；如果您非得照唐三藏的办法去做，就得给所有不听话的人每人戴上一个铁箍箍，您一念咒，就有千百万人躺在地上大叫头疼。这些都不行。就是贾宝玉和林黛玉的爱情，也只能放在历史的背景下，给他们以历史的定位。用传统眼光看，贾宝玉、林黛玉就是叛逆，但用现代的眼光看，又不免过于软弱。贾宝玉爱林黛玉，也爱晴雯，又喜欢金钏，还恋着袭人，外加上有点羡慕薛宝钗的丰肌润肤、大好胳膊。这些且不说，仅从结局上看，贾宝玉对得起林黛玉吗？对得起晴雯吗？对得起金钏吗？对得起袭人吗？对得起薛宝钗吗？可悲的是，就在新中国成立前后，很多有名的文学作品，仍然不脱此等窠臼。例如《青春之歌》，例如《林海雪原》，例如《野火春风斗古城》，例如《新星》，例如《乔厂长上任记》，例如《烟壶》，大抵离才子佳人的故事不远，不管他们穿着什么衣服，扮演什么角色，反正总是要由一个伟大的男人配一个姣好的女人，或者一个可爱的男人配一个更其可爱的女人。离了这个，中国人就活不了。遗风如是，堪一大哭。

改变旧文化的结构性影响，就得建立新的文化结构。

5、中国士、俗文化结构的三个致命缺陷

第一个缺陷，礼教一体化，学术研究没自由。

其实，中国自汉以来，学术研究就没自由。只讲读“经”习“经”，凭天地广阔，圣人的“经”里应有尽有。唐太宗时，有一个和尚，因为和太宗某些看法不同，触怒了太宗。这和尚说过，颂《金刚经》500遍，就可以刀枪不入。于是，唐太宗就叫人把他管起来，让他颂《金刚经》。三天以后，以项试刀。这和尚没办法，可叹佛祖在西天乐土忙乎得紧，没时间管他的闲事，到了第三天，只好委曲求命，奉承了太宗一通才免过一死。和尚迷信佛经，到了紧要关头，还能分清东、西、南、北。儒生迷信儒经，简直就迷信到了不辨南北东西的程度。皓首穷经，无止无休，论其建树，几等于零。西汉用了400年时间研究儒经，收获不过“训诂”二字，这种僵化的局面，可悲可叹。

中国有“经”的地位，没自由的地位。注疏考据以外，少有研究，少有发现，也少有创造。一般大学问家，大文豪，读的书可谓又多又少，多就多在经、史、子、集方面，少就少在经、史、子、集之外，别无所晓。就是对于经、史、子、集，真正用力研究的也很有限。唐代学者中，韩愈可谓第一大家，这种毛病，也不能尽免。《韩昌黎集》里边收有《读荀子》、《读墨子》两篇文章。《读荀子》的结论是：“孟氏醇乎醇者也，荀与杨大醇而小疵。”《读墨子》的结论是：“孔子必用墨子，墨子必用孔子，不相用不足为孔、墨。”韩愈虽为唐代古文运动之主帅，又是读经论道之侠士。然而，对于荀子墨子，也不熟悉。但终于看了一遍，得出荀子虽不能醇而又醇，却是大醇小疵；墨子虽与孔子有别，然而，孔墨必能相用的结论。这样看起来，很多真正的知识分子，如果不硬是人为地把自己围在“经”的圈子里，东张西望，浏览浏览，在浩瀚的中国古籍之中，必能多有裨益。然而，绝大多数士人，不能自己解脱自己，只能死死抱住几本“经”书，便把一生光阴耗光用尽，真真可惜！

中国人的聪明在世界上有名，而中国人的不能创造，也世界有名。我们读程、朱、陆、王之书，知道这几位都是极有才学，极有天赋，为人正直，肯下苦功的学者。然而，在儒经面前，他们个个弯腰屈膝，没一个敢于对儒经论长短。花一生功夫只肯给儒经作注脚，其实辜负了天才，也辜负了学识。想当初，夫子立学授徒，得三千弟子，七十二贤人。对自己的学生强调因材施教，倍加爱护，若得程、朱、陆、王，一定欢喜若狂。然而他哪里想得到，正是他所倡导的几本“经”书，束缚住了这些后学手脚，湮没了这些后学的个性天才，成了“经”学的奴才。

中国古人重视“经”学，只此一家天下，别的学问，不许超越。所产生的一大副作用，就是未言创造，先论是非。中国学界是非最多，文人相轻，自然多是非；相互亲近还是是非；尊孔可能也有是非；非儒就成大是大非。是非的标准，不在现实之中，而在经学书本之中，这种本末颠倒的是非观念，毒害了多少中国人，又害死了多少中国人！直到新中国成立，这个祖传的旧病，还不能连根除去。“凡是”之说，自然是典型的表现。不讲“凡是”，动辄讲什么什么主义，什么什么原则，也是这毛病。你刚有一点新的见解，他马上问你合不合马列主义或者现实主义，或者什么别的主义？却不用脑子去想一想马列主义也要发展，现实主义更要发展，不管什么主义，全得发展。若不能发展，或不想发展或硬不让发展，多好的主义也得完蛋。可悲的是，这常常不是几个人或几十个人的毛病，而是我们民族的一种通病。何为通病？即不但个别人有，而且一般人有；不但小人物有，而且大人物有；不但学识少者有，学识多者也有。茅盾先生学识如何，大得很。但他在很多特定的场合，也不能超越出这个八卦阵去。据李辉所写《文坛悲歌——胡风集团冤案始末》中披露，新中国召开第一次文坛盛会——全国文代会的时候，茅盾就很严肃很认真地以大会报告人的身份批了胡风一顿，题目就叫《关于文艺中的（主观）问题，实际上就是关于作家的立场、观点与态度问题》。内容无须细论，单这题目，过来人也就知道是怎么回事了。茅盾先生是伟大作家，也是一个正直的知识分子，茅盾不能避免的事情，别人怎样，至少自己心里有数。中国几千年来，常常就是这样，未经实践，先说是非。好像地球上的是非全跑到中国来了。可结果呢？论来论去，“是”的常常不“是”，“非”的却又不

“非”。乔太守乱点鸳鸯谱，蒋公路盗走“反间计”。

中国人最好讲是非，好弄是非，但一涉及“经典”，马上没了是非。这话怎么讲？就是说，只要是“经”上有的，错了也不算错；只要你照着“经”上去办，错了也没你的事。因此，中国的庸人就常常是最正确的人，而中国的正确者也就常常成为庸人。庸人们走不出这个怪圈，一入怪圈，便成平庸。

第二个缺陷：内容非科学化，科学技术没地位。

中国古代科学不能算不发达，然而没地位。现代人讲到古代科学，总觉得有无尚光荣，他们往往不知道也没想知道，那些大科学家，大发明家，其社会地位非常之低。因为科学技术本身就不被重视，而累遭歧视，所以发明这些科学技术的人也不值钱或者说更不值钱。

在儒家的经典面前，科学都是小道，它的发明者全是小人。小人君子本不同炉，就是站在一块蓝天之下，也有等级之分。实在说，能给一块地方让你站着已经很不错了。所以中国的发明者，他们实在是只配作工匠的祖师，而决不能进入儒家的圣殿——孔庙。孔庙中有先儒，也有后儒，却没有科技创造大师。司马迁虽然写过《史记》，孔庙跟他无缘。连司马迁都无缘，别人更其无缘。做生意出了名的有范蠡，干木匠出了名的有鲁班，修桥出了名的有李春，研究农业出了名的有贾思勰，发明活字印刷出了名有毕昇，研究水利出了名的有李冰。但他们一个个都进不得孔庙。孔庙不要他们，历史上能给留一个名字就够对得起他们了。中国科技虽有好的基础却没有相应的发展与中国科技地位太低是一个问题的两个方面。

古代中国科技没有地位，只有儒“经”的地位。但有儒经的地位不等于有儒生的地位，只有儒官的地位。比较起来，儒官强似儒生，儒生强似科技研究者。儒生虽无地位，却瞧不起科技，还要拼命为着儒家经典奔走呼号，真真可悲也夫，可叹也夫！

第三个缺陷：俗文化非文化，民间文学没权力。

中国民间文学不入官老爷的眼，也不入士人的眼。它们只是野草山花，谁想摘就摘，谁想毁就毁。武二郎连山间的猛虎都可以打死，摘几朵鲜花，折几枝野草，又算什么？

然而，没有俗文化作母体，士文化就不能发展，对于这个，他们却很少去想，绝不去想。

但士大夫们怎么想是一回事，事实又是一回事。事实是：不论哪一个朝代，俗文化特别是民间文学都是作为母体出现的。汉文学，上溯其源，一个来自楚辞，一个来自《诗经》。《诗经》的主体是民歌，最精华的部分也是民歌。“关关雎鸠，在河之洲；窈窕淑女，君子好逑。”因为有了这个，才有了人类社会。这本来是儒家的观念，始有父母，而后兄弟，而后子女，而后子孙。不过儒家不好意思就这么明白地写出来，民间的作者没有许多条条框框，张口就把它唱出来了。《诗经》以民歌为主，楚辞犹源自民间，称楚辞而不称屈辞、宋辞，实在大有道理。有《诗经》有楚辞而后有汉文学，虽然它们不是汉文学成长的土壤，却是汉文学上游的源流。这种情况，先秦如是，西汉如是，魏晋如是，隋唐如是，宋元如是，明清如是，自古以来，无不如是，今天也犹然如是。中国是士文化之邦，因为我们是礼仪之邦，对于俗的文化形式，从来少与青睐。但以近十年的情况看，雅文化终于敌不住俗文化的冲击。京剧有些危机，原因一在其“老”，二在其“雅”。古典音乐也有危机，想当初，“文化大革命”刚刚结束的时候，西方古典音乐的演出何等热烈，不论贝多芬的《英雄交响曲》还是柴科夫斯基的小夜曲都迷住了那么多的人。现在看来，被迷者中间，真懂音乐的有，稍懂音乐的有，似懂非懂的有，因为政治原因社会原因而大听特听的也有。姚雪垠一部《李自成》能印几十万册，还供不应求。这种盛况现在一提起来，还使很多人留恋，然而它们已成历史，现在雅文化有点吃不开了，俗文化则风声大作，草木皆兵。一阵西北风吹来，就把艺术殿堂弄得摇摇晃晃，好不激动，好不感慨，好不沉醉，又好不惆怅。西北风为什么如此厉害？有识者说第一体现了现代意识，第二体现了民族风格。民族风格加现代意识，于是一个“俗”字成了“风”，把个“雅人雅事雅歌雅调雅声雅乐雅男雅女”弄得灰头土脸，只有招架之功，没有还手之力。俗的战胜雅的，这是一条规律，西方这个样子，中国也是这个样子。比如电影《红高粱》的插曲，头一句，直声直调，连喊带唱，“妹妹你大胆地朝前走哇，莫回呀头，通天的大路九千九百九十九哇！”

这有什么意思？没什么意思。虽没什么意思，听起来却很有意思。它比音乐堂里吟唱的高雅音乐粗犷、生硬、泼辣，又带着某些粗俗的野味而不是甜蜜的野味。雅文化之所以抵不住俗文化，就是因为缺这野味，而他们当初未雅之前，原本也是“野”过的；不过时过境迁，忘了或者故意忘了就是了。汉宫中的读书太子，哪里知道刘邦打天下的辛苦？宋朝吟唱“书中自有黄金屋”的皇帝，又怎能想到赵匡胤南北征战的乐趣？沉醉在玄玄冥冥之中的嘉靖皇帝绝不知道“珍珠翡翠白玉汤”的滋味，而且他也绝不肯用脑袋稍微去想那么一下：朱洪武本来就是个野和尚，后来弃佛从军，如果神佛有灵，为什么允许他娶一个贤惠无比的马夫人？

《红高粱》的插曲是俗中加野，而电视剧《雪城》的词则是俗中见雅。虽冷静而不失其精神。虽狂放而不失其趣味。它使我们想起明代民歌中的“约郎约到月上时”，又想到西北坡上的信天游，想到“要分离，除非天做了地”；又想到东北平原上的民歌民曲。然而它是俗的。俗到不能再俗。却又唯有如此，才能配得上那个狂飙如虎的野蛮时期，那个丹心如血的狂热时代，那片一望无垠黑糊糊如油水浇过的北大荒的土地，那种朔风呼啸震山撼岳的英雄性格。它奉献上的不是香茗，不是美酒。只因为香茗虽香，决然汇不成黄河之水；美酒虽美，也汇不成长江之波。民间文学正如江河一样的宽宏博大，士文化虽雅虽美，不过是她们产生的小儿小女，娇儿娇女，宠儿宠女，佳儿佳女罢了。而且，未来士、俗文化的发展，必将要合流于一处。从而使专业工作者又回到民间去，因为民间的水平已经达到了专业的程度。这虽然还是非常遥远的事情，但那曙光已经依稀可辨。

但在儒经那里，却全然不是这回事。他们看不起俗文化，不关心它的发展，不屑于使士文化与之自由竞争。而是要束缚他们，教育他们，摆布他们，制服他们。凡不合儒经儒典的，就要铲除。文的不行，就来武的。凡反对儒经儒典的，就要予以镇压；不仅镇压，还要斩尽杀绝。

士俗分合，以“经”为本。就从道义和政治两个方面取消了俗文化特别是民间文化的生存权力。其最终结果，就是搬起石头砸了自己的脚，使堂哉皇哉的儒家经典成了孤家寡人，孤孤单单瘦得只剩一张人皮。

未来的士俗文化结构类型，必定是多元型结构。因其多元，才能彼此扶植，相互竞争，共同发展。

七、家、族、男、女，以家为本

封建时代皇帝重视家庭，正如传统家庭重视皇帝，因为封建中央集权制与封建家长制同步同构。

儒学好讲修身、齐家、治国、平天下。齐家，就是建立家庭秩序。封建时代的安危，本质上和土地的分配直接相关，直接反映出来就是家庭的稳定与否。家庭自然不仅是家庭关系，还有家庭经济、家庭文化等等。经济是基础，经济乱了，别的也要乱。经济乱不乱关乎土地，土地关乎自然条件，又关乎社会条件。一般地说，家庭的稳定反映了土地占有的合理。而土地占有的合理又需要家庭稳定作保护，二者休戚相关，相辅相成。可以这么说，任何一个时代，都没有像封建时代那么重视家庭稳定的；而任何一种文化也没有像中国封建文化那样重视家庭的。因为中国是一个中央集权的封建社会；又是一个以儒家学说替代宗教信仰的封建社会；还是一个长期稳定对外封闭的封建社会。这三个基本条件决定了中国封建时代特有的“家、族、男、女，以家为本”的文化特征。

“家、族、男、女，以家为本”包括对内对外两个方面的关系。

对内关系，仿佛中国封建国家的皇权—儒经—官本位三位一体的关系一样，家庭关系是以户籍土地耕用制—家长制—家庭礼教三位一体的结构作为生存保障的。封建时代，以土地为本，没有土地绝对不行。土地需要保护，没有家长的权威也绝对不行。家长的权威需要相应的理论与礼教作保障，没有封建家礼又绝对不行。三个因素相应关联，这也是一个怪圈，进入这个怪圈，想要走出来，难！

对外关系，又包括横向关系和纵向关系。横向关系，主要是家庭关系，宗族关系，亲戚关系，邻里关系，乡土关系，和其他一些人际关系与经济关系。纵向关系，在政治上是和皇帝的关系，在行政上是和地方政府的关系。

横向关系，中国人重宗、族，但宗、族是两个不同的概念。族为近，宗为远。同宗未必同族，同族必定同宗。简单的计法，从自身算起，上达五代（身—父—祖父—曾祖父—高祖父）为同族，高祖以上为同宗。所以，族人常常不过数十家，而一宗人就可能有数百家之多。家族关系，宗族关系，宗族关系加上亲友关系，邻里关系，乡土关系，就成为一个大关系网。在这个网络中，宗族关系自然是最为重要的。按封建社会的老“脾气”，家族越大越好，三世同堂，四世同堂，五世同堂，六世同堂，才算好呢！不过，事实上办不到，只能到阴间再阖家团聚。阳世间，生活条件好的，如官僚权贵，四世同堂也许都不算常见；生活条件不好的，寿命有限，娶妻也晚，生子也晚，有三代同堂就该知足了。家族关系的稳定反映了礼教的兴隆以及经济条件的相对良好。所以社会动乱年代，这样的地方最不容易发生农民起义，却最容易组织起镇压农民起义或和农民起义对抗的地主武装力量。历朝历代，世家大族的武装力量，都是农民起义的死敌。比如清朝镇压太平天国的湘军、淮军，都是以宗族、地主武装作为基础的。虽然是为皇帝卖命，队伍内部又有很复杂的亲缘关系、乡邻关系、亲友关系。这样的武装内部凝集力很强，作风霸道，又有很强的战斗力。就此一点，可以看出家庭文化在中国封建文化中的特殊重要的地位和作用。

在这种种家族的横向关系中，家庭本身无疑是最为重要的。家庭的大小，决定于其家长的辈分高低，等到最高辈分的人过世了，那么这个家庭就要按照兄弟多少分家另过。因为宗族和家族关系尊崇的是家长制，家长既已不存，就应有新的家长，而新的家长，只能限制在父子关系方面，兄弟关系难乎隶属，于是便另立门户。家庭外部纵向关系就是与皇帝和地方政府的关系。很显然，无论从国家的安危考虑，还是从地方的治理考虑，家庭的稳定都是头等重要的事情。所以保护家庭，推行礼教，保护土地的相对稳定就成为国家的头等大事。皇帝对此都很关心，地方官府对此也很关心，越是开明的皇帝越是如此。但是中国的封建专制制度，决定了它的等级特权，而它的等级特权，又决定了动乱原因必定从上而始。皇帝一方面要关心天下的稳定，一方面又要增加自己的财产和自己亲属与官僚的财产。很可惜，鱼与熊掌不可兼得，于是开明的皇帝很快就会变成贪心的皇帝。皇帝开支越大，官僚机关越多，土地兼并就越严重，恶性循环，便成大乱。这个在前面已经专题议论过了。

从中央集权制的代表——皇帝的主观愿望考虑，他希望全国的家庭都能稳定才好。而从实际情况分析，则乱自上始，终于要影响到下面。家庭有贫有富，这就出现了不同情况。富的家庭，如地主家庭，为着效忠皇上，也为着自己利益，必然要兼并贫苦家庭。而贫苦的家庭为着生存，必要保护自己。不贫不富的家庭，欲上不能，欲下不忍，上下之间，苦于应付。但不管哪种情况，他们只要有一丝生机，就会把家庭看成自己的命根子。富的要使自己的家庭日繁日大，以便富上加富；穷的要使自己的家庭团结一致，以便能逃活命。中国人在一切横向关系中，最终都要回归到家庭，道理大约就在这个地方。

除去社会原因和经济原因以外，维护家庭的稳定，还有两个必要的条件。一个条件保证家长的权威；一个条件保证礼教的权威。这是双元运动，与西方基督教社会的一元化类型有很大区别。基督教国家，神是唯一的，大家在上帝面前，可以达到人格的平等。中国文化不是这样子的，他们一方面敬重世俗的权威，一方面又敬重道德礼教的权威，它是双元的，不是一元的。以封建社会论封建社会，双元论强于一元论，因为它可以以社会内部的力量制约其不合理因素的过度增长，又可以以社会内部的力量调整社会内部的关系。反映在家庭关系上，就是家长制和封建家礼的双重权威。很显然，珍惜双重权威，实际上还是家长的权威处在中心位置，因为封建家礼本身就是以三纲五常作为基本原则的。夫为妻纲，就决定了丈夫的统治地位；父为子纲又决定了父亲的统治地位；两个合在一起，就决定男性的统治地位和男性家长的统治地位。但二者又有区别。因为照中国人的想法，“道”是高于皇帝的，“道”自然也高于家长。家长的权威固然不能有丝毫动摇，但家长的言行却不见得百分之百正确，连皇帝的行为也不见得百分之百正确。那么，家长有了错误怎么办呢？这就需要礼教的帮助了。换句话说，无论任何人都应该照着礼教规定的内容去生活。

这个双元论，实在是中国文化中最主要最难解最不易说清楚又最富文化意义的一个问题。以君臣关系为例，如果一味支持皇上，好的支持、坏的也支持，那就是媚臣，谗臣，佞臣，一言以蔽之：奸臣。例如春秋时候齐国的易牙、竖刁，吴国的伯嚭，唐代的李林甫，宋代的秦桧。但是如果不尊重皇上，又是无礼。于皇上献媚是欺君，于皇上无礼也是欺君，都是死罪。但是，前一个死罪在众多的儒者看来是死有余辜；后一个死罪，在同样众多的儒者看来就是死得其所，虽死犹荣。因为有这个传统，屈原才不惜冒犯楚王，董宣才宁肯以头触柱，魏征才敢于犯颜直谏，赵普才斗胆固执己见。

君臣关系如此，家庭关系也如此。一方面，要强调家长权力的神圣不可侵犯；一方面又要对家长的过失，冒死直谏。司马光是宋之醇儒，他曾写过一篇《家范》，讲到家谏的时候，有这么几句："父母有过，谏而不逼。……三谏而不听则告泣而随之。"长辈有得失，就要谏。第一次谏，不听，再谏；再谏又不听，三谏；三谏仍不听，怎么办呢？三谏不听还要谏，不过已经谏了三次，再说就有不敬的嫌疑，于是不再说话，跪在地上，放声大哭。仿佛封建时代某些大臣，为着社稷的安危，冒死进谏皇上，一谏不听，就二谏；二谏不听，又三谏；三谏不听，披麻戴孝也要谏，用牙咬住皇帝的袍子也要谏，打烂屁股也要谏，杀了脑袋也要谏。当儿子的对于父亲的进谏大约就是这个样子。

然而，要讲究"方法"。因为孔夫子就说过"事父母几谏，见志不从，又敬不违，劳而不怨"。①什么叫几谏，几谏就是非常轻微、婉转地进言相劝。几谏已经够小心谨慎、毕恭毕敬的了，但还不够。如果人家不听，还要"敬不违"，不听就先照他老人家的主意办，不但"又敬不违"，还要"劳而无怨"。不但如此，几谏还要讲场合，"谏诸内，隐诸外者也。"②就是说直谏的地点，必须在家庭内部进行，当着外人绝对不行。不要说当着外人了，就是当着妻子也不行。因为妻子没这个资格。这可倒好，最后裁决权已经无条件地交给家长了；地点还要讲究，态度更得

①《论语·里仁篇》。

②司马光：《家范》。

讲究；家长不听自己那套，自己还是赶快照老爷子指示办。作者写到这里联想起“文化大革命”中的种种事情，真有欲哭无泪，欲喊无声之感。我们中国实在是太古老了，老得动它一根汗毛比搬走一座大山还困难。

中国的封建家礼实在周密到世界第一，严谨到世界第一，严酷不合情理到世界第一。而这一切都是为了整个家庭的“和”。为着保护这个家庭的稳定，维持它的等级秩序。

于是，中国为着家庭的稳定，就造就了家庭成员的不平等关系。而这种不平等关系，又造成了家庭成员的不平等类型。每一个家庭，特别是最有代表性的贵族家庭，这家庭就有了专事享乐的人，埋头苦干的人，只作牺牲的人，寄生无所事事的人和自私自利挥霍无度败坏家庭的人。也就是说有享乐者，牺牲者，寄生者和破坏者。

享乐者。享乐者也是权力者。权力者不见得个个耽于享乐，但享乐必定需要权力。贾政节俭，王夫人便不能太奢；贾珍节俭，贾蓉只好过苦日子。不过事实上，权力者——因为这权力在传统家庭关系中是无法限定的，所以由权力而走向享乐就成了必然规律。就说那个贾政吧，在荣、宁二府可说是出污泥而不染，而且是当权者中唯一的一个“正派人”。但他整天做什么呢？不外是弄一群帮闲，以无聊为业。以无聊为业，就是没有事业。于国家他不做什么事情，因为他觉得皇帝圣明，一根头发里包含的智慧都比他高明一万倍。对家庭他又不做什么事情，饱食终日，温习礼教加上点诗词歌赋而已。他吃得饱，穿得暖，住的舒服。管管儿子，骂骂下人就是他最大的事业。贾政如此，余人可想而知。权力者的权力是近乎无限的，而且这权力实质上只交给一个人，这个人就成为这个家庭的大救星。

牺牲者。牺牲者，其实包括两类人，一类是以体力劳动作牺牲的，大部分是家中地位很低的妇人和某些属于家生子范围的奴仆。一类是劳心者，就是他在家中有点权力，也管些事情，但他又没多大权力，也管不了多少事情，就像巴金小说《家》中高觉新这样的人。高觉新实在是一个艺术典型，但《家》这本书上写得仿佛还未能活灵活现。《四世同堂》中的祁瑞轩也是这类人的典型，老舍先生写的这个人物更具文化意义，只是因为背景关系，没能作更深的开掘。尽管如此，也可以说已经够用了。这两位实在是那个家庭的顶梁柱。没有他们，那家庭马上就会崩溃。出了困难找他们，出了危险找他们，没钱花了要他们去挣，有了难事要他们去办。然而他们却不是家庭的主人，完全是这家庭的奴隶。什么不顺心的事都要他们接受，什么难堪的事也要让他们接受。他们仿佛就是为人类受难的耶稣。然而到头来，却没有一个权势者会对他们的牺牲表示半点同情。祁瑞轩，命运好些，特殊的社会环境在某种程度上改变了他已经十分不幸的命运。高觉新则毫无出路，除去反叛，只有牺牲。他其实很有学识。然而，学识不能为他所用。他也不敢用它们，仿佛它们都是些无用的东西。他也有正义感，正因为有正义感，所以对于弱者才予以无限的同情。但他偏偏没有多少骨气，在凶残的恶势力面前就只得委曲求全，一味屈从。他也想说几句公道话，然而，话到嘴边，就从内心产生出一种强力把这话拽了回来，因为他实在已成思维定势，好像命中注定似的只能忍气吞声。他的品质本无可挑剔。他关心人，既关心好人，也关心坏人。对好人报以好心，对坏人也报以好心。他宁可牺牲自己的亲人，也要维持家庭的利益。他爱自己的妻子，却害了自己的妻子；他爱自己的儿子，又害了自己的儿子。妻死儿亡，使他没有了最亲最近的亲人。现代青年人看了这个，禁不住要说，当着别人硬逼迫你妻子带着九个月的身孕去穷乡僻壤的时候，你就不能说一句话吗？是的，在别人也许能的，但在他，就不能。中国历史上有多少这样的人，我们没法统计。但没有这样的人，封建社会，封建家庭就完全没了指望。可有了这样的人，封建社会，封建家庭又会成就更其凶狠残暴的恶人，我真不知道，究竟应该怎样评价他们？只知道他们确实做出了也许一个近代西方人做梦都梦不出来的可怕的牺牲。

寄生者。封建家庭的稳定，本身就会培养寄生者。而且在那些有权有势的家庭统治者看来，培养寄生者，正是他们的光荣。西方人讲究让儿女自立，中国人讲究教养儿女成人。一方面他们要控制他们，让他们一丝一毫都不能差地照自己的意见去办；一方面他们又宠着他们，尽可能地供给他们最好的物质生活条件。贾母对贾宝玉，就是这样子。贾政和王夫人又何尝不是如此？中国几千年封建社会不知道培养出了多少条寄生虫。中国的封建家庭，最拿手的好戏乃是消灭自我。他们让儿子只知道自己是儿子，吃喝不愁，不事劳动，一心读书，只求入仕。其结果是极少数的人成了官僚队伍的接班人，更多的人则成了百无一能的寄生虫。中国人拼命维持家庭，因为家庭可以成为避风港。大的富有的家庭还最适宜包庇懒汉，最适宜养活寄生虫。

破坏者。寄生近乎破坏，破坏更其恶劣于寄生。破坏者的代表，有高衙内那样的百无一能的“坏种”；也有王熙凤一样的机关算尽太聪明的美人。但他们的破坏需要一个条件，就是能够讨得最高权力者——家长的支持，没有这一点，马上没了破坏的根据。就说王熙凤吧，那本领，那智慧，那手段，那心术，可以说是《三国演义》中曹孟德一流的人物。然而，也全因为有贾老太太的偏心护持。一旦老太太归天，就等于太阳晒化了冰山，从此无依无靠。新的当权者，三言两语就要了她的小命。她虽在才能、智慧、心术、经验、手段种种方面都强似她的丈夫，可一旦没了靠山，她丈夫想要将她休弃，就如赶走一条癞狗那么容易。因此，封建社会的毁坏，就在于权力者和破坏者达到了统一。而封建社会得以维持，就必须维护家长制和礼教两个相关又相别的权威。可惜的是家长的权威是绝对权威，而礼教的权威却是第二等的权威。它对于弱者常常如狼如虎，而对于强者就如兔如羊。

封建家庭的权势者、维持者、忠诚不二者和甘心作奴才的人们，他们吵吵嚷嚷，大喊大叫，以为一切都是小事，维护家庭的完整，维护家庭的整体利益才是头等大事。那情形，就与楚国的屈原坚决维护楚国的利益大同小异，所以，伤心者常说，不做楚国的屈原，就做贾府的焦大。而到头来，纵然不自己抱块石头去跳汨罗江，也让人来一嘴马粪完事。

上述这些人，他们维护家庭的权益是真诚的，百分之二百的真诚。如果只考虑他们的动机，而不考虑他们这动机最终产生的效果，真要感动得魔鬼都流下热泪。《红楼梦》上的贾府，最后完蛋了，落了个“白茫茫大地真干净”。把贾府弄完蛋了的，主要还是那些当权的人。然而他们维护这家庭的稳定，渴望这家庭的繁荣的动机，能说不是十分真诚的吗？贾老太太对贾宝玉的婚事，可谓想得周到，她为了什么？还不是为着这个家庭？贾政管教儿子，打得儿子气息奄奄，他为了什么？还是为了这个家庭。王夫人查抄大观园，为着什么？也是为了这个家庭。那些坏人且不去管他，这些所谓正面人物为着这个家庭的整体利益可谓齐心协力，竭尽全力。然而正是他们毁灭了儿孙的幸福，也毁坏了他们一心要维护的这个家庭的基础与仅存的一线生机。最后连他们自己也一同成了可悲可叹可恨可怜的牺牲品——他们是自己把自己做成“牺牲”送到祭坛上去的，临死还要满心虔诚地瞪大了眼睛。

他们连同他们维持的礼教为了这家庭的利益，曾经剥夺了多少人的幸福，害死了多少人的生命。仅以《红楼梦》为例，金钏死了，尤二姐死了，尤三姐死了，晴雯死了，鸳鸯死了，司棋死了，黛玉死了，李纨虽生犹死，惜春遁入空门，宝钗守了活寡。封建时代的家庭是由多少好人的热血浇灌出来的棵棵罂粟花，花开结果，还要害人。

更严重的问题在于，《红楼梦》是封建末世的作品，作者的一曲无尽的哀歌，预言了它的必然灭亡。贾府完了，女主人公完了，男主人公也完了，一切正直的好人一个个几乎都完了，或者快完了，忽喇喇大厦将倾。所以，《红楼梦》里屈死的人们，死得也许值得。但是，封建末世以前呢？比如封建盛世的情况怎么样？它也会死这么多的人，死这么多的好人吗？回答应该是肯定的。也死这么多人，也死这么多好人。比如梁山伯与祝英台；比如焦仲卿与刘兰芝；比如唐玄宗始乱而终弃的梅妃和也是这个唐玄宗始宠而终缢的杨贵妃；比如同治皇帝的美丽贤惠的皇后；比如光绪皇帝心爱的珍妃。她们死了，不管是贵为皇后还是普通人的妻子。尽管死了，她们也许还算幸福，因为还有人记着她们。更多的情形下，是人们早把他们忘记。她们死了，她们的死没有引起人们的注意。人死未能心伤，纵然伤心了，哭泣了，大操大办出殡了，然后，又匆匆忙忙快快活活寻新欢去也。“幸福”的死了的人们，后人愿他们的灵魂或化连理枝，或为比翼鸟，或生相思树，或成望夫石。然而，每每听到这些美丽的童话，最好不要相信，否则，仍在享受大自然爱抚的人们，会觉得每一棵树后面兴许都隐匿着一个屈死的冤魂。那就太悲惨了，也太怕人了。呜呼哀哉，尚飨。

也许有人会说，封建社会的坏人，就坏在礼教上。不错，是这样的。但是如果礼教不把家庭的利益看成每个人的利益的总和，认定那是高于个人利益的神圣的利益，礼教也就没有欺骗性了。中国的礼教最好讲妇道，讲贞节，讲仁义，讲恭敬，讲宽恕，讲顺从，讲克己，为着什么？全为着这个家庭不散。

实在说，为着家庭的稳定和秩序而扭曲人性，这样的家庭还是散了的好！西方近代文明的头一件事就是造了宗教统治的反，因为最能禁锢西方人思想的就是宗教；中国民主运动的头一件事，就是造了家庭的反；因为最能束缚中国人思想的就是家庭，它的第一个胜利就是恋爱自由；它的第二个胜利就是离婚自由；它的第三个胜利就是破除家庭本位，欢呼爱情本位的到来。无爱的家庭就不是家庭——充其量不过是没有灵魂的家庭，最好是“相逢不下马，各自奔前程”。

八、德、智、体、美，以德为本

儒家主张修身、齐家、治国、平天下，虽特重家庭的作用，却从修身讲起，这是中国哲学的特点，也是中国古代文化的特点。近代西方人看到这个体制就赞美东方，好像东方的人文主义天然而成。中国的学者对此也容易津津乐道，以为中国人的文明远在西方之上，吾之边余彼之瑰宝。中国文化既重修身，自然重视人性的研究，可以说人性的研究是中国文化思想的一条主线。自先秦开始，直到清末，不能离异这个主线。中国文化的发达与此有关，停滞也与此有关。本节讨论中国文化对人自身结构的认定，从讨论中国古代人性理论开始也许是最合适不过的。

中国古来人性理论观点多，论者多，争议也多。远的不说，自孔子始有主张性善论的；有主张性恶论的；有主张性三品论的；有主张自然人性论的；有主张性善恶混同论的；有主张性情论的；有主张性命论的；有主张法性自然论的；有主张本性是佛论的；有主张复性论的；有主张人性一元论的；有主张人性二元论的；有主张性无善无恶论的；有主张心性合一论的；有主张天人同性论的；有主张天赋人性论的；有主张气质之性论的；有主张性日生日成论的；有主张佛性人性论的；有主张人性自然论的；有主张性具天地万物论的；有主张血气心知即性论的；还有主张性全是气质论的；主张以太即性论的；主张个性中心论和善恶同时进化论的。主张善恶同时进化论的，是清大学者章太炎，这个时候，中国已进入近代史阶段了。

中国人论人性，如果条分缕析，单这一个题目就可以写成一大本专著，就算把他们的观点罗列一遍，也够长的了。但那方法不智。在我看来，中国人性理论固多，有代表性观点，对中国文化发展产生重大影响的观点就没有这么多了。如果把最有代表性的观点挑出来，给以分析，也许更恰当些。

中国是儒学主导文化过程的国家，头一个有代表性的人物当然是孔夫子。孔子在中国文化史上的地位，和耶稣在西方文化史、穆罕默德在伊斯兰文化史、释迦牟尼在佛教文化史上的地位差不多。

孔子一生没有著作。所议所论，为学生编辑成书，以飨后人。他的学问，涉及面广，论证精辟，却引而不发，不把话说绝，也不把话说死，留有余地，引人思考。不论论及天神，论及人事，论及为政，论及教育，论及修身养性，都有这特点。这特点使他成为一名杰出先生，却不能成为一名杰出的政治家。虽作过几天鲁国的大司寇，未见有多少政绩。其言不合时尚，其说难见成效。为学者宜乎含蓄有味，为政者宜乎简洁明爽。孔子得为师之道，未曾得为政之道。

夫子“述而不作，信而好古”，自己虽有创见，也不以为创见。对于周公政事，情感犹深，主张“克己复礼为仁焉。”常常梦见周公，思念周制。其教育学生，深得其法，“有教无类”，旷世名言，虽现代教育，未能超过这原则。但夫子长于教育，却短于研究。虽有多种创见，不能成鸿文巨制，比之他的后学荀子、孟子相去甚远。然而，主要的思想已经斑斑点点，成龙成虎，后学发挥，已备基础。孔子的学问，多在教育上面。教育最大的成功之处，莫过于使后来学生可以得其要点，尽情发挥，出于蓝者，胜于蓝也。先秦时代课徒者多，但能达到孔夫子这样教育效果的，实在绝无仅有。墨子为学，曾与夫子双峰对峙。惜乎纪律过严，宗教气味太重，培养的后学，品行虽不让儒生，学问之道逊色远矣。大而言之，孔子得教育之道，未得研究之道。

夫子重修身养性，修、齐、治、平，滥觞于孔子。但论强国之术，非其所长。革故鼎新，夫子不闻也。不仅不闻，还要大光其火，不能苟同。学生有点变革，便要鸣鼓而击之；听说有人主张铸刑鼎，又要大发感慨。孔子惯向后看，古来学问虽多，创新思想不足。然而本人品德可谓上乘。以此观之，孔子得修身养性之道，未得变革图新之道。

孔子论人性有上述种种特点。他立论含蓄，引而不发。所以不把话说绝，只说到八分。其结果，或有向东，或有向西。后儒一分为八，大约是孔子始料未及的了。孔子保守，所以讲人性不免脱离实际，比起他的后学荀子、韩非，多有不足。荀子文章，堪称学者之文，不仅好古，而且求新，述而不作，荀子未闻也。逻辑严整论述缜密，乃荀子特点；时有创见，切于实用，乃荀子风格。荀子学生李斯、韩非，俱在政治上特别用功。李斯文才也好，但全力从政，成秦朝名相，于中国历史发展有突出贡献。韩非为法家集大成者，著述甚多，秦始皇都很钦敬。然孔子特重品格修养，为后来大儒做出了榜样，韩、李不闻也，唯孟子承其衣钵，董仲舒发扬光大。修身养性一道，在中国文化史上起了莫大作用，具有宗教意义、政治意义、社会意义和伦理意义。孔子认为人格有高低，这个思想也为后人继承，终于成为对中国历来的文化建设带来重大影响的一条人性理论原则。

孔子论人性，最著名的观点，就是性相近习相远。这个留给后人很多发展的余地。性相近可以理解为性恶，也可以理解为性善。习相远，可以走向仁治，也可以走向礼治，还可以走向法治。究竟哪一派更合夫子本意，到了后儒那里，反倒有些不甚了了。但孔子的性相近、习相远是有条件的。他以为人的本质本有天性差别，所以性相近还不是性相同。他说：“中人以上，可以语上也；中人以下，不可以语上也。”[①]具体说来，有“生而知之者”，有“学而知之者”，有“困而学之者”，有“困而不学者”。而且“唯上智与下愚不移”。这个思想，有意无意地给后来的天才

① 《论语·雍也》第61页。

理论埋下了伏笔，给孟子的“五百年必有王兴者”和董仲舒的“性三品”说打下了基础。孔子又特别强调后天的教育，强调“仁”的作用。虽然有“困而学之者”，倘能学仁，必有所用；虽有“困而不学”者，倘能听命于“仁”，亦无大害。孔子主张“仁者爱人”，主张“己所不欲，勿施于人”，主张“已欲立而立人，已欲达而达人”，主张“学而不厌，诲人不倦”。如此等等，都和他的习相远的思想相统一。性相近，生而不同；习相远，可以施以仁教。这些都是很有价值的带有人文色彩的人性理论。可惜，他又认为“上智下愚不移”，“民可使由之，不可使知之”，于是就把下愚排除出了教育之外。加上他不务实际，反对变革；厌恶劳动，功名心切；使他一生终未能实施自己的抱负。其学说中的很多不良因素，也为后世中国文化建设带来种种消极影响。孔子的人性论，可以说是先秦时期的一部“概论”，概而论之，大体相合而已。后世学者，提出新的观点，还要靠自己的努力。但是这个概论，却一直沿用了两千年时间，没有丧失其指导性地位。

孔子以后，对于中国人性理论，影响特别大的学者和观点，有孟子的性善论，董仲舒的性三品说，朱熹的天理人欲说。

孟子论人性，主张人性善。最有名的观点，是“四端”之说。所说“四端”，就是仁、义、礼、智这四件事。他认为仁、义、礼、智与生俱来，就好像人有四肢一样。他说：“恻隐之心，人皆有之；羞恶之心，人皆有之；恭敬之心，人皆有之；是非之心，人皆有之。恻隐之心，仁也；羞恶之心，义也；恭敬之心，礼也；是非之心，智也。仁义礼智，非由外铄我也，我固有之也，弗思耳矣”。[①]

孟子讲四端，四端与生俱来，人皆有之，结论就是人性皆善。但他的学说更有影响的地方还在于：一方面他认为人性皆善；另一方面，他又认为只有人性才善。就是说人与万物有别。孟子文气浩荡，曾辟杨朱，辟墨子，也曾与告子争论。与告子争论的就是人性与兽性的区别问题。在告子看来，“性，无善无不善也”，认为“生之谓性”。这个观点，是孟子

① 《孟子 · 告子上》。

所不能接受的，也是要着力批驳的。他反驳说“牛之性”、“犬之性”和“人之性”全然不同。牛之性既不同于犬之性，犬之性更不同于人之性。孟子的这个思想，对于中国文化有莫大影响，到了荀子又有些发展，但大抵没有超过孟子议论的范围。人与万物的性的本质差别，决定了人有别于万物。这和西方基督教不一样。在基督教看来，万物与人，都是上帝造的。在上帝面前，可以说无贵无贱。人虽高于万物，却绝对低于上帝，万物是上帝给人类准备的环境，人类是上帝给环境准备的主人。这观点又和佛教不同，佛教以为，凡生命都是一样的。杀死一个蚂蚁，也是杀生，杀死一头大象还是杀生，那么，杀死一个人也不过是杀生而已。慈悲之心，遍布世界，一有恶念，便堕轮回。这就抹杀了人与万物的区别，把人降低到一般生物的水平上去了。中国儒学看重人的作用，又看重皇帝的权威，以皇帝的权威为主，又以皇帝行为合乎不合乎道德作为对皇帝优劣的评价，这就是双元论。因为是双元论，所以中国文化才有了特别注重现实，特别注重人际关系的特殊性质。

孟子讲四端，讲人性与兽性的区别。又主张修身养性，主张施仁政。修身养性，是他的人性理论在人身上的应用；施仁政，则是他的性善理论在政治方面的应用。二者合为一起，有声有色，形成浩然之气。他说：“人皆有不忍人之心。先王有不忍人之心，斯有不忍人之政矣。以不忍人之心，行不忍人之政，治天下可运于掌上。”本着这个理论，他才提出“善人，信人，美人，大人，圣人，神人”的标准。他说：“居天下之广居，言天下之正位，行天下之大道，得志，民由之；不得志，独行其道。富贵不能淫，贫贱不能移，威武不能屈，此之谓大丈夫。”不仅如此，如真能达到仁的标准，还会“万物皆备于我”呢！由于仁政，他才发表“民为主、社稷次之、君为轻”的著名理论。以至后来既没学问又心胸狭隘的朱元璋差点没取下他亚圣的桂冠，一甩手丢到茅厕中去。

孟子主张性善，荀子主张性恶，孟子的学问不如荀子的学问功底扎实，逻辑严整。然而，中国封建社会选择了孟子，没有选择荀子，大约和孟子的仁、义、礼、智之说特别合乎中国的官、土、农、德结构有决定性关系。

孟子以后，第二个对中国人性论产生巨大影响的是董仲舒。

董仲舒最有名的观点就是"性三品"说。他认为人性可以分为三种，一种是情欲很少，不教自善的"圣人"之性；一种是情欲很多，虽教也不能善的"斗筲之性"；一种是介于二者之间的，有情欲也有善心，可以为恶，也可以为善的"中民"之性。但他又认为，圣人之性其实也不能算性，斗筲之性又不能算性。因为圣人不教而善，善在性上。斗筲之性，教而不善，无性可言。只有中民之性，有圣王之教便可为善，无圣王之教就会为恶。于是他就为圣王——皇帝的教育找到了最为合理的根据。

董仲舒的性三品说有很大影响，但最有影响的还是他的天人合一、天人感应理论。天人合一反映了天、地、人之间的关系，天人感应则肯定了天的意志和人的能动作用。这个理论对中国文化影响可谓极大，但董仲舒的本意，和后人的理解其实并不相同。例如《黄帝内经》也讲天人合一，其意思远乎纲常、近乎科学。董仲舒的天人合一，则强调天命膺于皇帝，皇帝有统治万民的权力。天下万民——主要是最大多数的中民之性，只有按照上天的意志，遵守儒家学说，才有可能达到善的结果。否则，远善近恶，后果不堪设想。因此，他以上天的名义，把孔夫子孟夫子的君臣、父子、兄弟、夫妇、朋友的五伦观念，发展成为三纲五常，"君为臣纲，父为子纲，夫为妻纲"，把"仁、义、礼、智、信"作为五常之本。他建议汉武帝独尊儒术，废黜百家，也被刘彻采纳了。他以万事先知的口吻宣布说："王道之三纲，可求于天。"又说："道之大原出于天。天不变，道亦不变。"中国封建时代占据统治地位的儒家理论体系，其奠基者是孔子，大力发挥者是孟子，构建体系者是董仲舒。尽管现在看来，董仲舒的思想实在与近代科学思想相去太远，比之王充、何晏、王弼、郭象的理论都大有不如处。但其在中国历史上的地位，却实在非后来诸人可望其项背者。董仲舒的学说综合了先秦儒学和阴阳五行学说作为自己立论的基础。他的思想不但影响了汉代儒学，直接推动了汉代的经学，而且为汉代谶纬之学提供了方便，为《黄帝内经》一类的医学提供了立论基础。他完全有资格被称为汉代思想之总设计师与奠基者。

董仲舒以后，第三个有影响的儒学大师就是朱熹。宋明理学非自朱熹开始，周敦颐和程氏兄弟都比他资格为老。宋明理学也不是纯的儒学，如同董仲舒的儒家学说不纯一样，它里边既有佛学思想又有道家思想。不过他们自己不敢承认也不愿承认罢了。宋明理学比汉代儒学来得体系完整，逻辑严谨，涵容宏大，议论精辟。朱熹是宋代体系集大成者，其成就比周、程、张为高，虽然从现代哲学意义上看，程朱理学与张载的观点有较大的差距。张载的思想更近乎我们近代人的唯物主义，但公平地讲，古代人的认识其实不能用现代人的观念去套，一套准错。朱熹的哲学思想与张载虽有不同，却又成为张载思想的当然代表者。

朱熹论人性，认为人性、物性相通，人性物性，本是一体。从表面上看，他的思想比孟子倒退了。孟子讲人性、物性差别，为此曾与告子大战。经过千年时间，为什么又讲人性、物性相一致呢？朱熹不同意告子，同意孟子，不过给了新的发挥和阐释。实际上，这是文化发展史上的一种普遍现象，否定之否定，从而取得了更高层次上的肯定。孟子讲人性，证明人兽有别，在于为自己的仁、义、礼、智“四端”学说找到根据。朱熹讲人性物性一致，在于从更高层次上，为新的儒学理论的推行找到更完备精到的依据。孟子讲人兽有别，董仲舒讲天人感应，朱熹讲人物合一而又有别，其哲学思想代表了三个历史阶段。人性在儒家学说理论的轨道上到此也走到了尽头。再往前发展，就要脱出轨道，开辟新路了。

朱熹一方面认为人性物性一致，他说：“心也，性也，天也，一理也。”又说：“理也，性也，命也，初非二物。”另一方面又认为，人与物气禀不同，因其不同产生差异。他说：“人物之生，其赋形偏正固自合下不同，然随其偏正之中，又自有清浊昏明之异。”在他看来，人能够得到气之正，所以性也是“全”的。草木禽兽不能得形、气之正，其性也就不是“全”的。朱子的理学，从理出发，认为万物同理，但有气质不同。因其不同而有天命之性，又有气质之性，有纯粹至善之性，又有驳杂至恶之情，所以有人就说朱熹的人性论是二元论。简而言之，朱熹认定，人的行为可以合天理，但要去人欲。成其天理，则消净驳杂；成其人欲，则有悖天理。他说：“有个天理，便有个人欲，盖缘这个天理须有个安顿处。才安顿得不好，便有人欲出来。”朱熹反对人欲，提出“存天理，灭人欲”。这是程朱理学的一个基本观点。人性本为善，但人欲不灭，就不能为善。于是他把天理和人欲对立起来，强化礼教，强化贞节观念，强化道德一体化的伦理体系。终于为统治者接受，成为扭曲人性，背离历史发展又有巨大影响的宋明理学主体。

程朱讲理学，陆、王讲心学，心学本是理学的补充，二者在本质上少有区别。不过理学强调人伦物理的客观统一属性，而心学强调人伦物理的主观统一属性，一个统一在天理，一个统一在内心。因其本质无别，所以或者称为宋明理学，或者称为宋明道学。

中国历史上人性理论到了高潮时期，已经僵化，但在体系上却有超过前人的贡献，在学术和理论方面也更见精细缜密。但其方向错了，就不能不遭到社会发展的反抗和新兴哲学理论的抗议。在王阳明之前，只是内部的争论，外部的冲击，其声也微，其势也小。自王阳明始，开始发生变化，待到李贽时，发展变化尤大。这位李贽是一大怪杰，敢说敢言敢作敢为。既不为传统所束缚，又自知其学其论不合正统，所以给自己的理论著作命名《焚书》，给自己的历史评点著作，命名《藏书》。不焚即藏，可见其叛逆性格之一斑。李贽持自然人性论，他援引佛学，以为宏论；汪洋恣肆，意气风发。他认为“人人都可成佛，人人都是生知，所以人人都是平等的。”[①]既然都是平等，就无圣无愚，无佛无众，无古无今，无高无下。人人皆有佛性，人人皆可成佛，甚至人就是佛，佛就是人。他反对“存天理，灭人欲”的观点，认为大谬不然，莫此为甚。明确宣布：“穿衣吃饭，即人伦物理，除却穿衣吃饭，无论物矣。”他认为人皆有私心，说：“夫私者，人之心也。人必有私，而后其心乃见；若无私，则无心矣。”不仅如此，而且因为有私，才能治家，因为有私，才能治学。他说：“居家者私积仓之获，而后治家必力；为学者私进取之获，而后举业之治也必力。”李贽创见很多。他讲人皆有佛性，又说人皆有私心。李贽不相信孔夫子就是一个没有私心的人，虽然他没有这样直说，按他的逻辑，自私然后才有动力。孔夫子若无私心也就没必要忙忙颠颠，周游列

①姜国柱、朱葵菊：《论人·人性》，第 275 页。

国，去四处宣扬自己的主张了。

然而李贽的思想不合当时统治者的要求，自己终于也死于非命。但李贽的声音没有湮没，因为社会在进步，人们对于儒学特别是宋明理学的压迫在反抗。后继者中，如黄宗羲，如颜元，如唐甄，如戴震，各以自己的人性理论对宋明理学提出反叛，发出抗议。而最有影响也最有代表性的人性论者，当首推王夫之。

王夫之的人性理论，有两个显著特点，一个是他认为人性在乎后天的环境。他说："孟子言性、孔子言习。性者天道、习者人道。鲁论二十篇皆言习，故曰性与天道不可得而闻也。已失之习而欲求之性，虽见性且不能救其习，况不能见乎？《易》言：'蒙以养正，圣功也。'养其习于童蒙则作圣之基立于此，人不幸而失教，陷于恶习，耳所闻者非人之言，目所见者非人之事，日渐月渍于里巷村落之中，而有志者欲挽回于成人之后，非洗髓伐毛，必不能胜，恶他人之恶，不如恶在我昔日之所知行所闻所见，高洋治乱丝，拔刀斩之斯为直截。但于其中拣择可为不可为，而欲姑存以便所熟悉终身于下愚而已。"

古语难读，简而言之，就是人性本无别，不过因为后天的影响，可以变好也可以变坏，后天的影响如此之重，所以后人就说王夫之的人性有唯物论色彩。

王夫之人性的另一个显著特点，是主张"情以显性，善理常存"。他不同意"存天理，灭人欲"的主张，恰恰相反，他认为饮食男女是人之共有的大欲。凡人有之，圣人也有之，就是孔夫子也不能没有。他说："喜、怒、哀、乐，只是人心，不是人欲。"他以为喜、怒、哀、乐是人心，仁、义、礼、智为道心。情之下游是人心，但有下游必有上游，上游就是道心。王夫之的人性理论的这些特点，充分表现了他作为明末清初启蒙思想家有别于前代儒家学者的不同之处。

可惜的是，启蒙学者没有成为中国哲学的主体。官文化还是更重视程、朱理学，更支持朱熹的主张。于是，就如本书在"士、俗分合，以经为本"中说的那种情况。明清的中国文化已有明显的双元分裂倾向，不过等不得中国新的哲学成为独立的左右社会发展的精神力量，西方工业国家的兵舰已在中国领海上万炮齐发。近代资本主义工业截断了启蒙家的畅想，也打破了传统儒家的迷梦。

对人性的研究，在中国古代文化史上，影响最大的还是孟轲、董仲舒和朱熹，他们代表了中国儒家文化的正统。因其正统才能取得官、士、俗相互交映的社会整体效应。这种情况，到后来才慢慢被打破，作为古代文化传统研究，却大体上还应以他们的思想为主。

中国古来人性理论，和西方人性理论相比，有以下几个不同的特点：

概括起来，就是西方人性研究的主体倾向，使他们更重理性的启蒙作用；更重物欲的合理性；更重宗教关系；更重人道主义。相比之下，中国的人性理论，则更主张修身养性说；更主张理、欲对抗说；更主张天命人理说；更主张性三品说。

这些特点，决定了中国的人性理论，比西方中世纪人性理论进步，又比文艺复兴运动野蛮落后。

用现代观点考虑人性问题，人既有自然属性，又有社会属性。没有自然属性，为什么大象不能进化成为人，小猪小狗也不能进化成为人呢？但社会属性是主要的本质的方面。人的社会属性有历史性特点，历史是现实的延续。没有历史性，为什么古人不同于今人？远古时候，人老了，或者死了，就让活着的人给吃了。吃了就吃了，挺自然。这样的事要让孔夫子知道，夫子虽然最好讲仁义道德，也非挖他坟头不可。不过，人吃人的时候，也没坟头。封建时代，皇帝赐臣子死亡，被赐死者还要望诏谢恩，这在现代人看来，就是精神病。今古又不能相割裂，人的社会习性本身就包含了历史属性的内容。人的社会属性既有历史特点，也含有未来性特点。不过，人们对未来的预测，难得准确。

人的社会属性既有历史现实与未来之别，又有变与不变两个方面。因为社会形态不同，小变常有，大变不常有。变与不变之间包含了人的理性的客观性。遗憾的是，客观性是一个方面，能否真切如实地反映这种客观性是另一个方面。可怕的是，一旦成为定论，这种定论就不管你客观上变化不变化，它要以一种异化了的力量来改变已经改变了的人的属性。

中国自孔子以来，对人性的认识，虽有一贯性连续性特点，但其历史作用是不同的。一般地说，董仲舒是以非科学的认识方法达到了符合封建社会历史实际的科学价值，而朱熹的思想远比董仲舒“科学”得多，却以比董仲舒“科学”得多的理论而可悲地获得了历史发展的负效应。

中国古代人性论影响了中国文化对人的设计，这种影响从合理走向不合理，至少到了宋代，它已经非常不合理了。

中国人性论对人的设计最主要的特点就是，道德本位。

有人说中国古有人文主义，其实那不是人文主义，表现在人格等级特征上，是“官”文主义，表现在人的自身结构上是“德本主义”——请诸位读者原谅我的杜撰，“德本主义”就是道德本位主义。

因为中国的道德本位思想适应了大陆文化的要求，适应了官本位的要求，适应了小农经济的要求，适应了重农抑商的要求，适应了社会礼治的要求，适应了以儒为本的指导理论的要求，适应了以礼为本的人治要求，适应了以家为本的家庭关系的要求，因此它的地位既是等级的，又是牢固的。甚至当历史已经不需要它们的时候，它凭借着历史文化的巨大惯性和积淀作用还死死地不肯退出历史舞台，也不肯退出每个中国人的心灵。

以德为本，给中国人尤其士人的价值认识带来如下特点：

1. 重德轻智，德本智末

中国传统文化，最好讲仁、义、礼、智、信。孟子讲四端，就有一个“智”字；董仲舒论五伦，也没有把“智”丢下。但是，他们所讲的智，并非智能的“智”。孟子自己解释得明白，恻隐之心为仁，羞恶之心为义，辞让之心为礼，是非之心为智。这个智是明辨是非用的。什么是非？就是仁与不仁、义与不义这个是非，所以，仁、义、礼、智，这四者的关系并不是平等的。他说：“仁之实，事亲是也。义之实，从兄是也。智之实，知斯二者弗去是也。”讲得够明白的了。智与不智，就是能不能保持事亲的仁，保持从兄的义。这思想，在董仲舒也没有多大发展。他讲仁、义、礼、智、信，是为五伦，就是处理五种基本的人际关系的道德标准。他们的“智”字本义在此，与现代人说的智能之“智”，大抵无涉。

中国古代文化中，也有强调知识和智能的理论。但是，第一，知识与能力的地位是处在道德之下的；第二，所谓知识和才能大体上不超过现代科学分类意义上的文、史、哲这个范畴。可悲的是，中国人最重经学，所谓学识才能常常要围绕经学打转儿。按照冯友兰先生的意见，武帝之前，中国儒学主要是子学；武帝以后，便是经学。经学时间漫长而子学时间短促，换句话说，中国的学识才华，让一个“经”弄得精疲力竭，多少人皓首穷经，无所创见。王充算是儒学队伍中的一位豪杰，问孔刺孟，特有大丈夫气概。但即使王充，讲到人才能级的时候，也不能超出儒经的束缚。他在《论衡·超奇篇》中对人才的能级标准，做了如下说明：

能说一经者为儒生；

博览古今者为通人；

采掇传书以上书奏论者为文人；

能精思著文连结篇章者为鸿儒。

结论是儒生过俗人，通人胜儒生，文人逾通人，鸿儒超文人。然而，所谓鸿儒者，也不过就是能精思著文联结篇章而已。至于其他学问，则不学不问，也不需学不需问。你问他如何造桥，他不管；你问他如何修路，他又不管。中国儒生最在治世吃香，天下太平，读经说古，出士入仕，个个仿佛神仙。一到乱世，就成了腐儒，好比诸葛亮过江东，舌战群儒，把那些白胡子的，灰胡子的，灰白胡子的，黑胡子的，以至还没有长出胡子来的大儒小儒弄得一个个灰头灰脸，好不狼狈。诸葛亮不是腐儒，所以他能够帮助刘备取三分之一天下。他还会领兵打仗，也会造木牛流马，然而诸葛亮的智慧只在一般老百姓心中有点地位，在高官硕儒那里，就比大小圣人们相去远矣。“三个臭皮匠，凑个诸葛亮”，虽似恭敬，亦有亲近不避忌讳的意思。倘若说“三个臭皮匠，顶个孔圣人”，非给枭首示众不可。

中国传统文化也讲才、讲学、讲识。比如《史通》作者刘知几就讲过，一位良史需要才、学、识三个条件，三者缺一不可。清代文艺理论家叶燮也曾将诗人所需要的智能，归纳为才、胆、识、力四个字，认为四者缺一不可。比如他说：“且夫胸中无识之人，即终日于学，而亦无益，俗谓为‘两脚书橱’。记诵日多，多益为累。及伸纸落笔时，胸如乱丝，头绪既纷，无从割择。中且馁而胆愈怯，欲言而不能言。”就连孟子也说过“尽信书不如无书”的话。但是，他们讲才、学、识也好，讲才、胆、识、力也好，没有一个人会把这些内容和道德一事平列起来。道德是灵魂，而这些不过是手段。中国直到现代还有红与专的没头没尾的大争论，实在和中国的这一文化传统有关。即使单说经书，经书范围却又有限，中国书籍虽多，但儒家所提倡的内容，又回到那么窄而又窄的一条“径”上去了。

重德轻智，使中国人的思想不易产生超越，只能直观地、模糊地、板块式地认识自己，认识世界。中国逻辑学不发达，说理文也不发达。哲学自以为发达，其实总是处在早熟而不成熟的景况。现代人一研究什么新学说，马上可以在古代典籍中找到某些材料。你研究心理学，他马上写一本先秦心理学；你研究伦理学，他马上写一本先秦伦理学；你研究哲学，他马上写一本先秦哲学；你研究美学，他马上写一本先秦美学。总而言之，别人有什么，我们祖先就有什么，但那是处在萌芽状态的学识。有人就形象地比喻说中国的传统学问，大都处在一个“潜”字的水平上。潜哲学，潜美学，潜逻辑学，因为什么？因为缺少体系，缺少科学分类，缺少理论概括和抽象。讲到逻辑学，就想到了公孙龙子和墨子这两位先贤。公孙龙子有“离坚白”、“白马非马”的名论，墨子有“三段式”的逻辑分析，但这两位都是命运多舛的先人。他们常常前后受敌，左右遭攻，弄得低眉顺眼，早就没了脾气。中国人不重视超越，用抽象的思维方式分析自己，分析他人，分析世界，这固然有种种原因起作用，重德轻智就是其中一个十分重要的因素。所以我们看西方书籍，常常要奇怪，为什么他们抓住一个问题就能滔滔不绝，反复论证。中国人比他们“节俭”，蜻蜓点水，三言五语，相信得意忘言，反对言不尽意。这其实是一个很奇怪的逻辑：尽言反不能尽意，不尽言反而可以尽意。禅学、玄学、道家学说，颇受青睐，其奥妙在此。然而，很多事情，坏就坏在这里，一遇到比较繁难的理论问题，或者经济问题、社会问题、文化问题，就显得先天不足，论证乏力。

重德轻智，表现在对待科学技术的态度上，走得更其远了。不但不重科技，而且讨厌科技。仿佛不懂科学技术，还能民风古朴，一有科学技术，人就变得油滑，不老实。中国的大儒里面，可以说没一个有科学头脑的。他们充其量只懂得一点治国之术，那也是靠着亲身的经验和父母给的聪明脑袋，拍着脑勺想办法，用僵死的道德公式处理繁难的社会问题。

2. 修身养性，脱离实际

儒家最讲究内省，至少正宗儒家是这样主张的。他们好讲悟性，好讲“吾日三省吾身”，好讲“克己复礼”，好讲“吾养吾浩然之气”，好讲“学而时习之”。但不讲深入实际，把握实际。中国人的眼光常常是向上的，又是向内的。向上看着皇帝，看着经典，皇帝说的，大体不错，就是错了，也不能改变自己对皇帝的虔诚。如真有错，就用儒家经典进谏皇帝。而对于经典上的错误，则连想也不敢想，想就是你的错，仿佛一个基督教徒，一怀疑上帝，马上犯下大罪，绝对不能再进天堂。中国古有屈原，问天问地，好不痛快。然而对于楚王就不能如此痛快地一吐肺腑之言。屈原生在战国末年，那时候，还没有什么经典不经典之说。《论语》可以成“经”，《离骚》也可成“经”，民歌可以成“经”，史书也能成“经”。而一旦成经，特别是成了儒家之经，就谁也不能怀疑他们。眼睛向上，已经“头重脚轻根底浅”；眼睛向内，只有内心世界，不看大千世界，又不免“嘴尖皮厚腹中空”了。因为不接触实际，肚子里已经空空洞洞，不但缺食少水，外加气血两亏，你还要“吾日三省吾身”。纵把身心弄得透明如玻璃，也不过如此。中国儒学脱离实际，空言大语不能不说，繁文缛节不能不要，然读书愈多，胆子愈小，祖宗也怕，人言也怕，天命也怕。中国实行科举制度，培养出多少秀才，多少举人，然而他们没有几个真正接触实际生活的。倒是战乱年间，那些读书不多，接触下层生活比较深刻的人，成为名相名将，做了一番事业。而它留给现代人的一个副产品，就是轻视知识，以为读书无用。中国人认为读书无用，实在与读书不对有很大关系。因为中国作为农业大国的历史实在太长了，读书不能做官，马上成为毫无用处的事情。因为一般说来，读书只有一条出路——入仕。既不入仕，等于没用。

3. 畏天顺天，远离功利

中国传统以德为本，君子不言利，小人才言利。君子小人之别，就在这个地方。这和西方近代思想史上的思想大家有着鲜明的对比。儒家不好言利，尤其不言功利，就是非儒人物，自爱如杨朱这样的人物，其实也是不言功利的。自私尽管自私，并不考虑去创造财富，或者与别人竞争攫取财富。西方近代文明重利轻义，自然有它的种种弊端。但他们强调功利主义，相信实用主义，推崇实证主义，却有他的道理。西方人讲人性，一大流派就是公开强调人的自私性，强调物欲的合理性，强调情欲即本性论，公开强调享乐主义。他们不惮言钱，喜欢言钱。钱对于很多西方人，就好比兵士对于韩信大将军一样——“多多益善”，这种风格鼓励了他们的外向性格，也鼓励了他们的冒险精神。他们的自私和中国大传统观念中的自私是不一样的，他们的个人主义和我们所理解的也有不同。比如主张自私合理论的英国哲学家霍布斯，他就说过：“人的一切情欲都是既有开始也有结束的机械运动。欲求的对象就是我们称为善的东西。人和自然都受同样的规律支配。强力和自由是同一的。”[①]他还说“人对人就像狼一样。”但这不是说，他可以抛弃一切道德，要干什么，就干什么，偷窃也行，抢劫也行。他只是认为人有权保护自己的合法利益，这是其一。这里讲的“人”不是哪一个人或哪一部分人，而是说人人都有这个权利，这是其二。而这两点和中国人传统的公私观念恰恰有着本质的不同。对于第一点，霍布斯是这样说的：“自然权利，乃是每一人有运用他自己的权力以求保全他自然的本性，即保全他自己的生命的自由。所以他可以有权利依据他自己的判断和理性去做他所认为最有利于自己的事情。”[②]对于第二点，因为人人都有平等的“自私”权利，所以“如果别人也愿意这样做时，一个人在为了和平和保卫自己的范围内，会想到有必要同意放弃这种对一切事物的权利，他应该满足于相对着别人而有这么多自由，这恰如他愿意相对着他自己允许给别人的自由那样多。”反过来说，就是“己所不欲，勿施于人。”中国人的自私不是这样的，自私就意味着损害别人的利益，损害公共的利益。他不是要保护自己的正当权益，而是要损害别人的正当利益。中国人的自私都带有一种小生产特有的短见，这也正是儒家对

①转引自《论人性》第 448 页。

②霍布斯《利维坦》第 14 章。

于自私这件事特别深恶痛绝的一个理由。

中国人不讲功利，这影响了中国经济的发展，也影响了中国科学技术的发展。中国只讲“内圣外王”，如果说这也算一种功利的话，那么这功利的眼界未免太狭隘了些。中国人的功利观——如果这样说可以的话——主要集中在政治理论方面，集中在帝王的功业方面。伏尔泰时代，人们常常争论罗马的恺撒，马其顿的亚历山大，中国的成吉思汗，问他们哪一个更伟大？伏尔泰说，伊萨克·牛顿最伟大，因为那些人物只是破坏，伟大的牛顿却在创造。这么说来，华佗就比曹操伟大，李春就比赵匡胤伟大，李时珍就比康熙大帝伟大，张衡就比秦始皇汉武帝伟大。但你要让中国古人相信这个，他们的灵魂在坟墓中都难免暴跳如雷。

中国人不讲功利，不重创造。他们没有改天换地的气概。只有畏天顺天的精神。他们害怕天命，顺从天命。正义的事业得不到成功，就会感叹“时也，运也，命也”。全不想去创造条件，改变命运。

中国人不讲创造财富，却特讲勤俭节约，似非坏事。然而，只满足于吃地瓜干的勤俭节约本质上还是小农意识。何况说，那些最善于讲勤俭节约大道理的人，常常也就是吃得脑满肠肥的人。传统的中国人，不是把钱藏在屋子里，就是藏在肚子里。却不知道，也不想知道，这些钱如果放在市场上去，或者投入到土地中去，会给自己——如果嫌给自己这名目不够正大光明，那么就说给祖宗，给皇上，给江山社稷，带来更多的利益。

4. 德强体弱，灵肉分裂

中国人其实是特别重视身体的。对身体的重视程度远远超过对智能的重视程度。这与中国人的传统哲学有关。因为我们是一个特别重生厌死，不太关心神鬼与灵魂的民族。虽然也希望死后去天堂，但更希望活着敬父母。天堂对中国人的吸引力总没有那么热烈，地狱对中国人的恐吓也没有那么大。过去有些庙宇，里面画有种种人的灵魂死后下油锅，被剥皮抽筋之类的恐怖画面或塑像。然而，很多人提倡此事，目的还在于劝善。说只要孝敬父母，友爱兄弟，忠于皇上，种种责罚，皆可避免。在印度，和尚是为解脱轮回普度众生服务的，但主要的还是解脱自己。在我们中国，宗教要为儒家伦理服务。所谓死后的种种磨难，不过是对于生时不忠不孝不仁不义不慈不敬不贤不慧不礼不智的一种惩戒。中国人对生有着特别固执的态度，也因此对身体非常看重。而中国人的重身体又与中国是农业大国有关。吃农业饭当然也需要科学，吃小农经济的饭则首先需要一个好的身体。没有科学，只要有经验，就可以种地；没有一个强健的身体，就是再有科学也等于无用。而且中国是农业大国，需要安定的环境，家庭需要劳作，国家需要守边。保家卫国，哪一样没有一个好的身体都不行。所以，如果说一个中国人在真理、科学、技术、智慧、爱情、财富和身体这几样人类最为宝贵的"财富"里边挑一样的话，我觉得大多数中国人也许要挑身体。因为"留得青山在，不怕没柴烧"，面包总会有的，房子总会有的，一切都会有的。

但是，如果拿身体和道德相比，就不是那么回事了。德重体轻，道德——封建礼教，永远都是灵魂，这个时候，身体就变成了臭皮囊。如果合于道德，还可能让你享几天清福，倘若不合道德，保管让你四分五裂，死无葬身之地。

中国人重道德轻身体，头一件事就是孔夫子说的"非礼勿视，非礼勿听，非礼勿动，非礼勿用"。总而言之，只要不合礼教，什么都不行。说话也不行，走路也不行，吃饭也不行，睡觉也不行。中国人好吃，但吃要有吃相，还要有吃"礼"，小儿不合其礼，要被责骂或嘲笑，大人不合其礼，则被视为低能下贱。中国古代的礼仪之多，令人不寒而栗。比方穿衣，男女有严格区分，贵贱又有严格区分。做皇帝的本来应当施恩泽于天下，然而，施恩泽也不能坏了规矩套子。老百姓只能穿褐衣，秀才才能穿长衫，至于龙袍凤袄，只有皇帝和皇后才有资格享受。如果说，使天下的老百姓都漂漂亮亮，那有多好！但不行，都漂漂亮亮就没了规矩。甭提老百姓，就是朝廷文武，都穿得五颜六色，美轮美奂，那也不行，也是没了规矩。中国人从生到死，都离不开"规矩"二字。我们中国人的身体都给规矩化了，就是成了死人，那一套没完没了的规矩，管叫你什么灵魂，也不得安宁。

中国人重道德轻身体，又强调肤发受之于父母，对身体的保护有种种忌讳。

中国人对身体的看法，喜“全”忌残。生前的身体“部件”，不论是一颗牙齿，还是一条辫子，都要保存完美，等到死的时候随身以葬。中国人制造了太监，却又特别厌恶太监，给太监以种种歧视。太监的来源，或由家长实施割势手术，或由专门的师傅负责此事，或者干脆自宫。然而，割掉的生殖器，要好好保存，以备将来太监死后，随之殡葬。中国人歧视太监，很没道理，既歧视，就不该“制造”，既“制造”，就不该歧视。然而“制造”太监的正是为了皇帝，所以孔孟之徒，也缄口不言；歧视太监的又是有权有势之辈，孔孟之徒同样缄口不言。歧视太监已属无理，歧视残疾人更属无礼。中国人对残疾人在本质上是歧视的，不过我们中国人是圣人的后代，能说会道，惯讲仁义，反映在嘴上，还是多有同情。但是，像西方人那样对残疾儿女更多照顾，更多怜爱，甚至有些愧疚之情的现象太少。中国人对残疾人，首先是轻视，不信任他们；其次是打入另册，剥夺他们本来可以获得的种种权利。考官不行，入学不行，甚至连结婚都受到非议。至于愧疚感就更谈不到了，倒是常常能从因果报应之说，找出种种荒诞不经的根据。比如有一本《续金瓶梅》，主张因果报应之说，歪派陈经济的灵魂转世成为刘瘸子，身残性败坐视妻子偷人，毫无办法。中国人重视身体，也迷信身体，最怕伤了身体，犹怕因为伤了身体带来种种不测。中国人怕伤脸面，名曰“破相”。破相有时候也能歪打正着，就像《聊斋志异》上写的一篇故事那样，女主人公被红烙铁把脸都烫烂了，取镜一照，还要高兴，说是烙断了晦纹，从此除了晦气。但绝大多数情况下，相信破相是会破掉好运气的。中国人的五官有如此大的作用，真令人有匪夷所思之感。不幸万一身体有了损失，我们也自有自己的办法。《三国演义》上有一段：夏侯惇拔矢啖睛。说他被敌将一箭射中右眼，他大吼一声，叫道，“肤发受之父母”，拔出箭来，就把眼珠给吃了。我在小学二年级的时候，读到这个地方，真有一种说不出的心灵震撼，实在比看关云长刮骨疗毒更惊心动魄。

身体虽重要，但比之道德，就不值钱了。中国人重德而轻体，有些近似疯狂，竟然达到为德而自残身体的残忍地步。为德而自残的大约有三种情况。

第一种情况，为忠为孝而自残身体。为忠而自残的，有介子推割股效忠晋文公的事，也曾传为千古佳话。晋文公重耳作为献公年长的公子，因惧祸而出逃，很多效忠的人跟随左右，矢志不移。既为逃难，自然困难多了。一次途中绝粮，重耳先生饥肠辘辘，好不难过。这介子推就把自己大腿上的肉割下来一块供重耳享受。也不知道这位重耳先生是真的饿成了白痴，还是装傻充愣就相信这是部下找来的肥羊肉。反正是狼吞虎咽，吃了一个干干净净。到后来，他作了晋侯，封官赐赏，偏偏把介子推忘了。又为着保全面子，把介子推母子一块烧死在绵山之上。为孝自残的，中国文学中更有诸多传闻，有割胳膊上的肉配药的，也有割大腿上的肉下药的，最不可解的，还有剖开自己的胸膛，取出一片心来作药的。荒诞不经，听一遍都会恶心三天。我曾记得小时候爷爷每每带我去县城赶集，路过拒马河，就要讲一个故事，说拒马河的水为什么冬天不冻冰，就是因为古代有一位叫王祥的孝子，他母亲病了，要吃活鲤鱼，河水冰冻三尺，无法抓获，于是这王祥就赤身露体躺在冰上，以便化冰捉鱼。我问爷爷，冰化了，人不要掉进冰窟窿里去吗？你不是说不让小孩滑冰，掉在冰窟窿里会淹死吗？爷爷的回答没有一个是具有说服力的。这故事其实连小孩都说服不了，然而却曾经说服大人，说服聪明的士人，说服圣明的皇帝。中国人一入礼教，就有点晕头转向，不辨东、南、西、北，这大约可以算一个小例子。

第二种情况，为着贞节而自残身体。如果说，前一条主要用于忠臣孝子，那么这一条就专门用于女人。

女人为男人守节，本身就不合人道主义，也最没有人文色彩。要守节就应该是相互的。男的死了，女的不再嫁，女的死了男的也不能再娶。女的既要不嫁二夫，男人头一个就不能娶妾，娶妾就是失节，失节就该处死。可惜的是封建社会乃是发展最充分的男权社会，男子有一切权利，女子毫无权利。

女人为男子守节，已经极不合理了，为着守贞节而自残身体，更不可理解。“男女授受不亲”是儒家的一大“戒律”。但如果迫不得已而“授受相亲”，那么怎么办呢？有的贞节烈女，因为男的碰了自己一下，就把被碰的一块肉割掉，因为男的拉了自己的胳膊一把，就把胳膊砍掉，这样野蛮残忍的自残行为，竟然备受称赞，使中国满脑子贞节信条的大男子们说得唾沫星子乱飞，洋洋得意。女的自残了身体，男的为她们大声叫好，这样的文明实在是太不文明。鲁迅先生对此深恶痛绝，曾经嘲讽之，痛斥之，口诛笔伐之。每每言之，由一腔愤怒诉诸笔墨。先生曾说，既然男女授受不亲，一犯规矩，就要自残。那么，人生必要呼吸，呼吸需要空气，空气自由流动，出于男人之口，入于女人之鼻，这不是比授受不亲更加严重的问题吗?

不仅如此，就是遭受强暴，为着贞节不屈而死的女子，也必须守住贞洁才算烈妇。倘若虽然主观上不曾屈从，实际上已经失身，就是你死得再惨，也是活该。恶人的罪行追究不追究好像倒是其次的，首先这个受辱的女人先就没了贞节的资格。据《开封府志》记载，明代开封有一农家女，与一恶少为邻。这个恶少趁女子父母不在，强行无礼，这农家女躲避不成，就逃跑，逃跑不及就反抗，反抗不及就死死抓住中衣。这恶少不能得逞，顺手抓起菜刀将这女子砍死了。官府闻知此事，认为应该褒奖她，褒奖之前，先要进行检查，直到被确认未曾失身之后，才旌表她为“烈女”。可能这样的事情，在封建时代，实不算少，所以官府为了掌握其贞节与否的确凿证据，还设有专门检查女子生殖器官的“稳婆”。中国人办事绝少认真，唯在这件事上，认真到了出圈的程度。

为着贞节——道德而自残，最严重的乃是以死殉夫。整个生命都不要了，只留下一缕香魂去追随地下的夫君。中国人最是喜生厌死的民族，但为了贞节，竟然毁掉自己的生命，中国的礼教制度到了这个份上，可说口是心非，无耻之极。

第三种情况：为着男人的高兴，不惜损伤身体。肤发受之父母，弄掉一根头发都带有不孝的味道。然而男尊女卑，女子为着讨男人的高兴，不惜使自己身体受伤。她们要戴耳环，要戴手镯，要大门不出，二门不迈。而且在一个相当长的时间里，还要把自己的双脚弄成残废，以便男人满意，任其恣意欣赏。如果说节妇毕竟是少数，所以出了一个，就要请求旌表为烈女，而缠足则对普天之下的女子，无不适用。就是说，要把整个中华民族的一半全部弄成残废。这样狠毒残忍的方法，居然有人想得出来，居然盛行数百年而不衰，居然不但得到男人的赞赏，而且也得到女子的同意，居然几经清朝皇帝的禁绝都禁绝不住，可谓咄咄怪事！仅此一点，可知中国传统文化有怎样的势力！

中国自认为重视身体，因为重视身体，所以，一旦触犯了礼教，就要残害你的身体，这个我在前面已经说过了。中国古代的刑法，实在就是惩罚法，它和现代刑法最大的不同处就在这个地方。现代刑法，主要是取消罪犯的行动自由，而封建时代的刑法则是损害罪犯的身心健康。世界上最能反映文明的地方，大约只有三个：学校、医院和监狱，因为这是特殊的所在。学校是培养青年人的地方，医院是治疗病人的地方，监狱是关押歹人的地方，这三个地方常常就代表了一个社会的良心。而中国的旧法，却常常以残害犯人为能为乐，其不人道的程度，大约只有奴隶社会可与之相媲美。

中国人重视身体，首先讲“养”，养即养生之道，效果奇妙，方法科学。又讲“福”，讲究享福。享福就是祖上有阴功，又有德行，所以才善有善报，能够享福。享福主要表现在身体方面，有吃有喝，吃好喝好，吃不完喝不完那才叫好。又讲“雅”，琴棋书画，游山玩水，茶文化酒文化都属于雅的范围。然而中国人虽讲“养”，却不大讲“练”，不讲锻炼，所以小说中的男性才子，大多是白面书生，手不能提篮，肩不能挑担。然而，并不觉得有什么不好，反而有点洋洋自得，对自己豆芽菜似的形象自我感觉良好，自宠自爱。真讲锻炼，就是练武，或者围猎，二者都有一个共同的特征，就是为着报效国家、效忠皇上，要不然就是报仇雪恨，追杀仇敌。可以这么说，中国小说中的练武之人，虽不必十有八九，至少十有七八都属于这个思想范畴。中国人讲“福”，却不怎么讲究卫生，卫生之差，世界有名。指甲是不愿剪的，身上也不愿意洗，吐痰的毛病已经传了好几百代了。对于苍蝇也没有防病意识，甚至以为苍蝇长得既美且巧，还要入诗入文，赞赏不止。说到吐痰，别的不说，单说中国京戏中，每每大人物出场，先要咳嗽一声，一来表示身份，二来提醒观众。其实表示身份的办法很多，为什么偏用这个？提醒观众的办法也很多，为什么又偏用这个办法？因为中国人有时候简直就把吐痰当成一种派头，无论什么场合，丹田用力，“啪”的一口，直飞三五丈，好不威风。对苍蝇的兴趣浓厚，周作人曾专文论述，不过是把全世界他能找到的赞美苍蝇且与苍蝇和平共处的材料都介绍了一下，如日本，如希腊，当然少不了我们伟大的中国。偏偏有一件事，他没有说，就是《啼笑因缘》中写樊家树到关秀姑家吃饭，秀姑的父亲武术高超，樊请求他表演一下，他顺手用两根筷子在空中一夹，便夹住一只苍蝇，又一夹，又夹住一只苍蝇。本事真正好本事，能够把飞着的苍蝇夹住，那速度那准头是没得说了，而且夹住又不夹烂，更是伟大。可惜，这是衔菜入口的用具，如此夹来夹去，真可使爱干净的洋人闻风丧胆，抱头鼠窜。

中国人讲雅，却不太讲健。所以，中国的知识分子，文武全才的就少。中国的男男女女，以自己的健美身躯吸引异性的就少。

5. 德大美小，小得可怜

中国人爱美，自古而然；中国人会美，也自古而然；中国人对美特有研究，同样自古而然。不过中国是礼教国家，所以，中国人的“美”要让中国人的“德”管着。那情形好像耍猴的艺人拿小锣和鞭子指挥自己的猴子。耍的好，自然有赏，赏一块烂馒头；耍不好，决意要罚，抡起鞭子就打——本大爷奖罚分明，决不宽贷。

中国传统道德，最讲究君为臣纲。因为身份的不同，美也有贵贱。前面刚刚说过的衣服的等级差别，就包含了这个意思。不仅衣服，事事皆然。连皇帝写的诗也因为他是皇帝，马上比一切人等都高明了百倍。全国的诗词碑刻之中，乾隆皇帝的远多过李白杜甫的。真论诗的水平，乾隆那两下子，用句北京土话形容——给李白杜甫提鞋都轮不到他。但他是皇帝，皇帝写的诗就是御笔。御笔不上石刻，谁上石刻？这种逻辑统治中国几千年。中国的许多事情不能发展，就与此有关。不但题诗，写字也一样。乾隆的字写得还算不错，但真的和专门书法家比较就相去远矣。然而，他的字也因为他身份的缘故，具有特殊价值。这遗风传到今天，尚有余响。一有什么会议，先请领导；一有题词，又先请领导。您不想想，领导他是管理国家管理企业的，又不是管理书法的。字写得好看还罢，写得不好，放得老大老大，镶在墙上，你这不是有意寒碜领导，让人家出丑吗？

地位不同，身份有别，这还是小事，更重要的是美要先合道德原则，所以凡文学作品都有双重标准。政治标准成为决定生死的保障，艺术标准成为决定美丑的依据，这个标准直到今天，还有市场。其实封建时代，连两个标准的说法也不能成立，只有一个标准，就是合不合道统，合则美，不合则丑，岂但丑，简直就该斩草除根，株连九族。那些有些文化的统治者，其实也能辨别文学的好坏，不过他不承认这可以成为一个标准，至少不能成为与道统相提并论的标准。不合道统，越是写得引人入胜，越能蛊惑人心，不斩尽杀绝，不能泄其恨；不株连九族，不能平其愤。

所以，中国的文学总是小媳妇式的，没有敢说敢想的气概。就是有些所谓惊天动地的作品，骨子里也得赞美朝廷，赞美清平，否则，一旦龙颜震怒，马上大祸临头。

中国传统道德又讲究夫为妻纲，所以中国人的美又有男女之别。

男人读书天经地义，女人读书画蛇添足。薛宝钗就是这么认识的，所以见林黛玉酒后失言，就对林黛玉说："……咱们女孩儿家不认字的倒好；男人们读书不明理，尚且不读书的好，何况你我？连做诗写字等事，这也不是你我分内之事。——究竟也不是男人分内之事。……至于你我，只须做些针线纺织的事才是；偏又认得几个字。既认得了字，不过拣那正经书看也罢了，怕见些杂书，移了性情，就不可救了。"男人读书求入仕，女子无才便是德。

至于美的享受，更是男女有别。男人出街入巷百般玩乐，都有道理。男人们能做的，女人们不能做，笑不能露齿，行不能摆头，走不能太快，躺不能随便，说话不能太多，声音不能太高，就是有病呻吟，也不能太过严重。朱自清先生的原配夫人，来北京找他，身体不好，只有当朱先生不在的时候，可休息片刻，先生一回，马上起床，伺候先生。其实朱自清不是一个主张封建的人，他头脑中没那么多男尊女卑的东西。不过从朱夫人这一面看，却是男应该尊，女应该卑。每当看到朱先生那一篇《悼亡妇》，就不能不激起我对中国传统文化的种种愤怒和种种联想。凭这一点说，尽管吸烟饮酒绝非好事，看到现代女青年泼泼辣辣，烟也要吸几口，酒也要饮几杯，我总有一种解放似的感觉。

因为中国传统文化是讲父为子纲的，所以中国的美就有了长幼之别。中国人教育孩子，最常见的态度乃是居高临下。老子就算不如一切人，至少要伟大于自己的儿子。

所以孩子们的自由，在父母看来全是不老成，不懂事，不知规矩，没有出息。贾政管贾宝玉那是一种典型。作者把贾政不写成贾赦那样的坏人，不写成贾珍那样的坏人，一则与他头脑中的亲子观念有关，一则也自有创作的深意。因为如果贾政太坏，那么这典型就失去了典型意义。贾政不坏，但他的教育方法，实在太坏。说他不坏，因为他讲道德，他本人简直就是道德的化身，他也是，他夫人也是。说他教育方法太坏，实在是因为他的教育方法不是毁灭儿子灵魂，就是毁灭儿子的生命。因为不坏的道德意念而导致特坏的教育结果，就说明了中国传统道德观念本身就不是好东西，而是坏东西。自然，中国传统观念中有很多值得借鉴的地方，但就其总体效应而言，非痛加革除不可。

中国人的美感和中国人的美学，是压在巨石下面的一棵青藤。就其自身来说，自有许多值得研究和借鉴的内容。

6. **性分三品，人有贵贱**

中国的礼教观念，是和智、体、美在本质上相冲突的。即使不管它和体、美、智的关系，而仅就其本身而言，也大有值得商榷之处，它的基本伦理观念在于认定人有贵贱，性有三品。对此，本文已经屡屡论及不再详论。

总而言之，中国传统文化对人的设计存在严重的结构性缺陷，从而使他们欣然不已的孔颜人格也成为不完整的人格理想。

中国人的人格理想的具体缺陷很多，但对今天还有影响的，主要表现在三个方面：

第一，以官本位为贵贱标准的等级缺陷；

第二，以重仕轻文，重文轻劳，重劳轻技为特点的科学技术缺陷；

第三，以男尊女卑为基本格调的性爱缺陷。

九、中国文化结构的八大缺陷——几点结论

以上，作者花费很多笔墨讨论了中国文化的八个结构。这些结构不是处在同一个层次上的，但这些结构有一个共同的特点，就是他们都属于核心式的偏向结构类型。所谓“核心”，就是有本有末；所谓“偏向”，就是各有不足。这八个结构也许不能完全概括中国文化特点，但仅以这八个结构来说，中国传统文化的结构性缺陷也是明显的。八个结构决定了中国传统文化的八种缺陷：

1. 以官为本，缺少民主
2. 以农为本，缺少工、商
3. 以儒为本，缺少平等
4. 以礼为本，缺少法治
5. 以土为本，缺少开放
6. 以经为本，缺少自由
7. 以家为本，缺少个性
8. 以德为本，缺少科学

因为中国人最重道德建设，又最重国家利益，所以，缺少科学与缺少民主，就是这八缺陷中最需要迫切解决的问题。五四运动的先驱者们看到了这一点，就从此下手，揭开了中国新文化运动的历史帷幕。

五四运动到今天，已经过去快100年了。然而，中国新文化运动还有很多历史任务没有完成。

五四运动的功绩永垂史册，但他们的分析，在今天看来已经显得有些单薄，有些肤浅了。

以作者的一孔之见，今天的新文化运动，表现在对中国传统文化的反思上，应着重于结构性分析。未知是耶非耶，权作抛砖引玉。

中国艺术精神

中国艺术精神是一个久已引起重视，但迄今仍无定论的问题。它涉及的因素很多，引起的不同思考亦多。研究艺术史，艺术精神显然是一个无法回避的话题。本章拟从五个方面对这个问题作一剥笋式的理论阐释。

中国艺术精神的理论起点

艺术精神不是孤立存在的，它至少与艺术作品有关，与艺术创作有关。而艺术作品与艺术创作也不是孤立的，它至少与艺术环境与艺术背景有关。艺术环境与艺术背景同样不是孤立的，它还与更大的社会环境与社会背景有关。这样推论下去，就产生了共鸣说。而共鸣作为一种历史现象，它是有具体的时空定位的，而时空定位也是一种历史现象，因此又有了积淀说。积淀是历史的积累方式，但只有积淀，则历史无法进步，至少无法飞跃，于是又有了变异说。共鸣说、积淀说和变异说便是本文研究中国艺术精神的逻辑起点。

一、共鸣说

共鸣说包括的内容很多。既有艺术共鸣，也有文化共鸣，还有社会共鸣；既有现实共鸣，也有历史共鸣；既有同类共鸣，也有异类共鸣。关于历史与现实的关系，此处不说。这里只讲艺术共鸣、文化共鸣和社会共鸣。

所谓艺术共鸣，是说中国艺术精神不是一个艺术品种的产物，也不是一个艺术流派的产物，当然更不能是一种艺术理论的产物。艺术精神必然寓于艺术创作实践中，这是没有疑问的，但艺术的种类很多，尤其像我们中国这样的历史大国，历史非常悠久，地域又如此辽阔，民族如此众多。在这样的情况下，中国艺术精神，就不仅是主要艺术作品和艺术创作的产物，而是几乎所有艺术作品与艺术创作的共同性产物。当然，这里说的几乎所有艺术品与艺术创作，只是形象之辞，实际上，把中国所有艺术作品全都收集齐全是不可能的。但至少中国艺术精神，应该能够涵盖并代表这些艺术作品的主要成就和价值取向。并且所有这些艺术作品与艺术创造也都为中国艺术精神的形成与发展尽了力。而中华民族的一大文化优势，在于我们对统一的渴求，对民族和睦的珍视。中国艺术的一大特色，即不同艺术门类之间的相互通联性。所谓“诗中有画，画中有诗”，所谓“文武昆乱不挡”。这种艺术的通联特征，使得中国艺术精神的涵盖范围大大加强，同时也为人们对它的理解和把握提供了很大的方便。

所谓文化共鸣，有两层含义，第一，艺术精神不能完全脱离文化精神；第二，文化精神本身也不是由单因素构成。比如中国传统文化中的儒学、道教与佛教，它们不是孤立地存在的，他们对艺术的影响，也不是孤立存在的，它们本身同样构成共鸣。由文化的共鸣而艺术的共鸣，当这两个共鸣处在最佳状态的时候，无疑也是中国文化精神表现得最为鲜明和出色的时候，例如中国盛唐时代即是如此。而当这两个共鸣并非处在最佳状态，甚至不同文化流派正处在相互冲撞的时代，那么这时的中国艺术精神往往也同样处在历史嬗变的过程之中，例如魏晋南北朝时代即是如此。这种时候，人们更多地处在焦虑、徘徊、探寻和疑问时期。魏晋时代的竹林七贤，大约就是一群最富才气又最多疑虑的徘徊者、探寻者与疑问者。这时的艺术往往更具有鲜明的个性风格。表现在书法艺术上，晋人尚韵，唐人尚法。晋人正在探寻之中，没有韵律则没有风格，唐代已成盛世气象，没有法度同样不成风格。

中国历史上的文化共鸣，未止于思想流派一端，还包括教育、科技、文学、习俗、宗教等各个方面。仅以思想文化为例，也不仅包括儒、道、佛三家而已，只不过从历史的宏观来看，这三家的影响更多更大也就是了。

例如战国时代的艺术就不能不受法家、墨家，乃至阴阳家、纵横家的影响。墨家不喜文艺，但他们对实用技术十分重视。据说，墨子做的飞鸢，可以在天上飞行三天而不落下来。这实际上已经是一种艺术品了。能创造出如此不凡的艺术品，战国艺术精神的构因中，必有墨学一端。法家在战国的影响是无与伦比的，不但墨家不是对手，儒家、道家也不是对手。法家学说是战国时代最有影响，最具实效，也是最有明星特色的学说。战国时代最多改革家，而几乎所有的改革人物，都与法家有关。法家地位如此显赫，他们的主张、他们的社会行为、他们的学说，不能不对当时的艺术创作产生巨大作用力。韩非子固然对文学很不感冒，但他崇质轻文的思想观念依然成为中国历史上文学批评（当时的文学概念宽泛，几乎包括一切学问在内——作者注）理论的重要组成部分。李斯也是法家，而且于秦王朝统一天下有大功劳，属于中国历史上赫赫有名的开国功臣之列。中国文字史上的小篆主要出自李斯、赵高之手，秦始皇好大喜功，于碑刻一往情深，碑上的字多出于李斯之手。李斯以法家之身成小篆之体，其字的风格显然蕴寓着很强烈的法学精神。不但法家、墨家如此，中国历史上任何一种有意义有影响的学术思想，都在一定程度上对于中国的艺术创作产生过影响，只不过这些影响有显有隐，有大有小罢了。

所谓社会共鸣，是说整个社会文明的共鸣。艺术共鸣既离不开文化共鸣，文化共鸣也离不开社会共鸣。社会共鸣包括政治文化、经济文化、科技文化、教育文化、思想文化、宗教文化、习俗文化，以及文学、艺术生存环境、社会的乱治、社会大事件等各个方面。这些方面合而综之，便成为各个时代的不同的共鸣效应。凡艺术皆为人所创作，凡人皆为社会的一员，人不能不受社会的影响，虽然人也可以改造社会。人与社会总是处在互动之中，而人又是社会的最基本的组成因素。

社会共鸣的结果，是产生特定的时代精神或时代风气。时代精神多用来形容好的时代的风貌与品格，而时代风气则属于中性用语，既可表示好的时代状态，也可以概括不良的时代风气。

社会共鸣对艺术的影响，主要是时代精神与时代风气对艺术的影响。这种影响是通过艺术家的创作来体现的。大体上说，凡是蓬勃向上的时代，其艺术精神也往往充满阳刚之气。凡是动荡、停滞和没落的时代，其艺术精神则做出相应的异态反应，或激奋，或幽怨，或坚贞不屈，或凄厉决绝。我们读陆游的词，知道那是救国者的呼啸，读诸葛亮的文章，知道那是鞠躬尽瘁者的自白，读文天祥的诗，知道那是大爱国者的绝命遗言。可惜，后来人无法得知嵇康绝命之时弹奏《广陵散》的情景，也无法确知屈原大夫吟咏《离骚》的场面。但我们可以想象，那《广陵散》必展现了魏晋时代的士人之风，而《离骚》的吟咏，也代表了诗心千古的爱国情怀。

综上所述，中国艺术精神，即产生于艺术共鸣、文化共鸣与社会共鸣的交互影响之中。这种交互影响，可能是同位的，也可能是异位的，可能是相互和谐的，也可能是相互冲撞的。但和谐不能达到同一，冲撞也不会达到完全背逆。总而言之，艺术精神不但是艺术领域的事，它还有更长的须，更深的根。

但有几种倾向值得注意。

一种是一切归于时代精神，仿佛艺术只是时代的被动反映，至少是机械反映。时代是蓝色的，艺术也是蓝色的，时代是绿色的，艺术也是绿色的。艺术只是时代的镜子，除去反映时代，它便无事可做。实践证明，这种观念，不但是错误的，而且是有害的。艺术自然要反映时代，但艺术有自己的规律，如果失去自己的规律，不要说很难对社会生活做出表现和反映，纵然有些反映，也一定没有多少趣味。其结果，不但害了艺术，而且也有损于整个社会文明的和谐发展。

另一种倾向是认为艺术就是艺术，谈天说地，全无来由。扯得越深，离艺术越远，扯得越远，与艺术越不相干。有的人干脆宣称，艺术在我心中，与社会何干？与社会何干？当然是大有干系。你本人就处在具体的历史长河之中，你想脱离社会，只能是一种不切实际的幻想。比如现在中国正自觉地进入市场经济社会，但你偏要闭起眼来，不问世事，不管沧桑，什么市场不市场，本人只管艺术之事。殊不知，艺术也要进入市场，艺术家同样要进入市场，想来你虽是艺术家，却不能不吃饭，不饮水，不出行，不住房。你的艺术心灵再圣洁无比，离开社会难以生存。事实上，世界上可能有各种各样风格的艺术家，他们可能有各种各样出乎人们想象的艺术创作，但没有一个艺术家可以脱离他所处的历史时代，也没有一种艺术品可以跨出时代的境界之外。世上最奇妙的艺术品可能超出几乎所有观赏者的想象，但它绝对超不过历史的想象。历史虽然不直接插手创作，但她哺育了创造艺术品的创造者。

需要说明的一点是，共鸣因素中，既有相互对立的因素，也有性质渐次参差的因素。所谓相互对立的因素，例如，儒家与法家的对立，儒家与道家的对立。这种对立，虽然不见得是方位完全相反的，但主要倾向还是不同。儒家讲仁、义、礼、智、信，法家讲法、术、势，二者可谓风马牛不相及。儒家讲有为，至少是有所为有所不为，其基本倾向是有为，而道家讲无为，无为而治，虽然在治这一点上和儒家有些相近，而手段与过程则截然相反。佛教则法也不讲，无为也不讲，而讲“四大皆空”，即使讲无为也与“空”的概念相矛盾。佛家与儒家的矛盾更为尖锐。但是，这不妨碍他们的共鸣效应，恰恰相反，正因为有这样的不同，才更容易发挥其共鸣的效应。这种效应在现实的表现，或者有不易把握的一面，而其历史作用，则不但易于把握，而且便于后来人的选择与借鉴。

共鸣因素中又有性质的差别，比如有正面因素，也有反面因素，有刘邦也有项羽，有岳飞又有秦桧。对于有质的差别的双方，自然要择优而汰劣，但同时也要看到，作为一种历史信息，它原本有两个系统，一是正面系统，一是负面系统。负面系统的影响固然很坏，它作为一种特别的历史教训，同样可以警示后人。这一点，在积淀说中还将谈及。

共鸣说给我们的启迪是，唯有理解了这社会、这时代、这历史、这文化，才能真正找到艺术精神。

二、积淀说

共鸣说属于横向研究，它所讨论的是构成中国艺术精神的共时因素；积淀说则属于纵向研究，它所讨论的乃是构成中国艺术精神的历时因素。

积淀说虽然研究的是艺术与文化的历史发展结果对后世的影响，但它并不回避现实因素的作用。因为有现实才有历史，有今天才有昨天。没有现实的历史便是历史的绝灭，没有今天的昨天，便是昨天的绝灭。

现实与历史的关系，相对于艺术而言，好比是源与流的关系。现实是艺术之源，历史是艺术之流。任何艺术品，都应该具有两样品性，一是它的现实性，即它对时代做出的反映——它原本就是现实的产儿；二是它的历史性，即它对过去做出的反映——如果它不是开天辟地第一种艺术作品的话——话说回来，即使它是开天辟地第一种艺术作品，它本身也随即打上了历史开创者的烙印。

有人以为，有些伟人的艺术水平或艺术作品是超越历史时空的，这其实只是一种妄想。作品的影响力可以超越时代的限制，但作品的产生必定要受历史的制约。小人物如此，大人物也是如此。小艺术品如此，价值连城的艺术品也如此。而且，它们之所以价值连城，往往就和它们的历史属性有关。司马迁曾经说过这样一段话：

> 文王拘而演周易，仲尼厄而作春秋。屈原放逐，乃赋离骚；左丘失明，厥有国语；孙子膑足，兵法修列；不韦迁蜀，世传吕览；韩非囚秦，说难孤愤；诗三百篇，大抵贤圣发愤之所为作也。

太史公列举的人物，上至周文王，下至韩非子，时代不可谓不远，跨度不可谓不大。然而，能作《史记》的，唯太史公而已。因为唯有西汉王朝才需要也才有产生这样的鸿篇巨制的历史条件；也唯为西汉史学大匠司马迁才能有这样的对于历史人物的思考。实在说，虽然他列举的各位圣贤，都有过大不平的遭遇，但春秋战国时代，对于知识分子，却是十分宽容。这种宽容，不是当权者的宽容，而是社会文化的宽容。因为有这样的宽容，才有百家争鸣，才有那些敢于或勇于以各种方式教育甚至教训诸侯的人。彼时的知识分子，不但不会因此而获罪而且可以自由迁移。楚之不容可以去齐，齐之不容又可去魏。商鞅本是卫人，却成为秦国上卿。吴起本是魏将，也曾作楚王臣子。自秦亡国，知识分子地位一落千丈，到了司马迁时代，因为言论不合圣心，便遭受残酷的宫刑。所以虽然古之圣贤难免有大不平事，而对此能发千古一慨的人物，却自西汉太史公始。

积淀说，也是发展说。唯有发展才能积淀，而且往往一个因子的增加，都能导致原有结构的改变。

积淀说是发展说，因为发展而使积淀结构发生变化。其艺术精神也随着增加新的内容，丰富新的内涵。

以儒家学说为例。孔子虽然是儒学创始人，但儒学传统并不以孔子为限，而且其内涵远比孔子学说更为丰富。孔子不谈“浩然之气”，孟子谈了，孟子坚持的还是儒学传统。孔孟不讲五行之道，董仲舒讲了，而且说“天不变，道亦不变”，董仲舒坚持的依然是儒学传统。孔、孟、董时代于佛学无闻，程、朱对佛学都有研究，于是创立新儒学，新儒学坚持的还是儒学传统。康有为是戊戌变法的大将，他据古文献以作改制的依据，虽显耀而无征，但依然不脱儒学传统。这样看来，虽然儒学传统只有一个，通过历史的积淀，却不断产生新的内容与魅力。

文化传统如此，艺术传统亦然。中国艺术精神，之所以有博大精深的风格，就是因为它其史也长，其积也厚，浩浩荡荡，独立一方。

积淀具有两种信息系统，一种是正面信息系统，一种是负面信息系统。正面系统的作用在于肯定和弘扬，负面系统的作用在于否定和排斥。例如中国古来有爱国传统，但历代皆有叛国小人。爱国者留下的信息，便化入正面系统，卖国者留下的信息则化入负面系统。所以我们读古人的艺术著述，总是可以读到他们肯定什么，反对什么。元人黄公望论画，说：“作画大要，去邪、甜、俗、赖四个字。”[①]话虽不多，意义却深。邪，当

①周积寅编著：《中国画论辑要》，江苏美术出版社 1985 年版，第 383 页。

然是要不得了，再好的山水，一见便生邪气，那还了得。甜也不好，青山绿水又不是巧克力，要甜作什么。俗又不好，山之妙在其峻，水之妙在其清，弄成一团俗物，便不可看。赖更是大毛病，人赖而无朋友，水赖则少鱼虾，山赖不生树木，物赖没有归所。

正面信息可以激发正气，负面信息可以警示后人。

现代人终于明白，信息是世界上最为宝贵的财富。信息不但直对未来，而且指向过去。而历史的积淀中正有无穷的信息供后人去筛选，去采撷，去反思，去诠释。现代艺术的历史，正是一个不断向历史信息回归的历史。所谓回归，不是要回到过去，而是从历史中吸收营养，以利新的探索。唐宋学者善于从古文中吸取营养，所以才有古文运动，清代书法家善于向古人学习，所以才有碑学。宗白华先生说："'光景常新'，是一切伟大作品的烙印。'温故而知新'，却是艺术创造与艺术批评应有的态度。历史上向前一步的进展，往往是伴着向后一步的寻本穷源。李、杜的天才，不忘转益多师。十六世纪的文艺复兴追摹着希腊，十九世纪的浪漫主义憧憬着中古。二十世纪的新派且溯源到原始艺术的浑朴天真。"①所谓进三步，退两步，不是为了向后转，而是为了走得更其扎扎实实。

三、变异说

积淀与变异，既可以理解为两个不同的理论范畴，又可以认作是一个问题的两个层面。积淀强调的是历史发展的客观方面，变异说的是历史发展的主观方面。积淀是一种历史的客观存在，你同意，它也积淀，你不同意，它也积淀。德国人发动了两次世界大战，很不光彩，但没办法，那是历史。日本人侵略中国，杀害了无数中国人，同样很不光彩。但是，变异更强调主观努力，强调人的能动性、实践性和创造性。积淀虽是客观存在，没有创造，就会萎缩。如果一个民族没有什么新的内容可以加之于历

①宗白华：《美学散步》，上海人民美术出版社 1981 年版，第 58 页。

史，那么这个民族就危险了。如果长期落后而终不觉悟，用中国人喜欢的说法，那就难免被开除球籍。

变异尤其是艺术的本性。大体说来，一代有一代的艺术追求。艺术创作的成功，莫不由历史涵定。仿佛商周属于青铜器的辉煌时代，秦汉是古建筑的辉煌时代，晋唐是书法得以勃兴与大成的时代，宋元是山水画卓尔不群的时代。有些艺术形式只是属于特定的时代，有些艺术形式则具有跨越时代的能量。例如诗歌的发展，虽然古体诗到唐时达到极限，但在先秦时期，就有经典之作。明代小说固然卓然于世，大大地超越前人，而清代小说同样身手不凡，或者说犹有过之。进入民国，更开始了现代白话小说的里程碑式的历史过程。然而不管怎么样，旧的艺术形式一定要让位于新的艺术形式，即使旧瓶依然可以装新酒，但新的酒瓶必然出来。而变异的结果，未必是新瓶旧瓶之别，或者干脆扔掉一切瓶子，换成小罐、小壶、小盆、小碗也说不定。20世纪前，人类不知道电影电视为何物，但看今日之世界，任何一种艺术形式，其影响都无法超越电影与电视的。一篇小说，卖了多年还卖不出名气，一经改编成电影电视剧，马上炙手可热。电影、电视尽管有这样的本领，若干年后，又当何如，实在是一个不能准确预测的谜。

变异又有渐变与突变的区别。渐变是在不知不觉之间，如饮醇酿，谈笑之间，已然醉矣。突变则如疾风骤雨，大有世事纷彩，纷至沓来目不暇接之势。一般地说，渐变属于量变性质，仿佛十月怀胎，纵然着急却又急不得。突变属于质变性质，好比一朝分娩，纵不着急却又慢不得。渐变时代，大体上属于艺术创作的精雕细刻时代，这个时候，艺术形式的变化虽小，却能千锤百炼，精益求精。突变时代，大体上属于艺术创作的更新时代，传统艺术不免受到冲击，而创造者的精神优势与理论优势却蓬蓬勃勃，最易展现。中国艺术精神乃是两种变异的综合与磨炼。它既蕴藏在精美的艺术杰作之中，又代表了各个时代的艺术追求与创造风格。

变异说给我们的启迪是，唯有最大限度地利用一切时代优势，我们才能创造出最具时代品格的作品；唯有最大地发展创造才能，我们才能不辜负时代的希望与重托。

中国艺术精神的诸种构因（上）

中国艺术精神的构因很多，这些因素，大致可以分为三个层次，即艺术层次，包括艺术品、艺术实践和艺术批评；文化层次，主要指儒学文化、道教文化和佛教文化；社会层次，包括以生产为主干的社会实践、科学技术、英雄人物的楷模作用、社会习俗与外来文明。这些内容与共鸣说介绍的内容，大致相近，但又有不同。

一、艺术品

艺术品当然是构成艺术精神的最主要最关键最直接的内容。但艺术品不但种类繁多，而且数量极多。对艺术精神产生极大的作用，首先是经过历史验证成为国宝，成为绝品的那一部分。这种级别的艺术品，虽然数量极少，但影响极大。正如古典小说中的《红楼梦》，尽管这是一部没有完成的小说，但它的历史地位是空前的，其艺术价值也是不可多得的。有了《红楼梦》，中国古典小说属于一种水平，没有《红楼梦》，将是另外一种样子。《红楼梦》对于中国文学精神而言，自然是无可低估也绝不能低估的。艺术作品中，如王羲之的《兰亭序》，尽管自唐以降，没有一个中国人能亲眼得见，但看它对晋、唐书法界产生的那种巨大的影响，可以知道，这虽然只是一篇书法作品，其价值却非同一般。可以这样说，正是那些能够反映时代，代表一个民族，一个国家的艺术最高成就的艺术品，才真正以物化的形式体现了该国该民族特有的艺术精神。即使我们不能在理论上阐明和概括其艺术精神究竟是什么，但我们也可以从这些艺术品中感受和领悟到它内中蕴涵着的巨大的精神力量。

但是，有一点要说明，就是伟大的艺术品虽然终究会被历史所承认，但不一定能即时被世人所接受。甲骨文的历史价值与艺术价值，应该是很高的了，处在春秋战国时代的人们，看到甲骨文的数量一定很多，甚至应该说，在那个时代，区区甲骨，并非难得之物，然而，它却遗失在茫茫历史过程之中，一直沉默了2000余年。又如明清家具，其中有许多精品妙品，甚至国宝级文物，其历史价值与艺术价值同样很高很高，但它们在自己的时代，似乎并未得到应有的待遇。彼时彼地，什么精品妙品，不过生活物件罢了。更有一些书画作品，生不逢时，其作者活着的时候，它只得到一少部分人的认同，直到数十年后，才大放光彩。这一切都说明，艺术品的价值，是需要用时间来证明的，而其中蕴涵的艺术精神，或者尚未被历史所领悟，或者暂时被某种历史的偏差所掩盖。这些艺术品，常常以某种时间差方式向人们展示它们所固有的艺术品质与艺术精神。

艺术品中还有更多的二流、三流作品。这些作品的价值自然不能与那些国宝级的艺术品相提并论。然而，正如一个军队的精神，不但在于主帅，更多的情况下，还是那些兵士的风貌反映了这支军队的战斗力。虽然那些国宝级艺术品往往成为特定艺术精神的最好的代表，但它们很难独立于世，它们还需要更多的艺术品作为它生存的基础和品评的依据。

或许可以这么说，最伟大的艺术品代表了艺术精神的指向，而众多的艺术品则反映了艺术精神的博大。

二、艺术实践

艺术实践包括大艺术家的创作实践，包括一般艺术家的创作实践，也包括一般从艺者的艺术实践。

杰出人物的艺术实践，常常带有传奇色彩。所谓“夫非常之人必行非常之事”是也。他们以超常的创作姿态、创作精神，为人类的艺术活动写下一篇又一篇绚丽多彩的乐章。但大艺术家的创作行为不是孤立的，他们除去本身的努力之外，还需要理解和支持，需要知音的帮助，需要认真听取批评家的意见，还需要众多的艺术创造者为他们打下深厚的艺术基础。在这个意义上讲，一般艺术家的作品虽然往往不如那些杰出人物的作品更独特，更有魅力，却并非因此而显得不重要。一位西方大科学家说得好，成功者的幸运是他们常常站在前辈巨人的肩膀之上。

还有更多的一般艺术从业者的劳动同样不可轻视。比如中国传统上有画家又有画匠，画匠干的是“活儿”，画家从的是“艺”。二者的追求，本有不同，但是，从历史发展的程序上看，画匠或在先，画家或在后。没有画匠，难有画师。从相互的影响看，越是那些画匠云集的地方，才越容易为绘画艺术家提供良好的艺术环境，由匠而家，即使不是一条捷径，也是一条比较平坦的路。

当然，一般从艺者的行为，往往不那么耀眼，而他们的制作，在某种程度上说，也不免失败者多，而成功者少。但即使这些失败，也不是全然没有意义的。失败的实践，也是实践，正如历史上绝少常胜将军。即使那些常胜将军，也不能没有更多的为他的战略而牺牲的军人作支撑，因此古语有言“一将功成万骨枯”。艺术的路数，虽然不能等同于战争之路，而其中所耗费的从艺者的心血，确是很多很多。

三、艺术批评

艺术批评本身即可以作为一个单独的艺术门类，没有艺术批评的艺术史是不成熟的艺术史，也是没有发展方向的艺术史，它顶多只能算是自在阶段而达不到自觉阶段这样的层次，更达不到自由阶段这样的境界。

艺术批评，仿佛医生给病人看病。世界上既没有绝对健康的人，也就没有绝无瑕疵的艺术品。就是你尽善尽美，也有一个历史的限度。超出这个限度，依然要发展，发展的含义就包括对于原来事物的否定在内。艺术批评，即如同医生看病，难免良药苦口，忠言逆耳。但是，树间有了虫子，就需要啄木鸟捕捉，如果讳疾忌医，受害的还是病人自己。中国古代的艺术批评，自春秋时代发其蒙，属于醉翁之意不在酒，而其价值自在焉。魏晋时代进入自觉时期，艺术批评成为一支生力军，不但影响巨大，而且享誉后人。自唐以降，代有所得，各呈风采，成为艺术百花园中的一大奇景。

中国的艺术品孕育着中国艺术精神，中国艺术批评启迪并在一定程度上揭示了这种精神。

四、英雄人物的榜样作用

英雄人物的作用，无论东方、西方，都是巨大的。贞德在法国人心目中的地位是不消说的了，林肯在美国人心目中的地位同样高得很。英雄人物是一个民族的骄傲，而艺术是一个民族最为敏感的心灵。艺术家可以直接去表现这些英雄，也可以不去直接表现他们，但他们的影响，却是潜移默化，几乎无所不在的。相对而言，西方人重视理性，英雄固然伟大，理性更其重要。中国文化传统，最是重视伦理关系，对英雄的崇拜与敬重更超过西方。

中国人心目中的英雄都包括哪些人物，随着历史的发展，会有变化。但有一些英雄，则不论哪个时代，都有巨大的影响，特别是一些民族英雄，更是传历百世，魅力不减。如屈原、苏武、岳飞、文天祥、史可法等。通观中国艺术史，人物画家多画钟馗，戏曲舞台多演包拯，庙宇塑像最多关云长。因为钟馗是打鬼的英雄，鬼谁人不恨，敬服钟馗，正合其理。包拯是正义的化身，虽是人间大臣，却有些神化的意味。中国老百姓最渴望清官，而包拯就是中国清官中的最具影响的代表人物。京剧行当，分为生、旦、净、末、丑，黑头独成净角的一派，可知包公的影响，确实深矣、广矣。关云长义薄云天，备受世人敬重，乃至全然神化，成为伏魔大帝，又成为财神。由此可见，英雄人物对于中国艺术精神的影响，确实非同小可。虽然在今天看来，许多传统的英雄还要划一个问号，而“榜样的力量是无穷的”这句名言，却无论如何，也没有过时。

五、科学技术的催化作用

中国儒学传统，不重科技而重伦理；道家传统对于科技一事最是头疼。但科学技术对艺术的催化作用，却无论如何不能否认。而所有的艺术家，没有一个是空谈者，人人都是实践者。实践的智慧在于，他们最能判别哪些材料好用，哪些材料不好用，哪些材料不堪其用。中国书法、绘画，是中国艺术史上历史最久影响最大的品类，而文房四宝，正是他们须臾不能离开的工具。因此，毛笔的出现，不啻于一次科技革命，蔡伦造纸的出现，更是一次伟大的革命。没有毛笔，则中国字只能在龟板、竹简时代徘徊。没有蔡伦的发明，则中国书法与绘画必无后代的辉煌可言。

书法、绘画如是，音乐、戏剧也是如此，建筑与工艺美术尤其如此。赵州桥的伟大，不但在于其美，而且在于它的科学贡献。就其科学成就而言，正是真与美的有机结合。中国工艺美术品，自商周时代，就有很杰出的成就，这里面首先就有科学技术的功劳。

中国式的科学精神，正是中国式的艺术精神的伴侣，它的优势与劣势俱在，稍后我们另作分析。

六、社会习俗的涵养作用

社会习俗的影响无所不在，而且它在某种程度上展示了民族文化的根。美国人20世纪中叶以后曾有过寻根热，寻根与寻找新的生活方式和生活习惯有千丝万缕的联系。一个时代变了，如果习俗未变，则这种变化只是表层的。只有移风易俗，才能改变旧的文化属性，塑造出新的文化属性。南北朝时期，北方少数民族如不接受汉文化，就不能在中原地区生根，而接受汉文化的根本标志是承认和主动进入汉文化的风俗习惯。南北朝是这样，元代是这样，清代也是这样。虽然有杂交，也有发展，但那基本的态势未曾改变。

中国艺术受中国社会习俗的涵养，形成自己的独特历程、独特创造心态和独特民族风格。以画而论，中国画以花鸟、人物、山水为传统画三大类，就与中国社会习俗有关。而中国在花鸟画中，能将许多并不美，或者十分丑陋的动物，引入画中，更与中国社会习俗有关。齐白石以画虾著称于世，大约在全世界都是独一无二的，至少传统西洋画中没有见到这样的题材。而将小鸡、青蛙、蝌蚪、蝉、螳螂、毛驴，乃至螃蟹、乌龟、乌鸦尽引入画中，更与中国的风俗习惯相关。尤其是中国年画，反映了很多社会习俗，主要就是一种吉祥如意的气氛，它喜欢的就是以物寓意的良好祝愿。此外，中国的工艺美术和中国建筑，无不与中国特有的习俗相联系。可以这样说，发现、品定中国艺术精神，最有效的捷径，是从中国艺术品所反映的习俗中看。

七、社会实践的母体作用

前面讲了艺术家和从艺人员的实践，现在讲社会实践。社会实践也包括艺术实践在内，但它有更深厚的基础和更广阔的活动与创造空间。

相对于社会实践，艺术创作只是一个子系统，社会实践才是大系统。子系统虽有独立性，不能孑然独存。说到底，它必然受到大系统的制约与调控。一般地说，唯有大系统的顺利发展，才有小系统的良好活动空间。如果社会大系统出了毛病，尽管艺术创作不见得因此而中断，但其整体风貌和创作能力必定受到制约。我们中国喜欢讲水涨船高，大系统的兴旺发达，正是小系统繁荣昌盛的重要条件。中国盛唐文化可以证明这一点，西方的文艺复兴运动也可以证明这一点。

还有普及与提高的关系。社会的好恶虽然不能直接影响一个艺术家的行为，但可以影响整个艺术门类的前途。中国有13亿人口，足球水平不高。巴西只有1亿多人口，却是足球王国。其中一个原因，即巴西总人口固然比中国少，但足球人口却比中国多。又如韩国的围棋运动，这几年颇有压制中国围棋的气势，其原因，也和韩国人口虽少，围棋人口却多有密切联系。唐代诗歌发达，因为人人爱诗。清代曲艺繁荣，因为曲艺演出场所随处可见。没有普及，难以提高，这是一个颠扑不破的法则。在这个意义上，正可以说，中国艺术精神不仅蕴藏于艺术区域，尤其扎根于人民的社会实践当中。

从接受美学这个角度考察，任何好的艺术品，必须有人欣赏，它才能具有生命力。艺术品不被人们欣赏的情况，也是有的，但不能长期如此。如果一件艺术品——我们姑且认为这是一件伟大的艺术品，假设它只有一个知音，那么，它的前途堪忧。除非这位知音有无限的保存艺术品的能力，或者可以长命百岁，永不衰老。而这两点显然都是痴人说梦。只有一个人欣赏的艺术品，它无法进入市场，也没有哪个博物馆、艺术馆会要求收藏它。它的知音一死，它的死期便到。历史经验证明，只有那些能够达到雅俗共赏的艺术品才是最有生命力的。而伟大的国宝级的艺术品，常常能寓大雅于大俗之中，它不仅为艺术家所珍视，尤其为社会所承认。

特别需要说明的是，那些杰出的艺术家们，极少有轻视社会大众的情况存在。他们对社会大众是最尊重不过的，他们并不把自已看成超人，他们宁可甘心做人民大众的儿女。这样的艺术家总能受到人民的爱戴，而他们的艺术生命也更长并且更富于活力。

离开人民喜爱的艺术，往最好里说，是已经进入象牙之塔的艺术。这样的艺术，在创作者和欣赏者那里固然雅之极矣，然而它已失去了昔日的蓬勃朝气。它或许只不过是一种精美的小摆设而已，它没有大气象，也不会有很强的生命力。

八、外来文明的启迪作用

外来文明的影响，前有所述，这里要强调的是，吸收外来文化，或者说外来文化对本土文化的巨大冲击与影响，不独中国而然。西方文明的一大特征，即是它的基督教文化的特色。基督教并不产于西方，它是地地道道的亚洲产物。但基督教在亚洲的作用远没有在西方的作用大。这不是西方文明的错误，而是它的幸运。同理，佛教文化也不产在中国，但现在中国是保存佛教文化最多的国家。这同样不是中国文化的不智，而是中国文化的光荣。

相对于艺术而言，外来文明的影响有广义、狭义之别。狭义的影响，主要指外来艺术作品与艺术思想的影响。广义的影响，则不独艺术而然。

仅以艺术影响而言，如果没有外来文化的参与，则中国的音乐史就得改写，中国的戏曲史也得改写。甚至可以这样说，如果没有外来乐器与乐曲的参与，则中国古代音乐既不会有那样的成就，而中国古典戏曲的发展，至少还要向后推很长一个历史时期。不要说音乐、舞蹈、戏曲，就是古代建筑，古代工艺美术，没有外来文化的参与也不会有那样大的成就。中国古人习惯席地而坐，床也没有，椅子也没有，凳子也没有，没有外来文化，哪能有那么精美的古典家具?

对于外来文明，有个态度问题，其基本层面的表现就是开放与否。日本文化的发展壮大，与它的开放姿态极有关系。日本人是不讳言中国文化的影响的，而且公开承认日本文化“文源于唐”。明治以前是文源于唐，明治时代改变方向，主要向西方学习，于是西学之风大兴，成为日本进入西方工业国家行列的主要契机。中国的大唐文化没有佛学的参与是不可能实现的，而中国今日的现代化，也不能不实行开放政策。昔日中国艺术的辉煌，正有引进之功，明日中国艺术的再度灿烂，还要靠开放助一臂之力。

中国艺术精神的诸种构因（下）

本节专题讨论儒、道、佛对中国艺术精神的影响。这些影响处于共鸣状态，但为着方便起见，这里先分而述之。

一、儒家的影响

中国学者一般认为，佛家与道家对中国传统艺术的影响最大，甚至道家的影响更大。其实，二者的影响不处在同一层面，虽有交互影响的区域，但界限大体分明。道家的长处在思辨方法和对艺术的直接触动，儒学的影响则完全表现为对人的影响，即对创作主体的影响；对体制的影响即对社会体系的影响以及对社会习俗的影响，即对民族时尚的影响。儒学的影响是全方位的，但它突出对人的考虑，对道德的考虑，其结果是首先影响和改造了民族性格。在特定的时间段，在特定的角度，甚至可以说，中国人的民族性格，就是儒学性格。在这方面，是任何一个学派和教派都不能与儒学相提并论的。

儒学的特色在于，它不属于宗教范畴，但起了通常在西方国家唯有宗教才能起到的作用。中国从来属于世俗国家，但中国人对儒学的态度，与西方人对《圣经》的态度，颇多相似之处。中国人少有虔诚的基督教徒，但我们的祖先对孔夫子的崇拜，有类于宗教崇拜。上帝是万能的，圣人不是万能的，虽然不是万能的，却在几乎所有的方面都对中国历史文明的发展起到特别重大的作用。因此，有人说，儒学也应该称为儒教。儒学不是儒教，但它的社会与文化功能，却带有某种经典与宗教兼得的意味。

儒学有这样巨大的历史作用和文化影响，首先是中国社会需要它。有需要才有发展，但也和它自身的努力相关。儒家学说，不是一下子就被社会特别是上层社会所承认的。孔夫子一生辛劳，虽周游列国，奔波万里，经难历险，效果仿佛并不很大。但儒学有一种不屈不挠的进取精神，而且这种精神，不是权力可以压抑，不是困难可以压倒，不是挫折可以使之屈服，也不是镇压可以使之泯灭的。自孔夫子创立儒学，到汉武帝实行“废黜百家，独尊儒术”的国策，其间约400年时间。400年时间，多少艰辛、险厄困扰着他们，然而，秦始皇的刀虽快，火虽大，杀死460个儒生，斩不绝儒学种子；焚烧了儒家经典，烧不尽儒学精神。结果还不是“坑灰未冷山东乱，刘项原来不读书”。刘项虽然不读书，但天下的知识分子要读书。打天下固然不把读书知礼放在第一位，坐江山却需要它的帮助，这一点，刘邦是体会到了；励精图治更需要儒学的帮助，这一点，汉武帝也认识到了。

儒学自建立起，历经400年坎坷，所谓艰难困苦，玉汝于成。哪像后辈小儒，只消读几句经书，写几句八股，便喜滋滋当官去也。

儒学并非不爱艺术，不关心艺术，儒学大师常常是极富审美情趣和审美能力的大师。但他们的路数与道家不一样。孔夫子周游列国，其最高理想，当然在于政治方面，但他的学说，不仅政治一个方面而已。他一生发表过很多极有价值的美学言论，这些言论对于当时与后来的中国都有很大的影响。比如他有关“善”与“美”的思想，有关“质”与“文”的思想，有关“绘”与“素”的思想，有关“乐”与“淫”、“哀”与“伤”的思想，都是极其著名的经典性论述。他一方面认为“善”是第一位的，“美”是第二位的，这个顺序，动摇不得；一方面又主张“质”与“文”的统一，认为“质胜文则野，文胜质则史。文质彬彬，然后君子。”[①]但他并不一味说教，也不把自己的主张强加于人。他认为：“知之者不如好之者，好之者不如乐之者。”[②]有兴趣才能自觉，有癖好才能勤学不倦。

儒学对中国文化的影响，最突出的还是表现在对“民族性格”与“道德人格”的影响方面。无论怎么说，对中国传统民族性格影响最大的确是儒学，好也如此，坏也如此。但看中国历史两千年文明，应该公正地得出结论，儒学的影响不但不能小觑，而且有大功在焉。

儒学关心人生，关心社会，人生之外，无所用心，所谓“未知生，焉知死”。孔子“不语怪、力、乱、神”，对鬼神之事，不感兴趣，“敬鬼神而远之”。这种敬法，虽令人怀疑，却充满智慧。

儒学主张德政，反对暴政。孔子说：“为政以德，譬如北辰，居其所而众星共之。”[③]他的理念是：“道之以政，齐之以刑，民免而无耻；道之以德，齐之以礼，有耻且格。”[④]

儒家关心人民疾苦，孔子的体会，是“苛政猛于虎”。

儒家重视道德修养，以德为本，孔子以德育徒，曾参说：“吾日三省吾身。”

---

①《论语 · 雍也篇第六》。

②《论语 · 雍也篇第六》。

③《论语 · 为政篇第二》。

④《论语 · 为政篇第二》。

儒家最重视仁义，孔子曰："仁者爱人。"又说："人而不仁，如礼何？人而不仁，如乐何？"[①]

儒家最讲信义，孔子谓："人而无信，不知其可也。"[②]

儒家重视以德育人，孔子教育子弟，所谓"子以四教：文、行、忠、信。"[③]

儒学是中国私人办学的开拓者与奠基者，孔子提倡"有教无类"，并不特别考虑学生的出身与行状。

儒学强调孝道，但赋予它文明含义，孔子曾批评说："今之孝者，是谓能养。至于犬马，皆能有养。不敬，何以别乎？"[④]

儒家用心于学，孔子尤为表率，所谓："其为人也，发愤忘食，乐以忘忧，不知老之将至尔。"[⑤]

儒家坚持自己的信念，不为困难所扰。孔子"在陈绝粮，从者病，莫能兴。子路愠，见曰：'君子亦有穷乎？'子曰：'君子固穷，小人穷斯滥矣。"[⑥]

儒学教人，最忌无品，身为士人，最具尊严。正所谓"三军可以夺帅，匹夫不可夺志。"[⑦]

如此等等。

儒学的这些品格在中国历史上影响极深极远。明代杨继盛为奸人所害，受刑之前，狱卒同情他，给他蛇胆吃，认为蛇胆可以减少受刑人的痛苦。杨继盛凛然言道："椒山有胆，何用蛇胆为？"

谭嗣同面对戊戌变法的失败，不肯逃去，临刑题诗："有心杀贼，无力回天。死得其所，快哉快哉。"

现代儒士梁漱溟，受到毛泽东的错误批评，他要毛泽东承认错误，于

---

① 《论语·八佾篇第三》。
② 《论语·为政篇第二》。
③ 《论语·述而篇第七》。
④ 《论语·为政篇第二》。
⑤ 《论语·述而篇第七》。
⑥ 《论语·卫灵公篇第十五》。
⑦ 《论语·为政篇第二》。

是成僵局。“文化大革命”中再次受整，但他矢志如山，绝不示弱。于是对他批了又批，斗了又斗，问他感想，他回答说：“三军可以夺帅，匹夫不可夺志。”

儒学最大的历史贡献，在于教育。这里说的教育，不仅是学校教育，而且是全民教育。这教育自孩提之时，已经开始，甚至自胎教之时，便已开始，终其一生，方算停止。作为先生的，不仅是学校的老师，还有家长，还有社会名流，还有官吏，还有至高无上的皇帝。皇帝也有老师，虽然没见哪个文献说，皇帝也该受教育，但中国有太师、少师之称。可见，即使以帝王之尊，也超不过孔夫子——当然这是儒学独尊以后的事情。

儒学教育，不仅学文化而已，尤其重视做人。文化知识，倒在其次，“三纲五常”，才是教育的根本。最基本也是最重要的教材，就是后来定名的四书、五经。此前，也主要是这几部经典，只不过重点、顺序和选法略有不同。中国人读儒学经典，一读就是几千年，可见这经典确实有些超凡之处。个中的得失利弊，未可轻论。

儒学教育的成功，塑造了中国传统文化特有的品性，和传统中国人特有的国民性，虽然这不是儒学一家独自完成的，但居其首功者，非儒学莫属。

儒学的成功，还在于对国家体制的帮助，汉武帝实行的“废黜百家，独尊儒术”只是一项国策。比这国策更重要的，则是国家的教育体制与官僚体制。把儒学教育与官僚体制有机结合起来，可说是中国人的一大发明。汉代实行察举制，隋唐以后实行科举制，其共同之点，都在于为官僚阶层选送接班人。但科举制显然更合乎封建文明的需要，也有利于庶民知识分子进入权力阶层。

教育加科考，知识分子可以由士人而入仕，成鲤鱼跳龙门之势，这样独特的政治教育体制，显然对儒学在中国古代社会的地位起了决定性作用。

要说明的是，儒学的力量，不仅在于因官而取势，因为汉武帝之前，它本质上也不是失败者。公平地说，儒学的成功，既有它自身的原因，也有中国古代社会发展的历史原因。

儒学影响如此之深之广之大，对于中国古代艺术的作用自不待言。中国古代有名有姓的大艺术家，绝大多数与仕途有关。以唐宋为例，唐代最早的书法家几乎人人皆为政府官员。号称唐初书法四杰的欧阳询、虞世南、褚遂良、薛稷是这样，楷书大师颜真卿、柳公权也是这样。可以说除去颠张醉素中的怀素大师之外，其他皆为世宦。怀素无官，因为他是和尚。颜真卿官至太师，柳公权官至少师，都是大官僚。褚遂良不但封河南公，而且还是唐太宗的托孤重臣。唐代画家也大抵如此，作为北宋画派创始人的李思训，官至武卫大将军，封彭城公。王维更是自由于隐士与官宦之间，在朝廷中的声望更在李、杜之上。

唐代如此，宋代也如此。宋代四大书法家，苏东坡、黄庭坚、米芾、蔡襄，都是仕艺中人。虽然他们的官位不如唐代的同行显要，但其仕途之心的热烈，并不逊于前人。这不是他们人格卑下，而是忠君爱国原本是中国古来知识分子的政治理想。唯其如此，方可称为古时代的“德艺双馨”。

儒学文化对艺术家的影响，非线性因素，而如江湖云海，四面八方而来，将你团团围住，令你浸润其间，虽欲超然事外，也是痴心妄想；纵有奇谈怪行，不免回头是岸。竹林七贤的行为史称怪诞，然而，骨子里面依然是儒家风骨。阮籍猖狂，惊世骇俗，但他儿子阮浑要继承父风，他就不同意，他教训儿子说：“阮咸已经入了我们这一流，你不能再这样做了。”

阮籍尚且如此，余人可想而知。

二、道家的影响

道家对中国艺术的影响，不是表现在道德人格这个层面，而是表现在人的精神这个层面。道家的方式，相对于儒家而言，走的是虚空清淡一路。儒学讲经世历人，它不讲；儒学讲修养，它也不讲；儒学讲有为，它更不讲。老子是主张无为的，无为而后有为，无为才能有为。庄子更进一步，理近相对主义，干脆连无为也不讲了。连无为都不讲的庄子，却是先秦时代乃至整个中国古典思想界对中国艺术发展所起作用最大的人。这听起来有些矛盾。老庄本人其实不关心艺术。老子说："天下皆知美之为美，斯恶矣。"[①]庄子说："天地有大美而不言。"[②]不言之美，何美之有，不言而美，乃是大知。小知不解大知，正是庄子的妙处所在。老庄不在艺术层面关注和关心艺术，却成为中国传统艺术的指导者。或者应该说，正因为他们不在艺术层面关注和关心艺术——不是为艺术而艺术，才使得中国艺术发展更需要他们，使得中国的艺术家更喜欢他们。后人阐释老庄精神，特别是《庄子》中的艺术精神，著作之多，无可比拟，想老庄若在天有灵，难免笑叹不已。

研究道家尤其是庄子对艺术的影响，最好的方式，莫过于与儒学比较而言，它的好处是，有比较更能突出各自的特点，读者读来也更易增添趣味。

其一，儒家主张经世而治。儒家的治国方式，有二大原则，一是以修身为要，一是以德政为先。以修身为要，则主张修、齐、治、平，所谓身修而后家齐，家齐而后国治，国治而后天下平。换句话说，不讲修身，就没有资格谈论齐家、治国、平天下。以德政为先，则比较德治与法治，认为德治高于法治。所谓"道之以政，齐之以刑，民免而无耻。道之以德，齐之以礼，有耻且格。"[③]译成白话，是说实行法治，人民只能暂时免于罪过，可是没有廉耻之心。唯有德治，人民不但可以有廉耻之心，而且还可以做到人心归服，达到自觉的境界。

儒家讲入世而治，道家不以为然。在老子看来，越治越乱，不如不治。庄子走得更远，在他眼里，治国与窃国，都很难弄得清楚，他的思想是窃钩者盗，窃国者侯。他说，当年的齐国，邻近的乡村遥遥相望，鸡狗之声相互可闻，整个国境之内，所有国家设立宗庙社稷的地方，所有国家建置邑、屋、州、闾、乡、里各级行政机构的地方，何尝不是效法古代圣人的作法然而田成子一下子杀了齐国的国君，他就窃据了整个齐国。他们

① 《道德经》第二章。

② 《庄子·知北游》。

③ 《论语·为政篇第二》。

盗窃夺取的难道仅仅是一个齐国吗？他连齐国的各种圣明的法规和制度也一块夺走了。然而田成子虽有盗贼的名声，却仍处于尧舜那样安稳的地位，小国不敢非议他，大国不敢攻伐他，世世代代窃据齐国。所以我曾经试图说明这样的情况：世俗的所谓聪明人，有不替大盗积累财富的吗？所谓的圣人，有不替大盗防守财物的吗？[①]

儒学讲爱民，所谓仁者爱人。道家不讲，在庄子看来，爱民即是害民。他说："爱民，害民之始也；为义偃兵，造兵之本也。"[②]不但如此，且"大乱之本，必生于尧舜之间"[③]，连儒家尊奉的圣贤也不放过。

儒家的德政与德治，虽然比道家的主张更爱国也更有意义，但相对于艺术而言，则言人有余而启思不足。全心用于治世，不免有些前瞻后顾，不能超然潇洒。道家反对治世，反对德政，客观上追求自由之身，这种拒礼法于人心之外的做法，对于艺术家的心灵，则有解放作用，于艺术行为之间，则十分容易发生共鸣。

其二，儒学好讲人性，认为人有智愚之分，所谓上智与下愚不移。由此生发，导致性三品说，又有"劳心者治人，劳力者治于人"之说。所以，樊迟问种田种菜的学问，孔夫子就不高兴，并且认为樊迟不是君子而是小人。

庄子不同意这样的观点。他不讲上智下愚，他只讲大知小知。而且看他的前后议论，知道那些希求名利的人物，全是小知，唯有超然于物外的才是大知。那些贪图名利的人，其实很可怜。儒学教人，最强调君子之风，强调君子与小人之别。庄子笔下，那些卓有见解的人物，常常是些肢体不全、奇形怪状的人。虽然肢体不全，但心灵很美；虽然奇形怪状，却有远见卓识。有一篇《德充符》，就连写五位这样的怪异人士。头一位，兀者王骀。兀者，即受过刖足刑法的人，一只脚被刖，只剩下另一只脚了。第二位，申徒嘉，也是一位兀者。第三位，叔山无趾，名字就是标记，还是一位被砍去脚趾的人。第四位，闉跂支离无脤，这位可惨了，不

① 《庄子 · 胠箧》。
② 《庄子 · 徐无鬼》。
③ 《庄子 · 胠箧》。

但跛脚，而且偃背，外带缺少嘴唇。第五位，甕㼜大瘿，也很麻烦，虽然肢体俱全，不缺什么，但脖子上的颈瘤长得如同大瓮一样。这几位“怪哉”，相貌虽异，但精神充实。连孔子都被王骀所折服；子产也因申徒嘉而羞愧；叔山无趾，虽然无趾，其内心世界却比孔子更美好；闉跂支离无脤与甕㼜大瘿更为卫灵公和齐桓公所敬爱。

这样看来，儒家虽然强调“仁者爱人”，等级观念却十分鲜明。道家只讲大知小知，于精神世界极为重视，其等级色彩，几近于无。他不考虑你的相貌，他只看你的精神，虽然圣贤如孔子，未必比得上一位精神充实的残疾人。即使权重如子产，也未必比得上一位兀者的见解高明。

道家的这种观念，同样对艺术创作有一种启迪和释放作用。它启迪人们不为自己的生理或者其他局限所束缚，尽管在精神天地中自由畅想，驰骋纵横。

其三，儒家重视人生，讲究修身养性，所谓“吾日三省吾身”，所谓“过也，人皆见之，及其更也，人皆仰之”，所谓“克己复礼为仁焉”。在儒家的学说中，人不能放任自己，放任则外失其礼，内失其仁。礼的失去，必造成国家的混乱；仁的丧失，则造成人的堕落。人而无仁，便成为小人，而小人在儒家经典中正是对他所不屑者的最严厉的批评。

以庄子为代表的道家人物，对人生持无所谓态度，甚至连生死大事，也持无所谓态度。他们追求的是精神的自由，而精神的自由，远远大于生死之事。在庄子眼里，“其生若浮，其死若休”①，“不知所以生，不知所以死”②。生死如同昼夜，虽然也讲命的作用，但并不把生与死看得那么重要。所以庄子死了太太，不是伤心欲绝，而是鼓盆而歌。孔子的儿子死了，他很伤心，他的弟子伯牛有病，他很痛苦，颜渊死了，他更是伤心欲绝。庄子全然不是这样，他不但对于生死之事另有别见，而且对人生与梦境都有些区分不清。《齐物论》上说：“昔者庄周梦为蝴蝶，栩栩然蝴蝶也，自喻适志与，不知周也。俄然觉，则蘧蘧然周也。不知周之梦为蝴蝶欤？蝴蝶之梦为周欤？周与蝴蝶必有分矣。此之谓物化。”

---

①《庄子·刻意》。

②《庄子·大宗师》。

这真是一种大自由，大飞扬。这样的心境，显然更适于艺术行为。世界上那些全身心投入艺术创作的人物，常常忘记自我的存在。如巴尔扎克写小说便进入书境，顾恺之作画便进入画境，贺知章作草书便进入书境；李太白写诗，则不能没酒，因为酒能使他进入谪仙的境界，从而任情挥洒，成绝妙好辞。

其四，儒家学风严整，严于律己。先生有了错误也要承认，学生有了错误，也绝不宽容。宋代理学继承此风，曾有“程门立雪”一段掌故。这件事在今人看来未免不近人情，但以儒学传统评价它，正是可圈可点之事。孔子最是忠厚长者，对于学生的冒犯，并不一味斥责。他去见南子，子路不理解，他便对天发誓，以表明自己的心迹。但是，他不能允许那些不合道德规范的现象存在，遇到这样的事，他不但态度严厉，而且大发雷霆。他的学生宰予白天睡觉，他见了很生气，发脾气说：“朽木不可雕也，粪土之墙不可圬也。於予与何诛？”[①]这还不算，他还进一步发挥说：“始吾于人也，听其言而信其行。今吾于人也，听其言而观其行。于予与改是。”[②]什么叫“于予与改是”？就是说，从宰予白天睡觉这件事以后，我改变了看人的态度。

其实，宰予是孔子门中很杰出的人物，过去人们常说，孔子授徒三千，得七十二贤人。殊不知，宰予在这七十二贤人中，还是佼佼者呢。《论语·先进篇》中，品评优秀学生，说德行好的，是颜渊、闵子骞、冉伯牛与仲弓；擅长言辞的是宰我、子贡；能办理政事的，是冉求、子路；熟悉古代文献的，是子游与子夏。其中的宰我，即是宰予。

儒学严于律己，不免有些刻板不近人情。道家擅长理性思维，对于世间常情，能作出独特的理论分析。在这方面，老、庄也有区别，老子计黑为白，深得辩证三味。庄子更强调对立事物的统一性，带有浓郁的相对主义色彩。

《庄子》一书中，对立统一的概念很多，如天与地，大与小，男与女，明与暗，生与死，消与长，以及大知与小知等。他认为这都是一些阴

① 《论语·公冶长篇第五》。

② 《论语·公冶长篇第五》。

阳相对相生的产物。《庄子·则阳》篇上说："阴阳相照、相盖、相治，四时相代、相生、相杀，欲恶去就，于是桥起，雌雄片合，于是庸有。安危相易，祸福相生，缓急相摩，聚散以成。"《则阳》属于庄子一书的杂篇类，非庄子亲作，更能代表庄子精神的还是《齐物论》中的见解。他说："物无非彼，物无非是。自彼则不见，自知则知之。故曰：彼出于是，是亦因彼。彼是方生之说也。虽然，方生方死，方死方生，方可方不可，方不可方可；因是因非，因非因是。是以圣人不由而照之于天，亦因是也。是亦彼也，彼亦是也。彼亦一是非，此亦一是非。"

不但语言妙不可言，而且思辨逻辑缜密深邃。其中"方生方死，方死方生，方可方不可，方不可方可。"几句犹多艺术风采。由此联想到后世著名画论、书论的语言风貌，更可知庄子对艺术的影响，真是太大了。

庄子是相对主义者，虽有对立，归于统一，而最高级的统一，就是道。对于道的研究，我们稍后再说，但其思维辨证特色，同样给人很深的印象。虽辨证而不失其情趣，可说是真与美的天作之合。

此外，《庄子》本身就是一部文采斑斓、熠熠生辉的极具艺术风格的理论著述。以其文学品位论，先秦诸子没有一个可以比得过他的。以其创作手法论，尤其奇思妙想造化天然。以其艺术品质论，更是自由悠游之态，无可比拟。《庄子》中多寓言，寓言中多妙想，妙想中多瑰丽，但给人缤纷五彩、目不暇接之感。中国自秦汉以来的文学家、艺术家独钟情于庄子，远自苏东坡，近至金圣叹，莫不如是。鲁迅先生对《庄子》一书有极高的评价，信有由矣。研究中国艺术精神，不能离开庄子，亦不能离开道家，其理由正无须多言。

三、佛教的影响

佛教对中国艺术精神的影响，同样是巨大的。但它的影响方式既不同于儒家，也不同于道家。儒家的影响，主要表现在人格伦理这个层面，它影响的首先是人，人是第一位的，艺是第二位的。道家的影响，似出于无心，却得之有故。它的影响主要在艺术创作精神方面，在某种意义上讲，道家的自由精神也就代表了中国传统时代的艺术精神。佛教的影响则另成一派，它的影响不但表现在精神层面，尤其表现在参与方面。中国历史上诗儒、画儒、书儒之多，完全可以称为中国文化的独有景观。儒家与艺术家的关系，不是平衡关系，艺术家中儒生固多，儒家的圣贤祠内，却少有艺术家的地位。历史上那些堪称儒学大师的人物，没有一个把艺术放在人生的中心位置的。无论如何，他们都要坚持先人而后艺，先善而后美。道家对艺术的影响虽大，道家人物直接从艺的也不算很多。唯有佛教，几乎历代皆有著名的艺术大师在。仅以书法为例，便有南北朝的洪偃，隋代的智永、智果、唐代的怀素、贯休、湛然、辨才，宋代的法华、敏传、宗上人，元代的溥光、道元，明代的无辨、道生，清以降人物尤多，近代的弘一法师，更是多才多艺，四海闻名。当然也不能因此就说高僧即是艺僧，但至少可以说，僧人在艺术上的特殊表现，反映了佛教文化对中国艺术精神的独特态度。

佛教文化对中国艺术精神的影响，可分为四个方面。

1．从轮回报应到讲经造像

佛学不同于儒学，儒学主张入世而治，佛学的本质在于四大皆空，关心世事，并非佛学本意。佛教又不同于道教，道教的宗教形态既有内向性又有世俗性。讲它的内向性，是因为道教最主要的得道方式是炼丹——炼外丹和内丹。讲它的世俗性，是说道教参与世俗生活，它不但炼丹，而且画符驱魔，与世俗生活关系密切。佛教的宗教形态却是外向的，它讲因果报应，讲生死轮回。佛教拥有最大量的信徒，而且它本身也特别注重弘扬佛法。相对于艺术而言，它有自己的独特方式与优势。儒学教育重在经典；教育形式，主要是办学。佛教的信徒，多是穷苦大众，虽有贵族参与其间，但就其本性而言，越是动荡不安苦难深重的时代，佛教文化的传播越快，信徒越众。而它本身为着弘扬佛法，就要讲经，就要建佛寺，造佛像。它不但不拒绝宣传，而且认为讲经造像，正好弘扬佛法。这种态度，与儒、与道，自是不同。

中国自汉代佛学东渐以来，佛教的传播和佛教艺术的传播几乎不能分解。殊不知，佛教艺术正好是佛教文化的一个组成部分。中国的古代雕塑艺术，当推三大石窟最为珍贵，而三大石窟，正是佛学东来的历史性明证。

佛教博大精深，并非只是因果报应而已，但它在民间的传播——尤其对于底层社会的苦难百姓而言，显然因果报应是最有吸引力的，而对于中国旧有文化而言，因果报应观念也最易于接受。毕竟因果报应和中国儒家的伦理观念，很容易产生共鸣，是两种文化的最佳接轨处。因果报应在民间的宣传，光靠诵经讲经不行。佛经高深，不是一般未经训练者可以听得懂的。于是至少在唐代就有了变文和讲经文。所谓变文，实际上是一种说唱文学的脚本。但为什么不叫说唱本而叫变文，因为它的表现形式是与图画或画像相配合的，所以它也叫变相。变文也是一种讲经文，因为它的内容多与佛教的因果报应故事有关，而讲经文则是狭义的变文，它的内容全然都是通俗的佛经故事。

儒家重人而轻艺，道家重道而轻艺，唯有佛教，为着弘扬佛法，不拒绝一切文学艺术形式，而且大力推动，使之发扬光大。造像艺术不惮其大，不拒其美，不厌其多，以展示佛法无边；文学艺术不怕其繁，不惮其俗，不厌其曲，以求广滋众生，脱离苦海。而在这种种外在表层下面孕育着佛教精神，则有意无意地影响中国艺术精神的确立与嬗变。

2．从佛法无边到普度众生

佛学自是博大精深，儒学也是博大精深。但二者的性质不一样。儒学本质上属于世俗之学，它不关心人世以外的事情。孔夫子说："祭如在，祭神如神在。"①这似乎有点不严肃，季路问事奉鬼神的方法，他说："未能事人，焉能事鬼？"又问"死"是怎么回事，回答："未知生，焉知死？"②

儒学不重鬼神，自有它的道理和优越之处。但信仰包括对神的信仰，乃是人类历史文明中不能缺少的内容。过去我们以为，科学之进，必带来宗教之退。现在看来，二者还会共存下去。因为科学不能解决一切问题——这不是说科学不科学，而是说总有新的问题在前头。科学既不能在

---

①《论语·八佾篇第三》。

②《论语·先进篇第十一》。

一定的时间内将一切现实问题都解决，那么，就必然会有哲学的地位，宗教的地位。

儒学不言鬼神之事，佛教正是一个补充。佛学东来，正合其中之意。佛教的特点是无所不示其大，它的时间观念、空间观念，都使用闻所未闻的大尺度，动辄以亿以兆作为计量单位。佛经之多，几到不可统计。中国人批评旧儒读书，有“皓首穷经”这么一句话，但儒经可穷，佛经无穷。单是一部《大藏经》已经篇幅浩繁，几乎全无熟读熟识的可能。加上梵文、藏文、蒙古文的经典，更是多到不可思议。而这一切，正合佛学的脾胃。佛教的神祇，法力尤其广大。为中国人最熟悉的故事，乃是齐天大圣一个筋斗十万八千里，已经够神的了。但相对于佛的法力，实在算不得什么，一个筋斗十万八千里，还翻不出如来佛的手心。佛法无边，正是佛教给一般中国信徒的最深刻的印象。所以，旧式中国人，去佛寺上香，常常不问佛学讲义，明明佛学认为四大皆空，偏有虔诚的香客，去问婚求子。这等事，和尚哪里管得？但因为佛有无边法力，香客们硬是信他，也没办法。

佛法无边，对于艺术创造是一个好消息。岂但好消息而已，它不仅可以解放艺术家的思想，开阔他们的眼界，激发和启迪他们的想象力，让他们天马行空，在佛的天地中自由飞翔。表现在表演艺术史上，因果报应之类，最能打动人心，表现在造型艺术上，佛像之大，史无前例。所谓“山是一座佛，佛是一座山”，佛法既然无边，又岂止一座山而已。中国文化传统，最是敬畏皇帝，然帝王的画像，没有这般大的。一般情况，帝王的形象不上石窟石刻，就是关王、岳王，也只在庙中打坐。佛对中国艺术精神影响，于此可见一斑。

佛法虽然无边，但有自己的逻辑。这一点，又和基督教不一样。基督教属于一神教，认定上帝创造世界，凡世间所有，全都是上帝所造，没有也不能有任何例外。所以，基督教是没有逻辑的。要讲逻辑，上帝创世纪就是逻辑。而这个逻辑，和上帝既创世纪之后，人的社会逻辑显然是不能相提并论的。

佛教有自己的逻辑，佛不是世界的创造者，他只是世界的认识者。因为他认识了这世界，找到了世界的真谛，于是成佛。佛之前，尚有佛；佛之后，还有佛。佛的本义，是“觉者”、“智者”，与上帝的概念相去未止于千里万里。所以西方有研究者说，佛教虽是宗教，却是最不含迷信成分的宗教，它的教义不像一般的宗教，反而更像哲学。在中国流传最广的佛经《金刚经》，全称《金刚般若波罗密经》。金刚乃万世不坏之意，般若大体相当于汉语中的智慧。注释者说：“般若者，梵语，犹言智慧。性体虚融，照用自在，皆云般若。”“波罗密”者，到彼岸是也。所以金刚经，乃是智慧之经，所谈所问，全是智辨之学，与迷信并不搭界。佛法虽然无边，但要修炼始成。佛教的这种观念，显然与中国人的传统思维方式更为接近。所以，虽然从史料上看，基督教进入中国的时间至少可以追溯到唐代，但是，它的影响远不如佛教，其本土化的程度，与佛学相比，更是不可同日而语。佛教的参禅固然不同于读经，佛经的经典固然不同于儒学经典，但二者易于接轨。而佛学所表现的深邃无比的智慧理念，无疑是对于儒学经典的一个补充。儒学最是严整之学，儒学经典的语言，格言多于思辨，只说是什么，不管为什么。秉正而言，不问因果。佛学不然，它要讲逻辑，最重推理，虽然以“空”立论，但论证这“空”的方法，却逻辑严谨，滴水不漏。佛学的这种风格，对于中国艺术的发展，自然也有特别的借鉴价值。

佛教是外来宗教，道教是中国本土宗教。佛、道二教有矛盾，又相互借鉴。在传统文化意义上，道教最能体现中国文化的特色。汤一介先生说，一般宗教关心的，只是死后如何，道教关心的却是如何不死。道教虽然是宗教，但它更重视人间福祉，它要把人世间最美好的东西予以宗教式的强化，让它们达到极致。比如人类贪生怕死，它就宣扬长生不老肉体升飞。比如人类喜欢享乐，它就宣扬极乐之境乃是享乐的极境。人类怕鬼，道教可以驱鬼。人类渴望成仙，道教便宣扬羽化登仙。道教有内丹外丹之说，内丹即在人体之中，外丹需要以道教特有的方法提炼才行。无论内丹外丹，一旦成功，都有长生不老之法。

道教与佛教相比，它与儒家更为相近，而且双方在关心世俗生活这一点上，有些相似。儒家关心的是此岸世界，彼岸如何，不去管它。道教也关心彼岸世界，但它的彼岸世界毕竟是此岸世界的精化、美化、神化。仿佛农妇得道，希望老母鸡一同上天，不过到了天上，人要吃仙果，鸡要下金蛋。佛学关注彼岸世界，而且苦口婆心告诉人类如何到达彼岸。从这个角度看，佛教更具有宗教性，虽然它不像基督教那样坚持上帝万能论。

佛教最具魅力的教义，在于它的普度众生的宗教观念。在这一点上，相对于中国传统文化而言，它可以说是一枝独秀，尽领风骚。基督教认定上帝造人，人类在上帝面前，从来渺小，而且永远渺小。不但渺小，还因为人类的始祖听信蛇的坏话，而犯了原罪。要知道，这原罪是永远也清赎不净的，所以世世代代要向上帝忏悔。基督教教育人们向上帝忏悔，佛教却要普度众生，让他们脱离苦海。在传统中国人看来，佛心最是慈悲，拜佛信佛，理所当然。

道教也关心人生，但它更关注修道者的幸福与享乐。也讲驱鬼降魔，这正是保证幸福与享乐的手段，可以看作是同一件事物的另面反映。但道教对人类的幸福是有选择性的，所谓仙风道骨，要看你骨相如何，不是人人可以得道升天的。这有点像中国的相面术，如果你没长一个好五官来，倒霉、受苦也怨不得旁人。道教讲炼丹，固然是一种预期美好的追求，然而成与不成，又有许多条件，至少不能人人而成。佛教则不然，即要普度众生，且没有选择性前提，你生得富贵如天子，也要度你，你生得凶恶如贼盗，也要度你；你历经七灾八难如乞丐，也要度你；你生得贪婪丑陋如猪八戒，同样度你。佛教本来就认定生即是苦，既然生即是苦，我佛慈悲，绝不忍心看你苦下去的。

儒家有性三品之说，即认为人分三品。生而知之，不教而学的，为上品；教而后学的，为中品；斗筲之性，教也是白教的，为下品。孔夫子的上智下愚观念，在性三品之说中得以完备。儒家最大的长处在教育，而性有三品，人有优劣，教育固然是好，对下品人而言，却是毫无用处。佛教要普度众生，不问你品上品下。在这个意义上说，佛教是最近乎平等的宗教。而且，佛的众生观念，不仅包括人类在内，而且一切生命，全在其中。所以，佛的经典中，就有以身饲虎，割肉喂鹰的故事。老虎本性吃肉，但按佛门观念，不能杀生，虎不杀生则死，虎要吃肉又必然杀生，于是成二难之境。佛教的解决办法，是既不许老虎“杀生”，又要给老虎活路，于是割自己的肉饲养老虎。这样的思维方式，在基督教、道教与儒家那里不但绝然没有，而且是不可想象的。

佛教的这些观念，从佛法无边到普度众生，给了中国艺术以大影响。中国自魏晋以来的艺术追求与艺术品性中，不难发现这种大慈大悲的佛学精神。

3．从顿悟成佛到通达禅境。

佛法无边固然令人敬服，但佛法之难，却又令人却步。这一点，在佛教内部也渐渐自觉，于是有了自小乘佛教向大乘佛教的转变。小乘佛教的修行方法是苦行僧式的，而且认为成佛作祖不是一般信徒可以做到的。大乘佛教不再坚持苦行僧式的修证方式，而且认为人人皆有佛性。大乘佛教能取代小乘的地位，这是最主要的原因。尽管如此，相对于中国传统文化而言，佛教的修证方法仍然太难，又太过于繁琐。中国古来没有这样的传统，既没有这样的思维方式，也没有这样的生活经历。所以佛学东来几百年，依然不能真正达到本土化程度。然而，到了唐代，情况发生变化，其外在标志，是唐代文明承认了佛教的地位，使佛教与儒家、道教三家并立。其内在标志，则是诞生了禅宗。禅宗是中印文化交合的产物，没有佛教，就不能有禅宗，但没有中国传统文化，也不会有禅宗。

禅宗的最大特色，在于它改变了传统的佛教修证方式，它不再坚持打坐式修行，只在打破禅关上下功夫。后来又摒弃了渐悟式修证方式，认为，只要打破禅关，便可顿悟。传统佛教，几乎无不坚持定慧双修，既一方面要参禅打坐——定，一方面要研习佛学——慧。所以其修证过程必定会是漫长的，所以只能有渐悟——慢慢地渐次地修正，不可能有顿悟。禅宗则不然，它不需要那么复杂的形式——定，也不需要读那么许多的经典——慧，实际上，中国禅宗真正的创始人慧能大师，就是一个不识字的文盲和尚。然而不要紧，只要参透禅机，于是一了百了，就可以修成正果。这个就是顿悟。顿悟者，瞬时而悟之谓也。

禅宗的修正方法，适应了中国知识层的要求，也适应了中国贵族阶层的要求，更适应了中国普通民众的要求，于是得以大行其道。它适应知识层的要求是因为这种参禅方式，和中国士人读儒家经典的方式不再矛盾，而且成为中国士人读经的补充。读儒经是为循本，读佛经是为解脱。学以致用才能循本，顿悟禅机才能解脱。禅宗适应中国贵族阶层的要求，是因为贵族阶层的多数人，原本没有多少读经的兴趣，也没有多少读经的能力，读且不行，何论其“定”。禅宗的变革，给了贵族以简便易行的信仰机会，从此可以免去麻烦，不问“苦海无边”，只管“回头是岸”。禅宗的修证方式满足了中国普通民众的要求，是因为中国原本属于世俗性社会，普通民众接受佛教，不是在佛学经典的层面，不是在佛学修证的层面，甚至不是在佛教仪规的层面，换句话说，他们不是要献身于佛，而是有求于佛，这样的需要，自然以简捷易明的方式才好。

自然，禅宗不是另起炉灶，它的基础还是传统佛学。换个角度说，正因为佛学理念中具有发展为禅宗的基础，它一经改造，就得以发展。佛学理念尤其是大乘佛教已经确认人人皆有佛性，既然人人皆有佛性，便人人皆可修证，甚至人人可以成佛。禅宗抓住这个理论契机加以发展，便成顿悟。通俗地讲，人人皆有佛性，这是个前提，怎么使这佛性凸现出来，就是参透禅机，禅机一通，便入佛境。

而禅宗打破禅机的方式，不像基督教那样，因信称义，没有什么别的前提，前提就是“深信不疑”，无条件崇拜。禅宗不这样做，它要对禅进行推理，而这种推理，完全是以佛学的“四大皆空”作为准则的。所以在禅宗未立之前，便有慧能与神秀和尚的参禅比赛。这则掌故，流行极广，此处不再重复。自慧能之后，这种参禅方式，在禅宗的导引下，成为一种特别的文化景观，其影响已超出于佛教之外。

一方面，不搞迷信；另一方面，也不建立系统，因为建立系统，就违背了“四大皆空”的本旨。佛学的精义，只在一个空上，因为一切皆空，所以才要消除嗔欲。而嗔欲皆为幻象，打破这幻象，才能达到禅的境界。唯其如此，后代禅宗，不但承认人人皆有佛性，而且一切动物也有佛性。对佛的解释，可说五花八门。《黄檗传心法要》说“一切人是佛”，《黄檗宛陵录》说“汝等心本来是佛”①，《妙道语录》说“非佛是佛”，由此

①许苏民编著：《历代禅语小品》，湖北辞书出版社 1994 年版，第 68 页。

生发，狗也有佛性，猴也有佛性。后来干脆有人宣称，佛是什么，佛是干屎橛。

禅宗参禅，意在打破禅机。用寻常的方式，参禅又难悟，于是撇开逻辑，以非逻辑的方式，将参禅人从世俗逻辑中解放出来。这方法即称为棒喝。要知道，佛法本不同于常法，佛学的“色”、“空”观念亦不同于世俗的“色”、“空”观念，若不引入悖论，实在没办法顿悟。

但佛学不是玄学，它也不走繁琐考证的路子。昔日某僧人向赵州和尚问禅，和尚说：“你吃饭了吗？”回答说：“没有。”“那就先去吃饭。”饭罢，和尚说：“洗碗钵了吗？”“没有。”“那就去洗碗。”禅宗即以这样的方式帮助参禅人打破禅关。于是有偈语说道：“只为分明极，翻令所得迟。早知灯是火，饭熟已多时。”①

这就是说，禅的境界，虽然不是尘世境界，却又与尘世境界有关。它出于尘境，而又高于尘境——它将尘境看成是幻境，幻境是空的，但无须逃避它。逃避幻境，是因为你心中未曾干净。正如两个和尚出行，见到一位绝色女士。一个和尚避之唯恐不及，另一和尚只管与她答话。女人走后，躲避的和尚埋怨与女士搭话的和尚，这搭话的和尚说，有这事么，我早就忘了。可见我心空明，你却心中有色。不逃避幻象，但能揭示它的虚幻本性，于是达到禅的境界，这叫做心中无色。心中既然无色，那么，纵然幻境有色，又何必管它。青原大和尚说得确好：“老僧三十年前未参禅时，见山是山，见水是水。及至后来，亲见知识，有个入处，见山不是山，见水不是水。而今得个休歇处，因前见山只是山，见水只是水。”②

未参禅时，不能知道“色”即是“空”，所以“见山是山，见水是水”。既参禅后，悟得“色”即是“空”，所以“见山不是山，见水不是水”。再后达到禅的境界，无须为“色”烦恼，故再看山水，依旧不过“山只是山，水只是水”。

禅的意境，对中国艺术，首先是对中国传统绘画艺术，影响可谓大矣。现代美学大师宗白华先生论及“禅语的表现”时，曾引用了这样两段

①《禅的故事》，北方文艺出版社1987年版，第90－91页。

②转引自覃召文：《禅月诗魂》，三联书店1994年版，第119页。

谈论境界的话。一段出自蔡子石《拜石山房词》的序言。作者这样写道：

> 夫意以曲而善托，调以杳而弥深。始读之则万萼春深，百色妖露，积雪缟地，余霞绮天，一境也。再读之则烟涛澒洞，霜飙飞摇，骏马下坡，泳鳞出水，又一境也。卒读之而皎皎明月，仙仙白云，鸿雁高翔，坠叶如雨，不知其何以冲然而澹，翛然而远也。[①]

宗白华先生认为第一境是“直观感相的渲染”，第二境是“活跃生命的传达”，第三境是“最高灵境的启示”。并引证江顺贻的话说：“始境，情胜也。又境，气胜也。绝境，格胜也。”[②]

情胜，自不是禅；气胜，又不是禅；格胜近乎禅了。

又引李日华《紫桃轩杂缀》里的一段话：

> 凡画有三次。一曰身之所容；凡置身处非邃密，即旷朗水边林下、多景所凑处是也。二曰目之所瞩；或奇胜，或渺迷，泉落云生，帆移鸟去是也。三曰意之所游：目力虽穷而情脉不断处是也。然又有意有所忽处，如写一树一石，必有草草点染取态处。写长景必有意到笔不到，为神气所吞处，是非有心于忽，盖不得不忽也。其于佛法相宗所云极迥色极略色之谓也。[③]

说来说去，说到佛学中来了。佛学尤其禅宗对中国传统艺术的影响，确实难以言说，只能感悟。

禅境虽是禅学乃至某些艺术的最高追求，却又是一种具有高度修养的心态。它既是人们追求的结果，又是审美境界的表现。或者说，它对艺术的价值，首先不是表现在艺术的追求上，而是表现为禅境的反观反照。达到禅境了，反观自然，必有新的理解，唯其如此，许多诗僧的诗作，

①宗白华：《美学散步》，上海人民出版社 1981 年版，第 63 — 64 页。
②宗白华：《美学散步》，上海人民出版社 1981 年版，第 63 — 64 页。
③宗白华：《美学散步》，上海人民出版社 1981 年版，第 64 页。

天然无求雕饰，便成一幅绝妙的山水图画。如元代诗僧本诚所题《江亭晚秋》云：

独倚清江秋思长，
晚潮初上水亭凉。
海门风起双峦暝，
一抹银花涌夕阳。[①]

又有明代某僧诗云：

寄将一幅剡溪藤，
江南青山画几层。
笔到断崖泉落处，
石边添个看云僧。[②]

写得尤其好了。

4. 从参禅悟道到忧世忧民

本书讨论佛教对中国艺术精神的影响，先讲从因果报应到变文讲经，那是第一个层次，是最基础的社会化层次。因为因果报应，最容易被人们所接受，所以佛学东来，最早影响中国文化的不是它深奥的教义而是因果报应说。再讲从佛法无边到普度众生，那是第二个层次。这个层次，已然有些理论味道，虽理论不必精深，众生的要求也无须精深，但它对中国世俗与艺术的影响，显然已经超越或者正在超越直观的程度。又讲从顿悟成佛到通达禅境，这就进入核心层次。正是这个层次对中国艺术精神的影响最大也最直接。然而，事情并未结束。一方面，虽然到达禅境就达到了最高境界，却又物极而反，无论什么宗教，都终将回到人世中来。另一方

①覃召文：《禅月诗魂》，三联书店 1994 年版，第 110 页。
②覃召文：《禅月诗魂》，三联书店 1994 年版，第 121 页。

面，禅宗本土化的结果，是与中国儒学传统，找到共鸣点，而中国文化传统，最是关心现实生活，这种传统，也潜移默化，传达给东来的佛教，使佛教在中国大文化的背景下，更其关心社会，更其忧世忧民。

佛学进入中国，不但对中国众多艺术形式产生影响，而且中国艺术中也有了佛学的观念，更有了佛教徒的形象。观音大士像，那是中国化的，大肚子弥勒佛像，尤其是中国化的。这个不去说他。中国戏曲经典《西厢记》中有一个慧明和尚，同样是中国化的。这和尚不诵经文，不吃斋饭，但有一副释家心肠，到了危难时刻，马上挺身而出，成就了他一番特别的和尚式的豪杰形象。请听他的“夫子自道”：

> 不念法华经，不礼梁皇忏，丢了僧帽，袒下了偏衫。杀人心斗起英雄胆，我便将乌龙尾钢椽攥。
>
> 非是我搀，不是我揽，知他怎生唤作打参。大踏步只晓得杀入虎窟龙潭。非是我贪，不是我敢，这些时吃菜馒头，委实口淡，五千人，也不索炖煎爊。腔子里热血权消渴，肺腑内生心先解馋，有甚腌脏！
>
> 你们的浮沙羹、宽片粉添杂糁，酸黄齑、臭豆腐真调啖。我万斛黑面从教暗，我将五千人做一顿馒头馅。你休误我也么哥，休误我也么哥，包残余肉，旋教青盐蘸。[1]

这还了得，人都当成馒头馅，剩点包残余肉，还要蘸着青盐吃了。这样的和尚，也配做和尚吗？

不消说，这等凶和尚，真的佛门子弟中，怕是没有的。但中国人喜欢他，不是因为他佛法高深，而是因为他见义勇为。

由这慧明和尚使我们想到拳打镇关西的鲁智深，又想到《西游记》。《西游记》虽然写唐僧师徒西天取经，但它给读者的印象，似乎深通佛理的唐僧倒是常常糊涂，而不受约束的孙悟空才是真正明白。不但真正明白，而且最是赤心义胆，好打抱不平。

①夏樗主编：《品书四绝》，湖北辞书出版社1995年版，第60－61页。

中国历史上诗僧画僧书僧甚多，这是中国艺术的骄傲。殊不知，中国历史上忧国忧民的和尚还要多。他们并非不通佛法，而是不能全然置身事外，不能对于国家的危亡，人民的疾苦，不闻不问，不怒不怨。明清时代的敬安和尚，号八指头陀，面对苦难深重的中国，落笔为诗，感人肺腑。他写道：

茫茫沧海正横流，
衔石难填精卫愁。
谁谓孤云意无着，
国仇未报老僧羞。[①]

即便身在海上，犹然情思难禁，还是心在中华：

一身如叶去中华，
烟水茫茫不可涯。
回首支那何处是，
数行乡泪落袈裟。[②]

“国仇未报老僧羞”，虽然那怨气冲天之色，不大合于无嗔无怨的佛学精神，却使我们爱他；“数行乡泪落袈裟”，虽然不免情思如水，又不大合乎无情无欲的佛家教诲，却使我们敬他。

佛学文化与中国艺术精神，如此水乳交融，笔者也无须细说了。需要说明的是，儒、道、佛对中国艺术精神的影响，不是互不相干的，他们对中国传统艺术和艺术精神的影响，不是分立的，而是共生共在的。这一点，在“共鸣说”中已经提到过了。

从艺术创作主体这一面看，儒、道、佛又构成分立且共在的思想文化环境。

①转引自覃召文：《禅月诗魂》，三联书店 1994 年版，第 226 页。
②转引自覃召文：《禅月诗魂》，三联书店 1994 年版，第 227 页。

春秋时代，中国士人最为自由。汉武帝之后，独尊儒术，知识分子的出路，除去读经做官之外，几乎别无他路可走。魏晋时代玄学纷起，算是一次思想解放。唐代儒、道、佛共兴，给了知识分子更多的选择余地。中唐之后，虽儒的地位日益攀升，道、佛地位有所消减，但是，二者作为中华民族共同的思想文化遗产，对于唐宋之后的中国人尤其是知识分子，却具有很特别的意义。所谓特别的意义，既有文化意义，也有生存意义。士人多为儒者，儒的理想尽在忠孝二字。为国尽忠，在家尽孝，乃为人之本。然而，你想尽忠，皇帝他老人家未必准你尽忠，还可能怀疑你，放逐你，甚至可能要委屈你，迫害你。士人的地位难免不稳，士人的心态难免失衡。得意的时候，固然一心只在圣贤书，失意的时候，道家思想也是一种解脱，佛学思想更是一种解脱。做官自然是儒，当了隐士便可近道，剃掉毛发犹可奉佛。大体说来，由儒而入道，便开了退隐之门；由儒而入佛，便开了出世之门。儒、道、佛的共兴共在，正好给了中国人尤其是士人以更广阔的生存空间，也给了他们更多的创作机会。

中国艺术史上很多大家，都能自由出入儒、道、佛三家门槛，骨子里是儒，也要学道，也要习佛。然后形成有机的思想知识结构，不但结构更加潇洒，而且更有适应社会文化的能力，也更具备艺术创作的想象力。宋代大才子大散文家大词人大画家兼大书法家苏东坡就是这样一位人士。

苏东坡本质上自然是一个儒者，虽然不是濂、洛、关、闽那样的醇儒、大儒，但他本质上依然是一派儒者气象。他对皇帝忠心不二。虽然没有多少政治远见，却有儒者的正派，直臣的气节。王安石变法，他不大赞成，虽然王安石的权势炙手可热，他也不苟同。因此，他的仕途堪忧，人身亦不安全。司马光掌权，极力排斥新法，他又不赞成，结果同样仕途堪忧，人身又不安全。他虽然才高八斗，却绝不见机行事。而且敢说敢做，不存避讳。看他做地方官时，督导修成苏堤，可知他也颇有些行政才能。看他与家人的关系，知他既是一个孝子，又是一个很受弟弟尊敬的长兄，并且对妻子一往情深，对他的小妾同样有情有义。他被皇帝错误地处置了，一旦招回京城，依然感动得五体投地，跪在太后面前，失声痛哭。凡此种种，都证明他是一个儒者，虽不是大儒，却是真儒。

但他并非一个醇儒，他头脑中道家的思想也不少，佛教的观念更不少。他的前、后《赤壁赋》，可谓风流倜傥，千古名文。然而，道家思想，却又时时出现。《前赤壁赋》云："白露横江，水光接天。纵一苇之所如，凌万顷之茫然。浩浩乎如冯虚御风，而不知其所止；飘飘乎如遗世独立，羽化而登仙。"《后赤壁赋》云：'须臾客去，予亦就睡。梦一道士，羽衣蹁跹，过临皋之下，揖予而言曰：'赤壁之游乐乎？'问其姓名，俯而不答。'呜呼噫嘻，我知之矣。'"前言后语，非道家而何。然而，虽近之于道，不忘其儒，故游赤壁之下，还要遥想曹孟德之诗。虽有"羽化登仙"之想像，又发"大江东去"之感慨。

苏东坡佛家朋友不少，他对佛学亦多有造诣。他有一首探讨琴声的绝句，若无禅学功底，断然作它不出。其诗云：

若言弦上有琴声，
放在匣中何不鸣？
若说声在指头上，
何不于君指上听？

诗的词句明白如话，但那悖论式的思维，还是一个禅机。

中国艺术精神解析

中国艺术精神，可以用四句话来概括，即：

敬道亲仁；师天得意；
法古通变；乐生重气。

这四句话包括了八层意思，每两层意思成了一对范畴。敬道与亲仁，是一对范畴，敬道讲艺源，亲仁讲艺德。敬道亲仁，既讲了天道与人道的关系，也包含了“真”与“善”的关系。师天与得意讲的是客观与主观的关系，天是客观的，意是主观的，从主观到客观，是向大自然学习，再由客观到主观，使艺术得以升华。这个就是意境。法古与通变讲的是古与今的关系，法古即继承前人传统，通变即顺应时代要求，进行艺术创作。乐生与重气讲的是生命与精神的关系。中国文化传统，既关注生命，更关注精神。重生命以乐，怀精神以气，气发展成气韵，成为中国艺术哲学特别重要的范畴。下面分而述之。

一、敬道，中国艺术的本源论

道的理念在中国，实在是一个极大的题目。它的影响，未止于艺术而已。中国哲学讲道，伦理学讲道，美学讲道，科学讲道，文学讲道，教育讲道，道无所不在，没有任何一个理论范畴可以比得过它。

但中国文字，本来就有不确定性特征。它的这种不确定性，增加了理解与诠释道的麻烦，也使它具有了更丰富的涵盖性。因为它不确定，所以它的内涵容易扩大，它的定义容易延伸。也因为它的这种不确定性，使它具有可塑性功能。道在中国，不是一时一事之义，中国传统几千年，至少自先秦以降，道的内涵总处在不断丰富的历史过程。先秦诸子论道，汉魏诸贤论道，宋明理学依然论道，直至今天，道依然是中国人离不开的一个思想概念，文化概念。

道的本义，乃是道路，《易经·履卦》上说：“履道坦坦，幽人贞吉。”这履道坦坦，就是指平坦的大道。

中国哲人的智慧在于，他们最擅长以物喻理。“道”之为路，乃是人生的开始。道之为道，从人生的开始逐渐变成哲学观念。但即便如此，中国人的道的观念依然复杂。它至少还包括技艺之道，自然之道，人伦之道和天地万象之道这样一些内容。与艺术关系最直接的自然是技艺之道，然而，这不是说其他层次的道的理念就与艺术无关。

技艺之道论而能明，明且有理的，首推庄子。老庄之学名为道家，可见道在老庄之学的地位。但讲技艺之道讲得那么生动自然、妙趣横生的则是庄子的“庖丁解牛”。“庖丁解牛”不是一篇独立的文章，而是《庄子·养生主》中的一则寓言。《养生主》开篇就写道：“吾生也有涯，而知也无涯。”无涯之事，岂非道乎？

“庖丁解牛”是人们最为熟知的寓言，它的意思是说，人的技艺固然重要，但有比技艺更重要的内容，这就是居于技艺之后、之中、之上的道。因为庖丁不但技艺专精，而且进入“道”的层次，所以他的解牛之法，才能做到“手之所触，肩之所倚，足之所履，膝之所踦，砉然响然，奏刀騞然，莫不中音，合于桑林之舞，乃中经首之会”。请问，天下解牛者之多，多到无穷无尽。然而能解牛解到“合于桑林之舞，乃中经首之会”的有几个？此无它，因为“臣之所好者道也，进乎技矣”。

道之进乎技艺，因为技艺只是一种能力，而“道”则是一种把握这种能力的境界。昔日西方戏剧家布莱希特观看梅兰芳大师的京剧，发现梅大师同演一剧，每场位置皆有变化，不禁十分惊讶。梅大师的表演，其实就是进入“化境”的体现。因为他已经掌握了这表演艺术的真谛，于是，他，自由了。如果用中国传统用语表示，即可认为已得艺术之道了。

自然之道属于另一个层次，但在中国，自然之道与技艺之道也是相通的。不但道与道原本相通，诸“道”终归合于一“道”。而且自然与艺术同样相通。

道与自然，在中国传统理念中，是可一可二，一而二，二而一，原本不能截然分开的。没有自然，就无法言道，道不能是空的；但只有自然，亦不足以言道，道毕竟高于自然。所以，老子论道，一方面要讲，“道”先于天地而生，没有天地的时候，已经有道了。老子这样解释这观念：“有物混成，先天地生。寂兮寥兮，独立而不改，周行而不殆，可以为天地母。吾不知其名，强字之曰道。”[①]

另一方面，他又讲“道法自然”，即道虽然先于天地而生，却并不与自然对立。不但不与自然对立，而且两者相辅相成，道的存在正是一个自

---

①《道德经》第二十五章。

然而然的发生发展过程。所以他又说："人法地，地法天，天法道，道法自然。"①

道法自然，艺术亦法自然，法自然即是法道。所以中国古来的艺术家，最擅长从自然境界中找到美感，也最擅长给自然以拟人化，拟情化品性。中国古代艺术，几乎所有品类，都有对月亮的赞美。更令人叫绝的是，他们常使月亮这一天然之物成为人间之景的组成部分，从而天上人间，成自然之道。表现在诗歌艺术上，便有了对月亮的无穷吟咏。表现在建筑艺术方面，又有对天然月色的妙借妙用。表现在音乐方面，则又有春花雪月的艺术美化。表现在戏剧方面，则有对月光月色的特别的场景安排。

北宋大画家郭熙在《林泉高致·山水训》中有细致入微的见解，他说："真山水之烟岚，四时不同：春山淡冶而如笑，夏山苍翠而如滴，秋山明净而如妆，冬山惨淡而如睡。画见其大意，而不为刻画之迹，则烟岚之景象正矣。"②

苏东坡议论文章之道，说文章之法，"大略如行云流水，初无定质，但常行于所当行，常止于所不可不止"。东坡书画俱佳，此虽论文之言，也可以移为论艺之语。艺术如行云流水，"常行于所当行，常止于所不可不止"，这就是自然之道了。

艺术须遵循自然之道，正是我们中国人的一大发明。

还有人道与天道。人道即人伦之道。正如技艺之道乃是技艺的一种境界，人伦之道也是儒学道德——仁的一种境界。儒学不重鬼神，但重天命。孔子说："获罪于天，无所祷也。"——你得罪了天，怎么祈祷也没有用。天道近乎天命，儒学的鬼神观念虽不确定，但天命观念是确定的，而且，懂得天命是一种很不容易的事。像孔子这样的圣人，总结自己一生的道路，还要说"五十而知天命"。

儒学传统亦即中国文化传统，既重视天命，又重视人的表现，既讲天人合一，又讲天人感应，天人感应也可以说是天人互动。《易经》中说："天行健，君子以自强不息。""地势坤，君子以厚德载物。"俗语所

①《道德经》第二十五章。

②周积寅编著：《中国画论辑要》，江苏美术出版社 1985 年版，第 241 页。

说："成事在天，谋事在人。"

"天人合一"、"天人感应"的思想，并非儒家所独有，但讲得最多最恳切的还是儒学。中国艺术精神中这种观念的影响很大。中国艺术不片面地追求对客观事物的客观性把握，也不片面地强调对人的艺术创造的主观性把握，而是讲两者的合一。虽然不同的艺术流派或有不同的侧重点，但能兼顾二者，并着力表现二者的内在精神的，才算真正体会了中国艺术的精髓。

人伦之道不是抽象的，而是具体的，它常常既是艺术创造者的理念，又是艺术本身具有的内在品质。这一点，在中国戏曲中反映得最为典型。京剧《姚期》中有这么一个情节，姚期的儿子杀死了当朝太师，姚期要绑子上殿请罪，但不想连累他的仆人，就叫他们各自散去。而他的那些仆人不想逃命，跪在他面前，请求和他一起去死。于是，姚期感慨言道："我死为忠，子死为孝，妻死为节，尔今你们成全老夫一个义字。快快请起，受老夫一拜。"《姚期》是中华人民共和国成立后的改编剧目，但这段道白生动地道出这人物的性格与心态。故此，虽在新的文化背景下，听他如此表白，也没有觉得有什么不合时宜的地方。中国人道观念熏染中国文化两千年，其影响之深之远之大，不是局外人可以想象的。

无论技艺之道，自然之道，还是人伦之道，都将归于一个大道。这大道无所不包，无处不在。人间万物，乃至天神鬼怪，合其道者则兴，不合其道者则亡。正因为中国人心目中的"道"有这样特殊的伟大，老子才说："道，可道，非常道。"孔子才说："朝闻道，夕死可矣。"那么，"道"究竟为何物？庄子有一篇文字，解释得既清楚，又生动，还浪漫。他说："夫道，有情有信，无为无形；可传而不可受，可得而不可见；自本自根，未有天地，自古以固存；神鬼神帝，生天生地；在太极之先而不为高，在六极之下而不为深，先天地而不为久，长于上古而不为老。狶韦氏得之，以挈天地；伏羲氏得之，以袭气母。维斗得之，终古不忒；日月得之，终古不息；堪坏得之，以袭昆仑；冯夷得之，以游大川肩吾得之，以处大山；黄帝得之，以登云天；颛顼得之，以处玄宫；禺强得之，立乎北极；西王母得之，坐乎少广。莫知其始，莫知其终。彭祖得之，上及有虞，下及五伯；傅说得之，以相武丁，奄有天下，乘东维，骑箕尾，而比于列星。”[①]

这是一幅多么深邃的写道图，又是一幅多么美妙的画卷呀！石涛说：“太古无法，太扑不散，太扑一散而法立矣。法于何立？立于一画。一画者，众有之本，万象之根。”[②]

苦瓜和尚的这个“一画说”，其源出于《易经》，而其精神，正合乎道论。所谓“道生一，一生二，二生三，三生万物。万物负阴而抱阳，冲气以为和。”[③]

二、亲仁，中国艺术的价值论

仁是孔子之学的核心内容。什么是仁，孔子曰：“仁者爱人”，又说“克己复礼为仁焉”。汉儒解说仁字，说：“仁者，忍也，施己爱人。”仁是中国传统文化中特有的道德精神，也是一种境界，中国艺术创作中，正是充溢着这种“仁”与仁者的精神。

儒学欣赏艺术，重视两个标准，一个标准是“善”，一个标准是“美”。唯有尽善尽美，才是最好的艺术。只善不美，那还不算艺术，只美不善，就有害了。儒学的这种艺术价值观，在中国艺术史上始终居于主流地位。中国传统艺术中，可以有不与善直接发生关系的艺术品，但没有与“善”产生冲突的艺术品。艺术风格可以不同，艺术标准可以不同，但只许为“善”，不许为“恶”。

中国的艺术创作，最不长于说教，也不做深入的理论追究，但有品位追求，这品位的追求，常常与儒学道德有难解难分的关系。中国书法，不但讲究字的好坏，还要讲究布局，更要讲究书法内容。中国的春联、楹联，乃是最能传播书法艺术的所在。春联、楹联的内容，就大多

① 《庄子 · 大宗师》。

② 《石涛语录》。

③ 《道德经》第四十一章。

与“仁”有关。比如民居中最为常见的门联乃是“忠厚传家久，诗书继世长”。大爱国者林则徐也是一位书法高手，同样深爱对联，他的名联“海纳百川，有容乃大；壁立千仞，无欲则刚”。不但风格雅健，而且立论感人。

中国画中，最为人们所乐道的乃是松、梅、竹、兰四君子。松代表的是坚毅，所谓“岁寒，然后知松柏之后凋也”。梅代表的是高洁，所谓“零落成泥碾作尘，只有香如故”。竹代表的是虚心而有节操。虚心乃儒学推崇的学品，贞节更是儒学推崇的人品，虚心有节，能不为君子所爱？兰代表的是雅典而有情趣。雅典而不泛流俗，情趣而不失品味。

不仅松、梅、竹、兰，中国的山水画、人物画，都有同样的精神追求。儒学讲“仁山智水”。中国画家以山水画独步于天下，因为山水情怀，最能反映中国人的精神寄托。宋元寄情于山水，和当时的历史情态有大关联。明清寓情于物，也和当时的历史情态有大关联。中国绘画，又有题签传统，齐白石先生生当乱世，曾为《鸬鹚舟》题诗云：

大好江山破碎时，
鸬鹚一饱别无知；
渔人不识兴亡事，
醉把扁舟系柳枝。①

讽喻之情，溢于言表。中国艺术千变万化，但说到仁者精神，却是源远流长。

中国人论艺术，要讲品位，论人也讲人品。而且认为艺品、人品是不可分的。虽然说：“中国画注重自然，西洋画注重人生，两下体裁不同。”②但中国画尤其中国文人画，却又十分重视人的品格与画的品位。绘画大师陈师曾曾说：“文人画之要素，第一人品，第二学问，第三才情，

①白巍：《齐白石》，兰州大学出版社 1996 年版，第 145 页。
②白巍：《齐白石》，兰州大学出版社 1996 年版，第 120 页。

第四思想。”[①]一、二、三、四，语切心明。

自然，人的品行和艺术不一定全然一致，尤其不能相互代替的。人是好人，不见得能写好字，反之也如是。但如果人品好，艺品也高，那就有如虎添翼之感。清人王昱说得好：“立品之人，笔墨外自有一种正大光明之概。”[②]虽然人品不等于艺品，但这正大光明之概，必不属于蝇营狗苟之辈。

因为中国艺术有这样的传统，所以那些人品低劣的人物，纵有才情，也得不到原谅。蔡京的字写得虽好，人们不愿意将他列入宋代四大书法家之列；阮大铖的戏写得也好，人们但看其戏，羞提其名。他的《燕子笺》等剧作流传不广，这是最主要的原因。相传北京“六必居”的匾额为明代奸相严嵩所书，字虽然写得不错，却没有落款。

中国古代的艺术大师们，多有一份难得的仁爱之心。颜真卿不但是一位大艺术家，而且是一位贞烈之士。他做太守的时候，正遭安史之乱。当时河朔之地，几乎全被安禄山占领，以至唐玄宗感叹说：“河北二十四郡，就没有一个忠臣吗？”忠臣是有的，那就是独守平原郡的颜真卿。他后来被叛将李希烈所陷害，身陷囹圄，被囚于龙兴寺，临死之时，为自己从容写下墓志、祭文，并草书对联：“不忍金瓯缺，长怀玉露情。”

颜真卿可谓中国艺术史上的佼佼者，但他不是孤立的。我们只消读一读中国艺术史，就知道这样的人，这样的事，可说从古至今，前仆后继，一脉相传。

三、师天，中国艺术的自然论

师天，即师法自然。所谓“外师造化，中得心源”。中得心源，此处

①白巍：《齐白石》，兰州大学出版社 1996 年版，第 120 页。
②张超选编：《书论辑要》，教育科学出版社 1988 年版，第 159 页。

不论，外师造化，即向自然学习。

向大自然学习，乃中国文化传统，艺术如此，文学亦然。所谓“读万卷书，行万里路”，读万卷书，就是向书本学习；行万里路，就是向生活学习。中国诗歌、散文，写景独成一派，可见大自然在中国文学创作中的地位。不唯文学，中国的中医、武术、气功，都讲究向大自然求教，与大自然结为一体。相传，华佗首创的五禽戏，就是向自然学习的成果。中国武术中的猴拳、蛇拳、螳螂拳，都是向自然学习的结果。由此还可以看出，中国人的师法自然，不但包括自然风景，而且包括自然界中的动物、植物等等。

虽然师法自然不是艺术的专利，但表现最为突出、观念最为自觉的却非艺术莫属。中国古来的艺术家向自然学习，得自然之理，在中国古代建筑、古代工艺中，有最广泛的体现。即使像书法这样的“线”的艺术，原本与自然景观距离很大，但也同样没有忘记向自然学习。被后人称为书圣的晋代大书法家王羲之，最是自然中人，他的山川之情，非常人可比。他尤其爱鹅，爱鹅爱到痴迷程度，以至别人想求他写字，便养一群鹅和他交换。他不为名利所动，却为鹅群所动，得一鹅尚且视为宝贝，见群鹅岂不欣喜若狂。羲之的字与观鹅有多少关系，不敢妄断，但以理度之，必当有所影响。刘熙载的《艺概》则说得十分具体，他认为“灵和殿前之柳，令人生爱；孔明庙前之柏，令人起敬。以此论书，取姿致何如尚气格耶？”[①] 不仅如此，他还认为：“怪石以丑为美，丑到极处，便是美到极处，一丑字中丘壑未易尽言。”[②]这使我们联想到王羲之的《兰亭序》，其中有的字写错了，并不将该纸废弃，另书一纸，而是随即改书，随势而下，大约其情若韵，不可稍断。鹅为常物，王羲之能从中得到美的享受；丑石难堪，刘熙载能从丑到极处领悟到书法的妙处，可见师法自然，确实大有裨益。

郑板桥画竹闻名于世，他的师承，也与自然有关。他自己说：“余家有茅屋二间，南面种竹。夏日新篁初放，绿阴照人，置一小榻其中，甚凉适也。秋冬之际，取围屏骨子，断去两头，横安以为窗棂，用匀薄清白之

①刘熙载：《艺概》，上海古籍出版社 1978 年版，第 168 页。

②刘熙载：《艺概》，上海古籍出版社 1978 年版，第 168 页。

纸糊之。风和日暖，冻蝇触窗纸上，冬冬作小鼓声。于时一片竹影零乱，岂非天然图画乎凡吾画竹，无以师承，多得于纸窗粉壁日光月影中耳！”[①]

请诸公注意这末一句，板桥画竹，“无所师承，多得于纸窗粉壁日光月影中耳。”师法自然，一妙至此。

这其实是中国艺术的传统。中国画家，多能从大自然中领悟到新的精神，新的境界。而那些以动物为专长的画家，更是善于观察，无微不至。近现代画家中，画虎、画鹰、画牛、画马、画驴、画虾的名家甚多，若没有实物观察，哪能有那样的成就。

中国戏曲，虽然属于舞台艺术，但得之于自然的启迪和帮助也是很多的。梅兰芳先生为着练好眼睛的表现力，每每观察天上飞翔的鸽子，目光随鸽群盘旋上下，使他的眼神更具艺术表现力。京剧旦角的指形，称为“兰花指”，兰花乃花中之君子，以优雅著称，京剧以兰花为鉴，可说是得其神韵了。

四、得意，中国艺术的境界论

中国艺术，最讲究意境。而什么是意境，这问题却不易回答。

意境并非古已有之，至少在唐代，还没有这个概念，但张彦远的《历代名画记》已经讲到“得意深奇”，可以说是中国“意境”说的一个重要起点。后来五代的荆浩，又有“真景”说。景是客观存在，将客观存在划分出真景、假景，也是意境理论的一个重要出处。但他们都没有直接谈到意境。直到北宋郭熙、郭思的《林泉高致》，才明确提到“境界”。[②]“境界”之说，便成为中国意境观念的正式发端。

那么，什么是意境？意境的相对物是“实境”，先有实境，后有意境。实境代表的是自然，所谓师法自然，就是向实境学习。意境是对实境

①萧元编：《明清闲情美文》，湖南文艺出版社 1993 年版，第 443 页。

②参见周积寅编著：《中国画论辑要》，江苏美术出版社 1985 年版，第 235 页。

的主观反映，但不是一般的反映，而是艺术反映，这个反映就是“中得心源”。以心接境，以心胜境，以心得境，以心写境，便是意境。清代画家方士庶说得好：“山川草木，造化自然，此实境也。因心造境，以手运心，此虚境也。虚而为实，是在笔墨有无间，故古人笔墨具此山苍树秀，水活石润，于天地之外，别构一种灵寄。或率意挥洒，亦皆炼金成液，弃滓存精，曲尽蹈虚揖影之妙。”①

山川造化，这是实境，因心道境，这是虚境。虚境不是一般地反映实境，或将实境照搬，而是“于天地之外，别构一种灵寄”。这灵寄就是意境了。

但中国历史上对意境的说法，未止于一端，虽大同小异，却也能各尽其妙。现代中国人讨论意境最有影响的人物，乃是宗白华先生。宗先生讲究意境的意义，先从龚自珍的一段话讲起，他说：“龚定庵在北京，对戴醇士说：‘西山有时渺然隔云汉外，有时苍然堕几席前，不关风雨晴晦也。’西山的忽远忽近，不是物理学上的远近，乃是心中意境的远近。”②

宗先生认为，人生可有五种境界：为满足生理的物质的需要，而有功利境界；因人群共存共生的关系，而有伦理境界；因人群组合互制的关系，而有政治境界；因穷研物理，追求智慧，而有学术境界；因欲返本归真，冥合天人，而有宗教境界。③五种境界中，没有艺术境界。宗先生说：“功利境界主于利，伦理境界主于爱，政治境界主于权，学术境界主于真，宗教境界主于神。但介乎后二者的中间，以宇宙人生的具体为对象，赏玩它的色相、秩序、节奏、和谐，借以窥见自我的最深心灵的反映；化实景而为虚境，创形象以为象征，使人类最高的心灵具体化、肉身化，这就是‘艺术境界’。艺术境界主于美。”④

或许应该这样说，实境本来是美的，但这美处在自然状态。人发现了

①参见周积寅编著：《中国画论辑要》，江苏美术出版社 1985 年版，第 250 — 251 页。
②宗白华：《美学散步》，上海人民出版社 1981 年版，第 58 页。
③宗白华：《美学散步》，上海人民出版社 1981 年版，第 59 页。
④宗白华：《美学散步》，上海人民出版社 1981 年版，第 59 页。

这美，又把它感情化、文学化、艺术化了。这种感情化、文学化、艺术化的境界就是意境。恽寿平说：“春山如笑，夏山如怒，秋山如妆，冬山如睡。四山之意，山不能言，人能言之。秋令人悲，又能令人思，写秋者必得可悲可思之意，而后能为之。不然，不若听寒蝉与蟋蟀鸣也。”[①]

说春山如笑，夏山如怒，秋山如妆，冬山如睡，并非山真的会笑会怒，能妆善睡？不过人的艺术感觉罢了。但这种感觉，既有外像，又有内因。外像即山之时态，原本有不同的时状，这不同的时态与欣赏者不同的心态相合，便成为某种意境。山不曾笑，但春山葱葱郁郁，虽不会笑，却恰如人笑。夏山蓬勃蓊然，虽不曾怒，却有如怒在。秋山色彩斑斓，仿佛浓妆盛裹的女人香。冬山寂寂寞寞，好似少年学子贪眠。这样的表现，在中国古文人书中颇不鲜见，而且常能于山水中见人情，又于人情中识山水。如：“赏花须结豪友，观妓须结淡友，登山须结逸友，泛水须结旷友，对月须结冷友，待雪须结艳友，饮酒须结韵友。”[②]七句话中，每句话都有两种形象，一是被欣赏者的形象，一是结友形象。妙就妙在，两种形象的鲜明比照。如花本柔情，结友偏要豪者；妓声艳人，结友偏要淡者；山态惊险，结友偏要逸者；水流湍急，结友偏要旷者；月光温馨，结友偏要冷者；雪色极淡，结友偏要艳者；酒乃豪物，结友偏要韵者。因为比照鲜明，方益相映成趣，相得益彰。又如“春云宜山，夏云宜树，秋云宜水，冬云宜野。着眼总是浮游，观化颇领幻趣。”[③]观化颇领幻趣，那么，就是意境了。又比如：“山上须泉，径中须竹，读史不可无酒，谈禅不可无美人。”[④]山泉相谐，径竹相对，更是妙趣天成；读史需要豪情，豪情不可无酒；谈禅需要智慧，智慧不可无美人。正如西方人讲智商还要讲情商，书写至此，不觉一笑。

然而，境界有高低。好意境，诚如苏东坡评价王维的诗作画作，说他是“诗中有画，画中有诗”。诗中有画，即诗的形象思维达到画的意境

①周积寅编著：《中国画论辑要》，江苏美术出版社 1985 年版，第 250 页。
②程不识编著：《明清清言小品》，湖北辞书出版社 1993 年版，第 96 页。
③程不识编著：《明清清言小品》，湖北辞书出版社 1993 年版，第 96 页。
④程不识编著：《明清清言小品》，湖北辞书出版社 1993 年版，第 104 页。

了，诗情画意，岂能不好。画中有诗，即画的表现有了诗的韵律，画意诗情，又岂能不好。问题是如何才能做到诗中有画，画中有诗。古人创见很多，技法也多。但最基本的概括，叫作“似与不似之间”。齐白石教育自己的学生，也说这话，不似则欺人，太似则媚俗，妙在似与不似之间。对此，石涛亦曾有诗云：

天地深溶一气，
再分风雨四时；
明暗高低远近，
不似之似似之。

唯似而能不似，唯不似能更似之，个中的哲学味道，恰如西人所云“否定之否定”说。

似与不似之间并非只是小小的改造，或者只在某些局部作出调整。似与不似，可能小调，也可能大调，可能小变，也可能大变。可能隔时而作，也可能随时而作。春花秋月，各成一时之妙，但为着意境的要求，也有可能使它们二妙合为一妙，其妙更超过二者的简单结合。正如前面说的松、梅、竹、兰，有合“四君子”为一画，也有合三君子为一画的。世间这样的现象其实很少，画却很多。而且人们看了并没有不舒服的感觉。兰花与梅花同生，怎么可能？但高洁与典雅同在，确实可以。中国画中还有“雪中芭蕉”一品。雪中不可能有芭蕉，但画中却可以有。这种经意的安排，虽不合实境之事实，却有意境的道理在。对此，宋代大科学家沈括曾有这样一番议论：“书画之妙，当以神会，难可以形器求也。如彦远画评言：‘王维画物，多不问四时；如画花往往以桃杏芙蓉莲花同画一景。’余家所藏摩诘《卧雪图》有雪中芭蕉，此难与俗人言也。”①

为什么难与俗人言呢？因为俗人未入艺术之门，他只知道，雪中不应

①钱钟书：《七缀集》，上海古籍出版社 1985 年版，第 15 页。

该有芭蕉，他不知道这正是艺术家追求的一种“意境”。

意境的可贵之处，还在于它顺应并且鼓励艺术家的个性表现，让艺术家有充分的可能表现自我，弘扬个性。表现自我，仿佛是改革开放以来的词汇，其实，中国艺术史上却是古已有之。清末民初的书法篆刻家金城曾有这样的见解：“山水之难，莫难于意境。笔墨非不苍古，气韵非不深穆，章法非不绵密，一落窠臼，便是凡手。清初四王，麓台最逊，以其意境凡近，千篇一律也。是故善画者，不须崇山峻岭，茂林修竹，即一树一石，落想不同，下笔自异。”如何“落想不同，下笔自异”，那办法就是“表现自我，则景物之情形，及景物所生之情绪，皆自我感应，而表白其景物之所以也。”“画家之心目，归于化工之极致。”“是殆所谓景物形象之外无我，我之外无景物形象也。”①

景物形象之外无我，我之外无景物形象，这样的意会神通，最是中国意境的难能可贵之处。

五、法古，中国艺术继承论

法古即学习效法古人，这是中国艺术的一大传统，也是中国艺术精神的一大特色。照理说，任何一个事物，没有传统就不算成熟，不继承传统都难于发展。比如现代汽车工业，历史没有多久，但它也有自己的传统。全然不要传统的艺术，比如某些西方现代艺术流派，从他们主观上看，是决心要与传统决裂，但在旁观者看来，这种决裂只不过是对传统的改造力度比较大而已。不论哪一种西方现代派，或者说后现代派，本质上都是西方传统艺术的继承人。但中国艺术发展有自己的特点和风格，在继承这个层面，其要求更高，定势更重，惯性更大。

中国艺术的法古传统，有它的理由和根据。至少从历史的宏观发展观察，中国艺术如同中国文化一样，其历史演变形态，没有出现过断层现

①周积寅编著：《中国画论辑要》，江苏美术出版社 1985 年版，第 258 页。

象，它的发展是连绵的，是以渐变为主的。特别是中国传统艺术，其生命很长，动辄以数百年计，或者以数千年计。中国画的历史有几千年，即使从魏晋时代的士人画创作算起，也有近两千年。书法的历史也不短，从甲骨文算起，有几千年时间。戏曲的历史短些，即使从宋代算起，也有一千多年。

从一千年到几千年，这么长的历史，而且循序渐进，没有特别大的断层和毁灭，这样的艺术积淀是极其深厚的，它的内涵同样深厚。而且我们可以想象，几百年上千年的积淀，也就等于几百年上千年的筛选。那些平庸之作，已被淘汰，那些二流三流的作品也不多见了。历史如同长河，大浪必然淘沙，“千淘万沥虽辛苦，淘尽黄沙始到金。”“流”到今天的艺术品，虽然不能说件件都是传世之宝，但它的价值自然不同凡响。

比如中国书法，历史久矣，功力深矣。喜欢书法的人，初入其门，进步颇快，对自己的字往往容易产生满足情绪。但你的字是否真的那么好，有一种检验办法，是把它挂在墙上，天天去看。你也看，别人也看，如果看一星期，毛病就出来了。看一个月，就觉得有些不好意思，看它三个月，就可能痛下决心，非把它拿下来不行。此无它，因为越看毛病越多。大家的不凡处，在于它流传了那么久，经过亿万只眼睛，几百年观察，上千年临习，它的光辉依旧，甚至代代皆有新的发现。这样的精品，你不效法，要知晓中国书法的真谛，是不可能的。所以，想当初，北京一家小吃店——烤肉宛，请齐白石为其撰写匾额。白石先生说，烤无古字，要写，只能自我作古。白石老人的书法堪称功力深厚，然因烤字没有古字留传，还要特意说明，可见中国书法的渊源是何等深厚。不知其源，难入其门。

又如戏曲艺术，一些字的念法、唱法，是有很严格的规矩的。京剧中尖团字、上口字且不说它，只说昆曲的唱、念，凡没有先例的字，一时间大约很难唱好念好。一个真的昆乱不挡的专家，几乎对每个字都有研究。否则，发声就音不调，韵不顺，念出来就没有味道，唱出来必定生硬难于入耳。京剧《法门寺》中有一段丑角的独白——念诉状，肖长华先生的念法最具功力。虽在高龄，犹然游刃有余。那念法，不是光靠听就能学会的。此外，如周信芳先生的《四进士》、《义责王魁》，马连良先生的《失印救火》、《审头刺汤》都有极好的念白。这些经典之作，没有师传，是难入其门的。

唯其如此，对于历史上艺术精品的发现才显得那般珍贵，对它的保护，才显得如此必要。所以《平复帖》流到海外，周恩来总理才要亲自过问，并在国家财政十分困难的情况下，不惜重金，将其收回。徐悲鸿是世界罕见的艺术大师，他对《神仙卷》的珍视，到了惜之如命的程度。清人书法，有帖学、碑学之争。帖学、碑学都讲法古，然而，帖学终于让位碑学，因为碑学法古更近其真。帖学过滥，不免成其众多的“墨猪”之作，无非又乌，又方，又光，但觉俗气多多，令人欲呕。碑学古朴严整，成了补救这一偏颇的良方。

这样看来，法古之说，不但有根据，有理由，而且有理论，也有方法。法古的理论也多，这里引几条古人的经验之谈。

清人王学浩说：“《雨窗漫笔》云：‘字不师古，如夜行无火。遇古人真迹，以我之所得，向上研求，看其用笔若何？积墨若何？安放若何？出入若何？偏正若何？必于我有出人头地处，久之自与吻合矣。’摹画之法，此论最确。山之轮廓先定其劈破囫囵处，次看全幅之势，主峰多正，旁峰多偏，正峰须留脊，旁峰须向背，意到笔随，不能预定，唯善学者会之耳。”①

《书法三味》则说：“古人论书云：一须人品高，二须师法古，是书之法。学者习之，固当熟之于手，必先修诸德以熟之于身，德而熟之于身，书之于手，如是而为书焉。”②

前者讲“意到笔随，不能预定，唯善学者会之耳。”后者讲“一须人品高，二须师法古”。把法古放到这样高的地位，非个中之人岂能解其中之意。

有理论，又有方法，方法即循序渐进。朱和羹说：“凡临摹须专力一

①周积寅编著：《中国画论辑要》，江苏美术出版社 1985 年版，第 338 — 339 页。

②张超选编：《书论辑要》，教育科学出版社 1988 年版，第 159 页。

家，然后以各家纵览揣摩，自然胸中餍饫，腕下精熟。久之眼光广阔，志趣高深，集众长以为己有，方得出群境地。”[①]虽是经验之谈，确是方家之语。

清人董棨说得更为具体。他说：“山舟先生论书，尝言帖在看不在临。仆谓看帖是应于心，而临帖是得于手。看而不临，纵观妙楷所藏，却非实学。临而不看，纵池水尽黑，而徒得其皮毛。故学画必须临摹入门，使古人之笔墨皆若出于吾之手，继以披玩，使古人之神妙，皆若出于吾之心。”[②]

学画者，看与临不可偏废，诚若夫子所言：“学而不思则罔，思而不学则怠。”唯有会之于心，通之于手，才能得心应手，妙境天成。

中国传统艺术自来重视法古，但是只讲法古则变成“食古不化”，而“食古不化”乃是艺术的大忌，长此下去，会像西施姑娘一样，闹心口疼的。

六、通变，中国艺术创造论

通变与法古，既是两个问题，又可以理解为一个问题的两个方面。用现代语言表述，就是继承与发展的关系问题。唯有继承才易于发展，唯有发展才是最好的继承。

然而，谈何容易。前面说过，中国艺术，历史悠久，因历史久，而积淀深，因积淀深而积习重，定势思维，很难改变，此其一难。中国伦理，又最讲尊师重道，尊师是好事，重道也是好事，但这不是一件事。师与道既有相一致的一面，又有不一致的一面。毕竟，师命无常，道旨永在。然而，其误区在于人们常常记住了尊师，忘记了重道，以为尊师即是重道，师傅所讲就是金科玉律，一点不能改变，小改就是欺师，大改就是灭祖。

①张超选编：《书论辑要》，教育科学出版社 1988 年版，第 165 页。

②周积寅编著：《中国画论辑要》，江苏美术出版社 1985 年版，第 339 页。

中国艺术原本有流派众多的好传统，门派众多说明艺术繁荣，但是，门派既多，门户之见也多，门派成了门户，反而成了坏事，此其二难也。中国艺术，成就巨大，因其巨大，就难于超越。前贤如石，迈步可过，前贤如山，攀登且不易，何迈可言。于是后学之人，往往拜倒在前贤脚下，不敢有所作为，不能有所作为，此其三难也。有这三难，妄谈通变，便是幼稚。

但历史发展，不变怎行？唐人不变，就永远是晋人水平。宋人不变，永远是唐人水平。总是不变，便无所作为，从来不变，则连人的资格都没有——因为你进化不成。所以历代艺术家对于通变这种事都是十分重视，因为这既是一道不能绕过的门槛，又是一道必须迈过的门槛。

只知师古不知通变的害处，前人早有论述。《芥舟学画编》上说："若但株守一家而摹之，久之必生一种习气，甚或至于不可响远。"《翰林粹言》则说："只学一家书，学成不过为人作奴婢。"[①]这说法已很深刻，只知泥古，无异为奴，一副奴相，还能有什么用处。石涛和尚讲得尤为通透："夫画，天下变通之大法也，山川形势之精英也，古今造物之陶冶也，阴阳气度之流行也，借笔墨以写天地万物而陶泳乎我也。今人不明乎此，动则日：'某家皴点可以立脚；非似某家山水不能传久。某家清澹可以立品，非似某家工巧只足娱人。'是我为某家役，非某家为我用也。纵逼似某家，亦食某家残羹耳，于我何有哉？"[②]这话问得好，全然如彼，则自家何在？纵然克隆出一个苦瓜和尚，亦不过苦瓜和尚而已，何况说，即使苦瓜和尚能够"克隆"，他的艺术道路难道也能"克隆"吗？

石涛又说："我之为我，自有我在。古之须眉，不能生在我之面目，古之肺腑，不能安人我之腹肠。我自发我之肺腑，揭我之须眉。"[③]

泥古害处极多，恽寿平曰："笔墨可知也，天机不可知也；规矩可得

①张超选编：《书论辑要》，教育科学出版社 1988 年版，第 165 页。

②周积寅编著：《中国画论辑要》，江苏美术出版社 1985 年版，第 341 页。

③周积寅编著：《中国画论辑要》，江苏美术出版社 1985 年版，序第 6 页。

也，气韵不可得也。”[①]笔墨可知，因为法度具在，可以向前人求教。天机不可知，因为各人秉赋不同，机缘不同，经历不同，个性不同，天机载于本心，而中国艺术恰恰是“心”的艺术。倘你不言，谁人可知？倘你不做，何人可见。有鉴于此，苏东坡才说：“吾书虽不甚佳，然自出新意，不践古人，是一快也。”[②]

自然，通变并非不要前人经验，但须有自己的理解。古人言变，既变在心态，亦变在山林。变在心态，即有自己的独到见解与创造，包括理念上的新见新解，也包括技术上的新的创造。所以仉云林尝有言：“余之竹，聊以写胸中逸气耳，置复较其似与非。”[③]变在山林，即向现实学习，毕竟古人是“流”，现实是“源”，源头水竭，便成干涸，纵从前郁郁葱葱，也代替不了今天的秃岭荒山。古之大画家，最善于向山水学习，李日华有这样一段记述，至今读之，犹有余味，他说：

> 陈郡丞尝谓余言：黄子久终日只在荒山乱石，丛木深篠中坐，意态忽忽，人莫测其为何。又每往泖中通海处，看激流轰浪，虽风雨骤至，水怪悲诧而不顾。噫！此大痴之笔，所以沉郁变化，几与造化争神奇哉。[④]

当然，更重要的是深入社会，了解社会，唯有社会的知情者，才是历史的代言人。

还须说明的是，“变”与“变”也有不同。以书法为例，古人云：“晋人尚韵，唐人尚法，宋人尚意。”晋人尚韵，弘扬的是个性；唐人尚法，尊崇的是法度；宋人尚意，喜欢的是创见。由韵而法，是一种变法，这种变法，仿佛哲学概念中的“归纳”。由法而意，是另一个变法，这种变法，仿佛哲学概念中的“演绎”。实际上，这两种变化是缺一不可的，

---

①张超选编：《书论辑要》，教育科学出版社 1988 年版，第 176 页。
②张超选编：《书论辑要》，教育科学出版社 1988 年版，第 165 页。
③周积寅编著：《中国画论辑要》，江苏美术出版社 1985 年版，序言第 4 页。
④周积寅编著：《中国画论辑要》，江苏美术出版社 1985 年版，序言第 5 页。

没有归纳，无以成其规矩，没有演绎，不能成其发展。

通变，还有渐变与突变的区别，这在前面已经说过了。需要关注的是，突变的社会机制固然重要，突变的艺术创造尤其重要。唯有那些具有大眼光、大韬略、大风范的艺术主体，才能创造出同样波诡云谲、惊世骇俗的历史时代。

七、乐生，中国艺术情态论

这里讲的乐生，与后边讲的重气属于一对范畴。生，即生命，乐生即爱惜珍视生命。气属于精神，是生命的精神表现。因乐生而重气，又因重气反映对生命的珍视与艺术表现。乐生不仅属于个人之乐，所以又要讲“和”，生命之和，乐生之和。重气还要审美，于是出现气韵。这里先讨论乐生这个范畴。

早些年，高旭东先生在他的《生命之树与知识之树》一书中，对儒家的生命哲学有过这样的论述：“儒家伦理塑造的中国人，既不像古代西方人那样，在自己造出的神面前战战兢兢，甚至以自苦为极，等待末日审判的来临；也不像近现代的西方人那样，尽情发泄着自己的物欲和性欲，在竞争的荒原上苦闷彷徨。儒家伦理塑造的中国人，充分肯定人的现世存在和现实秩序的合理性，想方设法使自己减少烦恼，保存肉体的生命，保持心理上的平衡，适度而有节制地享受人生的乐趣。因此，儒学正是理性调理情欲以适应享受人生的生命哲学。”①

儒学珍视生命，代表了中国传统文化的一大特色。相比之下，西方基督文明，更重视精神，他们有原罪感，他们需要忏悔自己的罪过，直到临终之际，还需要神父的帮助，否则灵魂不能进入天堂。中国人热爱生命，关心现实远胜于关心未来，关心此岸世界远胜于关心彼岸世界。鬼神之事，兴趣无多，但对婚、丧、嫁、娶，全神贯注。儒家爱护肉体，到了

①高旭东：《生命之树与知识之树》，河北人民出版社 1989 年版，第 13 页。

"肤发受之于父母"，拔一毛而伤大礼的程度。不但身体不能伤害，连头发也动不得。清人入关，也曾为头发的样式发生大的社会血案。留发不留头，表示了汉人气节，也表现了满人的暴虐。中国男子的辫子形象，直到今天，还为世人传为笑柄。

中国传统，重视生命，有着深厚的社会根源。最深层也最基本的原因，在于中国是个大陆国家，又是小农经济长期处于主导地位的国家，大陆加小农，形成独特的文化选择。大陆文化要求统一，小农文化要求一统，从统一到一统，安定都是最重要的，生命都是最宝贵的。在小农经济条件下，最重要最基础的生产力，乃是人。人是宝贵的，男人尤其宝贵；人少了生产能力不够，人多了尤其是男人多了方显出旺盛的生命活力。中国文化传统，重视生命，这是最重要的原因。

然而，仅有生命不行，还要快乐，即安逸爱抚和享用这生命。于是，由生而乐，便成为古代中国文明的一大特点，也成为中国艺术精神的一个组成部分。

照理说，小农文化最渴望的是专制，从统一到一统的过程即从分散松散的列国争雄态势向中央集权制的转化过程。中央集权、三纲五常，最是暴虐的政治形式。在这样的形式下，提倡生命之乐，好像是历史的讽刺。但历史有它的发展规律，小农经济与封建专制制度，也不是自一诞生就是落后的历史现象，它自有其历史的合理性。而儒学的礼、乐思想，在相当程度上缓解了封建专制的残暴，也给彼时的社会文明提供了一种精神读本。只有当这种社会文化走向衰败和没落的时候，这个读本才失去自己固有的价值，从而显示出它的虚伪性和与社会文明的不调和性。

乐生思想，并不始于孔子。《尚书》时代，即有此说。中国远古时代，是礼、乐、舞合而为一的。图腾时期，舞在乐中，乐在礼中，三位一体，不曾分开。《尚书·尧典》中有这样的记载："帝曰：夔，命汝典乐，教胄子，直而温，宽而栗，刚而无虐，简而无傲。诗言志，歌咏言，声依永，律和声。八音克谐，无相夺伦，神人以和。夔曰：於！予击石拊石，百兽率舞。"

"八音克谐"，"百兽率舞"，这是一个部落群居、享乐生命的时代，而它的精神，作为一份宝贵的文化遗产，便被儒家完整而有创造性地继承了下来。

珍视生命，是小农文化的一个特色。对小农文化的最积极的理解，就是田园文化。农人享受田园之利，士人享受田园之乐。昔日孔子向他的几个弟子询问各自的志向，子路、冉求、公西华各有所答，唯曾点的回答，他最为满意，说“我赞成曾点的主张”。曾点有什么主张，所谓“暮春者，春服既成，冠者五六人，童子六七人，浴乎沂，风乎舞雩，咏而归”。[①]这情形也曾让一些西方学者大为感动，这正是一首绝妙的田园之歌。

要紧的是，不但风调雨顺乐其命也，即使境遇不佳，也要安贫乐命。孔子最看重颜回，曾这样评价他的这个心爱的弟子：“贤哉，回也。一箪食，一瓢饮，在陋巷，人不堪其忧，回也不改其乐。贤哉回也。”所谓“君子固穷，小人穷斯滥矣”。一是安贫乐命，不为贫困所扰。二是安贫乐道，要为自己的理想奔劳。这种精神风格，影响中国文化两千年，影响中国艺术两千年。

古之礼、乐、舞，本为一体。随着艺术的发展，礼、乐、舞分开成自然之势，但其精神未变。墨子说：“乐者，乐也。”以欢快娱乐为音乐定性，正是中国艺术的一个传统。照理说，音乐本是一种特殊的语言，人有悲欢离合，乐有喜怒哀乐。儒、墨学者单以乐者命乐，因为他们认为唯有珍视生命，才能体现音乐的精神。

不仅声乐而已，珍视生命，乃是一切中国传统艺术门类的基调。

张彦远论画，说：“图画者所以鉴戒贤愚，怡悦情性，若非穷玄妙于意表，安能合神变乎天机？宗炳、王微皆拟迹巢、由，放情林壑，与琴酒而俱逝，纵烟霞而独往。各有画序，意远迹高，不知画者，难可与论。”[②]

这里讲的不仅包括画者之贤，而且包括画者之乐。不仅包括画者之态，而且包括画者之心。画者之贤在于“鉴戒贤愚”，画者之情在于“怡悦情性”，画者之意在于“放情林壑”，画者之心在于“与琴酒而俱逝，纵烟霞

① 《论语 · 先进篇第十一》。

②周积寅编著：《中国画论辑要》，江苏美术出版社 1985 年版，第 28 页。

而独往”。此贤此乐，此态此心，非“意远迹高”，“难可与论”。

儒学拟迹之乐者，非个体之乐，乃众人之乐，所谓“仁者爱人”，所谓“君子欲成人之美，小人欲成人之恶”。个体之乐是为乐，群体之乐足为和。在儒学那里，不仅“兴于诗，言于礼，成于乐”，而且“礼节在心，乐和在声”，“和性情，厚人伦，匡政治，威神明”，是他们的艺术理想。

儒学的这些理念，很快成为中国文学批评传统。儒学论文，不讲悲剧、喜剧，也不关心文学的理论形式，更不关心文学艺术的批评体系。儒学最关注的是一种风格，一种境界，一种情感，一种品性。它对文学的要求“微而婉，和而庄”，对文学风格的要求是“温柔敦厚”。它不反对流泪，但主张“哀而不伤”；它不反对讽喻，但主张“怨而不怒”。

儒家学说更加注重善的效应。因此尽管儒学承认乐是艺术的正常的情景表现，但它又认为有君子之乐和小人之乐，如同有君子之信和小人之信一般。《礼记·乐记》有言：“乐者乐也，君子乐得其道，小人自得其欲。”

然而，“和”并非儒学的专利，道家也讲“和”，虽然二家的原因与过程并不相同，但其结果却颇为相似。儒学是礼乐之和，道家是冲气之和，虽相去万里，却在艺术精神这个层面得到了某种统一。老子曰：“道生一，一生二，二生三，三生万物，万物负阴而抱阳，冲气以为和。”[①]

“和”是中国艺术精神的情态表现，对“和”的追求，可说历年而未衰，即使在大动荡的年代，中国人内心的“和”的价值也不曾全然改变。因为中国人珍视生命，喜欢欢乐，追求“和”的境界，乃是一个大优点。虽然这优点不是在任何情况下都是适用的或者有益的。

“和”是共同性追求，但不是僵化的没有个性的追求。中国人讲“和”，妙在“违而不犯，和而不同”。违而不犯，就是相矛盾的东西不能相互侵犯；和而不同，就是相和谐的内容并非全然相同。因为不同才需要“和”，“和”是不同因素达到和谐的一种手段，又是不同因素得以和谐的一种境界。如果和而相同，那就没有“和”，只剩下同了。全人类只

①《道德经》第四十二章。

剩下一个声音，这个声音便是“死”声，是没有生命力的。一个没有生命力的内容，绝与艺术无干。

八、重气，中国艺术风格论

气在中国传统文化中是个大概念，其概念之大，大约只有“道”这个概念可以管得住它。“道生一，一生二，二生三，三生万物”。那么，气也是道生的了。但这不能代表中国历史上所有的学说。

日本学者研究中国的气说，写成一部《气的思想》，从甲骨文、金文中气的思想，一直讲到戊戌变法。其中有道家的气说，儒家的气说，佛教的气说，兵家的气说，还有医家的气说。对于艺术中的气的思想，还没有讲到。气在中国，已经不是一个简单的名词，或者只是某种物质和物质运动的符号，它有更丰富的内涵，有更广泛的用法。它除去特殊的哲学含义和文化含义之外，在武术、气功、医学、文学等各个领域都有重要地位。武术讲“内练一口气，外练筋骨皮”，可见气的作用是何等之大。古代气功也叫导引，导引者，导气也。有气感，才叫气功，没有气感，只是杂耍。中医学对气的讲究，尤其系统而全面。不但讲肝气、胃气、肺气，而且讲经络之气。西医的临床实践，只有肝区痛、胃痛，但中医要给肝的后面加上一个气字，胃的后面也加一个气字，叫做肝气痛，胃气痛。而且认为通则不痛，不通则痛。所谓通者，既是经络之通，也是气息之通。通在中医中的地位，如信息在现代生活中的地位，唯有保持通畅，才有健康可言。气在文学中的表现，有文气通畅的概念。所谓文气通畅，也与气有关。大手笔讲究的是文不加点一气呵成，否则，气断了，气散了，气淡了，全是败笔。气在中国传统文化中有这般影响，已经十足惊人，但它对艺术的影响，还要更其深切与广泛。

气的本义，指的是生命之气，但在艺术上反映的主要是艺术风格。人有气才有生命，或者说有生命必定有“气”，所谓生命不息者是也。艺术则有“气”才有风格，没有“气”的艺术品，是没有风格的表现，能否称为艺术品，得打一个问号。

艺术品中的“气”，一般用法，叫作气韵。气是生命的气息，韵是气的旋律。但并非古来如此。据徐复观先生所见，气、韵本为两说，而且各有其义。气的概念，自曹丕《典论·论文》提出“文以气为主”，开始广泛使用。气韵连用直到谢赫时代，才被人们接受，所谓“气韵生动是也。”但即使这样，气、韵的用法依然有分有合，分则各有其义，合则另成一境。尽管如此，气韵作为一个中国传统艺术中特有的审美范畴，已经为人们所广泛接受并使用。所以从中国艺术历史的发展情况看，还是合用的几率日多，不合用的时候日少，有些人虽然只用一个“气”字，其内涵讲的还是气韵。

气韵是古老之学，但它又是思想解放的产物。它之所以不早不晚，非在魏晋时代取得飞速发展，就因为魏晋时代恰恰是一个弘扬个性的时代，是一个艺术自觉的时代，又是一个讲究风骨与神韵的时代。所谓风骨，就可以理解为气；所谓神韵，就可以理解为韵。气韵二字，正是对那个时代风流人物与艺术风格的最好的概括。

气韵在艺术殿堂占据要席，出自魏晋南北朝时代大艺术评论家谢赫。谢赫“六法”，在中国艺术批评史上占据特别重要的地位。“六法”即“一，气韵生动是也；二，骨法用笔是也；三，应物象形是也；四、随类赋彩是也；五、经营位置是也；六、传移模写是也。”

虽是“六法”，却以气韵为先，而且不仅仅有先后之差，还有轻重之别。北宋黄休复《益州名画录》中说：“六法之内，唯形似、气韵二者为先，有气韵而无形似，则质胜于文；有形似而无气韵，则华而不实。”①同一时代的郭若虚则说：“六法精论，万古不移，然而骨法用笔以下五法可学。如其气韵，必在生知，固不可以巧密得，复不可以岁月到，默契神会，不知然而然也。”②

这事玄了，骨法以下五法，只要用功，没有学不到的，但这个“气韵”，却只能“不知然而然也”。这样的玄妙之机，怕一般俗人如我，是

①周积寅编著：《中国画论辑要》，江苏美术出版社 1985 年版，第 212 页。
②周积寅编著：《中国画论辑要》，江苏美术出版社 1985 年版，第 227 页。

一辈子也无法明白的了。

气韵之妙，在于它反映的不是一般技法，而是代表作者的精神，是作者特有风格在作品中的生动写照。但不是一般风格的写照，所以郭若虚又有“气韵本乎游心”的观点。气韵本乎游心，游心是什么，是作者自由奔放之心。因为它不受拘禁，不自羁绊，恰如闲云野鹤，可以自由翱翔，因其妙笔，显之于画，才有气韵可言。

气韵是一种自由精神的写照，因此，追求气韵，需要有一种“清水出芙蓉，天然去雕饰”的风范。越是做作，离题越远。清人恽寿平曾经说：“过于刻画，未免伤韵。”气韵之贵，贵在自由自在。比如碧海千亩，一群天鹅游弋，但要悠然而然，就是一种情趣。那情趣便与气韵相合。鹰击长空，虽然激烈，其气已伤。鱼翔浅底，虽然矫捷，其韵已失。唯有一个“游”字，可以反映气韵的情态；唯有一个心字，可以安置气韵的归宿。“气韵本乎游心”，真真至理名言。

气韵要在其韵，因为气有多种，韵只一个。古人云：“书画贵在奇气”。奇气自然很好，正气也很不错。但也有歪气、斜气、俗气、媚气、官气、恶气、方巾气、遗老气、凶气、霸气、狂气、傲气、骄娇二气、奴才气、小人气，这等气虽多，却不是好兆头。故清代画家范玑有言：“士夫气磊落大方，名士气英华秀发，山林气静穆渊深，此三者为正格。其中寓名贵气、烟霞气、忠义气、奇气、古气，皆贵也。若涉浮躁、烟火、脂粉，皆尘俗气，病之深者也，必痛服对症之药，以清其心，心清则气清矣。更有稚气、衰气、霸气，三种之内，稚气犹有取焉。又边地之人多野气，释子多蔬笋气，虽难厚非，终是变格。匠气之画，更不在论列。”①

这样看来，气韵更是一种艺术境界。但它有自己的历史属性。现代人追求气韵，更应在时代气息上多下功夫。唯艺者与时代气息相通，才能韵高千古，不负今时。

需要特别说明的是，气韵是艺术的某种内在风格的外现。其内在

①周积寅编著：《中国画论辑要》，江苏美术出版社 1985 年版，第 228 页。

状态是“气”，外在表现是“线”；其内在风格是“韵，其外在形态是“舞”。线是气的实现方式，舞是韵的实现方式。

中国艺术，尤其是古典艺术，在特定意义上，完全可以称之为线的艺术。线的艺术最典型的表现，当然是书法，其次是绘画。但不仅书法、绘画而已，中国古建筑也是一种线的艺术。中国古建筑的外线是墙，中国人对墙的钟情，可说世界第一。重视墙必定重视门，门的艺术也是中国古典艺术的精华所在。在外是墙，在内是廊。虽然中国建筑对外呈隔绝状态，对内却四通八达，处处有廊相连，有门相通，而墙、门、廊都不过是线的延伸与变形罢了。一座门，好似一句妙语中的逗号，顿号，虽为暂停，亦妙在暂停。中国小说，更是以线型结构为主。中国古典小说的时空观念与西方小说的时空观念不同。西方人可以在不同的时间阶段跳跃，忽而今，忽而古，穿插倒叙，在所多有。中国小说则以时间顺序为推移主线，今日人不叙昨日事，纵然有些回忆，也是篇幅有限，大多一带而过。中国古典小说的结构，以线型结构为基础结构，《西游记》是个典型。《水浒传》的情况略复杂些，不过是线的接力。由史进而鲁达，由鲁达而林冲，由林冲而杨志，由杨志而晁盖，由晁盖而宋江，由宋江而武松，如此七连八连，成一篇洋洋巨著。唯《红楼梦》结构复杂，但本质不过是线的重叠往复而已。虽成网状，本质上还是线型结构。中国的戏剧结构同样以线型结构为主，纵有千变万化，无非一线出之。

线在中国艺术中的表现，可说无比重要。而它的艺术表现，尤其千变万化，忽而长，忽而短，忽而粗，忽而细，忽而飞腾于天，忽而轻着于地，忽而盘旋如龙翔，忽而飘逸如凤舞，忽而快如闪，忽而轻如烟，忽而急如风雨，忽而慢似蜗角，忽而冉冉，忽而踽踽，忽而断，忽而连，忽而藏，忽而露，忽而喜，忽而怒，忽而张，忽而驰，忽而静，忽而动，动则如鹰击长空，静则如老僧入定，怒则如雷霆万钧，喜则如春雨润土，露则峥嵘，藏则含蓄，连则如江如湖，断则如谷如涧，踽踽如老翁，冉冉如仙子，恰似长虹飞起，虽五彩而分明，又如散花仙女，虽乱坠而有序。

而这一切，皆成舞趣。中国艺术以线为因，以舞为果。没有线的品性，难以实现舞的追求，没有舞的表现，无法展示线的魅力。宗白华先生说：“中国的绘画、戏剧和中国另一特殊的艺术——书法，具有共同的特点，这就是它们里面都是贯穿着舞蹈精神也就是音乐精神，由舞蹈动作显示虚灵的空间。”[①]“人类这种最高的精神活动，艺术境界与哲理境界，是诞生于一个最自由最充沛的深心的自我。这充沛的自我，其力弥满，万象在旁，掉臂游行，超脱自在，需要空间供他活动。于是‘舞’是它最直接、最具体的自然流露。‘舞’是中国一切艺术境界的典型。”[②]讨论中国艺术精神，自“道”讲起，至“线”结束。“道”是中国艺术精神的母亲，所谓“大道母群物”。线是中国艺术的精灵，所谓“狂舞现精神”。

中国艺术精神的技术范畴

一、中国传统艺术技术范畴的几个特色

艺术精神与技术范畴有密切关系，古今中外，莫不皆然。但中国艺术的技术范畴别有特色，概括起来，可以分为四个方面。

第一、技、艺相通，相得益彰。中国艺术精神，首先是对“道”的体认。但道与技不但关系密切，而且相互沟通，在一定意义上技即是道，道即是技。或者说，技中有道，道中有技。“庖丁解牛”乃是一例，卖油翁又是一例，掇蝉翁还是一例。技、艺相通，以技入门，以道为求。没有达到“道”的高度，“技”最终不过“技”而已。当个画匠可以，当个画家就不行了。当个艺人可以，当个艺术家，就没有资格。但反对坐而论道，空言其道。反对把道说得神乎其神，却不能落实。书家先要能写，画家先要能画，建筑家先要知石性、土性、木性，工艺家先要学会制作，戏剧家先学唱、念、做、打。不入其门，不知其事，泛泛空空，最招人厌。从这

①宗白华：《美学散步》，上海人民出版社 1981 年版，第 78 页。

②宗白华：《美学散步》，上海人民出版社 1981 年版，第 69 页。

一点看，中国艺术之道，是不能脱离“技”而独存的，正如艺术精神不能脱离艺术品而独存一样。

第二，学习技法，务求其熟。什么是熟，达到不用思索，自然流出的程度，就可以说“熟”了。熟且不够，还要烂熟。所谓“烂熟于胸”。一个戏曲家教徒弟，他要求徒弟一定把词记牢、记死，摔十八个跟斗，爬起来，分不清东南西北，但是，“词”，没忘。八天不给饭吃，眼睛都饿蓝了，一问戏词，全会。这个才行。所谓“拳不离手，曲不离口”。一有闲暇，马上开练。中国的艺术学习，不讲科学实验法，但讲烂熟于胸，熟能生巧，也是科学，不过是经验层次的科学。这科学讲的是动功，讲的是打下扎实的根底，讲的是心到口到，口到手到，手与心会，心与意会，意与神会，随心所欲，为所欲为。

第三，掌握技艺，悟性第一。悟性属于直观思索，不是解剖实验，务求开胸破腹，弄个明白。悟性是面对自己的艺术创作对象和技术实践深深思索，慢慢体味。悟不能脱离艺术实践，否则，所悟无由。悟又不能陷于技艺实践中不能自拔，否则，难免“不识庐山真面目”。悟要苦思，不怕呕心沥血，但不能傻思呆想，钻死胡同不知解放自己。悟之思，妙在其静，妙在其游，静能去躁，游能去俗。不俗不躁，才好畅想。悟要畅想，但不是无边妄想。妄想无益，幻想有碍。不怕思而生幻，但求幻想成真。悟要有真情，悟得深了，醒时在悟，梦中也在悟。以至梦中得诗，如《红楼梦》中的香菱一般。悟性是对于固有技艺与艺术作品的再思索。回光返照，倍添精神。悟性需要天才，尤其需要积累。天才令人捷足先登，积累使人水到渠成。没有积累，悟不过是空想而已，厚积薄发，才能激发人的求悟之心。

第四，运用技艺，要在其用。技艺是死的，运用是活的。正如学习拳法，需要一招一式，上阵杀敌，却须随机应变。这道理说白了，就是再好的技艺也需要灵活有效地运用，否则，终不过是技艺而已。再好的悟性，也要通过具体的艺术实践予以体现。香菱梦中能诗，因为她确实有诗才。否则，虽然大梦先觉，梦到天花乱坠，开眼即忘，不过大梦先觉罢了，与作诗有什么关系？古人学字，讲究“永字八法”但只习八法不够，还要学习运用，所以唐人《拨镫序》中有言：“卢公忽相谓曰：子学吾书，但求其力耳，殊不知用笔之力，不在于力；用于力，笔死矣。虚掌实指，指不入掌，东西上下，何所阂焉？常人云；永字八法，乃点画尔，构于一字，何异守株！”①

守株待兔，是个蠢才。蠢才不能学艺，因为它不懂技艺虽好，妙在运用。

二、中国传统技艺范畴通览

中国传统技艺范畴的根本在于阴阳，阴阳上与“道”通，下与技通，千变万化，莫不由此生发。阴阳与道的关系，宋人讲得明白，所谓“一阴一阳谓之道”。从这个角度看，道即由阴阳组成，但阴阳同时又是“道”转化生成的结果，所谓无极而太极，太极而阴阳，阴阳而四翼，四翼而八卦，阴阳正处在事务变化的关键所在，没有阴阳，则万物不成，这是中国人的一个信念。它不仅在儒学，而且在一切中国式文化传统中都有鲜明而又充分的体现。

根本虽在阴阳，直接反映在艺术领域的却是形神，或者可以这样说，内为阴阳，外作形神。

形神说的历史同样十分久远。但自觉地把它作为艺术范畴的，首推晋人顾恺之。顾恺之以前，已有许多重要的技艺观念，但他们的重点在于议论“形似”，而不是讨论“神似”。《尔雅》中即有“画，形也”的说法，《韩非子·外储说》中尤有形象的深刻说明：“客有为齐王画者，齐王问曰：‘画孰最难者？’曰：‘犬马最难。’‘孰易者？’曰：‘鬼魅最易。’夫犬马人所知也，旦暮罄于前，不可类之，故难；鬼魅无形者，不罄于前，故易之也。”

这些都是讨论“形似”的问题。常见之物，人人得识，不容易画像，

①张超选编：《书论辑要》，教育科学出版社 1988 年版，第 177 页。

未见或罕见之物，凭君所想，形似与否，没人知道。所以画犬马难，而画鬼魅则比较容易。

到了顾恺之的时代，艺术已有大发展，绘画从装饰品与民间创作状态中自觉起来，出现士人画。顾恺之，一代雄杰，不但在创作上超越古人，而且在绘画理论方面有质的突破。他不但注重形似，尤其强调神似，中国艺术史上的形神之说，便从此开始。

《晋书·顾恺之传》记载："恺之每画人成或数年不点目睛。人问其故，答曰：'四体妍蚩，本无缺少，于妙处传神写照，正在阿堵中。'"传神写照，便涉及神似形似问题，如不传神，便徒有形似，而不能达到神似的境界。神似，莫过于写人的双眸。顾恺之的结论是：于妙处传神写照，正在阿睹中。鲁迅先生曾说："要极省俭地画出一个人的特点，最好是画他的眼睛。我以为这话是极对的，倘若画了全副的头发，即使细得逼真，也毫无意思。"①

顾恺之，注重神似，以画人的眼睛作为绘画的关节所在。但他的形神理论，并不囿于一端。虽然眼睛最是传神物，但能反映一个人的精神风貌——神似的，又不止于眼睛而已。他为裴楷画像，面颊上加上三根毫毛，于是精神出来了，"观者觉神明殊胜"。为谢鲲画像，把背景放在石岩中间，说："此子宜置丘壑中。"请问，三根毫毛，能有多大价值，但添在人像的脸上，便"神明殊胜"。几块岩石，又有多大威力，但将画像置于其间，便另有精神。可见形似固然重要，神似尤其重要。中国画讲神似，要求画中人更像世间人。说得通俗点，就是画中的人胜似世间人。这听起来有些不可思议，而事实证明，这不合乎人的常识，却合乎艺术规律。据说，卓别林生前，曾举办过真假卓别林比赛，卓别林亲自参赛，但没有争到奖项，因为有一位假的卓别林，比他更像他自己。

中国的形神理论，不但表现在绘画艺术中，中国戏曲尤其讲究神似的作用。戏曲表演讲究演谁像谁，生、旦、净、末、丑，神仙、老虎、狗，凡剧中所有的，演员都应该把它们表现出来。你演老虎，不如真虎，演神

① 《南腔北调集·我怎么作起小说来》。

仙，更不是真的神仙，妙在演出精神，演虎就有老虎气，演神又有仙气。哪吒介乎人神之间，便既演其孩童之气又演其不凡之气。孙悟空介乎神怪之间，便演他的神气，又演他的猴气，尤其他的人气。

形神之外，还有许多范畴，如虚实，意象，动静，巧拙，笔墨，黑白，快慢，大小，疾涩，种种。

这些技术范畴的特色，在于它们既矛盾，又统一；既渗透，又转化。而中国艺术最富于魅力的地方，也正好是它的辩证方式。因为矛盾，才能统一，利用矛盾，求其统一。但统一不是拉郎配，不是机械相加。黑硬加白，结果是黑不黑，白不白，成了灰色。而是巧妙使用，对比使用，使黑者愈黑，白者愈白。甚而，相互转化，以白计黑。实际上，计黑当白，正是中国绘画的传统技法。

表现在表演艺术方面，则有武戏文唱，紧打慢唱之说。紧打慢唱，突出了演唱与演奏的差距，产生别一番音乐氛围。武戏文唱则近似于现代摄像技术中常用的慢镜头，使观众更易咀嚼，更能体味这人物的性格与心境。中国戏剧表演艺术中，有一句话，叫做把戏演足，因为只有把戏演足，演者才能痛快淋漓，观者才能大饱眼福，演者有演头，观者有看头。所以在关键人物，关键场次，关键唱腔和武打设计，都必须精益求精，把“活儿”做细。但是，把“活儿”做细，不是把“活儿”做绝。为了把戏演足，恰恰要留有一定空间，如果风雨不透，反成死水一潭。要给演员以创作的余地，要给观众思考的余地。辩证为之，为着其紧，偏要其慢，为着其密，偏要其疏。

辩证施为，并非抹去对立双方各自的特长，也不是故意模糊二者的界线。恰恰相反，计黑为白，目的是突出其白；武戏文唱，目的是突出其武。如果一片雪白，反而削弱白的特色。如果一味狂打，难免成为杂耍。高宠虽是有宋以来第一员猛将，偏不让他金枪乱舞，乱舞则失去其人物特有的威风。有人演关羽，把一柄青龙偃月刀舞得风雨不透，行家看了摇头，说这不是关羽，而是关胜。把关羽演成了关胜，可谓失败。

中国艺术的技术范畴，内容繁多，这里择其有代表性的内容，略作分析，以飨读者。

意与法。意即创意，艺术创造者的主观意趣；法则技法，包括书画中的笔法，戏曲的功法，工艺、建筑中的技术规范。相对而言，法是死的，意是活的。唯有活意可用死法。死法死用，虽有成品，没有生机。相反，在“死”的方法中注入活的生命，才能使这方法焕发激情，不但使作品生辉，原有的技法还能“死”而复生，得以发展。唐人张怀瓘说：“设乃一向规矩，随其工拙，以追肥瘦之体，疏密齐平之状，过乃戒之于速，留乃畏之于迟，进退生疑，臧否不决，运用迷于笔前，震动惑于手下，若此速造玄微，未之有也。”①

因为没有完美的构思，只是按老规矩办事，傻子过年看隔壁，不免难于下笔，前也不是，退也不是，“进退生疑，臧否不决”。这样画法，绝然不能有所作为。

中国书画传统，讲究“意在笔先，画尽意在。”意在笔先，即未下笔前，则意已明。所谓“胸有成竹”。画尽意在，即整体效果良好，虽然创作过程已经完成，其审美情趣犹然绵延不绝。有老人论画，说古画的鉴别，凭直觉即可，大凡一品古画，甫一开卷，便觉一股真气扑面而来。此无它，因为画的审美意境依然凸然于画卷之上，不觉给人以飘然似动、呼之欲出的感受。

刘熙载论古人文章，亦持此说，他写道：“古人意在笔先，故得举止闲暇；后人意在笔后，故至于手脚忙乱。”②

因为你对你的创作对象，没有全面的把握，没有深切的理解，事到临头，如京剧所谓“钻锅”状，能者尚有遮掩，庸者只会手脚忙乱。

笔与墨。笔、墨，乃中国书画的最基本的工具，又是最基本的创作手段。笔的种类多，作书作画，必论其笔，没有好笔，如同军队没有精良的武器装备。墨的种类同样很多，墨的好坏同样影响和制约着艺术家的创作。良墨之价胜似黄金，因为良墨之难得，仿佛良材之难得。没有诸葛亮，刘备的事业将半途而废，于是三顾茅庐，请孔明出山。得一好墨，如得一良材，艺术家的才情才更好发挥。

①张超选编：《书论辑要》，教育科学出版社 1988 年版，第 206 页。
②刘熙载：《艺概》，上海古籍出版社 1978 年版，第 164 页。

笔有笔法，墨有墨法。笔法的讲究之多，可以写一本书，墨法的讲究之多，同样可以写一本书。刘熙载论笔，说："古人论用笔，不外'疾''涩'二字。涩非迟也，疾非速也。以迟速为疾涩，而能疾涩者无之。"可见，疾涩的内涵很丰富，不是迟、速两字可以概括的。又说："书有振摄二法：索靖之笔短意长，善摄也；陆柬之之节节加劲，善振也。"[①]索靖与陆柬之，皆为书法大家，一摄一振，便代表了他的技术特点，可知笔法内涵之深，作用之大。

笔法讲究疾、涩，墨法讲究浓、淡。清人秦祖永谓："用墨须要随浓随淡，可燥可湿，一气成之自然生气远出。"[②]冯武则说："墨淡即伤神彩，绝浓必滞锋毫；肥则为纯，瘦则露骨；勿使伤于软弱，不须怒降为奇。"[③]然而这是反说，反说是讲不能怎样用墨，浓了有何不妥，淡了有何不妥。还有正说，所谓"笔肥墨浓者谓之浑厚，笔瘦墨淡者谓之高逸。"[④]可见，浓有浓的好处，淡也有淡的滋味。"欲把西湖比西子，浓妆淡抹总相宜。"

笔法讲疾、涩，又不止于疾、涩。画法中点、钩、皴、擦皆为用笔之法。轻重、疾缓、偏正、曲直、侧笔、圆笔，更有许多讲究。墨法讲究浓淡，但又不止于浓淡。浓墨、淡墨之外，还有积墨、泼墨、破墨、飞墨种种。

笔有笔法，墨有墨法，二法合宜，才能取得最佳效果。自古以来，有笔有墨即有矛盾，有矛盾难免有争论。笔墨虽然无言，使用笔墨的人，难免各有偏好。有人重笔，有人重墨。反之，亦有人贬笔，有人贬墨。但是，笔墨如同人的双手双足，虽然各有偏重，却是缺一不可。笔墨分离，则必有所失，笔墨相合则相映成趣。周积寅先生讲得很好："笔与墨必须相互合作，才能起作用。在画上无纯粹有笔无墨之笔，也无纯粹有墨无笔之墨。两者的分别在乎作用的大小，有时以笔为主，有时以墨为主。勾勒轮廓是用笔，渲染明暗则是用墨。刚硬挺拔，缭绕宛转，柔和透逸，曲折顿挫，在于笔的作用。水墨淋漓，浓淡干湿，烘染托晕，烟云缥缈，在于

①刘熙载：《艺概》，上海古籍出版社 1978 年版，第 164 页。

②③④张超选编：《书论辑要》，教育科学出版社 1988 年版，第 185 页。

墨的作用。"[①]自然，艺术家的个性不同，难免偏重不同。黑旋风好使板斧，林教头惯用蛇矛。十八般武艺样样精通固然很好，只会一样两样也没有关系。哪吒三头六臂，依然抵不住孙悟空一根铁棒，焦挺只会摔跤，照样让李逵没脾气。

一与万。一与万的关系尤其辩证，一可为万，万可归一。想当初，石涛作《画谱》，有人不服气，问他说："读上人《山川》之章，说山川脱胎于上人，上人脱胎于山川，不知是什么意思？"石涛回答说："就是我从山川得其画，山川自我画中出。"那位师兄便让石涛依画作"山川"，他指着一大堆石头说："请问上人，山川可以从上人的画中出么。"回答说，可以。于是石涛作《万石图》。《万石图》既出，诘难者很是难堪，便请师父帮助自己。于是师父出马，问石涛："上人在《一画》之章中说，亿万笔墨，始于一画。那么，请问，万石之图，是否始于一石呢？"石涛回答："无一不成万，无万不成一。"于是，又造《片石山房》。

石涛的艺术是没得说了，他的智慧更好。虽然现在人们已经看不到《万石图》了，但石涛的艺术思想还在，"亿万笔墨，始于一画"，"无一不成万，无万不成一。"这样精彩的议论，虽千秋百代，必有人传。

一与万代表了少与多。少者未必真少，多者未必真多。单论数量，乾隆皇帝的诗，可称天下第一，谁也比不过的。然而，好的没几首。所以皇帝的权威固大，诗作固多，等于没用。文章优劣，与多无涉。多而且好，如韩昌黎；少而却精，如李密、诸葛亮。李密一篇《陈情表》，足可流传百代。诸葛亮一篇《出师表》，同样感动了多少读书人。"万绿丛中一点红"，万绿何其多，而红只有一点，唯其一点，才更觉其鲜艳。如果千点万点，反而乱糟糟一片，没有这么好的效果了。

一与万又代表大与小。千山万石，必成其大，所谓"山不厌高，水不厌深"。一木一石，自觉其小，但比起初生的春草，还是大的。可见大与小也是一个相对的概念。不但此也，大可变小，小亦可变大。"一夫当关，万夫莫开"。万众虽大，但在一夫面前便显得不中用了。"千军易

①周积寅编著：《中国画论辑要》，江苏美术出版社 1985 年版，第 458 页。

得，一将难求”，可见虽是一将，却未可小视。艺术高手，常能以小见大，又能以大衬小。一不如万，可说沧海之一粟。一粟是多么渺小，然而无一粟便没有沧海，这一粟又是多么重要。好的艺术，常于细微之处见精神，因为小地方处理得好，其气象也就大了。

一与万还代表长与短。万自是长，一自是短。然而鹤有所短，凫有所长。长、短的使用，妙在得体，得体则长而不腻，短而有效。该长时自然要紧锣密鼓，紧针密线，一场《坐宫》，就唱一个小时。该短时，则要删繁就简，以精取胜，《四进士》，演了大半天，宋士杰只有一句唱，一句唱便能引起满堂彩。可见，一句虽小，只消用得得当，却又奇妙无穷。中国画中，常有一笔画，虽是一笔，却见大功夫，余韵余味，嚼之不尽。又有百丈长卷，没有千笔万笔，怎能“写”成。它们的妙处在于长江浩浩，不笑小溪之浅；一叶虽微，可知春夏秋冬。

三、要在变化，妙在变化

艺术的真谛，在于变化，然而变与变也有不同。不善“变化”者，七变八变，变不出旧窠臼，令人生厌。善“变化”者，正能千奇百怪，变幻无穷。

昔日唐李问对，说到奇兵、正兵的运用，妙在其变。所谓“以奇为正，以正为奇，变化莫测，斯所谓无形者欤！”①

正兵自是正兵，奇兵自是奇兵，善于用兵的人，可以以奇为正，又能以正为奇，奇正互变，无所预测，“斯所谓无形”者就是。这样的战法，纵然不能使敌兵望风而逃，至少使敌人脑子暴晕，如进水一般。

艺术之变正近乎兵法之变，不过兵法之变在于杀敌致胜，艺术之变在于写心抒意。我在前面提到艺术的技术范畴，包括阴阳、形神、意法、虚实、笔墨、动静、巧拙、快慢、大小、黑白、疾涩、繁简、疏密、上下，种种。而以阴阳为里，以形神为表，意法之下，各有其用。大艺术家常能

① 《武经七书》。

在这些范畴中自由出入，随心所遣，一时虚实，一时动静，一时巧拙，一时快慢，一时大小，一时黑白，一时繁简，一时疏密，一时疾涩，一时上下，八面可道，六合可至。一化为万，风花雪月，各得其妙；万归于一，阴阳互动，收放如意。

千变万化，道在其中矣。

万化千变，艺在其中矣。

大才子俞椒为《明清名家楹联书法》作跋云：杨升庵言，君漠小字愈小愈妙，曼卿大字愈大愈奇。今以曼卿之大字化为君谟之小字，可谓奇奇妙妙矣。

奇奇妙妙，正是艺术之追求，又是艺术创作之境界。唯其奇奇妙妙，方知“变”法之难。

以上五节，探讨了中国艺术精神的各个主要方面，应该说，这些探讨主要是对于中国传统艺术精神的再思考。前面已经说过，艺术精神作为一个文化系统，它不是封闭的，而是开放的，不是一成不变的，而是代有所进的。在今天的历史大背景中，中国艺术精神，同时面临一个现代化问题，对此，本书将在后面的章节内另作说明。

三位文化巨人的三式人格

20世纪注定是一个不平凡的世纪，在这个世纪中，仅中华民族，就出现众多的风流、风云人物，所谓非常之世必有非常之人。其中可以称之为文化巨人的，我认为至少有十二位：梁启超、章太炎、王国维、胡适、鲁迅、陈寅恪、周作人、林语堂、冯友兰、钱穆、钱钟书与李慎之。需要加以说明的是，这里列举的文化巨人，主要表现在思想、文化或学术层面。

梁启超自是学术奇人，他一生思想，几经变化。时代变，他也变，而他生活的时代，又是一个瞬息万变的时代。他本时代旧人，偏能应时而动，始终没有脱离时代的节律，实在是他的老师康有为先生有所不及的，甚至是章太炎先生做不到的。现在很多研究者称梁启超先生为中国自由思想第一人，也算实至名归。章太炎自是国学大师，尤其是古文字学大师，而且是善于培养巨人的大师，例如人称狂人教授的黄侃就是他的弟子，作为本文主角之一的鲁迅，也是他的弟子。

王国维先生则是中国现代第一位大学问家。他对西学也明晓，中学尤精湛。他的研究为业内人所钦佩，其研究成果尤其为同行所推崇与称道。而他的学术知音陈寅恪对他的一生评价，同样成为中国学术史上的辉煌。

先有周作人，后有钱钟书，则是中国学界乃至整个文化界，最为博学的人物。其广博高远的学养，可以说，前无古人，直到如今，仍无来者。

林语堂与冯友兰都是在西方世界中对中国文化、中国哲学最有能力与成效的传播者。林语堂用英文写成的《生活的艺术》等一系列著作，对西方读书人的影响力，至今无人可以望其项背；冯友兰的《中国哲学简史》，同样用英文写成，在美国学界，至今也没有一本在影响与传播方面可以与之相提并论的同类著作。

钱穆先生则是中国传统文化尤其经典文化的最卓越的梳理者与传播者。20世纪50年代，创业维艰之时，他在香港以笃定诚志之心开办文化书院，条件那般艰苦，但他锲而不舍，乐此不疲，后来书院成了气候，他这位开拓者却又以“存而不有”的心境欣然离去。不居其功，不享其成，正表现出他心口一致的真儒本色。

20世纪最后一位出生的文化巨人当属李慎之先生。他的主要活动在20世纪中叶之后，他的现实性榜样作用，则全然有别于上述诸人，其影响至今犹在不断放大。

然而，若从理念、学识、影响、成就、文化性格与价值精神诸方面综合考虑，则胡适、鲁迅、陈寅恪三位先生堪称文化巨人中的巨人。

一

胡适先生的巨大影响力，首先与新文化运动血脉相关。造就这新文化成就的首推蔡元培、陈独秀与胡适。有研究者说，没有蔡元培，则没有北京大学的革故鼎新；没有陈独秀，则没有《新青年》杂志；没有胡适，则没有白话文革命。这三者，诚然是那个历史时期最为关键性的三大节点。

但胡适的影响，虽然生发于那一场运动，却又远未止于那一场运动。他一生坚持与主导的理念与建树，至今思来，仍然郁郁勃发生气盎然。如他的全盘西化论，如他的自由主义信念，如他的“少谈些主义，多研究些问题”的文化追求，如他的“有一分根据，说一分话”的学术操守，都是五四运动以来的中国人绕不开的话题。人们尽可以不同意或者完全反对胡适的这些观点，但绝对无法否认这些观念与相应的成果在中国产生了巨大影响与作用。

海峡两岸的中国人对胡适的评价，有着明显的时段差异与认知差异。然而，站在历史的宏观尺度上思索，这些差异不过是历史长河中几朵浪花而已。造成这些差异的，既有外在原因，也有内在原因，简而言之，与胡适一生的特殊经历与特殊定位有关。

胡适的一生，常游走于文化、学术与政治之间。他其实不热衷于政治，但在那样的时代，你不热衷政治，政治可能热衷于你，尤其他那样具有特别影响力的人物，是颇有几分身不由己的。他其实热衷于学术，然而，又很少有时间真的静下心来别无他顾；他的学问常做在历史变动的夹缝之中，而他的学术成果也常常因他的东走西顾，半卷而终。他是一位杰出的文化传播者，而这一点，既和他的经历有关，又和他的追求有关，还和他的性格有关。他和他那个时代的种种特性云水相依，因果关联。而这一切的叠加、交融与通汇，才造就了这样一位卓越的文化精英，而他也给这时代打上了深深的无可磨灭的个人印记。

胡适的成就，其实有些“另类”，甚至有些“怪异”。他首先是一位白话诗人，任何一种现代中国文学史都不可以缺少胡适，然而他的诗的水准，却远远没有达到那么杰出的层次。他的文章传布久远，好读、耐读，然而没有太多文采。褒扬者说，没有文采，也是文采，正如没有风格也是一种风格一样。这固然也不错的，但说到对文章一道的美学贡献，排来排去，终究排不到适之先生头上。他写过中国哲学史，写了一半，不写了，没下文了。单以这一半大作而论，虽有筚路蓝缕之功，但在台湾大哲学史家劳思光看来，这一半也不算成功。劳思光说他的哲学著作没哲学，其影响与成就都在冯友兰的哲学史之下。此外，他对《红楼梦》、《三侠五义》、《水浒传》、《儿女英雄传》等多种中国古典小说都有很精到的研究与考证，并写了不少序、跋一类的文字，却始终没有形成一部开阖有序的著作。他对《文心雕龙》同样兴趣浓厚，甚至可以说是倾心为之，但其研究的学术价值，也不为多数学者所看重。反倒是他的日记与众多的随笔性评论性文字有着无可替代的社会价值与文化价值。

然而，他的著作、他的思想、他的理念，却极有影响，极具魅力，且能传播久远，历久弥彰。考究其中的原因，是他所具有的文化精神显然浸淫于他的一切表达与著述之中，又凸显于这些表达与著述之上。或许可以这样说，胡适的特点，是其人大于其精神，其精神大于其著述的。这样的品征也许只有在那样特殊的时代与文化背景下才可能成为现实。

看这三十年来，中国人对胡适、鲁迅一代人的评价，也在发生或隐或显的变化，其中对胡适的评价倾向，其正面权重日益凸显。个中缘由，值得深思。

二

如果说胡适是一位自觉于学术、文化与政治体制内的人物，那么，鲁迅则全然是体制外的人。尽管他多年的正式职业乃是彼时教育部的佥事——正经八百的公务员，不可谓无位，也不可谓无权。尽管他也曾在多所大学兼职或专职教书，但他的心始终是体制外的，1927年后定居上海，干脆连人也成为体制外的人，虽然也曾长期享受着中央研究院的干薪。

鲁迅也是非常杰出的学者，然而，他与政治与社会的现实关联度高，其关系更深，纠结更密，主观诉求也更切。他不但是五四时期文坛的骁将，且是后来“左联”的重要成员，或许应该称之为“左联”的精神领袖。他关心国运，关心国民性，关心民间疾苦，关心政局的变动，更关心社会的走向与变革。他先是服膺进化论，从而寄大希望于青年，后又服膺阶级论从而转折立场，成为彼时二军对垒中冲锋陷阵的一员。

因为他有这样的经历，故对他的争议也多，争论也大。他在世的时候，委实“骂”过很多的人，也确实遭受到很多人的“骂”。不是他生性好斗，而是因为他处在两种极端政治角力的旋涡之中，甲方认为好的，乙方一定认为不好，反之也是一样。随着政局的变迁，他虽则早已不在人世，那评价犹然不因他的过世而静止，而是随风作雨，过岭接山。他也曾被捧到极高的位置，这显然与他本人的意愿不符，也曾被偶像成神明，就更与他的品性不恰合了。也因此故，王朔有评论说，各界人士对鲁迅的颂扬，有时到了妨碍我们自由呼吸的地步。什么时候到了能随便批评鲁迅了，或者大家把鲁迅淡忘了，我们就进步了。[①]

然而，这是不能持久的，从近些年国人对胡、鲁的评价看，胡的正面评价更多些，鲁的质疑与争论也有发展趋势。有争论，有褒贬，其实正是一种常态。且唯有常态方能持久，唯有常态，才更合乎历史的实际状况。

与胡适的另一个不同是，胡适是精神大于作品，鲁迅则首先以作品取胜，也终将以作品取胜。他不是以宣言而是以小说创作登上历史舞台的。或者可以说，他是作品大于精神，也未为不可。

鲁迅的作品，首先是小说，且他的小说创作，带有横空出世的味道，甫一登场，就光芒四射，虽然他的各个小说之间也有参差，但较之于整个中国现代的小说家，他的小说创作都应该说是非常杰出的，非常精粹的。他的小说中，有悲剧也有喜剧，有幽默也有讽刺，有社会主题也有家庭生活，有传统白描也有新小说技巧，有深厚的传统底蕴也有高超的创造精神。一些典型人物与理念，直到今天也未过时，或许一百年乃至一千年后依然会在中国小说的艺术长廊中熠熠生辉。

鲁迅的学术专著不多，但品质很高，只一部《中国小说史略》，已足以奠定他的学术地位。这是一部奠基性作品，而且那构架，那立意，那材料，那分析，那理念，那眼界，那手段，那风格，那笔墨，直到今天，也无以过之。正堪与王国维的《宋元戏曲考》前后辉映，玉成双璧。

他的诗也写得好，古体诗风格鲜明、品味卓越，其水平高于胡适多矣，白话诗虽不及胡适的白话诗影响广泛、声名显赫，却又能别开生面另成一路，以我这样的读者，是觉得更有意味的。

①转引自韩石山：《少不读鲁迅，老不读胡适》，中国友谊出版公司 2005 年版，第 54 页。

他的杂文尤其得到来自各个阶层的众多读者的青睐与推崇。能把杂文这样的文体写到那样的模式与境界的，终整个20世纪，唯此一人。

三

陈寅恪则另是一个路数。作为文化伟人，他并不逊于鲁迅或者胡适。但说到影响，却与胡、鲁二人不同。胡适不但在中国文化人物中是最具影响力的，而且在他那个时代的美国人眼中，也是最具知名度的中国人之一。鲁迅的影响，或许在某些阶段不及胡适，但在另一些阶段，则大有过之。虽然历史原本是公平的化身，是非利钝自有公论，但若论领风骚于一代的人物，则陈寅恪先生恐难与以上二位相提并论。

陈寅恪的影响，主要是在学术圈子内，而他的学问更是圈子内中的圈子内。能明白他的人已然不多，能明白他学问的人，就更少了。虽然如此陈寅恪的研究却反响巨大，因为他影响的多是些最具学术影响或者文化影响的人。这些人，用现在通行的语言表示，即在学术与文化方面极具话语权的人。如梁启超，如吴宓，如胡适，如傅斯年。傅斯年在北大作学生时，就极具领袖气质，而且学问功底深厚。胡适初入北大讲授哲学课时，人家从三代讲起，他偏自先秦讲起，听他课的人想赶他下台，一时主意不定，就去请教傅斯年，傅斯年专门听了胡适的课，并颇为认可，胡适才算逃过一“劫”。而傅斯年本人对陈寅恪的学问，则叹服有加，不敢也不肯妄言妄议。

陈寅恪学问之大，远不是教授二字可以概括的，故被尊之为教授的教授，一些教授们弄不清的问题，便去请教他，他总能给出满意的答复。要知道，那时的教授，其含金量比之今日的教授们要高出许多呢。

但客观地说，陈寅恪的影响，在当时不算很大，其文化与社会影响尤其不大。即使在清华大学校内，也并非热门人物，他既比不过王国维，更比不过梁启超，更不要说与蔡元培、胡适、陈独秀等文化明星争一箭之长了。

确切地考量，陈寅恪原本也不属于公共知识分子。他的公共化程度很低，他也不大关心那些社会焦点性问题。在对社会文化的参与上，他不但与胡适走的全然两条路径，与钱穆的追求也大不相同，而在政治性文化题目上，他的参与度与表现力，与鲁迅相比，几不可同日而语。如果在这个层面解说陈寅恪，他大约只是一个二三流人物。他的真正广为人知，不是在二十世纪二三十年代，甚至不是四五十年代，而是在上世纪末叶，这个时候的中国学界与文化界，才算真的明白了陈寅恪。虽然个中也掺杂着诸多非学术性情感在内，然而他当得起文化伟人之誉。因为他的坚守固然是内敛的，他的学术固然是专门化精细化的，其中寓含的精神却远远超越了它本身的范围，而且其品质卓越基础坚牢，难以自蚀与推移。

说到做学问的方式与方向，陈寅恪也与众不同，甚至有些“走偏”。他似乎专门在通常别人不甚注意的地方下功夫。那情形倒很合乎耗散结构理论的规范。他研究唐代政治史，研究突厥文明，都下过大功夫，作《元白诗笺注》，作《柳如是别传》，均能另辟蹊径，卓尔不群，对长篇弹词《再生缘》尤其情有独钟。其研究路数与门径，可谓别开生面，与众不同。

陈寅恪的高绝之处，在于他的研究属于不好概括的一种。胡适的学问好概括，鲁迅的学问也好概括，甚至王国维、章太炎的学问都好概括。但陈寅恪的学问不好概括，而不好概括的学问往往是更具内涵力的学问。虽然他一生作品不算很多，但他的学问则有限而无界。

陈寅恪的广为人知，可以说是本世纪的事情了，其标志是陆键东《陈寅恪的最后二十年》的出版。陈的一生，比之胡、鲁，可谓曲折更多，光芒更少，在50年代毛泽东主席访问苏联之前，中共高层并不知晓此人。倒是斯大林与毛泽东会谈时特别提到了他，才引起了政治人物的注意。他的真正出名，在于中国文化开始复兴的今天。这固然与他的学术成就有关，与他生前遭受到的种种不公平待遇有关，但特别是与他的学术操守与学术精神有关，尤其与这时代的需要与期待有关。在陈寅恪，实在是作品高于人生经历，其学术操守与学术精神又高于其学术成果。

四

陈、胡、鲁三位文化巨人，不但成就卓著，而且品德高尚，但侧重点不同，也可以称之为一格而三式。一格即同一种人格，三式即一种人格的三种文化性格表达方式。在陈寅恪是学术人格，在鲁迅是批评人格，在胡适则是自有人格。

陈寅恪的学问人格，有其独特结构。简而言之，可以分为六个层次，即：大，深，专，谦逊，珍重与自由精神。

大，是学问大。“大”这个词，在汉语的评价体系中，居于很特别的地位。那是远比广闻博识更其令人敬仰的字眼，以京剧行当类比，凡丑角中最为出色者，则可称之为大丑，凡青衣中最为杰出者才可称之为大青衣。然而，大不仅难得，更是有条件的，它既包括局面大、气象大，又包括见识大、魄力大，还包括范围大、工具大。孙敦恒先生在《清华国学研究院史话》中这样评价陈寅恪：

> 他通晓世界各国语言文字二十三种，英、法、德、俄、西、日等国语言，自不必说，蒙古文，阿拉伯文，藏文，印度梵文，巴利文，突厥文，回纥文，匈牙利文无不精通，甚至中亚一些已经“死亡”的文字也能通晓，其史学造诣更是驰名海内外。[①]

陈氏学问之大，由此可见一斑。

深，即精深。大而不深，则易流于空泛，结果，那个大字也站不住了。陈的学问，不但得其大，尤其得其深。比如，他研究《金刚经》，一字一解，不但句句明白，而且句句真切；不但句句真切，而且句句有考证；不但句句有考证，还要“以十二种语言繁变字，证《金刚经》文之正否”[②]。他的学生著名学者姜亮夫，因此而评论说，此种修为，“令人舌咋

①孙敦恒：《清华国学研究院史话》，清华大学出版社 2002 年版，第 30 页。

②转引自周勇：《大师的教书生活》，华东师范大学出版社 2008 年版，第 148 ～ 149 页。

不能下。而且自愧学浅，门下士亦少能受教者。”[①]

也就是说，这不仅是一位其学术成就难以概括的大学问家，而且是一位难以从师就教的大学问家。这样的学问家，难怪何兹全先生要说“是三百年乃至一千年乃得一见的学术大师”[②]。

而且专。陈寅恪的研究，以中古史为主，在他早年的学术生涯中，是逾界不为，甚至逾界不言的，别人问他，也说不知。其实，凡学术研究，必有严格界定，界限不清，立论就不会坚实。陈先生的特点，是学问非常大，但着力点又非常专一。他选定的题目，常常是有些冷僻的，然而又是很专门化的。那研究有如雄狮搏兔，不因对手柔弱而不用全力，也不怕以沧海之量而举轻若重。所以题目固然很专，但开掘很深，后劲充足，可以收开一孔而见青天之效。他的几本专门性著作，本本都有这样的品征。

而且谦逊。因为学问大，所以更谦逊，这实在是题中应有之义。一些现代学人，因为学问不行，所以才专门在学问之外用功夫；因为学力不够，所以对名誉奖项云云，才特别在意；因为学养不够，所以才听不得半点负面意见。仿佛一只气球，一触就跳，谈到内里，实在除去空气，一无所有。陈寅恪先生通晓二十多种外语犹不懈学习，“就在他任清华做导师后，仍然坚持跟人学西夏文和蒙古文，每个星期进城学两天，向钢和泰学梵文”[③]。陈寅恪先生的谦逊，非常人可想象。我有时会觉得，后世学人对陈先生的回忆，也难免有溢美夸大之辞。倘先生在世，当会退避三舍，敬谢不敏。

不但此也，他实际上是视学术为生命的，或者换句话说，生命可以不要，学术不可以不要，学术与他的生命乃是一而二、二而一的有机构合体。陈先生身体很差，中年即患严重眼病，未及暮年，已双目失明。但他依然指导助手，翻检资料，撰写文章，这固然体现了无比深厚的学养，也反映了对事业的无比挚爱。1949年以后，他处境日益不佳，有学问也做不得，有成果又不能出版，这令他无比忧愤郁闷。陈先生原本是有着很深的

①转引自周勇：《大师的教书生活》，华东师范大学出版社 2008 年版，第 148 ～ 149 页。

②转引自岳南：《陈寅恪与傅斯年》，陕西师范大学出版社 2008 年版，序言第 4 页。

③任似荣：《民国教授往事》，河南文艺出版社 2008 年版，第 126 页。

中国传统文化情结的人，到了此时，更对《再生缘》这样的作品产生浓厚的兴趣与共鸣。因而下苦功，花大力，做精深细微的研究，写到动情之处，难免生庄生梦蝶之叹。但境遇所限，虽生不利，死亦不得，竟止反复琢磨，终无结果。他在《论再生缘校补记后序》中这样写道：

> 噫！所南心史，固非吴井之藏。孙盛阳秋，同是辽东之本。点佛弟之额粉，久已先干。裹王娘之脚条，长则更臭。知我罪我，请俟来世。

构成陈寅恪学术人格最高表现的，乃是他的独立精神、自由意志。此语出自他给王国维先生写的碑文。碑文中这样写道：

> 唯此独立之精神，自由之意志，乃千万祀与天壤而日久，共三光而永光。

此时的陈寅恪，约三十八岁，正是思想成熟，学业精进之期。而他的这等理念，应该早已成竹在胸、立论在业了。终其一生，他对此都始终不渝。诚可谓不管风高浪险，只管闲庭信步，是日开言曰：自由之意志，独立之精神。陈寅恪的这个理念，绝非只是一句口号，说得好听，做得难看。他是自己理念的忠诚践行者，我所说即我所做，我所做即我所思，且既有所思必有所行，既有所行必有所担当、恪守。

从陈先生的求学经历看，他所学甚多，甚广，甚深，成就极多，极广，极深，然而并不重视学历。而且究竟取没取得过学历证书，也有疑问，有人说他有一个的，也有说有三个的，他本人对此则缄口无言。但他受聘到清华做导师的时候，确是一位三无学者，即无名望，无博士学位，也无著作。三无学者可以成为清华国学研究院的导师，且为四大导师之一，固然有梁启超的慧眼识真，也有彼时清华大学的不拘一格用人才，更有他本人的真学实才。可见，陈先生确实是一个重学问、重学术远胜于重名望、重资历、重著述的大学人。名利云云，并非人之不当爱，但世间确有更重于名利者在。在陈寅恪，就是学问、学识、学术与学业了，而支撑主导他这一生行为的精神支点，就是自由意志、独立精神。

陈寅恪的这种精神，典型表现在他与王国维的关系上。他与王国维，诚然是君子之交淡如水，却又相知甚深。唯其如此，他才能为王国维写出那样一篇立高望远、不落窠臼的不朽碑文。不但如此，在为王国维先生举行的祭奠仪式上，他还要毕恭毕敬由衷由愿地行三拜九叩式中国传统大礼。这不仅是对王国维本人的敬爱与敬重，尤其是对王国维一生学术与学业的敬爱与敬重，也是对自己一生信念的外化方式。

陈寅恪学术人格伟大，但又生不逢时，命途多舛，而他的健康状况又很不好。在这人生跌宕、命运起伏之时，1953年末，终于来了一个好消息——至少在如我一辈俗人看来是绝好的消息，中国科学院拟定的历史研究所一、二、三所名单中，陈寅恪赫然在列。其中一所——上古研究所所长为郭沫若，三所——近代史研究所所长为范文澜，二所——中古史研究所所长即为陈寅恪。

然而，陈先生并未慨然应允，也未欣然从命。纵使有与他关系密切之人远来广州当面劝说，他也没有接受聘请。而是以一种非常郑重的态度，给中国科学院写了一封回信。信中继续重申他的“独立精神，自由意志”，为保守这毕生追求的信念不受扰，还特别花篇幅解说了他先前提出的两个前提性条件。这两个条件，现在差不多在理论界与学界已经家喻户晓，从而愈见出他学术人格的伟大了。这两个条件是：

> 第一，允许中古史研究所不宗奉马列主义，并不学习政治；
> 第二，请毛公或刘公给一允许证明书，以作挡箭牌。①

我们常常说，要做独立的研究，先需有独立的人格；要做自由的研究，先需有自由的意志。而在陈寅恪那里，这些都是无须加以证明的逻辑。凡此种种，正是陈寅恪学术人格自觉体现与自然体现。

---

①陆键东：《陈寅恪的最后二十年》，三联书店 1995 年版，第 112 页。

五

胡适与陈寅恪很是不同。他从来不是一位纯粹的学人，他关心学术，也关心社会；关心社情，更关心社会文明，以至于我们不知道，不能肯定他的注意力究竟是关心学术多些还是关心社会多些，是关注社情多些还是关注社会的文明走向与构建多些。我们可以肯定的是，无论在哪个领域，哪个层面，哪个时期，他的自由人格精神都彻里彻外，始终不渝。

陈寅恪目标专一，经历也单纯，以其一生主线而论，除去学术，还是学术，学术之外无天地。胡适的自觉目标怕也不曾太过复杂，但实际人生轨迹却又复杂得紧。他做过多所大学的校长，做过研究院院长，还做过驻美国特命全权大使，甚至被当权者考虑过作为副总统乃至总统的候选人。这经历不唯复杂，简直有些让人眼花缭乱了。

但他哪里是做总统或副总统的材料呢？甚至做大使都不是上好材料。而他本人对政治也实在是兴趣无多。他关心政治形势超过关心政治本身。关心思想与文明又远远超过关心政治形势，对于权术、治术之类不但一窍不通，尤其深恶痛绝。

陈寅恪交往的范围也小，人数也少，所交往者基本限定在专业学术的圈子之内。他一生过的是很纯粹的学术生活，其实没有多少朋友，相知最深的应该是王国维，交友最久的则是吴宓，除王、吴之外交友不多。不像胡适那样，交游广泛，朋友无数，以至于“我的朋友胡适之”都可以成为一则带些幽默的社会掌故。陈寅恪不但朋友少，论敌也少，这一点又不像鲁迅，鲁迅是朋友有数，论敌无数。陈寅恪是不树敌的，只管做自己的研究，其意若曰：走自己的路，让人们说去吧，而且怕连这样的宣示在他看来是多余的。

胡适不是这样。他交游极广，交友众多，而且不怕费时，也不怕费力，费时费力心甘情愿，或者说嘴上虽有些埋怨，内心还是很喜欢与很自得的。而这一切都说明，他不大可能成为一名伟大的很纯粹的学者，却又可能成为一名影响深远且广泛的文化使者。胡适先生以他的人格与行动把这可能性变成了现实性。

如果说学术人格在陈寅恪那里绝非一种装点，那么，自由人格在胡适这里也绝非只是一种意向，甚至一种好看的时髦。

他的学生，台湾大学名满天下的大学者殷海光研究胡适，曾写过一篇著名的文章“胡适思想与中国前途”。这题目很大，然而题目不大不足以匹配胡适之先生。实在他本人就是这样一个大人物，他的思想与中国的前途确实有着千丝万缕的内在性联系。殷海光评述胡适思想有七条归纳：1、主渐进的；2、重具体的；3、反教条的；4、个人本位的；5、存疑的；6、重实证的；7、启蒙的。[①]

归纳得很恰切。但也可以把这七条分为五个大类。第一条单独一类，是讲对社会改造的基本态度的，第二至六条可为一类，这几条正是胡适思想的核心价值的分列式，第七条另是一类，是他思想的外化指向与标的。而把这些综合概括起来，其结果就是他的自由人格。

自由人格表现在言论上，学术上，行为上，追求上，探索上，必定是个体化的，必定是有逻辑的，必定是理性的，必定是反教条的，必定是疑问的主批判的。

胡适一生经历复杂，但在这个基本层面，他却从来没有过质的变化，而是一以贯之，直到生命的终点。他虽然做官，但不会讲官话；做过管理者，也不会讲教条。且无论身居何位，总要主张存疑，并且有疑必问，有问必究。他一生有许多不满意处，特别是对国民党政府专制体制不满。为此，也曾和那体制发生激烈或比较激烈的冲突，就中也有妥协，隐忍与无奈。但无论如何，胡适就是胡适，他个性表达的初衷不变，他坚持言论自由的立场不变，他自由主义的基本信念不变。

因为他讲自由，必然讲逻辑；因为他讲逻辑，必然讲实证。胡适虽然不是20世纪中国最大的学者，不是最有成果与成就的学者，甚至不是最具个性的学者，却是最讲究实证的学者。他有两句名言，在中国学界流传最广泛，影响也最深远。这两句话，伴随胡适的整个学术生涯，取荣取辱，皆与之息息相关。而他本人，对此尤其笃定不疑，是一定要把它们坚持下

①转引自谢泳编：《胡适还是鲁迅》，中国工人出版社 2003 年版，第 5 ～ 6 页。

去的。这两句话是：

> 大胆的假设，小心的求证；
>
> 有一分根据，说一分话。

假设可以大胆。天马行空，随你；异想天开，随你；横空出世，随你；话说，漫说，正说，戏说，繁说，简说，随你；甚至不按规矩出牌，无门无派无专业，搞笑，搞怪，无厘头，都随你。然而，假设只是假设，假设不是真的，把假设作为真实，结果必然是虚伪了，离谱了，荒谬了，与学术与道德与人生没有正面关联性了。

假设自有其意义在。然而，唯有求证才可能有真结果，唯有小心求证才可能出真结果。“有一分根据，说一分话”，太重要了，学术之事，本当如此，必然如此。不如此何以称之为学术。韩愈说：“闻道有先后，术业有专攻。”前提是有根据才行。无根无据，道将安在，术业将安在？它没有安身立命的基础呢！纵然自认为非常专攻，也不过是掩耳盗铃自欺欺人罢了。

讲自由，讲实证，必定讲理性，讲宽容。实在理性与宽容，如同鸟之双翼，宽容不能没有理性作内涵，理性表现在学术研究上即是实证，表现在人际关系上，又是宽容，而它的价值底蕴则是自由精神。

胡适的理性表现，在中国人中可以说是最典型也最完整的。因为他信奉理性，所以常常坚决反对激烈的出格行为。对朋友如此，对同事如此，对论敌也是如此。他那个时代，看他不顺眼的人很多，骂他的人也不少。但他是不骂人的。鲁迅与他曾经是同仁，后来是敌对，至少在鲁迅那一面看来是敌对的。但胡适对鲁迅的成就一贯肯定。后来，苏雪林等一班人指责鲁迅的《中国小说史略》抄袭日本人的著作，他还要站出来予以澄清。

虽然如此，胡适却不是一个没有准则的人。他对于公权力，是有批判的，对于钳制言论自由，尤其不能忍受。为此，他也曾和国民党政府发生过且激烈且深刻的内在性冲突。对此，他一生都有坚持。比如1929年，国民政府颁布了一道保障人权的命令。保障人权的命令，这听起来就搞笑。世界上哪有人权靠政府命令来保障的？当然，也总有捧场的人会说，有这样的命令总比没有强吧！胡适不这样看，他对这道命令提出三点质疑：

> 第一，这道命令认“人权”为“身体，自由，财产”三项，但这三项都没有明确的规定。就如“自由”究竟是哪几种自由？又如“财产”究竟受怎样的保护？这都是很重要的缺点。
>
> 第二，命令所禁止的只是“个人或团体”，而不曾提及政府机关。个人或团体固然不得以非法行为侵害他人身体自由与财产，但今日我们最感痛苦的是种种政府机关或假借政府与党部的机关侵害人民的身体自由及财产。如今日言论出版自由之受干涉，如各地私人财产之被没收，如近日各地电气工业之被没收，都是以政府机关的名义执行的。四月二十日的命令对于这一方面完全没有给人民什么保障。这岂不是“只许州官放火，不许百姓点灯”吗？
>
> 第三，命令中说：“违者即依法严行惩办不贷。”所谓“依法”是依什么法？我们就不知道今日有何种法律可以保障人民的人权。中华民国刑法固然有“妨害自由罪”等章。但种种妨害若以政府或党部名义行之，人民便完全没有保障了。[①]

请读者朋友原谅我引文太长，实在这些引文是如此珍贵，删去一句，我都心疼。

在胡适心目中，约法是需要必备条件的，人权是需要制度性保障的，契约是要认真遵守的。记得我在某个地方读到过，想当初冯玉祥驱逐皇室出故宫，社会舆论大声叫好，胡适先生并不以为然。在他看来，国民政府既然与皇室有约，就该遵守这“约”。约而不遵，后患正多。故，他的“人权与约法”的理念是：

---

① 《胡适文集 · 读书与胡说》，北京出版社 1995 年版，第 106 ～ 107 页。

我们要一个约法来规定政府的权限：过此权限，便是“非法行为”。我们要一个约法来规定人民的“身体，自由及财产”的保障：有侵犯这法定的人权的，无论是一百五十二旅的连长或国民政府的主席，人民都可以控告，都得受法律的制裁。[①]

胡适有深厚的西学背景与现代学术训练，他的这些经历与鲁迅很是不同。鲁迅也是一位革新者，但他对西方尤其是英美式的西方文明，了解的远不及胡适之多，之深，之切。而他更为熟悉的日本及德国文明，却又处在那样一个很特别的且有些畸形的历史年代。

胡适追求自由，也十分理解民主。殊不知，自由乃是民主的前提。而民主尤其是一种生活态度与生活方式。比较这二者的关系，民主体制的形式化建立，也许都是其次的呢！

胡适本质上是一个建设者，与鲁迅不同，他始终是一位体制内的人，即便身在其外，心也在其内。他固然对中国传统文化，对彼时中国的政情，对国民党党政合一的专政体制，有种种严重的不满——因为不满，他才极力主张全盘西化呢！而且，直到他走完自己的人生旅程，这个观念也不曾动摇过的。然而，他是坚决反对暴力革命的，他希望并且尊重渐进性变革，他渴望以文明的手段达到文明的目的，也因此他对于国民党政府常常表现出种种迁就、隐忍与不合时宜的遵从与合作。

胡适先生的性格其实是比较柔性的，柔性加韧性，成为他性格的基本特征。他并非没有坚持，或者说没有坚守，然而，在强权面前，却又不能做出强烈的表现，就如同他的学生殷海光那样，或者他学生的学生李敖那样。他可以做哥白尼，不可以做伽利略，即使可以做伽利略也一定不要做布鲁诺的。伽利略坚信地球在转动，但和教廷有妥协。胡适的妥协更为严重。当蒋介石政权在大陆风雨飘摇、堪堪毙命的时候，他依然站出来表示道义上的支持；而后来雷震、殷海光因言获罪惨遭蒋政权迫害时，他也没有一点要与之决裂的意思。胡适一生挨骂不少，总体言之，比之鲁迅都

① 《胡适文集 · 读书与胡说》，北京出版社 1995 年版，第 112 页。

有过之而无不及，而且骂他的人中，既有他的论敌与别一阵营中的各色人物，也有他支持的政权，更有他内心非常赞赏与支持的自由派人士。如他的学生殷海光，不但与他决裂，而且终其一生，也没有真正原谅他。

胡适的悲剧——如果这也可以算做悲剧的话，在于他的时代还远不成熟，外部环境既不适宜，内部条件也不满足，既无足够的中产阶级作支持，也无必要的市场经济作基础，又无坚牢的文化平台作奥援。然而，从历史的现实与未来考虑，他一生的信念、实践与追求，与他同时代的各个巨人相比还是成功的。

实际上，他也是有信心的。他不但对自己有信心，对他人也有信心，甚至对社会，对政府都有信心，对中国文化的未来自然也从来都不曾失去信任。各种的是耶非耶，可说一言难尽。

因为他自信，而且他信，所以他是那一代文化巨人中，最具绅士风度的一个，又是最具独立立场的一个。他不会像鲁迅那样，对一切不满意的对象极尽冷嘲热讽之能事，又不像钱穆那样对所谓领袖不惜歌功颂德，也不会像刘文典那样狂狷率性，甚至不会像傅斯年那样，就做一名体制内部轰鸣的大炮。他是有原则的，又是有礼貌的，他是有坚守的，又是有风度的；过去的是非曲直不言，现今的中国人尤其青睐和好感胡适，不是没有充足理由的。

六

鲁迅的文化性格，一言以蔽之，完全可以而且完全有资格称之为批判人格，这一人格格式，使他与陈、胡二位有很大区别。

陈寅恪一心追求学术，不批评别人，也很少有人对他进行批评。批评都少见，批判更罕见了。有时，他的学生要写批评别人的文章，他也不赞成。他只关心自己的学术与学业，那意思仿佛是说，好与不好，让成果证明，或者好与不好，你自己思量。

胡适不拒绝批判。他一生既受到过很多批判，本人也曾批判过不少的人。但他有自己的准则。比如对于顽固坚守文言文的主张，他是不能容忍的；对于维护专政的理念，他也坚决不能苟同；对于所谓反对科学的玄学思想，他也很不客气；就是反对他“全盘西化”主张的，也一定要反唇相讥。但他不做过激的动作，也少有过激的言词。他的办法是：我说，我也同意你说；你说，也不能妨碍我说。说固然说，理性是第一位的。没有理性的表达，无论如何，他不赞成。

鲁迅的批判性人格，与他们截然不同，而且水火不同炉。看他一生行止，批判乃是他人生主调，也是他思想主调，还是他作品与风格的主调。他并非不喜欢学术，然而学术与批判比，批判的地位显然处于高度的优先位置；他并非不讲自由，但尤其不讲情面。自由尽管自由，但要把话说到如匕首与投枪的程度，他才能满意。其效果追求，岂止入木三分，干脆直戳要害。

但鲁迅不是愤青，既不是小愤青，也不是老愤青，把鲁迅看作愤青就贬低他了。他的批判是老道的，甚至老辣的，所谓嬉笑怒骂，皆成文章。

他也不是情绪化的，歇斯底里大发作，那不是鲁迅的风格，他的批判自然有情感在，不但有情感，而且有激情，不但有激情，而且有大爱。

一般人听闻鲁迅，知道这个浙江绍兴府的老头儿爱骂人，而且被他老人家骂过的人可真不少！其中不乏名人，不乏大家，且绝大部分还都是些品行端庄成就卓然的人士。然而，一般人也许不知道，他不但敢恨，尤其有爱，不但骂过很多人，而且帮过很多人，他对于家人，友人，同仁，都是充满深情厚爱的。如对自己的母亲，对师长，对兄弟，对许广平，对儿子，对学生，对一些相识或不相识的青年，莫不如是。而且他所深爱的人士中，颇有一些异国异族的师友，如藤野先生，如内山完造。他尤其热爱家庭，这一点与某些所谓的革命家不同，他绝不以牺牲亲人利益的方式来表现自己的崇高品质，而是将自己的战斗精神与对亲人的挚爱，对同仁的友爱，对劳动者的关爱，对学生与一般青年的喜爱，融为一体，燃烧升华。故此，他才需要“呐喊”，也才产生“彷徨”，才不怕交华盖运，不怕做“三闲”“二心”人，才要鼓吹“热风”，才要勇做“野草”，才要“朝花夕拾”，不羞于“南腔北调”，不小觑“花边文学”，不轻视“且介亭”住所，敢于“准风月谈”，敢于揭露“伪自由书”，也不忘“故事新编”。由此我们知道，他的内心是博大的，然而，其忧思之深，压抑之重，也许是局外人很难体会得到的。

鲁迅的批判是全方位的，要而言之，包括对专制体制的批判，对国民性的批判，以及对他不认同的各色是是非非的批判。他自言前期信奉进化论的，后期改信阶级论了。在他后期的批判中，阶级与阶级理论已成为他批判的一个主题性内容，而且锋芒所至，颇令人惊。

这些批判内容中，对专制体制的批判价值最高，而他对国民性的批判则最为深刻，影响也最为久远。他对传统文化的批判，大体说来，是具有重大启蒙作用的，个别地方，如对中医与京剧的不满，也有些偏颇之处。他的理论主要是文艺理论批判，只是一家之言，他有他的立论标准，对手也有人家的立论根据，虽世事沧桑，不免生此长彼消之感，可以认作真理的两端性；至于他对一些人情世态的批判，则处于无可无不可之间，或有价值，或无甚价值，只是一种人生记录，但凭后世人的喜好罢了。

鲁迅的批判态度尤其坚决且坚定。他最反对的乃是骑墙派，也不高兴“费厄泼赖”。在他看来，骑墙态度差不多就等同于对恶者的帮凶。因为如此，他又特别厌恶巴儿狗，即现今养狗人喜好的京巴一类。他看不惯它们。觉得它们本来是狗，却又有些像猫，不伦不类，失去了本性。他宁可欣赏旷野之中猛犬的狂吠，并为那种“犬声如豹”的声响所感动所振奋。

鲁迅批判人格的可贵之处，在于他的批判是个体性的、理性化的，又是具有充分的逻辑品格的。

首先是个体性的。

鲁迅最痛恨的表达方式，乃是假话、空话、大话，以至于他留下的遗嘱中要特别写上，儿子倘无文学才能，切不可做空头文学家或空头理论家。

他反对用大帽子压人，大口号吓人，反对侮辱人格，坚定地认为“辱骂与恐吓绝不是战斗”。他主张用自己的头脑思维，用自己的语言写作，不说自己不懂的话，也不认同自己内心反对的东西。对于中国式的从众性心理与起哄式行为，更是深恶痛绝。

他坚决反对集体的乃至爱国的自大，而主张个体的自大，他这样表达自己的“自大理念”：

中国人向来有点自大。——只可惜没有“个人的自大”，都是“合群的爱国的自大”。这便是文化竞争失败之后，不能再见振拔改史的原因。

“个人的自大”，就是独异，是对庸众宣战。……

“合群的自大”，“爱国的自大”，是党同伐异，是对少数的天才宣战；……他们自己毫无特别才能可以夸示于人，所以把这国家拿来当影子；他们把国里的习惯制度抬得很高，赞美得了不得；他们的国粹，既然有这样的荣光，他们自然也有荣光了。①

我有时会想，一个文明时代，应该只会允许个性的批判的，而绝对不可以允许一个团体，一个政治性组织，甚至所有的人民对某一个人进行无约束无法制的无边无际的批判，就算能找出一百条根据或理由，也不可以。

鲁迅的批判，也有失之偏颇甚至错误的时候，但那性质仍然是个体性质的。故而，并不从根本上妨碍他的批判人格。

鲁迅的批判又是理性批判。之所以称之为理性批判，一是他具有逻辑内涵，二是他注重事实依据。比如他的阶级论，是以事实做依据的，而且很是生动形象。他曾举例说：

自然，“喜怒哀乐，人之情也”，然而穷人决无开交易所折本的懊恼，煤油大王哪会知道北京捡煤渣老婆子身受的酸辛，饥区的灾民，大约总不去种兰花，像阔人的老太爷一样，贾府上的焦大，也不爱林妹妹的。②

当然，这理论未必具有普遍性质，本人也曾对文中所举例证有过质疑。我的提问是：贾府的焦大纵然不爱林妹妹，但他也未必就会爱刘姥姥的。更何况鲁迅先生又不是焦大，怎么能知道，焦大的内心就一定不会暗恋着林妹妹呢？——汝非鱼，安知鱼之不乐乎？

①鲁迅：《鲁迅作品精选 · 热风》，中国文史出版社 2002 年版，第 20 页。
②鲁迅：《鲁迅作品精选 · 二心集》，中国文史出版社 2003 年版，第 238 页。

他的批判的理性表达，尤其表现在没有私敌方面。他一生论敌极多，但肯定没有一个私敌。他不屑与私敌为伍，也不肯把自己降低到那样低等低劣又低能的层面。他可能批过了，也可能批错了，但没有个人恩怨在其中，更不会如他的某些对手那样，动辄以“封建余孽”、“法西斯蒂”的大帽子压来的。

鲁迅批判人格的最高表现，则是他批判逻辑的彻底性。这种彻底性主要表现在两个方向与层面上。

其一，他批判别人，也批判自己。且批判自己同样不留余地，不留情面。我相信凡读过他的《答有恒先生》的人，会体会到他对自己的严格与不放任，凡读过《风筝》的人，又会对他的那种文化批判性质的自责，感到由衷的钦佩。毕竟直到今天，我们这边厢，依然有如此多的不民主又不自知的父母与师长。他还写过一篇《论杨树达君的袭来》。但那内容是误记误评了。杨树达是一位精神病症患者，曾到过鲁迅那里，因病症的关系不免行为有异于常人。但鲁迅误解了，认为他是有某种企图的不良分子。然而事情一旦明白，他很自责，便公开发文，检讨自己的过错。不仅如此，后来编辑文集的时候，也没有故意漏掉那错误的文章。就让这“耻辱”在树上挂着，在空中飘着。

其二，他的反对专制，反对压迫，反对歧视，是一而贯之的，即使他所衷心拥戴的组织的代表有这样的行为，他也一样要予以揭露，予以批判。他坚决不肯做奴隶，尤其不会做奴才。对那些视他为奴隶的人，他一定要用各种方式反对他们。而且我认为，他晚年对于所谓“四条汉子”的批判，乃是他一生批判中最为着力最为深刻也最为精彩的部分。

综上所述，三位历史巨人的文化性格显然有着很高的差异性。陈寅恪是韧性加韧性，他不激烈也不张扬，但能稳扎稳打，坚持到底。胡适是柔性加韧性，他可以隐忍也可以妥协，又可以退让，却不可以放弃自己的基本主张与根本信念。鲁迅则是刚性加韧性，他本质上是一个战斗者，然而又是一个读书人，有人批评他世故，也有人批评他多疑，都有道理。他其实是敏感而又激烈，坚韧而又多疑，世故而又单纯，老辣而又率性，老谋深算又奋不顾身，注重情谊又孤傲自尊，他其实不能算新文化运动的主将，却肯定是一员充满智慧与能力的骁将。然而，说到忧思深重，确实没有人超过他。他的经历、出身、追求、学识与性格相互叠加与糅合，使他的所作所为特别切合那样大起大落、战垒分明、动辄两军锐兵相接的年代。“三·一八”惨案后他写了《纪念刘和珍君》，“四·一二”白色恐怖后，他又写下《答有恒先生》，柔石等六烈士被害后，他更写出《为了忘却的纪念》。这样的表达与行为，胡适做不到，陈寅恪不会做。陈寅恪是学术象牙塔中人，任你风高浪险，我坚持我的研究。胡适是体制中人，在与政府的关系上，与鲁迅尤其大相径庭，他的基本立场，是我批判你，但也信任你，批判与信任是一而二、二而一的一个整体表达。鲁迅则不但要批判，而且要毁灭，他不但批判那现象，尤其要反抗那体制，连同那些有利于或他认为有利于那体制的文化也要一并予以批判和摈弃。就是对于自己和自己呕心沥血写出的作品，他也持同样态度；他不原谅自己身上留存的旧的东西，而且真诚希望自己的作品能够速朽。作个比方吧：如果三人同样来到一座传统的寺院，陈寅恪是不问庙宇，不问和尚，只问经文；胡适是经文也可以怀疑，和尚也可以质疑，但庙宇是要保护的；鲁迅则不但要改换经文，还要让和尚还俗，而且要彻底拆除这庙宇。

鲁迅确是一位斗士与战士，但千万不要误解的是，他既非一贯正确，更非唯一正确。论到对传统文化的继承与保守，对现代的建设与宽容，对不同社会力量与阶层的妥协与双赢，这些中国文明崛起的必经、必有、必须之事，就不仅不是他的长项，有时甚至是他的短项了。如何化短为长，还需要三位巨人文化的和声与共鸣。

七

鲁、胡、陈三位文化哲人对于后世的影响非常巨大，虽然这些影响带有不同层次，不同规则，不同风格的特征，却都是现代中国文化大拼图中的重要组成部分，缺少哪一块都将产生重大缺失与遗憾。

鲁迅的影响，主要是他的那种坚忍不拔、老辣锋芒、深刻周全且无所畏惧的批判精神。我们读鲁迅的书，尤其他的杂文，如果是了解西方思想文化史的，有时禁不住会联想到卢梭、赫胥黎与尼采。

卢梭是十八世纪法国启蒙主义时代的一个异声——启蒙大合奏中独特的声音，他的奇异就表现在，别的启蒙思想家都以自由为第一诉求，唯他以平等作为顶绝目标。他最为痛恨的乃是不平等。鲁迅也可以说是彼时中国自由知识分子中一个异声。他非常珍视自由，但他首先要批判的那个专制体制和与之狼狈为奸的劣质文化。

鲁迅又非常欣赏赫胥黎。赫胥黎不是一位以原创性理论著称的人物，但他坚信并以最坚定的态度最尖锐的锋芒，捍卫达尔文的进化论，自己心甘情愿立志成为达尔文进化论的一条守卫犬。鲁迅也不是一位原创性理论家，但他对自己坚信的理论，是要捍卫的，是肯为之做出种种牺牲的。纵不似赫胥黎一样做守卫犬，也愿意做一名冲锋陷阵的马前卒。他的表达方式固然不似赫胥黎那般激扬震撼，却往往来得更为深刻尖利、一针见血。

尼采则是一位思想史上的“超人”。他说“上帝死了”，那意思是指上帝代表的文化死了，但超人来了。他要以超人式的方式颠覆西方几乎一切哲学传统，从而走出一条新的思想与文化之路。鲁迅不是尼采，也不认为自己是超人，但他对于所圈定的批判对象，是绝不肯宽恕的。他不喜欢也没有想过做超人，但可以做“眉间尺”，可以做“过客”，甚至可以做泥土，也可以做野草。他这样讴歌“野草”：

> 野草，根本不深，花叶不美，然而吸取露，吸取水，吸取陈死人的血和肉，各个夺取他的生存。当生存时，还是将遭践踏，将遭删刈，直至于死亡而朽腐。
>
> 但我坦然。我将大笑，我将歌唱。

就中我们可以捕捉到鲁迅的影子与他的批判之魂。这一切都表明，鲁迅是一位中国传统文化的大叛逆者，大解剖师，因为他出身于旧的营垒，对于旧文明中的种种弊端、痼疾与虚伪，看得格外分明。假定他对中国传统文化有一种心理预设的话，那预设用一个词组表示，就是不信任。这也是他留给后人的诸多疑问的深层原因。

鲁迅的价值，还在于他特别同情弱者，他本人就认定自己是他们中的一员，又是可以为他们呼号奔走揭露真相的一员。虽然他对他们也有种种不满，且从小到大，这不满都追随着他，甚至困扰着他，然而他依然深爱着他们，他对他们是“哀其不幸，怒其不争”。然而，哀也是一种爱，怒也是一种爱。我们阅读他的《呐喊》、《彷徨》、《朝花夕拾》以及他的杂文集中不少回忆性文章，可以真切地体悟到他对他们的爱可有多么的深厚广远。例如，他在回忆他幼时的保姆长妈妈的文章最后，也曾这样饱含深情地写道：

> 仁厚黑暗的地母呵，愿在你怀中永安他的魂灵！①

鲁迅批判人格的另一价值，在于他无与伦比的原则性。如前所言，他的批判不但对别人，尤其对自己；不但对个人，特别对国民性；不但对体制，而且对文化，而我们中国文化的一大弊端，在于其团伙性与江湖气。那情形很像《红楼梦》中描写的贾、史、薛、王四大家族，一损俱损，一荣俱荣。所以看中国历朝历代的兴衰，就有这样一个特点，清明时节，几乎可以达到“路不拾遗，夜不闭户”，而一旦礼崩乐坏，便一发而不可收拾。

这个时候，我们就想起鲁迅先生了。

因为他的批判乃是真的批判，而他所展示的批判人格与所代表的批判精神，乃是中国文化中一笔不可多得的宝贵财富。

八

陈寅恪的学术人格，其影响已经不止于学术领域了，但最具现实借鉴价值的显然还是在教育、理论、学术这样的范畴之内。

---

①鲁迅：《鲁迅作品精选》，中国文史出版社 2003 年版，第 438 页。

陈寅恪被人称为教授中的教授，他是纯粹学人的典范。他的学术榜样性价值，可以用四个词表现，即：专心、倾心、诚心与敬心。

首先是专心。专心学术，全无他顾，这个才是真学人。遗憾的是，当下的情形，全不对了。且不说抄袭成风，也不说形式主义泛滥，单说那些在学术界活跃异常的教授们，给社会的观感就甚为负面。有一种流行说法，认为现如今的教授，可以分为四类，即课题教授，码头教授，获奖教授与项目教授。所谓课题教授，就是绞尽脑汁，千方百计，去找课题，去弄课题。要问课题何以有这样的魅力，因为课题就是钱的代名词。一些文科课题，也有上百万，甚至上千万的。这样的课题表现，恐怕在全世界都堪称绝无仅有。课题就是钱，然而钱多却不等于结果就好。不知道这十几年来，学界一共累存了多少课题，又有多少研究成果。更不知道这些成果中，有哪几项是能够影响专业，影响学界，影响中国，甚至影响世界的?

所谓码头教授，即心思不在教学研究，专擅讲座。说是讲座，其实就是四处捞钱。名气小时，还写几篇文章，有些小名，就开始四处乱跑，且什么节日也敢去，什么专题也敢讲。有人称之为明星教授，名字很好，但各种水货不少。难得的是，一些花钱无约束的单位，还就喜欢这个。有谁真的批评几句，东家也不高兴，明星更不高兴了。

所谓奖项教授，不仅获奖而已，更多的是评奖。而奖的名目之多，尤其令人头晕，头大，找不到北。评奖之外，还有评优，评级，评估，好说灯红酒绿，歹说乱箭齐发，总而言之，就是不让你安静。处在一线的老师，尤其青年教师，其实处境可怜，而且前途堪忧。而获奖之紧要，之“生死”攸关，又绝对不是体制外面的人可以领会的。实在没有足够的奖项，你的职称，你的岗位，甚至你的饭碗都会受到严重影响。而这些奖项教授，虽然本人的成果未必怎么样，或者干脆就不做研究了，但其收益，一定可观。

所谓项目教授，真可谓“万般皆下品，唯有项目高”。项目并无不好，但别无他顾只剩下项目，就很不好。更其令人悲哀的是，奖项固多，真的创见却少，有大创见的更少，甚至连有些分量的原创性成果都少。这种情况倒是与中国的产业状况很匹配。中国的制造业，虽然差不多已经全球首屈一指，但论到核心技术，却远远不能差强人意。而高端技术与基础理论方面的贡献，则除去个别项目之外，没有几项可以向世界夸口的内容。

当然造成这种状况有着更深层次的原因，主要是制度设计与政策导向方面的原因。只是这与本文关涉不密，且不谈它。

陈寅恪一生学业，首在专心。专心到不问政治，也不关心政治；不问俗务，也不关心俗务；不参加争论，也不屑于争论；不做他事，也无他事可做；不习他艺，也没有几多他艺可以影响于他。他的全副身心，只在学术，尽在学术。抗战时期，他在重庆，日军轰炸频仍，大家听到防空警报就跑防空洞，他为此写一对联：“见机而作，入土为安。”那口气颇带些嘲讽与幽默，足见即使这样险恶的环境，他的表现犹自与他人不同。

不仅专心，而且倾心。倾心是一种宝贵的情感状态，即他不仅专心学术，而且挚爱学术，因为挚爱，才什么困难也挡不住他，什么压力也打不垮他；也因为挚爱，他才能得到无尽的欣慰与乐趣。

陈寅恪的学术生涯，其实乐少苦多，有些则是常人无法忍受的巨大痛苦。前面说过，他目疾严重，中午以后，竟至失明，然而，这没能阻碍他研究的步伐。但由于种种原因，他的著作写了，却出版不得，一等不能出版，再等还不能出版，以至这位学术老人要发出“盖棺有日，出版无期”的痛苦呼声。可以想象，倘环境由人，他虽健康堪忧，那研究的心一定是十分快乐的。

倾心之外，还有诚心。诚心是一种责任心，是由内向外而生发的一种内在性情感与品节。学术研究固然需要天才，那情形就像下围棋需要天才一样，就像NBA球员需要天才一样，但只有天才显然不够，还要诚心虔志，去对待它们。

学术研究，非具诚心不可为。诚能生静。而静是一种难得的研究境界。所谓任凭风生水起，我自淡定如初。这样的境界是不容易达到的。然而，如陈寅恪者，却不是淡定如初了，而是做到了静气如山，凭你什么名誉地位也无法打动他的。

诚心之上，还要敬心。陈寅恪一介书生，经历不繁，焦点不多，与他及他家接触密切的人，还保留了一些关于他生性胆小的说法，如梁宗岱夫人就有类似的回忆。但《陈寅恪的最后二十年》的作者陆键东不同意这说法。依我的理解，陈寅恪可能胆小，但陈寅恪即使胆小，他对学术研究的敬心却大。因为敬心大，他才不怕孤独，不怕病痛，不怕权威，也不受功名利禄等各种非学术性因素的影响。

敬心，乃是一种圣洁无余的态度，又是一种物我两忘的境界，更是一种单纯干净的事实。像这样敬心的人，如哥白尼，如伽利略。他们原本是信仰上帝的，但上帝说地球是宇宙的中心，不对了，他们就要发表不同意见，实在这一颗奉献于科学研究的心，大于上帝。上帝错了，也要指出来。这比喻有些大。作两个小比方。比如玫瑰花是红的，有强势者硬说它不是红的，或者把它拔掉，把它打碎，实际情况呢？她还是红的。又如，你可以不让王小二卖豆腐，但你绝对无法让王小二信服他卖的不是豆腐。就是你把自己化装成上帝，也不能改变他卖豆腐的事实。

敬心也者，正是一种对于所从事的学术研究的无条件信任，又是一种对这研究及其研究结果的有逻辑的肯定。

写到此处，我联想到中央民族大学教学主楼中曾悬挂着“敬、静、净”三个大字，这三个大字端的是好。

我认为：对于学术事业，该存敬畏之心，因为那事业原本是神圣无极的事业，面对神圣无极，岂可胡言乱语！

对于学术研究，应存静毅之心，因为那研究原本是艰深无私的研究，面对艰深无私，岂可胡思乱想！

对于学术行为，应存净洁之心，因为那活动原本是纯正无瑕的活动，面对纯正无瑕，岂可胡作非为！

九

胡适自是一位纯正坚定的自由主义者。他的自由人格对现时中国的影响，显然来得更具魅力，也更密合知识界对自由的向往与追求。然而，在他盛年时期，包括他去世后的相当一段时间，他其实却是一个不合时宜的人物。彼时的共产党人既不喜欢他，当权的国民党骨子里实在也不喜欢他。胡适先生辞世数十年，终于时来运转，应该是这民族与社会进步了。与胡适相比，鲁迅在他的时代则是一个风口浪尖的人物，反对他的人固然坚决反对他，支持他的人又要绝对支持他。而他的风格与影响，至今犹然为一部分人企盼与认同，可知这民族与社会的进步，又确实面临诸多困难。陈寅恪的一生，则顺利时少，坎坷时多，苦难凶险，备受艰辛。而他终于得到认可并成公众瞩目的文化人物，更是一件值得庆幸的事。三位巨人大有区别，而社会对他们的不同好恶与离合差别更大。从文明的发展阶梯考量，我认为鲁迅的时代不如胡适的时代，胡适的时代不如陈寅恪的时代。当人们忘记争斗也无须争斗的时候，就接近大同世界了。届时，战争消弭，专制消解，政治化为管理，管理化为服务，服务化为艺术，艺术化为生活，可有多么好哇。李慎之先生说过，20世纪是鲁迅的世纪，21世纪是胡适的世纪。这是一种诗意的概括。我想补充一句：就社会的深层渴求而言，胡、鲁二人正呈赛跑之势，我希望并祝福先到达终点的是胡适先生。

而今的现实，仍需要启蒙，主要是公民意识的启蒙。胡适先生一生，说到学术与文化成果其实不足以惊人惊世，但他的学习态度与自由信念，却能持之以恒，卓尔不群。德国大哲学家康德有言，启蒙是走出不成熟状态，勇于求知。这句话，鲁迅先生或许担当不得，尤其他的晚年，更似一位全知的斗士；陈寅恪先生则无须担当，他的注意力在彼而不在此；对于这种文化责任，唯胡适先生担当得住，担当得起的。

自由人格的基本品征是理性的，公然的，物权的，民主的。它虽然在逻辑上并不排除正义的暴力选择，但真正倾心的形式还是和平的，渐进的，共商的。它自有坚持与坚守，也不乏持之以恒的坚韧态度，而且主张稳中求变，尽管它的结构深处一点也不缺少革故鼎新的精神，但不赞成强制，不认同群起而攻之，不惧怕反对意见，有时甚至是最激烈的反对意见，也不顾念个人意见的孤独，并以能说服他人为最大的人生乐趣之一。

自从俞可平提出“民主是个好东西”之后，民主的话题又慢慢热络起来，而法制的诉求，则自“文革”之后，一直为社会大众所赞同所渴望。

其实，民主的价值前提是自由，法制的文化前提是理性。或者说，有自由，而后有民主，否则，这民主的基础就不坚实；有理性而后有法制，没有理性的法制安排，会先天带有诸多不确定因素。说不定哪一天，那些主张法制的人又会以非理性的方式去破坏它。

甚至可以这样说，唯有自由价值理念下的民主，才是善质民主，否则，极有可能成为民主暴力即暴民政治，且暴民政治与君主专制在本质上并无不同，其后果更会沆瀣一气，有无相通。而没有理性的法制，也很有可能蜕变为法制的空壳，只有法制之名，没有法制之实。这一点，法国大革命有过证明，德国纳粹也有过证明，后来东方国家的诸多现实都有过证明。

需要特别说明的是，对于一个缺少民主资源与传统的国家而言，对于一个处在百年历史激变的社会而言，自由与民主有时不免来得太繁琐，太格式化，太低效，太麻烦，甚至于太过软弱无力了。即使在一些很发达的民主国家，其社会与法制方式有时似乎也存在放纵坏人之嫌。如美国辛普森杀人案，因为自由、民主与法制的框架结果，辛普森居然以钱消灾，逃避了在常人看来根本无法逃脱的法制责任。

于是，很多人特别喜欢以牙还牙，以眼还眼，也特别服膺“批判的武器不能代替武器的批判”。坚决地认为，对于恶人就该恶治，对于残暴者就该残暴，如果不至于更为残暴的话。哪怕对手已经成了半死的悔罪的老虎，也一样绝不宽恕。然而，这完全不合乎自由人格的价值取向。事实上，一个具有现代文明属性的时代，是不相信以暴治暴，或者以恶治恶的。即使对于杀人犯，也须得保障他应有的权利。监狱只是关押犯人的场所，绝不是虐待犯人的地方。一切肉刑，都在废除与禁止之列，而一切思想罪，也都是不能成立的。绝不可以说，你敢打人，我们就一定加倍打你；你敢杀人，就给你来个千刀万剐，或者五马分尸；或者你敢偷盗别人的物品，就剁你的手；你敢信口雌黄，就拔你的牙；并且还要打着正义的旗号，随意使用法律的名义。

自由人格的逻辑结果，必定是平等。我有权批评你，你同样有权批评我，不因为你是总统就高人一等，也不因为我是罗德曼就没有指责总统的权力。或者用伏尔泰的语言表达：我完全不同意你的观点，但坚决捍卫你说话的权利。

自由人格一般并不喜欢大起大落，连大爱、大恨这样的字眼也不经常提起。我们读鲁迅的书，是常常会感到刺激与振动的，但读胡适的书，不大会有这样的情感反应。他的方式是平和的，讲道理的，一字一句，字字明白，句句清楚，一板一眼，一点也不绕脖子或者暗含讽刺与杀机的。作者并非没有激情，但能自我控制，并非没有大爱，但能平易处之。而这正与他的一贯主张相契合。他不因为有理了，就强势压人，而是依然坚持有一分根据说一分话；也不因为受到不公平待遇了，就泪雨滂沱，或者疾狂不已，一定提出更极端的观点与主张。相反，在那等风狂雨暴的年代，他竟然号召中国学者尤其是公共性学人“多研究些问题，少谈些主义”。

然而，一个社会系统的文明改变，是要一步一步去做的。文明的层次复杂，那最基本的层次即布罗代尔讲的最具影响长度的文明层次的改变与升华，尤其需要日积月累地不懈努力，一个细节一个细节地做起，一个根基一个根基地夯实。实在说，让一个民族学会野蛮，学会破坏，学会仇恨，是很容易的，而让一个民族学会友善，学会妥协，学会沟通，学会建设，就难得多了。恰恰到这样的历史关口，就会更需要自由人格的帮助、引导与支持。

借鉴胡适的自由人格，起码应该学会礼貌，学会友善，学会简单。

礼貌的生活，虽然不见得就是富足的生活，但显然是较比有质量有品位的生活。其实，中国古人，早明此理，所谓“君子绝交，口不言恶”。想来绝交是多么伤感情的事，然而也要礼貌为之，那个才是君子之风。所谓文质彬彬，斯为君子。我坚定地认为，当礼貌成为一种普遍性生活态度时，它也就会成为一种新的文明力量。从而使我们古老的中华民族，变得更具风度，更有格调。

友善同等重要。现在的社会风气不良，以至于人与人之间很是缺乏信任。比如在公共场所，遇到一位身带重物的老年人，他确实需要帮助，你也真心想帮他，但不可以的。你一帮助，人家就很有可能做出过度反应，甚至过激反应。社会缺少友善，主要原因在于有话语权的一方，在于管理者一方，但改变这种状况，却需要全社会的共同努力。譬如我们到了华盛顿，坐在某个公园的长椅上，过路的当地人，会向你问好或者给你以善意的微笑。这显然会减少我们身处异国他乡的生疏感。反之，即使我们在自己的国度旅游，举目四望，看到的都是一张张冷漠严肃的或者高深莫测的面孔，我们也会觉得这样的氛围很不舒服。

我在某个地方说过："成熟的现代文明，大半是简单的文明。"而我们中国人的人际关系，未免太过复杂，因为这复杂，又使我们活得很累，也因为这复杂使得我们很不容易接纳和善待他人。我希望有那么一天，中国人的生活能变成全世界各民族的生活类型中最为简单的一种，到了那时，胡适先生的在天之灵，一定很开心；而鲁迅先生的速朽愿望，也就大半成了现实。

十

总评陈、胡、鲁三式文化性格，应该说，各有所长，各有重点，各有无限借鉴价值在其间。这里特别强调以下三点。

第一点，因为有不同，才来得精彩。我把这种不同性格的集成表现，称之为"共鸣律"。孔子所云"和而不同"，仿佛若此。

有不同，而后有共鸣。有共鸣，而后成就各种美妙的音乐。如果只有一种声音，甚至只有一个音节，那么，完了。想听英雄交响曲，不可能了；想听小夜曲，又不可能；想听春江花月夜，也不可想。

第二点，因为有不同，所以才可以相互补充，我称这种异质同型的组合形态为"互补律"。

世间没有完人，完人几近上帝。那么，只有批判人格，显然不可以；只有学术人格，也不可以；只有自由人格都不可以。故而，当今的中国，既需要鲁迅，又需要胡适，还需要陈寅恪。其实这三位文化人物也不过是几个代表罢了。只有他们三种的人格类型还不够呢！还需要陈独秀，需要章太炎，需要钱穆，需要熊十力，需要梁漱溟，需要钱钟书，需要顾准，需要李慎之……以及无数知名或不知名的人，这一点，我是特别欣赏契诃夫的无论大狗小狗皆有权鸣叫论的。

第三点，虽然胡、鲁、陈的文化性格各有向度之别，但其核心价值又是相同的，对此，我称之为文明必在律。文明必在，文明价值必在，只要是有价值的，一定不分中、西、南、北，不分人种，不分国度。你有的，我必有之，我有的，人必有之。

鲁、胡、陈尽管文化性质差异不小，但在独立人格这一点上是没有区隔的；在自由意志这一点上，也是相互通然的；在追求现代文明这一点上，确是殊途而同归。这个，也是我在前面提出的胡、陈、鲁人格的一种而三式的基本依据。

十一

无论胡适、陈寅恪还是鲁迅，都具有高贵的人格和卓越的人格表现。然而，他们毕竟是已经逝去的这个转折时期的历史性人物了。在这样的历史人物身上，我们尽可以汲取无尽的养分与财富，然而，现代文明人，尤其21世纪的年轻人，不可以总是向后回顾，也不可以把自己的视野局限在中华人物这个范围之内。由于种种历史的，现实的，文化的，科学的，习俗的，宗教的影响，未来人们应该把视野放得更开阔些，把目标定得更伟大些，把前行的步伐迈得更坚实些，把创造力与想象力与行动力释放得更充分些。不但学习和借鉴胡适、鲁迅与陈寅恪，而且学习和借鉴洛克与亚当·斯密，学习和借鉴林肯与圣雄甘地，学习和借鉴伽利略与爱因斯坦，学习和借鉴康德与陀思妥耶夫斯基，学习和借鉴福柯与哈耶克，这实在是一些极具自由人格、民主人格、科学人格、批判人格与学术人格的代表性人物。而且就我所亲身接触到的许多青年而言，他们表现出来的坚韧、建设、挚爱与阳光，令我自愧弗如多矣。他们的确具备了超越前贤的潜质，具备了把中国文化提升到世界水准的前提。对于此点，我坚信不疑。

第二辑

文化方法

结构分析方法的案例性解读[①]

为《大学生GE阅读》写文章是一件很高兴的事情。此前我曾写过《漫谈真理的两端性》和《关于位序论的发散性思考》，这两篇文章讨论的其实都是结构分析方法问题。现在想续写一篇有关结构论的文章。结构论不等于结构主义，但它显然源于结构主义，它与结构主义不同的地方在于它是作为一般的思维方法出现和使用的。结构主义当然是所来有自，而且从现今的情况看其历史也不算短了，这里要讨论的不是结构主义所关注的语言结构、文学结构、哲学结构等西方人专注的问题，而是就其普遍性、关键性、行进性、类型性、动态性、建构性、目标性等问题做一番解读。结构分析方法在我已经有二十多年的尝试，至少对于像我这样的作者而言算是一个很有效的方法，在此奉献给各位读者以为借鉴。

①本文2011年5月25、26、27及30日口述于办公室，我的助手张轶及曲辉博士代为录入并提出许多好的意见与建议。

一

结构分析方法应当具有普遍价值与意义，无论就分析主体、分析客体以及分析方法本身而言，它都是有效和有益的。西方哲学传统最重要的支柱之一是其本体论思想，至少从古希腊时期开始，哲学家们就开始探索世界的本原，在那个时代就有火的起源说、水的起源说、数的起源说、原子起源说种种。这样的传统一直延续到现在。世界的本原究竟是什么？我看到的我们中国人提出的一种最通俗的观点叫做关系说。该观点认为，世界的本质就是关系，物质世界由什么构成？是由关系构成的。人类社会由什么构成？也是由关系构成的。没有关系，一切将不复存在。这理论确实很是有趣。即使是在科学层面，也能找出不少例证。比如原子，西方科学与哲学界一直在追寻最原始的分子构成，但这种追寻直到今天都没有最终结果。原本以为原子就是最小单位的，后来知道不是。原子是由正负电子构成。而正负电子还是可以继续分解下去，所以又有所谓毛粒子之说，其实就是夸克。微观世界如此，宏观世界也如此。现在科学界已经取得共识的宇宙大爆炸理论在一定意义上也可以看作是一种结构方式的改变。单一的因子引起大爆炸是难以想象的，而结构性因子引发大爆炸则是顺理成章的。康德哲学中包含特别注明的二律背反理论。他讲了四组二律背反命题。其中第二组是这样说的：“正题：世界的一切都是由单一的东西构成的；反题：没有单一的东西，一切都是复合的。”康德二律背反的价值之一在于证明物自体的不可以被认识。但我们可以说，它关于世界是由复合体组成的理论至少可以理解为“真理的一端性”。

但无论怎样，正负电子也是一种关系。原子与原子之间还是一种关系，所以说关系说确实有它的道理。比如一个人如果把一切关系都去掉，他还可以算人吗？又比如无论任何一种物质如果把一切关系都去掉，它还可能存在吗？显然不行。我以为，这种关系说其实就是结构说。关系即结构而且当把关系理解为结构的时候，显然，它更便于我们的认识、分析与使用。

结构分析方法与我们所习惯的两分法——辩证法相比较也有它的优势所在。两分法自然也有它的道理而且颇为我们很多同行所熟知和钟爱。

但两分法确实存在走向简单化的危险，即所谓的一分为二，而且什么都要一分为二，对一切事物都进行一分为二往往是把这个理论庸俗化甚至低俗化了。结构分析方法的好处在于，它考虑的首先是一个系统而不仅仅是找出它的长处或短处、优点或缺点、正面或负面。简单地只是寻找正面与负面很容易落入传统定性分析的窠臼，比如说一个人本质是好的，但是有缺点，这句话差不多完全抹杀了分析对象的个性特征，差不多适用于一切人，因为它适用于一切人，所以说了等于没说。又比如我们看现在很多鉴定和评语，包括工作评语或者学业评语甚至学术评语往往是千篇一律，优点一二三四五六七，然后找一个小小的缺点出来。这样的评语倒是很符合两分法，但几乎全无价值，我称之为美丽的平庸，把这个评语放在张三头上或者放在李四头上，就算你改变一万个主体，它可能都是适用的。所以，这种美丽的平庸堪称超级平庸。结构分析方法全然不是这样，它更容易与定量分析方法相契合。比如评价一个人，依着传统的方式首先是要判定他是好人还是坏人。但这样的方式并不符合现代文明的规则。现代文明社会我们可以随便认定一个什么人是坏人吗？即使对于犯罪嫌疑人也还要先作无罪推论呢。对人的分析实际上是一种类型分析，不是证明他的好与坏，而是证明这个个体的独特性。例如同是大哲学家，康德与黑格尔有何不同；同是大军事家，蒙哥马利与尼米兹有何不同；同是大文学家，劳伦斯与托尔斯泰有何不同？这方面，我以为应用结构式的分析方法显然更具备清晰度与可把握性。例如我第一次看到《黑格尔小传》中引证的一篇黑格尔大学毕业时老师给的评语时，曾经甚为震撼。评语原本寻常，何以引起震撼？就是因为我们太习惯于那种美丽的平庸了。真的一见到一篇结构式的、能够清晰地凸凹被评价人特点与品行的评语时，那种新奇感确实达到了震撼的程度。那评语是这样的："健康状况不佳，中等身材，不善辞令，沉默寡言，天赋高，判断力健全，记忆力强，文字通顺，作风正派，有时不太用功，神学有成绩，虽然尝试讲道不无热情，但看来不是一名优秀的传教士。语言知识丰富，哲学上十分努力。"这篇评语很具结构特征，就算一个完全不知道黑格尔是何许人的读者，对黑格尔的长处与短处、特点与性格也完全可以一目了然。这个人有点蔫儿啊，某一方面还有点笨啊，但确实很有智慧，太适合当一个哲学家了。如果某一个招聘单位想招聘一位大哲学家或潜在的哲学天才的话，一定不要放过黑格尔。

结构分析方法其实和中国传统哲学颇有相似之处。中国传统哲学理念中，最重要的构成我以为是三大理念，即道的理念、阴阳理念和五行理念。无论道、阴阳和五行都可以做结构解。五行本身就是一种结构，不是一种结构就很难解释它们之间的相生相克关系，阴阳更不消说了，阴阳合体乃是中国人的一大创造，可以理解为最简洁、最顶层、最抽象又最具可变性与演绎性的初始结构形态。那么道呢，道在中国思想史上可以作为一种本体论理解，所谓“道生一，一生二，二生三，三生万物”，而道本身其实也可以理解为一种结构形态，此话怎讲？老子固然说，道可道，非常道，非常道的东西就是不可以用语言来描述了。老子认为不能描述，《周易》却给了一个很精辟的描述。周易这样解释：“一阴一阳之谓道。”一阴一阳其实就是一种结构形态。这种结构形态在中国很多领域都有非常典型的表现，比如中医学，在某种程度上也可以视为一种医学的阴阳学。中医把人体类型分为六种：即太阳型、阳明型、少阳型、太阴型、厥阴型、少阴型。这六种类型就可以理解为六种结构。通俗的理解中医，它是把人的生命看成一种结构体。为什么说结构体？因为它反对全阴，也反对全阳。全阴就等于死亡，全阳也等于死亡。就是阴阳绝对相等，处于完全静止状态，还等于死亡。所以，这样的结构方式显然对于中医的立论有非常重要的意义与价值。这样的理念用于社会管理，用于人际关系，都有其存在的必要。

结构分析方法与现代科学也可以相互促进和印证。最鲜活的例证如人类对基因的研究。基因其实就是一种结构存在方式。前几年我看到一本书是讨论中国易学与西方基因学的，虽然有些不伦不类，但也自有其智慧在。我们从小受进化论教育，承认达尔文先生的理论，物竞天择，适者生存。但进化的最重要的内在表现是什么，过去不清楚，现在看来，最重要的内在组成方式就是基因。基因变了，物种就变了。美国Celera公司经研究发现人类基因总数约在在2.6383万到3.9114万个之间，不超过4万个，只是线虫或果蝇基因数量的两倍，人有而鼠没有的基因只有300个。

二

结构如此重要，以至于结构的变化往往就是事物性质的变化。当然这也不是说性质的变化就一定是由好的变成坏的或者是由正面的变成负面的，内中也有提升，也有飞跃，也有升华，当然也有质变。无论如何，只要认定特定的问题属于结构性的问题，它的严重程度肯定是高级别的了。中国搞了三十年改革开放，仍然面临很多问题，有些问题其实容易解决，有些问题很难迅速解决，这些很难迅速解决的问题就常常被冠之以结构性问题。这里，我想举两个重要的文化例证。

第一个例证是关于宋代新儒学的。中国传统文化中影响最大、成就最大、事关当前与今后中国发展的最重要的文化历史资源就是儒学。从儒学发展史看，它有两大高峰。第一个高峰是孔子创立的——儒学开创与兴盛时期；第二个高峰就应该是宋代新儒学了。宋代新儒学与先秦儒学区别固多，要点何在？用最简单的语言概括，可以说是在经典结构层面发生了变化。

宋代新儒学在文本上的基本标志就是改以六经为本为以四书五经为本。虽然五经的内容与六经是基本相同的，但四书的出现却是一个大大的内在性改变。四书五经这样的结构体系与六经体系有什么不同？它不但在学习的位序上发生了重大变化，而且在典籍安排的位序上发生了重大变化，尤其在理论结构的位序上发生了重大变化。现代学术研究有一个重要理念叫做逻辑起点。六经的逻辑起点是什么？这是一个很复杂的问题，多家解说，众说纷纭。但四书五经的逻辑起点是什么却非常的清晰和明确。它的整体逻辑是这样的：未言五经，先言四书；未言孔孟，先言《大学》《中庸》；而《大学》特别是《大学》的立论就成为整个四书五经体系的门径与纲要。《大学》开头就写：“大学之道，在明明德，在亲民，在止于至善。”这个逻辑起点作为宋代新儒学的整体起点不但非常恰当而且有提纲挈领之妙。最高的境界当然是止于至善。但它的前提是亲民，而亲民的前提是明明德。这个就是大学之道。而对大学之道最经典的阐释则是修身、齐家、治国、平天下。但修齐治平只是一种通俗的概括，全面地概括，它还有格物、致知、诚意、正心。很显然，这就是宋代新儒学的纲，也就是宋代新儒学被后世称之为理学的关键节点所在。其实，《大学》、《中庸》本身，原本只是《礼记》中的两个章节，朱熹等宋代大儒慧眼独具，把他们提取出来，置于四书五经之首，就使整个儒学体系发生了如此大的变化，可见结构的改变确实非同小可。

宋代新儒学至少有三大影响是无论如何也不可以低估的。它的第一个影响是新儒学成为宋代文明最重要的组成部分。宋代文明其实享有很高的历史声誉，对此，陈寅恪先生有过很精辟的论述，日本史学界干脆将宋代文明称之为东方的文艺复兴。很显然，这个文明的成立，四书五经与宋代各位大儒的努力是分不开的。

第二个影响是宋代新儒学一直影响了宋元明清四个王朝的历史文化发展。可以说，此后的文明成就都无法完全脱离宋代新儒学的涵养与推动。它的理念、它的规范尤其是它所蕴涵的文化精神完全可以视为中国自宋以降历史文明的一条主线。

第三个影响是对于近代以来中国社会的影响。可以这样说，近代以来，尤其是五四运动以来，无论是对中国儒学的批评、批判或者肯定、弘扬，它的直接对象常常并非先秦儒学、不是两汉儒学，而是宋代新儒学或者说宋明理学。新文化运动虽然高举打倒孔家店的旗帜，但它所直接批判的内容往往不是周孔之说而是孔孟之说；甚至不是孔孟之说而是程朱之说。例如饿死事小，失节事大；例如对女性的约束与禁忌，其实并非直接源于孔孟。孔子对此没有那么严苛。连孔圣人的亲生父母的婚姻都是野合的结果，当然野合也是婚姻的一种了，请读者诸公莫做浪漫之想。孟子也非常主张男女之别，但他是有变通的，就是说虽讲礼仪，不认死理。宋明理学全然不是如此，它真的认为就算饿死也没什么，保住贞节，比天还大。事实上，先秦儒学和宋明新儒学对于现实生活的影响而言正不知孰多孰少。

自上世纪始，又有新儒学兴起，代表人物也有，经典著作也有，而且总体来看，影响日渐其大。但我认为，最关键的一点是当代新儒学也要确立自己的学术体系，即完成它自身的结构性建设。这个结构性建设能否完成，直接关乎新儒学的命运，它的体系应该是什么样的，我说不清楚，我敢于肯定的是，新儒学结构——体系的建立必须符合这样的原则：第一，它一定要符合全人类的普世价值；第二，它一定要契合现代文明的核心理念；第三，它一定要保持和丰富儒学的内涵与特色。

第二个例证是对马克思经典著作的理解。对马克思的理解历史上就有分歧，有些是极其重大的分歧。因为有这样的分歧所以才有第二国际和第三国际的斗争与曲折，而且这两个国际都有他们的后继者。第二国际的后继者主要是西欧的社会民主党以及他们所坚持的马克思主义、社会主义理念。第三国际的后继者就是列宁和列宁主义了。

站在我们的角度，其实对于马克思主要理论的理解也可以有不同的理路与结构性组合。一个理路是强调以下三点：第一，阶级斗争。在很长的一段历史时间内，我们曾经认定一切社会分析的基础乃是阶级分析，一切社会矛盾的主轴乃是阶级矛盾。所以，要强调以阶级斗争为纲，还要主张继续革命，不断革命。这样的情况直到改革开放以后才得以纠正。第二，无产阶级专政。在很多自诩为经典马克思主义作家与注释者看来，阶级斗争并非马克思的独创，无产阶级专政才是马克思主义划时代的伟大贡献。刘少奇的名篇《论共产党员的修养》一文中曾有一段引文，因为文章特定内容的需要，删去了那段引文中的无产阶级专政一句。后来，刘少奇遭到批判，人民日报发表宣判刘少奇政治生命终结的一篇文章，文章的题目是《“修养”的要害是背叛无产阶级专政》。第三，是两个决裂。即与私有制决裂和与私有观念决裂。现在看起来，这样的观念是太过于超前了。因为要与私有制决裂，才出现人民公社、大跃进那样的历史性错误；因为要与私有观念决裂，才出现了影响直至今天的许多假话、空话、套话。

对马克思经典著作其实可以从另一种结构性路径予以阐释和理解。它所强调的要点是：第一，自由人联合体。这个思想马克思一生一贯坚持，曾在《共产党宣言》中做过精辟表述，也在《资本论》中做出过郑重预测。《宣言》中是这样讲的：“代替那存在着阶级和阶级对立的资产阶级旧社会的，将是这样一个联合体，在那里，每个人的自由发展是一切人的自由发展的条件。”这话是什么意思？通俗地说，马克思理想社会中的人，首先是具有全面自由人格的人、完全自主的人并且由这些人自由自主、平等自愿地结为社会联合体。而这种联合体正是马克思的政治理想的典型表达。第二，股份制思想。马克思主义的诞生早于股份制公司的诞生，换句话说，当马克思和恩格斯发布《共产党宣言》的时候还没有股份制。马克思主义的一个核心观念是说工人所出卖的不仅仅是劳动而是劳动力，因为他出卖的是劳动力，故剩余价值完全为资本家所有。这个观点完全可以称之为《资本论》的基石。但股份制出现以后，马克思有了新的发现。也就是说工人也可以通过股份制形式改变自己的身份，即他也可以成为所有者中的一分子。马克思这样说："单个的货币所有者或商品所有者要蛹化为资本家而必须握有的最低限度价值额，在资本主义生产的不同发展阶段上是不同的，而在一定的发展阶段上，在不同的生产部门内，也由于它们的特殊的技术条件而各不相同。还在资本主义生产初期，某些生产部门所需要的最低限额的资本就不是在单个人手中所能找到的。这种情况一方面引起国家对私人的补助……另一方面，促使对某些工商业部门的经营享有合法垄断权的公司的形成，这种公司就是现代股份公司的前驱。"[①] 我们最常见到的两个词儿是：实事求是、与时俱进。其实从上述例证中不难看出，马克思才真正是实事求是、与时俱进的经典作家。第三，共产主义的先决条件是物质财富极大丰富和个人才能全面涌流。这个思想集中表现在《哥达纲领批判》一文中。我在这里要特别强调的是这两个条件和两个决裂的关系。我以为，真的实现与私有制和私有观念的彻底决裂首先得有极大丰富的物质条件做基础。财富都不够，怎么决裂呢？比如，比资本主义国家要贫穷得多，却就硬说在这个基础上跨入共产主义，彻底告别私有制度，那有可能吗？还有人的才能的全面涌流，这也是一个非常高的标准。人的才能全面涌流既是社会解放的标志也是文明高度发展的标志，唯有在这个基础上才有可能或者说才有资格去谈论大同社会。

综上所述，可以充分地体悟到，即使是对于马克思主义这样的最为我们熟知的西方显学，因为对它的理解不同特别是结构性理解的差异，它所产生的现实后果与历史后果将会何等严重。

---

①马克思：《资本论》（第一卷），人民出版社1975年版，第343页。

三

结构决定性质可以说是一般规律，表现在政治结构方面尤为突出。

现代文明与古代文明的差异在政治结构上表现最为突出。中国古代社会最重要的理念就是三纲五常，三纲五常既是自秦汉以降中国古代社会最核心、最重要、最关键的价值理念，也是其政治组织形态的基本架构形式。三纲五常所包含的八个方面不是均等的，五常的重要性远不及三纲。三纲所包括的内容也不是均等的。父为子纲、夫为妻纲都要服从君为臣纲。中国古代社会原本最重视孝道的，父为子纲就是孝道的政治与价值纲领，但孝与忠一旦发生冲突就要以忠为孝。比如，大臣的父母故去，大臣就要丁忧三年，但皇帝有需要，就可以免去丁忧而且给一个理直气壮的名称——“夺情”。你本来应该尽孝道的，但孝之道不如忠之道，皇帝需要你，对不起，只能夺情了。而且夺情并不是一件不光彩的事儿。

中国京剧中有一出名剧《姚期》，故事说姚期的儿子打死了詹太师——汉光武帝宠妃詹妃的父亲，于是皇帝要将姚期满门抄斩。姚期让府中的奴仆逃走，这些奴仆坚决不走，要跟从他一起去死。于是姚期大受感动，有这样一段道白：

> 我死为忠，子死为孝，妻死为节，你们大家成全老夫一个义字。来，来，来，请受老夫一拜。

一家的男主人要被杀了，儿子得跟着死，这叫什么呢？这叫子死为孝；妻子也要跟着死，这叫什么呢？这叫妻死为节；满府的奴仆，无论男女老幼，也要跟着死，而且是自觉自愿甘心去死，这叫什么呢？这叫仆死为义。这样的忠孝节义观的根据是什么？就是三纲五常。因为皇权是第一位的，忠于皇帝是一切价值中的最高价值，所以一旦违背了皇帝的意愿就可能被判罪；一旦构成大的罪名，不但当事人要死，而且全家都要去死。最极端的表现是明成祖朱棣曾经因为方孝孺的不顺从而灭了方氏的十族。中国自古以来，只有九族之说，但皇帝愤怒了，还要添上一族，这一族从何而来？就是杀光了方孝孺所有的学生。

以现代文明的眼光看，这未免太不人道了。当今之世最坏的人大约就是本·拉登，美军击毙了本·拉登，但并没有因此就追杀他的妻子，追杀他的亲属，因为现代文明不允许株连。

现代文明的政治结构形态与古代文明恰恰相反，它的最高价值理念乃是公民理念。因为现代社会本身就是一个公民社会，如果说古代专制社会皇权是一切权力中的最高权力，那么，现代文明社会中公民权力就是现代所有政治权力中的第一权力。

美国第二届总统亚当斯当政的时候有一位女记者要采访他，他不想见，就今天躲，明天躲，后来这个女记者不高兴了，一直追到他游泳的地方，就在岸边把亚当斯总统的衣服垫在自己的玉臀之下，然后对亚当斯说：总统先生，请接受采访，否则，不可以穿衣服。据说，亚当斯游泳的水深正好到他鼻子的高度，这让亚当斯总统有些尴尬。不接受采访吧，裤子让人拿着呢，接受采访吧，站在水里不太舒服，但也没有办法，只好踮着脚尖，一蹦一蹦地接受了这位记者的采访。

这样的事情如果让朱元璋知道了，一定要杀这记者的全家，如果让康熙大帝知道了——尽管康熙大帝比朱皇帝仁慈多倍，也一定不会轻饶她。但这样的事情出现在美国，不过是个小小的花絮罢了。为什么会如此乾坤大颠倒，因为这是一个民主社会，民主是什么，选民做主。孟子说：“民为贵，社稷次之，君为轻。”这样的高论在中国古代社会已经非常了不起了。但朱元璋还要看他别扭，先是禁读《孟子》，把孟子的神位赶出贤良祠，后来经多方婉劝，还是把《孟子》一书做了不少删节，凡他认为不妥的就给删去。但在现代文明结构中，说民为贵，社稷次之，君为轻都不恰切。恰切的表达应该是：人民最大，国家次之，政府最小。政府小不是说责任小，政府为选民服务的责任一点都不能少，而是说大社会、小政府；而是说凡公务人员皆为人民公仆。

不仅如此，不论是哪一级政府出现问题，且不管是对本国选民出了问题还是对他国人民出了问题，都必须负起应负的法律责任与政治责任，而且它的后来者还应该对这些行为做出道歉。一个例证是德国纳粹政府杀害了数以百万计的犹太人，这些犹太人中既有德国公民，也有他国人民，这样的罪行不但希特勒及其纳粹政府要对它负责，到了科尔时代，科尔还曾经代表德国政府向被害犹太人的墓地长跪不起，表示谢罪。杀害犹太人与科尔有什么直接关系？没有任何关系。科尔本人也是反对纳粹的坚定一员，但因为这样的罪行是由历史上的德国政权所犯下的，所以，科尔的谢罪不但顺理成章，而且于法于理均不为过。这样的行为确实也让世人感动。

蒋介石政权收复台湾以后，曾出现“二·二八惨案”，这个惨案也曾震惊世界。蒋介石一生未对此案平反是他政治上的一个巨大的污点。但蒋介石的继任者包括台湾地区现任领导人马英九都曾为此郑重向受害者家属及台湾人民道歉，据说直到今天还没有完全得到受害人家属的谅解。马英九与“二·二八惨案”有什么关系？“二·二八惨案”发生在1947年，马英九出生于1950年而且出生地在香港，从他的年龄，从他的经历，从他本人的政治主张与价值取向，从他的执政作为与政策理念的任何一个角度看，他都与“二·二八惨案”毫不搭界。但依现代文明的价值、规则与尺度理解，他既然是台湾地区领导人，又是国民党主席，他就理所当然地应该对这样的历史惨案承担历史责任和表达政治道歉。

政治结构的变化是受历史条件所制约和推动的，它的基本特征是刚性的。对于现代人类而言，就是要最充分的保障公民的权力，保障每一个公民的权力和利益。任何一个生命都是无比宝贵的，任何一个人的权利都应当得到全社会和全世界的爱护、尊重、关切与保护。

四

结构的优势不在于它的固化或者规范化，而在于它可以更充分地展示事物的丰富性与多元性。现代世界原本就是一个多元化的世界，我在这个地方只举三种例证。

首先谈谈文化的多元化。文化本身就是一个结构类型方式，不同的文化自有其不同的结构组合式，但在现代文明条件下，文化的种类是多一些好还是少一些好，答案是不言而喻的。依照传统思维，很多人总是喜欢谈论文化的优劣而且由优劣谈到成败，又由成败谈到荣辱，依着这个思路，产生许多情绪化命题。比如，是东方文化胜过西方文化还是西方文化胜过东方文化，是西学东渐好还是东学西渐好，其实这些并非真正有利于世界文化共存共荣共赢的理念。或许可以这样概括，不同的国家因为其生存环境不同，故而生活方式不同，发展历史不同，生活习俗不同，进而形成不同的文化传统和文化精神。这些因素的有机组合就会形成特定的文化结构品性。美国学者康马杰等人写过一部《美国精神》，本尼迪克特写过一本研究日本文化的《菊花与刀》。在我的阅读视野中，这两部书可以说是讨论民族文化非常出色的作品，但很显然，美国有精神，中国也有精神，俄罗斯也有精神，德国、意大利、法国、丹麦……包括所有的国家都应该有自己的精神。这些文化精神的不同恰恰代表了其文化结构的差异性。从宏观上讲，各文化并无优劣，从发展阶段上看，各文化却有快慢，但各个民族的文化都有其存在的充分理由与根据。就当下以至未来的世界看，世界上不可以没有儒学文化，也不可以没有基督教文化，当然也不能没有伊斯兰文化或者犹太教文化等等。以我们中国文化自身为例，中国有多个民族，各个民族的文化都有其存在的必要。中国地域十分辽阔，各个区域的文化也都有其存在的独特价值。单以语言而论，推广普通话固然重要，保存地方话也非常重要。我以为，大多数人都会喜欢、热爱和珍视自己的家乡方言，如果没有北京方言，《红楼梦》一定大为逊色，如果没有苏州方言，《海上花列传》根本不会诞生，如果没有山东方言，《醒世姻缘传》的文学成色必定大打折扣。近年的央视春晚，受益最多的应该是赵本山，但如果没有了东北方言，赵本山所代表的以东北方言为主的小品还能产生这样的舞台效果吗？其实，不同的语言代表的是一种内在结构方式，只不过我们对这种内在结构方式了解和研究的还很不够罢了。

其次谈谈人才模式问题。模式也是结构，这个不言而明。人才结构无以尽数，可以理解为不同的人才类型。依着我们的习惯，在最基本的层面上是将人才的标准规定为德智体美四个方面。我的浅见还应该加上一个“心”字，德智体心美。因为身体健康不等于心理健康，五个基本方面可以产生非常多的组合形式，这些组合形式表现的就是不同的结构形态。早年我写人才学对人才的标准时考证过三个原则：1、各项指标整体水平的高低决定人才的能级。2、单项指标的特色决定人才的类型。3、各个基本指标如低于“死线水平”则人才报废。但就人才的智能结构考虑也可以划分为多个类型。智能的基本因素包括才、学、识、技四个方面，才指能力，学指知识，识指见识与胆识，技指技能。单以才而论就包括思辨能力、分析能力、交际能力、组织能力、审美能力等等。不同能力的人可以组成不同的结构方式。思辨能力优长的或可以成为哲学家，审美能力优长的人或可以成为艺术家，组织能力优长的人或可以成为管理者……以此一斑可以窥全豹，可知人才的类型也是一个非常值得探讨的领域。但人才的培养最忌简单化、格式化和规范化。人才不是产品，产品没有个性都不符合现代人的要求——现代经济学认为，成熟的市场必定会由大众化市场走向小众化市场，又由小众化市场走向个人化市场。消费者根据需要独自订购，厂家特别供应，这才是最佳的消费境界。人才培养显然更应如此。这些年，很多人总在讨论高校为什么不出大师，连个性存在都不承认，连多种发展模式都不认可，连弹性教育都不允许，怎么出大师？在目前这样的体制下，能做到这样的人才结果已经够万幸了，因为什么？因为这个体制虽然弊端甚多，很不可爱，但绝大多数从教人员还是非常可爱的。年轻的莘莘学子还是非常可爱的。人才规格无可限量、无以尽数。龚自珍诗云：“我劝天公重抖擞，不拘一格降人才。”人才本无一格，而是百格、千格、万格，大千世界，万态千姿，无以尽数。文理兼通固好，重文轻理也不错，别的都不行，就是数学特棒也是人才啊。比如史丰收，你说他是数学大家，他自己都不会承认，他的长处就是速算，这个不算人才吗？《加勒比海盗》中杰克船长的扮演者约翰尼·德普年轻时可谓高也不成低也不就，文也无长武也无能。名牌大学是没法上了，热门专业更别想了，而且还有诸多的毛病，其中一些毛病拿出哪一样来都得让中国式的家长睡不着觉。但这并没有影响他日后成为大才，而且现如今已经成为受全世界影迷关注的电影巨星。我们老喜欢谈论培养大师，真的大师有几个是培养出来的？是谁培养了比尔·盖茨？是谁培养了爱因斯坦？是谁培养了林肯总统？没谁！学校要做的应该是给各种各样的人提供发展所必备的基础和准备，给他们提供最好的成长环境和条件。能做到这个，就很了不起了。孔夫子都知道因材施教，我们不懂，深以为羞。

再次，谈谈婚姻的模式。当然是谈幸福婚姻的模式。但幸福的婚姻也绝对不可能只有一种模式或者说只准许一种结构组合方式。幸福的婚姻同样千姿百态、万紫千红。中国传统理念最喜欢阖家欢乐，很羡慕四世同堂甚至五世同堂，能够四世同堂而且其乐融融，在这样的大家庭里头婚姻幸福得以更充分地展示与滋养，当然非常好，但这肯定不能成为固定的格式。三口之家其实很不错，就是二人世界也非常不错，只要幸福，什么方式不是主要的。现在全世界特别是发达国家和快速发展中的国家都曾经流行或正在流行丁克。丁克的长处就是夫妻双方最大化、最充分地享受二人世界的快乐。子女再好，不予考虑。这样的组合方式不也很好吗？国际资讯台曾有节目讨论中国以后的生育状况，认为生育率很低，其未来状况堪忧，这其实是杞人忧天。现今世界都七十多亿人了，据说到本世纪末，世界人口要达到百亿，百亿是何等吓人的数字，如果其中能有数亿丁克一族，一定是人类之福，而且是全世界各类物种之福，乃至整个地球之福。不仅如此，就是不结婚过单身贵族生活，也是一种特殊的结构方式，其实也没什么不好。当下中国流行所谓剩男剩女，听着好像个贬义词，以至于一些大龄男女的父母急得要命，到处去给儿女张罗亲事，完全没有必要。剩男剩女不过是选择了多种生活方式之一种罢了。过得好时完全可以自傲于人。什么叫过得好呢？就是你认可这种生活，自信这种生活，喜欢这种生活，享受这种生活。还有同性恋。同性恋婚姻在一些国家已被法律认可，中国法律现在尚未认可，但态度已经比较宽容。我在年轻的时候写婚姻家庭问题时曾经很不礼貌地讽刺和批评过同性恋，现在想来都很愧疚。

五

结构分析对象还包括时代与不同社会性质的区别。20世纪80年代，对中国古代社会结构分析最出色的人物应该是金观涛、刘青峰夫妇。他们认为，中国古代社会属于超稳定系统。这个分析很有道理。依着西方人的观点，西方小农经济属于马铃薯经济，各自分散，互不往来，其结构形态是非常脆弱的。中国的小农经济虽然也是马铃薯经济，所谓鸡犬之声相闻，老死不相往来，但它作为整体结构却非常稳定而且超稳定。原因何在？依照金、刘二先生的研究，因为中国古代社会具有非常成熟和有效的官僚管理体制与科举体制。小农经济是马铃薯，而这两个体制便是混凝土。混凝土凝固了马铃薯，那系统能不超稳定吗？以此看来，同为小农经济时代，中国与欧洲，其社会结构方式显然也大不相同，不仅如此，对中国自秦汉到清末，应该称之为什么社会都有了疑问。说是封建社会，显然与"封建"二字的内涵有很大差异，也与西方中世纪封建社会的结构方式大有区别，但是总得有个名称吧，本人愚见，如果找不出更好的名称，权且称之为儒学时代或礼制社会。

古代文明与现代文明，其最大的结构差异在哪儿？古代社会的基本结构是不平等的等级化社会，它的价值取向属于依附性质，调节等级关系的核心理念是一个"忠"字，而且因为等级的差异，忠与忠都不同。臣子忠于皇帝称之为忠，儿子忠于父亲就称之为孝了，妻子忠于丈夫就称之为节。古代社会没有平等的概念，所以依今天的标准看，就缺乏正常的、独立的、平等的人，不是人上之人就是人下之人。现代社会的最大特征是非等级化的。凡公民，人格一律平等，人与人的关系不是依附性的而是独立的、自主的、自由的。每个人都有权选择自己的生活，决定自己的道路，追求自己的人生目标。

由此看来，现代社会的整体结构形态应该是弹性的，它的基本特色是对公共权力约束严格，对企业行为规范严整，但对人民生活和公民的个性表达则无比宽松。这一点也和古代社会例如礼制社会有着本质的区别。礼制社会的特征是整个社会结构都是非常固化乃至僵化的，而且越是对下层社会要求越严格，处罚越严厉。当然，一个清平时代，礼制对于皇亲国戚乃至皇帝本人同样有效，但在大多数情况下，这些严格的礼制所管束和压抑的只是那些社会下层人士。以《红楼梦》为例，礼教管得住贾赦和贾珍吗？管得住贾琏和贾蓉吗？管得住王熙凤吗？管得住贾雨村吗？一个都管不住。《红楼梦》中最可悲的人物我以为应该是晴雯。如果说贾宝玉是一重悲剧人物，他的悲剧只是爱情的悲剧，那么林黛玉就是双重悲剧人物，她的悲剧不仅是爱情的悲剧还包括身为女性的悲剧，晴雯则是三重悲剧人物，她既是爱情的悲剧者，又是自觉遵守礼法的悲剧者以致到了生命垂危之时才有“早知今日，悔不当初”之叹。此外，她还是维护等级体制的悲剧者，例如，她怀疑坠儿偷了东西，就狠命用簪子猛刺坠儿的手。

现代文明全然不是这样的，它的第一特征就是严格约束公权力。怎么约束？第一，没有法律规定不可任意行政；第二，按照洛克的说法，法律永远优于法令，政府永远不得以令代法；第三，政府的开支必须通过国会的批准，像当今美国这样，其财政预算一旦得不到国会同意，没办法，一些政府部门只好暂时关门；第四，政府行为要玻璃窗化，即除去国防、安全等特经法律准许的之外，都要公开于人民及其代表机构的监督之下，当然，更要无条件接受舆论的监督。此外，还有三权分立，权力制衡，中央政府与地方政府分权，政府组织与非政府组织种种对于政府权力的分割、限制与制衡。这样的权力结构安置才体现了现代文明的本质性特征。

现代文明条件下，企业行为需要规范，换句话说，即在整个社会组织结构中，它们的行为也要接受约束和制衡。这种约束和制衡的基本表达方式就是规范。我们喜欢讲企业道德，讲企业文化，讲诚信，其实诚信就是企业规范的一个组成部分。企业一旦违规，例如，垄断市场，就会受到制裁。美国的办法是，你垄断就判你拆分，企业损害消费者利益就给予压力惩罚，这种处罚的程度在中国是难以想象的，动辄几百万或者几千万甚至几个亿。其意若曰，你坑害消费者，就让你破产。

现代文明对于公民而言却是无比宽松的。换个角度说，就是现代公民可以有最充分的生活选择。例如一个生活在中国古代的人，你可以随便穿衣服吗？不可以，布衣就是布衣，官服就是官服，龙袍就是龙袍。例如清朝，皇帝龙袍上的龙和王公贵族“龙袍”上的“龙”的图案都不一样，皇帝是五爪金龙，王公贵族降一个等级，成了四爪金龙，称之为蟒。明清两代，官员的官服上都缀有一块补子，品级不同，图案也不同。明代的图案是这样的：文官一品至九品分别为一品仙鹤，二品锦鸡，三品孔雀，四品云雁，五品白鹇，六品鹭鸶，七品鸂鶒，八品黄鹂，九品鹌鹑。现代人呢？穿什么衣服都是你的自由，而且我们看时装秀，何等丰富，何等精彩，何等时尚，何等美艳。现代人不但生活自由，而且各种追求都无可非议。你可以是工作主导型，也可以是家庭主导型，可以是探险主导型，也可以是享乐主导型，一生一世，任何建树全无，就是自我保养得好，吃也讲究，喝也讲究，穿也讲究，睡也讲究，锻炼也讲究，交际也讲究，一言以蔽之，一切行为都为了自己的健康和愉快，再加上上天青睐，基因有效，一活活了百岁，中国人俗称人瑞，也很了不起啊。

而且在现代文明中个性张扬已经被越来越多的人所认同。个性张扬其实是一种美德，张扬个性确实是一种活力，最近最好的例子应该算是Lady Gaga。我的助手张轶博士对此曾有一段很精辟的论述，他这样写道："当然，最吸引人的魅力所在就在于她的冲破禁忌的大胆，向往自由的决绝。这为她赢得无数口水，但同样为她赢得无穷粉丝。对于她来说，性、同性恋、宗教、环保等等，所有话题她都敢于表达态度，你可以不认同她的看法，可以斥责她狂妄浅薄，可是，那种冲破禁忌，不为主流话语、传统审美、社会压力、工业标准等束缚禁锢的态度在后现代的当下具有强烈的魅惑效应。Lady Gaga曾说：我不是时尚品牌的堆砌品，我创造时尚！"简而言之，现代社会结构应该是弹性的，它对权力严，对生活宽；对整体力量规范，对个性表达宽松。它的基本立意是，生活大于政治，政治可以生活化，生活却不可以政治化。政治生活化了，社会管理者和政治家们主要的精力关心的都是选民的柴米油盐问题、幸福快乐健康问题，那多好啊。生活政治化了，弄得社会像一个大兵营，不但不美观、不协调而且很危险。需要补充的是，而今的社会文明已经超越了所谓英雄时代，像古代社会那样一个战死的或者屈死的英雄震撼一百年，主导一千年的社会状况早已不复存在。而今如果说有英雄也是欢乐英雄、娱乐英雄，昔日的英雄出于战场，今日的明星出于秀场，因为你秀得好，给这社会带来或者增加了快乐，你就会拥有大批的粉丝，人们就认你为社会的明星。清人赵翼说，"江山代有才人出，各领风骚数百年"，现在应该没这样的事儿了，能领风骚数百天就很可观了。但因为你秀的好，能让这世界快乐一分钟，我以为那也是很值得夸耀的事情。

六

结构分析方法的一个重点就是建构。其实人类历史也是一部文明建构史，许多世纪以来，人类常常探寻的一个问题是人到底是什么？有人说人是唯一会笑的动物，也有人说人是唯一能够制造劳动工具的动物。又有人说人是唯一能够使用系统语言的动物。还有人说人是唯一能够创造劳动成果的动物，如此等等。用马克思的话解释，人的本质即一切社会关系的总和。人的社会关系的总和也是一种结构形态，因为它不是把所有的关系无序或有序的堆积在一起。而是以一种特别的结构方式有机的组合成一个整体。这种结合体正是人类不断建构的结果，说得更具体些就是我们在不断建构外部世界的同时也塑造和建构了自己，所以人类是有历史属性的，今之人截然不同于古之人，庄子先生固然绝顶智慧但他一定不能理解后现代主义的代表作家福柯；鲁班师傅虽然超级工匠但他一定无法理解相对论的创始人爱因斯坦。人类建构史是如此复杂，本节删繁就简只讨论五个关键性节点。

1、**人类建构自己但不是随心所欲地建构，而是受历史传统的推动与制约。**历史传统的力量是如此强大，以至于欧洲某位先哲说过，历史的亡灵总会不断穿上现代的外衣，在现实的舞台上狂舞。这个道理，无论中外莫不如是。西方哲学界流行这么一种观点，就是西方两千年哲学史不过是对柏拉图哲学的不断解读。这说明什么呢？这说明西方哲学虽然走过了两千年的历程，经历了无数的曲折和辉煌，但他们终究无法摆脱柏拉图开创的历史道路。不仅哲学，其实整个西方文化都是如此。古希腊文化传统虽然在西方历史上曾经出现过中断，但作为一种文化血脉它其实是亘古长存的。中世纪五百年黑暗，只是极度地压抑了它，而文艺复兴运动又理所当然地放大、继承和辉煌了它。中国历史何尝不是如此？如果用诗意的表达可以说我们每一个人身上都生长着孔子的基因，近代以来有对孔子及其儒学的诸多质疑和批判，但一个伟大的文化在历史大转型时期，它原本是需要各种各样的文化主张的。正像文艺复兴以后，西方人对待基督教一样，它需要继承，需要借鉴，需要发挥，需要升华，需要扬弃，需要批评，也需要非常严厉的批判。而正是这些一切因素的合力与张力的结果，才促成了新的文明的诞生与成熟。

2、**文化的建构，同样需要开放。**小的发展需要小开放，大的发展需要大开放，或者倒过来说小的开放会促进小发展，大的开放会推动大发展。在我看来，中国文化三千年历史辉煌是伴随着三次融合与开放的高峰而来的，第一次是先秦时期各个诸侯国，特别是战国时期区域文化的开放，因为这种开放与融合，才成就了伟大的秦汉文明。第二次融合开放，发动于汉末，经过魏晋南北朝的长期磨合与碰撞，汉胡文化相互吸纳，相互促进，古人常说五胡乱华，其实五胡乱华，华何曾乱？就算是乱了，那结果依然是非常正面的。因为有了这次相互吸纳与融合，才成就了更其伟大的隋唐文明。第三次融合狭义地讲可以说始于鸦片战争，广义地理解还要更早些，一直可以追溯到明代利玛窦携基督教文化来到中国。即使从晚清算起，至今也已有一百七十余年的历史。期间经历的曲折、困苦、艰难与刺激，可谓前所未闻，但它带来的文明后果也同样亘古未有，直到今天这个过程还没有走完。我们所达到的不过是一个阶段性的成就罢了。

3、**建构又是具有历史阶段性的。**这里说的历史阶段并非以改朝换代为标志，而是以大的历史分期为模板。以小农经济时代为例，我有这样一个观点，秦汉文明可以说发端于商鞅变法，完成于儒学官方地位的确立，期间包括秦始皇统一六国，中央集权制——郡县制的建立。但光有这些显然还不够，还缺少一种相应的文化做匹配，这个文化就应该是儒家文化。很可惜当事者迷，秦始皇不但没有认同和肯定这种文化，反而焚书坑儒，自己挖了自己的墙角。所谓“竹帛烟销帝业虚，关河空锁祖龙居。坑灰未冷山东乱，刘项原来不读书”。秦始皇没有做好的事情，汉武帝和董仲舒做好了。这就是“罢黜百家，独尊儒术”。以历史满足律的观点看，一个新的文明的建立，需要完成必备的经济基础条件、政治制度条件、社会体制条件，还要配之以相应的文化条件。当文化条件不具备的时候，其历史任务很难完成。所以秦始皇统一六国，虽然李太白对这一成功大为赞赏，高歌曰“秦皇扫六合，虎视何雄哉”，但因为没有相应的文化匹配与涵养，所以秦王朝的命运却是悲剧性的。秦至二世而亡就其内在逻辑而言也算是题中应有之义。

以中国当代文明的建构而论，中国不走市场经济道路便罢，中国如果要走市场经济道路，就一定存在着特定的现实发展逻辑。这个逻辑就是：市场经济必定导致法制经济，而法制经济必定导致法治社会，法治社会必然属于民主社会，与之伴随的才是全结构的现代文明。

综上所述，无论小农经济时代还是市场经济时代，其历史阶段性建构特征都是类似的。所不同的只是小农经济它是地域性的，而市场经济它的必然结果一定是全球化的。

4、至少从现实的情况看，人类的文化建构还是以民族与国家为基本单位的。因而这种建构必定要选择择优而行之路。所谓择优而行就是不同国家的文化建构的关键之点在于找出本国的长处，我们是特别爱讲爱国主义的，但我以为爱国主义先要发现自己国家的优势何在。找不到优势可能就是一种盲目的爱。比如荷兰的优势在于农业，它的特产是花卉，如果荷兰人不在农业和花卉上特别花功夫，放大自己的优长，那么一定不会取得现在这样的经济成就与世界影响力。中国的吉林省其实与荷兰面积相仿，资源也比较相近，爱吉林的吉林同胞，如果能把吉林的特产像荷兰一样放大出来，我想不但会造就吉林的光荣，同样会丰富我们中国的光荣。瑞士的地理环境其实并不优越，很容易东边挨打西边也挨打。但瑞士人很聪明选择了中立化道路，又有以钟表业为代表的制造业作为国家的文化品牌。因而免受两次世界大战的蹂躏，以特殊的方式丰富和幸福了自己的国民。由此可见，建构的第一原则就是找出自己的优势。中国领土面积很大，区域差异也很大，近几十年最失败的经验，就是所谓农业学大寨、工业学大庆。在政策上的表现就是农业以粮为纲，工业以钢为纲，九百六十万平方公里，十亿大众，一刀切。毁林也要造田，因为以粮为纲；毁木也要造田，因为以粮为纲；毁山也要造田，因为以粮为纲；毁滩涂湿地也要造田，还是因为以粮为纲。其结果是造成了生态的大破坏。粮食问题也没有解决：以粮为纲，全国缺粮。好的建构方法，显然是扬长避短，爱自己的家乡，就要找出家乡的优势所在。爱自己的国家，就要找出自己国家的优势所在。就像一个人一样，如果总是让他给自己找毛病找缺点找问题，找来找去把信心都找没了，把活力都找死了，多大的天才也难免变成平庸。一个人首先不是找缺点而是找优点，不是找问题而是找特长，不是找劣势而是找优势。

5、**建构的另外一个关键点，是所谓短板效应，我在前面说过建构的第一个关键点是发现长处，但这只是真理的一元性，不但要发现长处还要明白短处。**所以老子才说“知人者智，自知者明”。短板效应是一个非常好的比喻，一个好好的木桶就因为其中一块板短了，它的容积就会大打折扣。特别在建设和发展时期，短板效应显得尤为重要。我喜欢做这样的比喻：破坏一个旧的体制，可以用断指效应，所谓伤其十指不如断其一指，正如要消灭一个敌人，那么最好是击中其要害。比如击中头部或者心脏，只要打一个极小极小的洞，他就完了。但培养一个新人，例如养大一个婴儿却不能这样，不能说培养一个孩子只要抓住主要毛病就行了，别的都不重要，只要一个聪明的大脑袋。再聪明的大脑袋，如果只剩下一个头了，那还算一个人吗？所以我们说培养一个人也是一个系统工程，涵养一个文化又是一种系统工程，构建一种社会文明更是一种系统工程。幸运的是，对于这一点我们中国人是越来越有深切的体会了。

最后还想说明的是，文化建构其实也是有规律可循的，我以为有六条规律特别需要遵守，这六条规律分别是：

（1）文明必在律；（2）历史满足律；
（3）多元共鸣律；（4）同意互补律；
（5）耗散结构律；（6）畸形惩罚律。

这些规律其实也是一个结构形态，而且我认定，那种认为使用单一规律就可以解释复杂对象乃至解释世界的理念早已经大大落伍于这个时代了。

对于这六条规律，我在拙著《中西文明的历史对话》，还有《正义，你听我说》等书中多有涉及，考虑到本文的篇幅所限，此处不再详加介绍。

七

既然有建构，必定有解构。用佛学的思维方式表达：有生必有灭，有正必有反，有来必有去。那么，有建构必有解构。这也从另一个角度说明，任何结构形态都不可能是尽善尽美的。建构者固然希望自己的建构达到最高的水准与境界，但那水准与境界毕竟是属于人的而不是属于神的，因而它一定会有缺陷，它或者需要不断的完善自己，或者需要改变原有的形态开始新的建构，这种改变其实就是解构。

为什么建构与结构总会循环往复，因为就建构的主体而言——人性存在无法克服的弱点，就其客体而言——世界处在不断的变化之中，而作为中介物——例如工具也永远处在革新与创造的过程之中。人不是上帝而且永远不会成为上帝，所以他的建构与解构永无休止，客观世界不会静止，绝对静止就等于死亡，死亡了还有什么建构与解构可谈？主体在变，客体也在变，中介物一定会在变，这种变化同样无法达到它的理论极致。其实作为整个宇宙，它也终将有灭亡的一天，按照最先进的大爆炸理论，现在的宇宙仍然处在膨胀过程中，但膨胀终于会转成塌陷，塌陷是一个拐点，以我们现在的科技水平，无法准确预知这个拐点的到来会对人类的生存产生什么样的影响。即使是对世界怀有最强烈信念的正统马克思主义者，如果他读过《费尔巴哈论》也一定会记得恩格斯说过的人类也终将灭亡的话。

这就是说，解构也是结构分析方法的题中应有之义，但关键点在于解构存在着不同的类型和方式。我这里把它分为四种类型：

1、**破坏性解构**。破坏性解构就是暴力解构，用暴力方式毁灭旧的结构，为新结构的建立扫清障碍，确立基础。应该说暴力方式肯定不是一种优选方式，无论哪个时代，暴力都会造成对社会的严重伤害，这些伤害有时是非常巨大的。但暴力方式至少发展到今天仍然有其存在的必要。例如世纪就是一个人类空前使用暴力的世纪。像一次大战、二次大战那样的暴力过程与伤亡结果，在人类战争史上绝对是空前的，但对于德意法西斯和日本军国主义而言，人类不使用暴力还能有别的选择吗？显然没有。所以我们的先人也曾经很睿智的指出过战争——暴力的集中体现可以分成两类：一类可以分为正义战争，一类是非正义战争。对于诸如法西斯或者恐怖组织这样的邪恶势力，以暴制暴仍然不失为一种最佳选择。但我在这里要特别说明的还主要不是这些，我想说明的破坏性的解构即对原有社会结构的暴力改变，事实上也存在两种不同性质的解构方式。一种破坏性解构是说，破坏了旧有的结构方式而后建立起与原有结构方式并无性质差别的结构式，例如中国历次由暴力造成的改朝换代。农民起义了或者外族入侵了，而且这起义或者入侵确实获得了成功，但那社会的性质并没有变，只是使其恢复到相对公平与清明的社会状况。黑格尔老人批评中国历史说：中国历史实际上并没有历史而只是在原地打转，换成后来解说者的话：只有造反，没有革命。另一种破坏性解构则是通过暴力方式改变了原有结构的性质，将其提升到一个新的历史空间。这样的情况也有很成功的或者不甚成功的例证。最成功的例证是英国革命尤其是它的光荣革命或者美国的独立战争。不甚成功的例证则是法国大革命。但无论如何，它们都改变了原有的社会结构性质。

2、**改良性解构。**与破坏性解构比较，改良性解构显然更有利于这社会的转型和进步。改良性解构不是一种突变而是一种持续的渐变，并且通过这种持续的渐变达到水到渠成、瓜熟蒂落的目标。我相信现代绝大多数中国人的内心深处都是认同和期待这样的变化的。历史上这种变化也有许多成功的案例。中国古代史上最成功的例证就是商鞅变法。商鞅变法也有阵痛，但总的来讲，那种阵痛不是暴力的、流血的和对国家造成重大破坏性伤害的。世界上这样的例证也有不少，例如日本的明治维新，俄国彼得大帝施行的社会变革，最成功的例证则首推英国的君主立宪过程。英国自光荣革命之后不曾发生过政变、内战等重大的社会政治危机，这应该说是一条非常值得人们羡慕的社会发展之路。美国也大抵如此。自1776年美利坚合众国建国之日起，除去南北战争之外，它的总的发展态势也应该列入改良性解构这个范畴之内。林肯时代的美国显然大大不同于华盛顿时代的美国，罗斯福时代的美国同样大大不同于林肯时代的美国，而肯尼迪时代的美国又大大不同于罗斯福时代的美国，但它的变化是徐徐渐进的，用梅兰芳形容京剧改革的一句话讲，叫做“移步不换形”。经过多年的历史，美国仍然是美国，但它没有停止过现代化的步伐和进程。

3、**发现性解构。**发现性解构主要指的是重大科学发明或者理论发现，因为这种理论和发现改变甚至颠覆了旧的结构与理念。它不是以暴力甚至也不是以改良方式出现的，它以真理的方式改变了人们的观念从而改变了这个社会的文化结构与历史秩序。最显著的例子有哥白尼的日心说、牛顿的力学三大定律、爱因斯坦的相对论和波尔的量子力学理论。这些重大的科学发现不但影响了科学本身，而且改变了人们的思维方式，改变了传统哲学，改变了整个理论体系，从而为新的社会文明的建构奠定了坚实的基础。遗憾的是，我们中国人在这方面还缺少建树。

4、**生长性解构。**生长性解构属于另外一种性质。首先，它一定不是破坏的；其次，虽然客观上它是一种改良，但并不刻意改良；再次，它也并非重大的科学发现或理论发现。它以自己的质量和品质，以自己的新的建设姿态与生存方式构成了对旧的结构的客观上的解构，这种解构实际上是一种替代性解构或者可以称之为蜕变性解构。所谓替代性解构有如一个孩子的成长，一个人进入青春期了，他的内在结构发生了变化，但这种变化是由成长造成的。所谓蜕变性解构仿佛幼虫变成了蛹，蛹又化为了成虫。一条青虫是很不美观的，估计的女性看了都会尖叫，但变成蛹了，接受起来就容易多了。现在很多餐馆还有把蛹做成美味佳肴的，那些没被人类朋友吃掉的幸运的蛹或者化成了蛾，或者化成了蝶，一瞬之间成为美丽之物，没有任何女性再对着它们尖叫了，即使叫也是因为它们的美丽引发的惊艳。生长性解构有类于此。生长性解构也有多种类型，其中颇具代表性的包括技术经济类的生长性解构和社会组织类的生长性解构。前者如以蒸汽机为标志的世纪产业革命，以电器时代为特征的二次产业革命和正在深刻影响人类生活的以国际互联网为标志的信息革命。这些革命对于旧的生态结构而言，就是一种最有力的解构方式。社会组织类的生长性解构包括世纪的公司及现代企业的出现、世纪世界贸易组织以及欧盟等组织的出现等。我以为，现代企业制度的建立、网络时代的到来、世贸组织的不断发展和完善再加上生发于20世纪后半叶的欧盟和东盟这样的新型政体，完全可以称之为人类发展史上四大生长性解构的关键节点。如果到了21世纪结束的时候，欧盟能够完成自己的既定历史目标，东盟也可以走完自己的建构过程，北美自由贸易区也可以达到自己的历史目标，甚至中、俄、韩、日也能建立起自由贸易区等新的地区共同性组织，那么，人类的明天一定大有希望。

四种解构类型都有各自存在的必要性，但比较而言，我们还是希望能以后三种方式解决人类面临的种种问题，推进历史文明的全面提升。对于我们中国人来讲，暴力解构尤其是一种人们所不愿意看到的社会变革方式。但未来的中国究竟选择怎样的发展道路，不但取决于社会各个阶层的努力，尤其取决于执政者的胆识与选择。

八

结构本身是一个复杂的系统，它包括理想结构，也包括现实结构；包括静态结构，也包括动态结构。本节重点讨论动态结构中的平衡态问题。过去习惯讲斗争哲学，所谓与天奋斗，其乐无穷；与地奋斗，其乐无穷；与人奋斗，其乐无穷。斗争当然也是必要的，但片面强调斗争难免失去平衡点，所以无论是社会结构还是经济结构，平衡态都是一个非常重要的命题。我曾写过一本名为《民间视点：中国现在进行时》的书，专门写了经济平衡态、社会平衡态与文化平衡态，这里对上述三个问题结合当下社会实际另作一番叙述。

关于经济平衡态。经济平衡态可以分四个层次——例证性的。首先当然是供需平衡，供需平衡是一个总题目，但做到它非常困难。完全平衡绝对不可能。市场经济的一大特点就是追求利益最大化，这种追求如果没有任何限制与制约必然导致经济失衡，因此，供需平衡的关键在市场；市场的关键在公平与透明。市场经济最常见也最容易出现的问题就是垄断与投机。垄断必定破坏公平，投机必定打破平衡。资本主义时代之前，经济永远是短缺的，人民造反的原因是灾荒和饥饿。市场经济状态下，生产短缺转为过剩，投机则成为健康经济的大敌。20世纪30年代的大萧条最根本的原因也在于投机，因为过度投机，引起经济泡沫化。2008年金融危机同样因为过度投机，导火索是次贷危机，病症仍然是因为过度投机引起的经济泡沫化。中国经济的现实与未来发展关键在于做到市场公平，现在的问题是各级政府热衷于招商引资而不是市场的公平与监管，这显然已经成为中国经济发展的一个很大的陷阱。

其次是地域经济的平衡态。经济发展不平衡对于一个大国而言也属正常状态，但长期不平衡甚至差距越来越大显然是非常危险的事情。中国中、东、西部发展有很大差异，缩小这个差异是这一代中国人必须完成的任务，做得好时可以创造出更多的发展机遇与历史机遇。我想说的重要的一点是追求平衡但坚持阶升梯进，既使东部保持优势，又使中部成为承接转移经济发展的平台，同时使西部资源得到更充分的利用与回报。

再次是进出口贸易的平衡态。现在我国出口顺差过大，2011年底，外汇储备已达3万亿美元。外汇储备过低当然不好，证明这个国家的实力和国际化程度不够，但外汇储备过多也绝对不是一个好消息，特别是当这些储备只是作为储备而不是作为资本的时候就等于白白蒙受了巨大的利润损失。加上中国的外汇储备比较单一，美元一贬值，我们的储备就缩水。有人开玩笑说，我们中国同胞最为酷爱存钱，银行年年让人民的存款缩水；美国政府却年年让中国的外汇缩水。中国存款人等于平白无故做了两次冤大头或者说一头牛被连续剥掉了两张牛皮。

又次，经济平衡态实质上也就是利益平衡态。它本质上表现的是个人与群体的利益关系。这个群体包括企业也包括政府。现代化历史证明最良好的经济态势的第一块基石是公民个体利益得到最充分的保护，这一点做不好或者做得不到位，市场就不成熟，法制就不健全，现代企业制度就不完善，现代国家民主就有缺失。

还要特别补充的是，为了达到经济平衡态，国家必须选择正确的发展模式。就世界各国的发展状况看，日本属于一种模式，它是以指标为主导的；德国是一种模式，他是以指标为指导的，两相比较，德国的发展模式更为健康、更为协调也更具借鉴价值。

关于社会平衡态。社会平衡态也例证性的介绍四个层面。

1、**阶层关系平衡态。**自新中国成立以来，阶级斗争在相当长的历史时期内成为社会生活的主旋律，它引起的后果国人心知肚明。现在强调以经济建设为中心，但阶级或阶层的存在是一个客观现实。存在不同阶层就会产生利益矛盾，我们喜欢讲博弈，阶层关系实际上也是一种博弈关系。最坏的结果是零和博弈。你争我斗，结果穷人仍然是穷人，富人最终也成了穷人。最好的结果应该是双赢。富人没有变穷，穷人却在变富。不但富有财富，而且富有信心。依我的浅见，阶级平衡态关键支点在于充分保护和发展中产阶层的利益，但做到这一点，既需要好的政策、好的社会环境，也需要长期不懈的努力。

2、**社会发展与社会保障的平衡。**没有发展难以有良好的社会保障，但只讲发展不讲社会保障，这种发展对于众多的劳动者而言就会失去价值与意义。近几年我们开始重视幸福指数，幸福指数其实是一个非常重要的社会指标。今年“两会”以来，很多地区都提出建设幸福城市、幸福乡村等等口号，但把口号变成现实需要付出巨大的努力，尤其需要找到切实的方案。

3、**政府组织与非政府组织的平衡态。**中国传统文化最重视清官。一个清官就可以造福一方人民，这样的理念完全不合现代文明的需要。现代社会的基础在于公民自治。政府不但必然是民选政府，而且是有限政府，又是服务政府。单靠政府组织解决一切社会问题既是不可能的，也是不正确的。中国人要改变一种观念，即认为社会只是政府的社会，政府只是整个社会结构中的一个子系统。对于目前的中国而言，发展非政府组织是一个非常迫切也非常重大的历史性工程，这个问题如果解决得好，则中国社会的现代化进程才会表现出更合理的结构形态与更健康的发展道路。

4、**区域发展平衡态。**区域发展不仅仅是个经济问题而且是个社会问题。中国幅员广大，民族众多，唯有各个地区的发展都能尽其所长，得其所有，才能使中国的社会状况获得更坚实的基础，具备更充分的活力。

凡此种种证明社会平衡态的一个关键在于保护人民本应享有的各种权利，特别是保护弱势群体的权利，它的基本标志，是使每一个公民应得的权利都得以最充分的保障。在市场经济这个漫长的历史阶段，人人富有只是一个理想，但最基本的权益保护必须成为一个现实。这个现实也就是构建社会平衡态的基石。

关于文化平衡态。文化平衡态也枚举四个例证。

一是中西方文化问题。其实不止于中西方，包括中日、中印、中非种种。所谓中西方，只是一个符号。中西方文化问题，百年以来多有争议，但文化融合、文化碰撞、文化共赢是一个无可争辩的事实，更是一个无可更改的历史方向。很多中国人一听到西化就反感，但以原创性而论，我们的发型、我们的衬衣、我们的眼镜、我们的外套、我们的腰带、我们的裤装、我们的鞋与袜，有哪一样是原创的啊？但这也不证明中国文化就没有生命力。所谓平衡态，是有一种博大的精神，是有一种宽容的立场，是有一种融通的能力，是有一种共融的路径，这一点想来绝大多数中国人是有着切身的感受和体悟的。

二是政治文化与社会文化的平衡态。传统社会最突出的是政治，最著名的人物也多是政治人物，站在制高点上的往往是有作为、有成就的帝王以及被帝王所认可的思想文化人物。但在当代文明下，社会文化远远大于政治文化。各种文化相互推动形成整个社会的繁荣。以美国为例，肯尼迪时代最有名的人物是谁？应该是马丁·路德·金。自里根时代以来，最著名的文化人物应该是奥普拉。记得有一个朋友对我说，现在很多人都知道张伯驹，但不记得功勋卓著的解放军上将。我的回答是，那些久经沙场的将军当然十分值得尊重，但中国人都记得张伯驹也不是一件坏事啊。就好像我们谈到唐朝，首先记起的就是李白和杜甫，谈到宋朝，首先记起的苏东坡与李清照，谈到明清时代，最有影响的人物首推曹雪芹。这证明什么呢？这证明文化是最具生命力的，又证明现代人的文化选择是最富于社会精神的。

三是雅文化与俗文化的平衡态。中国古有重视雅文化的传统，这其实并不全面，大而言之，俗文化乃是雅文化之母。最早的文学证明就是《诗经》，《诗经》是没有作者署名的，证明它是俗文化——特别是“国风”

部分。后来的汉诗、唐诗都源于俗文化。宋词尤其如此，它最早的发源地是市井与青楼。元曲更不消说了，它原本就是市井文化的一部分。遗憾的是，现在的许多所谓学者，一谈到文学就特别强调纯文学概念，什么叫纯文学？我担心那些张目者与鼓吹者自己都弄不清楚，而且他们自己的作品够不够得上纯文学的格也值得怀疑。又比如所谓商业片和艺术片，一些评论家专门看商业片不顺眼，这个太没有必要了。最好的办法还是以类型片划分为好。即使是艺术片，没有市场可以吗？我的观点，完全没有市场就等于死亡。比如一个人写一部小说，全世界没有一个知音，是人就不看，这小说即使再"雅"，对于社会又有什么意义呢？

四是区域文化平衡态。所谓区域文化包括各种各样的地方文化、行业文化，这些文化都有存在、丰富和发展的必要。如果偌大的一个中国，只有一种国家文化，那情形就太可怕了。鲁迅先生提出的"民族的就是世界的"受到多少人的宣传和热捧，但我想补充一句，最区域的也就是最中国的，只有各种各样的地方文化、行业文化、民俗文化都具有活力时，中国文化才可以进入到一个更高的历史层次。

无论经济、社会还是文化平衡态，都与区域层面密切相关。可以知道未来中国的活力一在公民，二在基层，三在边缘与交叉地带，我以为这末一点还特别符合耗散结构理论。

关于位序论的发散性思考[①]

一

有一种哲学观点认为：结构性思维属于认识论中的基础性思维。研究对象是一种结构，研究主体也是一种结构，甚至研究中介例如工具、媒介、方法论还是一种结构。结构如此重要，其方式的改变往往会带来性质的改变。过去常用的一个例证是，金刚石与石墨的构成元素并无区别，就是因为其组织结构不同而形成极硬与极软两种极端的物性。其实不仅这一个例证，如果我们可以假定原子为构成物质世界的最基本单位，那么，就是因为其结构方式的差别而形成千差万别数不胜数的大千世界。人体是由原子构成的，树也是由原子构成的，尽管都是由原子构成的，一个人和一棵树可有多么不同。当然，现代科技证明，原子也是有结构的。本世纪以来，基因学说已经成为科学门类中的核心门类之一。其实基因也是一种组合方式，组合即结构，我在一个材料上看到人类和苍蝇的基因差异其实很小，但就因为这个小小的差异而造成了物种之间如此巨大的差别。凡此种

① 2010 年 11 月 22 日至 25 日上午口述于办公室，由我的助手曲辉和张轶博士即时录入。

种，都表明结构方式在认识论方面的重要地位。

由结构而引起的另一个必然性问题是：因为有结构，必然有位序。位序的不同其实也就是结构的不同，位序的变化也就是结构的变化。但位序与结构的差异在于，它更具有主观性与选择性。实际上，我们常常不能选择一种结构，但我们可以选择位序；或者说，我们可以建构一种结构，但建构的方式往往是从位序选择开始的。

位序改变的影响可以举出无穷多的事证。以“万无一失”这个成语为例。它本意是说保险系数极高，不可能出现差池的。但把万无与一失的位序颠倒一下，改为一失万无，那意思完全变了。等于是说，因为一失造成万事皆空。

再举一个例证。现在网络流行语中有一句：“羡慕嫉妒恨”。这个句子是由三个词组成的。依其原有位序而论，它表达的是一种负面方向，原本是羡慕的，结果成了嫉妒，成了嫉妒已经不太爽了，后面又来一个恨。恨是一个好词儿吗？除去极特例的用法之外，它的表达往往不是正面的。但把这个句型的位序换一换，还可以产生其他五种组合。

恨嫉妒羡慕是一种组合。这种组合的情感的指向则是正面的，原本是恨的，不知怎么一来变成嫉妒了，嫉妒就好受多了，嫉妒还不够，又变成羡慕了。这种情景谁碰到都舒服。

嫉妒羡慕恨也是一种组合。这种组合有一点怪了。原本是嫉妒的，嫉妒变成羡慕了，挺好，可是羡慕又变成恨了，确实有点乱。

恨羡慕嫉妒这又是一种组合。这样的组合更奇怪了。本来是恨的，难免有些金刚怒目似的，结果变成羡慕了，那弯儿拐的太大了，找不着内在逻辑了，最后又变成嫉妒了，那种情感过程跟坐过山车似的。

羡慕恨嫉妒也是一种组合方式。这方式也有点不可理喻。本来是羡慕，挺好的，可以成为友人或者知己的。很不幸，一下子从温柔之乡蹦到反目成仇去了，然而，还不算完，归宿点在哪儿呢？归宿点又成了嫉妒了。这个架算是打不完了。

嫉妒恨羡慕是最后一种组合方式，这样的位序若非特别不合情理就差不多等于喜从天降了。原本很嫉妒的，其累加结果都变成恨了，咬牙切齿了，不共戴天了，但那结局呢？竟然回归羡慕了，从一对死对头变成了欢喜冤家，这样的事情有谁能碰到？实在是一种很特别的幸福。

位序的改变还有更严肃的事证。现实中的例子固然很多，文学中的例证同样不少，一部《水浒传》出现最多的节点就是排座次。林冲上梁山要排座次，晁盖上梁山又排座次，白龙庙小聚义还排座次，排来排去，一直排到108条好汉总座次。这里面很重要一点就是位序问题，特别是最高首领的位序，可以说其位序的改变就等于梁山方向的改变。王伦做寨主时，那不过是一群占山为王的强盗罢了；火拼了王伦，晁盖取而代之，就改变了梁山的方向，从而使梁山人马真正成为一支义军；晁盖死了，宋江成了梁山之主，马上改“聚义厅”为“忠义堂”，方向又变了，这种变化使《水浒传》这一部书的价值取向发生重大改变，从而也取得了远非一般小说可以比拟的文化地位。

位序的不同还表现在很多艺术形式方面。例如，西方戏剧是导演中心制的，虽然非常强调编、导、演的平衡与密合，但作为戏剧中心的是导演。这一点在中国人艺也有非常突出的表现。人民艺术剧院在其最辉煌的发展时期，号称三大编剧——郭、老、曹；四大导演——焦菊隐、梅阡、夏淳、欧阳山尊；当然，还有于是之、英若诚、郑榕等一批杰出的话剧演员。但最核心的人物是谁？是导演。最璀璨的星辰是谁？是焦菊隐。这样的情形在影视作品中也是同样适用的，位序第一的总是导演。中国传统戏曲的位序则全然不同，用一句话概括就是主演中心制。而且最重要的主演不仅是中心还是老板呢。旧时代业内人士怎么称呼梅兰芳？称梅老板。怎么称呼谭鑫培？称谭老板。这个老板不是虚的，就像现在研究生叫导师做老板一样。他的地位原本如此，主演不但主导他所演出的剧目，而且主导他所在的演出团体。中国传统戏曲完全没有导演的概念，剧本也是可以随演随改的。老板认为这句词儿不对了就可以换一句，认为这段唱不舒服了，就可以改一段。没有导演，也能演出非常好的戏来。其保证在于演出的程式化和主演的特殊地位。观众也是如此，旧时的观众有时会把看戏称为“捧角儿”。而且依一般的惯例，很多观众尤其是那些所谓有身份、有地位的观众是不会按照开场时间到场的。他们看的就是角儿，而角儿是一定不演帽儿戏或者二出乃至三出的，他一定要演压轴或者大轴戏，而他的观众也要等到这个时候才会到来。不仅如此，两个名角儿合演一出戏，甚至不事先对戏，而且很自豪地把这种合演方式称之为“台上见”。其结果呢？大腕儿也会很出色的。凡此种种，在西方戏剧人看来都是不可思议的。

二

经济位序属于进行性位序。

位序论对于经济的意义价值，这也是一个很值得思考的问题。改革开放三十年以来我们中国人对于经济二字，尤其是市场经济有了越来越深刻的体悟与认识。但经济也好，市场经济也好，还是其他一切经济现象与经济建设也好，处在第一位序的价值追求究竟应该是什么，这确实是一个必须回答的问题。在我看来，至少现代经济第一位序的价值只在民生。民生本身当然也是一个动态体系，最基本的是生存，其次是富足，然后是幸福——就是民生、民富与民福。这些稍后再谈。

民生的第一要义在于生存。生存是最基本的，这样的道理其实自古而然。鲁迅先生说一要生存，二要发展，没有生存这个基础，其他一切都是空谈。中国古代社会统治者最反感与最头疼的事情乃是流民问题。在他们眼里，流民就是流氓，流氓就是土匪。但为什么会有流民？民不是天生要流动的，特别是在小农经济条件下，人们更不喜欢流动，流民的根源在于饥饿，流民的基本成分应该就是饥民。因为他在原居住地无法生存了，所以才要流。所以古代社会的安定问题，本质上乃是生存问题。当广大的人民无法生存的时候，其安定基础就已经不存在了。

回顾中国现代历史其实也是这种情况。无论是旧民主主义革命，还是新民主主义革命，它们发生的基本原因就在于人民的生存出现危机。人民不能生活了，才要流动才要改变；流动和改变仍然不能生存，才会追求革命。1949年以前，共产党最有力也最有效的生存方式乃是土改。改革初期，其最重要的动力乃是农民对生存与温饱的迫切渴望与追求，其最重要的表现形式就是包产到户。这个规则应该成为一切经济行为的价值共识。遗憾的是，在很多时候我们先讲生存，然后讲发展，然后讲强大，然后讲理想，然后讲革命……讲来讲去把发展、强大、理想、革命的出发点和归宿点忘记了。要知道无论是中国人还是外国人，人类不是为了发展而活着的，也不是为了强大而活着的，甚至不是为了理想而活着的，当然也不是为了革命而活着的。如果把这些内容弄得颠倒了，所有的漂亮口号都将成为背离民生这一第一位阶的虚妄行为。

民生也是变化的。如果说生存是第一位阶，那么民富就是第二位阶。无论从人的本性考虑还是从文明的本性考虑，人民的富足都应该在位序结构中，处于特别优先的位置。民富问题，人民追求富足是天生合理的，天经地义的。有很长一段时间，我们的先人们甚至认为富裕是罪恶，贫穷才光荣。那肯定有悖于常识，也有悖于真理。但从中国历史看，富裕二字很少取得光荣的位置。我们中国人非常喜欢讲义不大喜欢讲利，在潜意识当中总有些认为财富不太光彩的因素在。其实财富是好东西，无论对于个人而言，对于家庭而言，对于民族而言，对于国家而言，通通如此。全世界多个国家，如果别人都是富足的，偏我们是贫穷的，那好吗？如果别的民族都是富足的，偏我们伟大的中华民族是贫穷的，那好吗？依此类推，如果别的家庭都是富足的，偏我们的家庭是贫穷的，那也很不好。从追求生存到追求富足，乃是一个必然的合情合理的逻辑过程。对于这个过程不应该有半点犹豫和怀疑。

民富问题不是一下子可以解决的，过去不能完全解决，现在不能完全解决，在可以预见到的未来，大约也无法完全解决。美国人比我们富裕得多，但它那里仍然有许多穷人，既有买不起房子的穷人，也有居无定所的穷人，还有睡地铁车站的穷人。但问题的关键不在这里，问题的关键在于贫富不能过于悬殊，尤其是公共政策不可以故意或者客观上拉大这种悬殊。就我国目前的情况看，贫富两极分化问题已经十分严重。这样的状况已经给社会带来种种负面影响，已经对民生问题造成重大的结构性伤害。现代文明社会的一个重大职责，就是关心弱势群体，关注贫困人群。这是检验现代文明的一块试金石。从这个原则出发，各种公务人员尤其是公共权力者，万万不可以只热衷于与富豪交朋友，热衷于所谓的发展速度，热衷于种种政绩工程。这个问题实际上也可以表述为所谓共同富裕问题，共同富裕才是真的富裕，正如各个社会阶层的共赢才是真赢一样。

民富问题，还有一个民富与国富的关系问题。民富与国富在位序的表达，民富是第一位的，是本；国富是第二位的，它只能成为民富的结果，而不能成为民富的前提。这道理其实中国古人都明白。我们古代先贤有许多伟大的智慧，其中一个智慧就是藏粮于民、寓富于民，人民的肚子饱了，这个国家才能不饿。可悲的是，中国至少自周秦以降，国家的统治者从来都是富足的。即使在大灾荒年代，他们也富足，在战乱年代他们仍然富足。明朝末年内忧外患，已经是天下大乱，但崇祯皇帝的生活受到影响了吗？没有。因为没有，这王朝才完蛋了。晚清时候，同样是内忧外患，西太后的生活受到影响了吗？完全没有。不但没有，她还要挪用海军经费修建颐和园，作为自己的寿礼呢。虽然我们不能说就因为西太后的庆寿而毁了大清王朝，但我们完全可以说西太后的这种行为，就昭示了大清王朝必定灭亡的历史逻辑。当下的中国也存在种种矛盾，我认为其中一个突出问题就是财富过于集中于国家，其表现形式是固然增长很快，但国家财政收入增加更快，而劳动者的工资收入远远低于国家财政收入的增长幅度，甚至低于的增长幅度，其中一部分处于一线的劳动者和数量巨大的贫困人口，其收入甚至低于物价增长幅度。无论怎么看，这种状况都是必须改变的。即使用最客气最宽厚最温和的语言表达：民穷国富也绝对不是一个好消息。

民生问题的更高理想在于人民的福祉，即不但需要民富而且需要民福，这几年我们中国人终于弄明白社会经济发展指数固然重要，但社会幸福指数显然来得更为重要。只有发展没有幸福，这样的发展好吗？只有生存没有幸福也不好。就是有了财富没有幸福都很不好。比如现在环境破坏、环境污染的情形十分严重，给我们最直观的表现就是空气的肮脏，水源的肮脏，与我们食用品的不洁净。在这样的情况下，即使很有钱也不见得有健康，而没有健康的钱财只能加重人们的不幸福感。据我看到的有限的资料，中国的恶性疾病发病率如肝癌、肺癌等发病率，远远高于世界平均发病率。试想一个绝症患者纵然身家千万他能感到幸福吗？何况疾病并不只是光顾富人，一个身无分文的人患了绝症不用说就等于加给了他双倍的痛苦。

综上所述，现代经济的第一位序应该是民生。这个位序也可以分解为以下三个规则：

规则一：经济建设必须与民生的改善同步而同在；

规则二：民生的水准与内涵必须不断地提升与优化；

规则三：国家的富足必须建立在人民的富足之上。

三

与经济位序的进行性特征不同，现代政治位序应该属于一种绝对性位序。

位序论的政治表达关键在于人民的地位。究竟人民是处于峰极地位还是附属地位是区分各类不同文明的分界线。

中国固然有五千年文明历史，三千年文字历史，但直到辛亥革命，无论从制度意义、实践意义还是理论意义上考察，中国人民从来没有进入到政治位序的最高层次。特别是秦始皇建立统一的中华大帝国之后，中央集权制、社会等级制，加上隋唐出现的科举制，成为中国古代文明的三大文化支柱。中国古人是以等级而区分的，这种等级不但非常繁复而且到了现代人很难理解的程度。皇族与官吏相比已经有非常大的位阶差异，官吏与平民相比又有非常大的位阶差异。即使同为皇室也是等级分明，贵妃与皇后虽只一步之差，这一步的距离却是非常之大，而贵妃之下还有妃嫔种种。官员们的级差同样如此，一品官地位显赫、位高尊显，而七品官到了唐宋之后，已经成为芝麻官了。但就是这样的芝麻官却又是百姓之父母官。试想，一粒芝麻因为加上了个“官”字都可以成为百姓的父母，百姓的地位如何可想而知，如果硬用位序来表达的话，那位序可能排到爪哇国去了。然而平民与平民也不同，大的分法叫做士农工商。士人可以入仕，一入仕就等于鲤鱼跳过了龙门；农民虽然地位低下不被尊重但被重视。工匠的地位还好，商人就惨了，官僚阶层看不起他们，要用各种方式压榨和攫取他们的财富，平民百姓也看不起他们，认定无商不奸，就连盗匪流氓一类都特别青睐他们，例如梁山上的好汉最喜欢抢劫的，恐怕商人就是其中的一种。但还有比商人更低贱的，那就是奴仆。尤其可悲可叹的是奴仆也分等级，相信看过《红楼梦》的人都能体会到，虽然都是奴仆也可以说是，奴分十等、等等有别。

中国古代的位序排列，皇帝总是第一位的。个别的时候也有权相当政也有外戚擅权也有军阀割据，但这都不是常态。正常状态下，皇权总是第一位的，与之相匹配的文化价值就是三纲五常。中国皇族的权力之大不是西方人可以想象的，至少在基督教盛行之后，西方的皇帝要遵从教会的意愿。中国皇帝不是这样的，他不但统治人间而且那权力可以上通天堂下达地狱，其明证之一，就是中国的很多神祇都是由皇帝敕封的。奇异的是皇帝一封就管用，他说钟馗可以做打鬼的神，钟馗就真的有了这样的特别的权力。

中国古代文化中对于王权与人民的关系的最好的描述应该是孟子。因为孟子说过民为贵，社稷次之，君为轻。这实在是非常高明且非常杰出的价值判断。因为有这样的价值判断，有这样的价值判断所代表的最积极的儒学文化，所以中国固然有数千年的中央集权的小农经济历史，但也创造出小农经济所能允许的，带有奇迹性质的文化辉煌与历史辉煌。中国汉代的“文景之治”、唐代的“开元、天宝之治”，尤其是宋代的文明都达到非常高的程度，在他们各自的时代都曾领先于或标榜于当时的世界。作为文化遗产，相信他们至今乃至千万年后依然会熠熠生辉。尽管如此，人民的序位仍然是低的。所谓民为贵，社稷次之，君为轻，绝对不是人民老大的意思，而是从治理者的立场或者古代人道者的立场给出的价值判断。也就是说，民为贵不等于民为大。民之所以为贵是因为伤民就等于伤国，伤国就等于伤君。这样的逻辑还是以维护君主的崇高地位为基本的价值判断。唐太宗李世民说得更通俗，也更直截了当，叫做“民可载舟，亦可覆舟”。

1840年以后，中国的国门开始慢慢打开，虽然是被动的，但那进程却是亘古未有，而且一步一步开始与世界文明接轨。开始是洋务运动，而后是戊戌变法，戊戌变法所走的乃是一条中国式的宪政之路，但很快夭折了。戊戌变法的失败证明在中国宪政之路很难走通，于是发生辛亥革命，而袁世凯的复辟行为，更证明宪政之路已机会不再，于是中国开始进入一轮又一轮的暴力革命的浪潮当中。这种形式说明，中国在开始走向世界的时候，碰到的绝对不是一个好时机。从其内部而言已经充满了发生各种暴力的社会基础，从其外部而言，她所直接碰到的，不是文艺复兴时代的西方，不是启蒙运动时代的西方，甚至不是美国独立运动时期的西方，而是列强开始争霸世界的西方。这些内外因素的叠加结果，用孙中山先生的话表示就是中国的现代化之路应该是军政、训政、宪政三个阶段。而用毛泽东主席的表述则是无产阶级领导的民主主义革命其基本政治诉求乃是人民民主专政。这样的情况很显然对于民主价值的认同、对于民主政治的追求、对于人民权力的理解，都与其原本含义发生巨大偏差。而计划经济之路更令这种偏差日趋扩大，现在看来计划经济体制实在是一种历史的怪胎。它的基本特点就是乌托邦理想加专政再加群众性暴力运动。而从其管制手段看，甚至是任何一个历史时代都很难与之相提并论的。因为它不仅要管思想、管政治、管行为还要管经济生活，其最终结果是使该体制下的人民生活到了普遍饥饿的边缘。用最温和的理论语言表述，也只能是匈牙利经济学家科尔内论证的：计划经济必定导致短缺经济。

依照现代文明的理解，人民主权是理所当然的事情，人民的政治位序绝对应该，而且必须处于最优先级位置。人民与国家是什么关系？依照古代人的理论皇权天授，用中国人的语言表达，皇帝都是些上应天命的人。但现代文明不这样理解。现代文明认定国家是一种特殊契约存在方式。因为这种契约就是宪法，其体制表现就是宪政。比如说有一群人发现了一个小岛，于是大家立约在这个小岛上建立公共性社会生活组织，那么这种生活社会组织就是国家了。有契约然后有国家，依着这样的逻辑，当人们解除这个契约的时候，该国家也就不存在了。这说明什么呢？说明人民是国家的唯一立约人。其位序表现就是人民是第一位的。

因为人民是第一位的，所以很多旧式观念必须予以改变。例如在很长一段时间内，我们常常听到诸如“教育人民”、“组织人民”、“领导人民”之类的说法。其实人民是不可以被教育的，因为它序位第一嘛。谁有资格教育人民呢？没有！而现实的情况是，在很多人的内心深处自觉、不自觉地存在着这些不正确的观念与想法。这些观念和想法有些是秦汉时代就存在的，有些是明清时代就存在的，有些是战争年代特有的，有些则是计划经济时代残存的，这些东西叠加在一起就形成十分有悖于现代文明的理念与行为，从人民的角度看，也就发生了很多“被某某”的话语形态与社会现象，如被增长、被就业、被福利、被医改、被健康、被环保、被低碳乃至被代表种种。现代社会组织本质上应该是自治性质的，只有自治才可以与人民第一序位的理念相匹配。唯有我们认识到并且认同这样的理念，上述那些“被”句型的观念和社会现象，才有可能逐步消解与清除。

因为人民是第一位的，所以有关人民健康、利益与安全等各个方面的价值诉求与利益诉求都必须得到郑重对待与保护。但从这些年的社会现实情况看，损害人民健康、人民利益、人民精神的社会现象可谓层出不穷如强拆事件、雇佣黑社会组织伤人事件、假食品假医药事件、各种恶性安全事故等等。其出现频率之大，其社会影响之坏，其对人民的利益伤害之深，几乎到了可以忍耐的极限。正确的做法应该是对于这类事件无论从法律层面，行政层面，国家层面，舆论层面，经济层面，管理层面都应该依照非常严格的标准，采取非常有效的措施严惩不贷、以儆效尤。

因为人民是第一位的，所以我们不仅仅在理论上对于公民价值应该予以最充分的认同，而且在制度上和实践中，对于每一个公民的价值都应该予以充分的认同。中国的“矿难”很多，救援者也非常着急，但最让我感动的是昨天在电视上看到的四川威远八田煤矿救援的一幕。当最后一名受困者被救援登井后，记者采访在现场指挥的四川省副省长李成云时他说了一句感人肺腑的话：“29个矿工，一个不少。”“一个不少”应该成为我们的一种普世性价值追求。但看我们过去的历史，似乎总有这样一种看似公正实则荒谬的价值判断在作怪，比如说代表绝大多数人的利益，代表百分之九十五以上人群的利益，看起来很合理其实很荒谬，不要说百分之九十五就是百分之九十九都不符合宪政精神，也不符合现代文明准则，你代表百分之九十九，余下的百分之一怎么办？以现在的中国人口计，百分之一就是一千三百万，一千三百万人的利益可以弃之不顾吗？一千三百万人的尊严可以任意践踏吗？一千三百万人的人格可以肆意侮辱吗？显然都不行！人民序位第一的最重要的检验标准是，“人”的序位大于“民”的序位。唯有能够保护每一个人的文明形态才是最合乎现代精神与现代法律的正常形态。

四

政治位序属于绝对性位序，人民永远是第一位的这个顺序是不可以改变的。而教育位序则是一种分层性位序，或者也可以说它是政治位序下的一种“二级标题”，这里分四个层次对教育位序做些说明。

在价值排序上，人的教育应该排在第一位。我在《大学生GE阅读》（第二辑）曾发表题为《成人教育>成才教育>成功教育》的专文，认为学校教育不应该仅仅是成功教育，也不应该仅仅是成才教育，而应该成为名副其实的成人教育。成功教育的特征在于急功近利，属于一种功利化教育。这样的教育弊端非常多。表面上看它非常强调效率，而所谓效率只是应试教育的一个翻版。其实不论任何事情只讲效率都是危险的。开句玩笑，最有效率的疾病是癌症，最有效率的行为是破坏，最有效率的结局是死亡。但这些情形好吗？如果把现代教育弄成如此类型的成功教育，必定会严重伤害到受教育者的身心健康。成才教育听起来好多了，然而也是一种片面化教育。成才当然是好事，但只讲成才会产生难以避免的负面作用。很多历史人物你不可以说他们没有才，但却可以说他们没有人格，比如宋代权奸蔡京是人所共知的奸佞之臣，但他却很有才华，尤其他的书法成就十分杰出。书界一般认为宋代四大书法家“苏、黄、米、蔡”的蔡就是他，只是因为他人品太坏了，于是改蔡京为蔡襄。此说虽未确，足可聊备一格。而明末清初的阮大铖就是一位才子，他写的传奇《燕子笺》，手法很高明，单以剧本而论也是非常出色的，但论到作者其人却为天下人所不齿。清代的大贪官和珅其实也是一位有才华的人，理财能力很不错，还颇读过一些书，连涮羊肉的流行都与他有些关联，但他也是一个没有人格的人。当代人物中有一位康生，其一生行止几乎到了天人共愤的地步，但他却真的是一位才子，读书极多，文章也很好。他的书法被称为康体，我小的时候在北京荣宝斋看到过他写的一个匾额，上面是很大的“文渊”两个字，落款是“康生左手”，我们就议论左手都那么棒，右手又当如何。可见片面强调成才教育，实在不是一件值得夸耀的事情。成人教育全然不同于此。它讲的就是人格健全，全面发展。这样的教育也许功效不那么明显，但从长远上来看它却于整个民族的长久有利，对每个受教育者的身心有利。

在人员排序上，学生应该是第一序位的。这些年强调素质教育，但素质教育的主体是谁，有时候我们并不清楚。我有一个看法也曾多次说过，中国的素质教育有点像《红楼梦》里的大观园。大观园中的爱情主角应该是谁？显然是林黛玉和贾宝玉。然而历史的荒谬在于，这两个主角却是在婚恋问题上最没有发言权的。对贾宝玉的婚事似乎人人都有权发表意见，上到贾母下到王熙凤旁及尤氏乃至所有的旁观者甚至丫鬟婆子都可以议论上几句。唯有这两位爱情主角偏偏没有发言的权力。我们现在的素质教育，上到最高层，下到每一个教师旁及所有社会成员，好像人人都在议论素质教育，指点素质教育。只有作为最重要的当事人——学生，却听不到他们的声音，单这一点就可以看出素质教育的位序很成问题。学生不仅是素质教育的主角，而且应该是学校各类人员中的最高位序者，用一个不恰当的比方，学生如同工厂的产品。一间工厂，它最重要的内容是什么？就是产品。一切环节都应该围绕产品的质量来运作。学校也应如此：所有一切都应该是为学生服务的，为他们提供方便的，有利于他们身心成长的，保证他们生活的快乐、鲜活与舒适。一种好的教育，应该能够及时有效的发现每个学生的各种可能性优势，并把这种潜能转化为现实。如果背离了这些就等于离开阳光大道进入死胡同。但要特别强调的是，学生可以类比于产品但绝对不是产品，二者之间有着本质性差异，学生尤其是大学生完全应该作为有自主表达与行为的学习个体，他们不能只作为被设计者、被培养者、被检验者、被考试者出现，而是应该根据自己的特点自己的兴趣自己的志向自己的计划来主动安排自己的大学生活。这才属于正常状态。现在大学的管理颇像运动队的管理，几点起床几点睡觉都有人管着，这其实是对于人格的一种矮化。有的地方甚至有这样的规定：学生有条件到校外居住也不允许，非让他们住集体宿舍不可。这样的做法即使冠之以“恶搞”二字都不过分。

在治校排序上，教师应该是第一序位的。我们常常听到和说到教授治校。教授治校究竟什么样？我敢说很少有人真明白的，更少有人亲身经历过。学校的权利体系原本应该成为一个有机系统，但实际情况却成了两个系统：一个是行政系统，一个是学术系统。两个系统其实不兼容，更可怕的是行政系统是一个非常有效的强势系统，而学术系统却是一个若有若无的弱势系统，现在不是什么教授治校不治校的问题，而是教授及各种教学人员究竟应该有什么权利和义务都弄不清楚。我们这些教学科研人员究竟在学术研究方面、在教学方面、在职称晋升方面、在专业建设方面、在人事聘用方面究竟享有多少权利？你问我，我都不好意思回答。现在有人说高校的管理者应该由教育家担任，那意思是说他们应该特别善于与教学人员做沟通，能得到教学人员的认同与信任。这当然很好但问题的关键在于如果这些管理者不是这种类型而是另外一种类型。我们有什么办法？应该说几乎毫无办法。我以为教师的位序与作用得不到充分发挥，则中国高校出大师的那一天就会遥遥无期。

在学术排序上，创新与发现应该是第一位的。学术研究的最重要目标在哪里？在于创新和发现。最重要的手段是什么？是批判性思维。通过批判性思维达到创新与发现的目的。学术研究原本就不是一种平庸的生活状态，它所做的绝对不是一个重复再加一个重复，当然也不是一个平庸再加上一个平庸。我这里要特别说几句关于学术规范的话。现在的研究生培养，动不动就要给学生大讲特讲学术规范。但学术规范是干什么的？不是束缚学生思想的，不是让他们记住了规范而忘记了创造的，现在的情况是规范太多，要求太死，结果是帽子大过了和尚。学术规范其实不错，但从规范的发展看，应该有四个层次的表达。一是没范儿，这当然很不好。没范儿不就等于胡写乱写了吗？但这其实是一个伪命题，有几个学生是完全没范儿的呢？二是合范儿，合范儿就是中规中矩，规范对了，该有的都有了，但这不是最高的要求而是基本要求。如果把这种基本要求当成了最高要求那就是本末倒置，三是破范儿，就是打破原有的规范。凡规范都是要被打破的，这是一个铁的定律，自古至今莫不如是。如其不然我们现在还沿用汉代人的范儿来做学问写文章，可以吗？四是立范儿，因为你做出了重大成就，你的成就本身就成了一种样本，成为后人的范式，这才是最值得尊敬与夸耀的。我碰到许多年轻人，他们常常被所谓学术规范弄的头晕脑胀。我也曾经向一位学术渊博的朋友请教：你们总说学术规范，但我看了很多西方人写的经典著作，如汤因比的《历史研究》，福柯的《疯癫与文明》，伽达默尔的《真理与方法》，巴特罗兰的《恋人絮语：一个解构主义的文本》都不符合我们常常说的学术规范啊？我的朋友回答得很绝：那多是一流的学问家，他们是不受规范约束的。受规范约束的只是二三流的作者。这我就奇怪了，我们为什么不让自己的学生向一流的作者学习呢？现在我明白，因为我们心目中的位序有误差。

五

与教育位序不同，人生位序应该属于选择性位序，这种位序不应该成为一种固定的甚至僵化的模式，就像政治位序那样，先者永远在先，后者必须在后。从历史的情况看，这样的认识得来也不容易。尤其在计划经济年代，这样的认识几乎已经成为异端。计划经济要求的就是整齐划一，加上政治运动频仍，更把这种不合常理的要求推向极端。情况最严重的阶段，发型也要统一，着装也要统一，语言也要统一，行为更得的统一。中国九百六十万平方公里服装几乎成了一种色调，女人是不可以涂口红的，男人当然更不可以打发胶。这样简单的修饰都会被打上很严重的政治性烙印。其生活状态之乏味可想而知。

将人生推向极端的情况可能有两种。一种是国难当头。这种情形是被逼迫而成的。国难当头人人有责，为国为家所谓人无分老幼地无分南北。这样特殊的情况，人生位序出现极端性要求、极端性表现与极端性崇尚应该是必然的，甚至是可歌可泣的。另外一种情况就不同了，明明没有疾风暴雨的阶级斗争或者民族冲突，但主观上认定这种危险就迫在眉睫，于是无中生有，发动声势浩大的群众运动。这样的行为不但有悖于事实而且有悖于常理。战争年代原本是一种非常态状况，而和平年代它本应是常态的。如果硬把常态的东西依照非常态的要求来对待，必定造成社会的混乱。实际上，政治与人生相比二者究竟孰轻孰重，也是需要认真考察的，在常态情况下，人生总是第一位的，只有在那种社会矛盾极其尖锐，社会结构出现危机的状态下，政治才有可能处于位序优先的状况。

由此看来，人生原本应该丰富多彩的，其丰富的程度不可以数量来限定，其多彩的样式也不是想象可以穷尽的。其位序表现完全因人而异，可以这样选择也可以那样选择。我这里因繁就简枚举几种类型。

工作优先型。主张这种位序排列的人，应该是我们中国人喜欢说的非常本分的人。他们也非常热爱生活，但看表现是更热爱工作，他们对自己的工作有一种由衷的满足感，甚至自豪感。他们喜欢这岗位，一天不到自己的岗位上去就会觉得有些失落，他们甚至不喜欢休长假。如果碰到这样一位工作为序优先的上司，您可能有些不幸。因为他老人家太爱干活了。但在他本人并不觉得这有什么不好，而是觉得顺情顺性就该如此。对这些热爱岗位的人而言，他们的岗位都是最好的，虽然在别人看来，事实往往大相径庭，但这绝对影响不了他们的自信。这让我想起《红楼梦》中的麝月，我觉得她就是这样的一个人。和袭人比起来，她没有那么故意的周到服务，更没有那么多的心机；和晴雯比起来，她又没有那么炽热的情感，更没有那么鲜明的情绪表达；就是和小红比起来，她也没有那样突出的自主精神，远不像小红那样敢作敢为，自走自路；就是和四儿、坠儿等等比较起来也看不出她有什么特别的个性。她的特色就在于，当别人非常突出地表现自己时，她就隐去了，成了淡淡的背景若有若无。而当别人因为各种原因隐去和退去的时候，她的作用出来了，她就成为贾宝玉身边最有用，最有效，也最恰当的人。这样的人在任何一家公司，一所学校，一间厂房或者什么别的地方，都是非常必要的。那些精明的企业主管和领导者们最应该关注和珍爱的首先是这种人。他们不是这些单位的标志但他们是这些单位的基础。用鲁迅的话语方式表达，他们其实就是这些单位的脊梁。对这样的表现，也许我们做不到，但无论任何一个时代都应该给他们以充分的尊重和理解。

生活优先型。生活优先型还不是极端的说法，极端的说法应该是享乐优先性，这个类型的人非常热爱生活，而且就是那些和衣食住行密切相关的日常生活。他们的天才在于就能从这些日常的、琐碎的、不引人瞩目的、平平淡淡的生活当中寻出美来，而且可以把这种美放在嘴里反复咀嚼，放在心上反复体悟，放在手里反复把玩。他们中的一些人其实就是美食家，而且这样的美食家甚至不仅仅非常会品尝，甚至还有特别出色的烹调技艺。古代的人中，苏东坡先生算是其中一位。我们都知道苏东坡的诗在宋代排序第一，苏东坡的书法在宋代排序第一，苏东坡的文章在宋代排序第一。苏东坡的词虽然很多人认为略逊于辛弃疾的词，但他的“大江东去”却堪称宋词第一。这样一位旷世天才却同时是一个非常热爱生活而且非常会生活的人，由他创制的东坡肉一直流传，至今还是我们可以时常品尝的美味，而关于他的烹调技艺，他自己另有记载，那方式的简单优雅与科学令后人叹为观止。还有一位大诗人袁枚，号称“随园老人”的，也是一位快乐生活的代表性人物。文学圈都知道他的文学名著《随园诗话》，但现在更为时髦的则是他的《随园食单》。给我印象最深的是他对鱼翅的评价，那种评价非个中人不能体味，而食单中留给我们的不仅仅是诗一般精美的文字，而且是非常具有可操作性的烹调方法。他是一个实践者，你照他说的去做就不会错。这一点在众多的文学美食人物中更显得出类拔萃不同凡响。我们现代生活中也有非常多热爱生活的人，因为有他们的不懈努力，这社会才变得更美丽、更温馨也更可爱。

刺激优先性。寻求刺激原本是人类的一种本性，但在表达方式上却因人而异。在寻求刺激这个大类型下面还有许多亚类型。例如探险家是一种刺激，而且这种刺激非常令人尊重。其实中国的传统不很重视探险，似乎也不太赞赏这样的行为。我们的祖先更主张“父母在不远游”，更赞成“千金之子，坐不垂堂”。对于冒险的事情，有时甚至会理解为是一种莽撞，甚至是一种无谓的牺牲，但这样的情况在现代文明条件下，已经大大的改变了。冒险非常好，而且非常壮观，当然也非常艰辛、非常危险。它因为艰辛而美丽又因为危险而壮观，对于那些独自漂流大江大河，独自跋涉艰难险地的人，我们除去佩服以外实在找不出更好的形容办法。

刺激优先还包括心理和情感方面的亚类型，现代人的夫妻生活有着各种各样的痛苦和幸福，一种是由幸福而幸福，一种是由痛苦而痛苦，还有一种是由幸福而痛苦。这三种都不是我们这里说的类型，我们这里的类型是由痛苦而幸福，他们的表现是经常吵嘴，经常打架，甚至动粗，有时候女方被打，让人看着楚楚可怜；也有时候男的挨扁，让人看得怪模怪样。旁观的人十个有九个都认为这婚姻不行了，马上得离婚了，但是没事，人家生活的非常的好，人家管吵嘴叫做不吐不快，人家管动粗叫做“打是亲骂是爱”，别人固然看不明白，但用欧洲的一句俗语可以表达：婚姻如同鞋子，舒适与否只有脚知道。

舒适优先型。这种类型的性格表达是自由自在，他们其中的一些人其实非常有才华，也非常有智慧，他们很爱学习，可以说饱览群书，他们也很会欣赏，可以说善解万物，然而他们就是不喜欢作为，最欣赏的是无为，我无为我快乐。有时候朋友们看他很着急，希望他们做这个做那个；认定他们一定能做这个做那个，但他们的表现是既不想做这个，也不想做那个。他们很会欣赏文章，评古论今，头头是道。但你让他写出来，他懒得动手；他们很会欣赏各种艺术，审美也审丑，都不一般，但你让他写出来，他同样懒得动手。他们好喝茶、好清谈，喝茶很有品位，清谈也很有魅力，然而你想让他把这些清谈物化成为文字，简直就是不可能完成的任务。对这种类型的朋友你急他不急，而且他的绝妙之处就在于能自得其乐。庄子云：巧者劳而智者忧，无能者无所求，饱食而遨游，泛若不系之舟。庄子可算他们的万世知音。

在特别功利的环境下，例如在现代的教育体制下，这样的先生其实是会被边缘化的。尽管他们非常有水平，他们的课非常受学生欢迎，他们对学术的理解也非常深刻与通透。但他们的文章太少了，核心期刊文章更少了，专著几乎没有了，而且看起来在今后的若干年里也不会有了。我有时候想，不知道是他们对不起我们的生存环境，还是生存环境对不起他们。但有一点我是认可的，就是这种舒适优先的人生安排，完全可以成为现代生活中非常自然且非常有理由存在的一种。至少它让我很羡慕。

创造优先型。这种类型的人实在太多了，不是他们绝对数量大，而是他们本身非常具有传奇色彩，他们的人生经历尤其是他们所创造的成果常常为世人所瞩目，所以他们的绝对数量虽然不大但释放出来的能量却非常之大，中国这些年特别盛行所谓“励志书”，书中所举的例证一大半与他们有关。这种类型人的特点在于他们有超乎常人的专注力。他们所关注的事情不是发散性的，而是一线性的，所谓攻其一点不及其余。管你昏天黑地就向着这一个方向走下去了，管你风大浪急就向着这一个目标钻进去了，而且不达目的绝不罢休。

这个类型的人的特点非常突出，他的外在表现在旁人看来有些痴狂，而在他身边的人看起来往往有些不近人情。很多书籍极力称赞他们，号召青年人向他们学习，我认为并不一定恰当。他们其实失去了很多东西，甚至很多非常值得珍惜的东西，比如西方近代那些最杰出的哲学家和科学家当中，很多都是独身的，其比例之高，令人惊讶，独身是一件好事吗？显然不是。他们没有情爱需求和美好的爱情理想吗？显然也不是。但为着自己的创造目标把这些都舍弃了耽搁了。这其实不仅是亲人与朋友的损失，也是他们个人的很大的不幸。我的朋友当中也有不少痴狂的写作者。有人以为他们一定有非常伟大的理想和崇高的追求，我以为不是，我不否认也许有某种伟大和崇高的因素掺杂其内，尤其是有某种重大的历史基因沸腾其中，但更常态的表现乃是性格使然，甚至是习惯使然，就像一块巨石自高山滚下，一发便收不住。所以正是在这个意义上，我对我所翻看到的励志书大多不以为然，我认为他们大多急功近利的，甚至有误导青年之嫌。创造优先很好，但绝大多数人肯定不是如此这般，也没有必要如此。

癖好优先型。明末大才子、大散文家张岱有一个观点：人无癖，不可交。这里说的癖或许也包括工作优先型例，如所谓工作狂；甚至也包括创造型在内，所谓创作狂。然而那是广义上的，不是本色本相的。狭义的理解癖好就是玩，他们中最杰出的代表就是历代皆有的大玩家。

这样的玩家其实不可多得，甚至可遇而不可求，当代玩家当中最著名的人物首推张伯驹。张伯驹号称民国四大公子之一，但他和那几位不同，虽然那几位也是玩家，但玩的级别和他比起来，小巫见大巫了。张氏的玩法已经到了出神入化的境界，他喜欢京戏喜欢书法喜欢文物而且对这些无一不通无一不精尤其是无一不爱，他玩京戏不仅是大鉴赏家，尤其要粉墨登场，他唱空城计和他配戏的人都是那个时代最杰出的演员。例如余叔岩给他配王平、杨小楼给他配马谡、王凤卿给他配赵云、程继仙给他配马岱、陈香雪给他配司马懿、钱宝森给他配张郃，后来有人讽刺说，他之所以能如此是因为他有钱有地位。这显然并不公允。公平地说，这和他本人的艺术修养与影响力密切相关。这样的大玩家不但真会而且真懂，尤其有一种无比敬重的心，所以他一生总在购买文物，但他购买文物绝非为了盈利，绝不像现在很多文物市场上的人那样。在这些人眼中，文物就是钱，它因为值钱才可爱。这其实都是一些伪收藏家。张伯驹绝非如此，所以他人虽远去但他身上体现的文化，却依旧熠熠生辉。

我们中国的主流传统，对于玩家是很不赞成的，认为那是玩物丧志，其实玩物未必丧志，现代社会的种种事例反复证明，会玩乃是一种美德，玩得漂亮那是一种才能，玩得投入那是一种性情，这样的人一大半都是性情中人，他们的行为可能与你的想象不同，但他们为人绝对真诚，一个没有十分真诚的人想成为真玩家几乎是不可能的。

玩物不见得丧志，古代已有明证。例如李清照就非常好玩，而且她还特别好赌。史书记载，任何一种赌博都很讨她欢心，我们从她写的饱含深情的回忆丈夫赵明诚的文章中也可以看到，就是在那样深情和温暖的夫妻生活中，文字小赌也是他们夫妻生活的一大快乐。当下的玩家当中，最富知名度的应该是马未都，而且他真的玩得很好，他的那种玩，至少已经成为北京文化中的一个重要的不可或缺的符号。

人生序位可以多种多样，我上面说的六种，不过是很随机的列举罢了。不论哪一种，它的基本前提就是你喜欢。工作优先也好、创作优先也好、刺激优先也好、享乐优先也好，只要你喜欢就是好的，以美貌为例，一个人别无所长，就是长得非常漂亮，特别漂亮，绝对漂亮，有人不以为然，说他们是花瓶，花瓶有什么不好？单这美丽一项，就是一笔伟大的财富。记得九十年代初，有电台记者采访我，让我对选美活动发表意见。我说那非常好啊，如果我们中国的选美佳丽成为世界小姐，也是我们中华民族的骄傲啊。我坚持认为生活既然是无穷无尽的，我们对于生活的选择与创造也一定应该是无穷无尽的，生活未有穷期，美丽就在前头。

六

如果说经济位序属于进行性位序，政治位序属于绝对性位序，教育位序属于分层性位序，人生位序属于选择性位序，那么，文艺位序就属于自由性位序，它的最大特征就是自由，它的最大优长也是自由，因为文艺的本质——如果它有本质的话，也是自由。

人类历史其实就是一部解放史。所谓解放史是说，自有人类以来，就不断处在解放的过程之中。当然依照辩证法的观念，解放的前提是约束。这话也有道理，也可以说人类发展史就是一个不断约束又不断解放的历史。以女性为例，自母系社会之后，女性就非常典型地处在这种不断约束与不断解放的发展过程之中，直到今天这种过程也远未结束——它是不会结束的。

客观地看人类历史就叫做解放史，主观地看待人类历史又可以叫释放史或者创造史。因为不断解放，人类的潜能才不断得以释放，而这种释放不是被动的而是主动的，这种主动是创造性的，所以也可以说并非上帝造就了人类，而是人类自己创造了自己。在这种不断创造与释放的过程中，文学艺术显然有着非常特殊、非常重要，又颇带先锋性的历史作用。举例来说，西方现代史就是从文艺复兴开始的，它的最早的经典性作品首先不是理论，而是文学创作与艺术创作。中国的历史又何尝不是如此，五四运动最早的代表性作品，大多属于文学性质，包括胡适先生写的《文学改良刍议》。鲁迅先生的作品也是自文学开始的，他的《狂人日记》应该是新文化运动中，小说创作的第一声呐喊。

文学艺术的位序表现，自由显然是第一位的，但在很多条件下，这种自由又是被重重限制的，表现在古代许多诗人和文学艺术家那里，酒就成为他们最好的朋友。比如李白人称“谪仙人”，他对这个称号非常认同，也非常自得，然而看他平时的表现，很不像个仙人。他一生最热衷于干谒，哪有仙人醉心于这种玩意的？所以他的仙人本色需要一种激发性力量，这个就是酒了。一旦喝高了，就晕晕乎乎地真的有仙人的感觉了，于是任意挥洒，风生水起，写出了一篇又一篇惊世骇俗的诗歌杰作。

自由在文学艺术中的位序，对于作品本身同样意义非凡。立意首先是一种自由，结构也是一种自由，风格还是一种自由，连文字本身都是一种自由。

立意自由其实是非常重要的，但它绝不等于主题先行，更不等于为某种理论做注。从20世纪的历史看，凡是主题先行的作品，没有一部是成功的。就是有些貌似成功，也一定经不起时光的考验。苏联时期有一部小说《骑兵军》，当时的执政人物看了不高兴，认为写得情绪太低落、语境太悲惨，就另外找人写了一部主题先行的情绪激昂的同类小说。这小说执政者非常满意，但其艺术价值等于零，它所留下的只是苏联文艺史上的一抹丑陋印记而已。而那部被他们认为格调低下的《骑兵军》，却真的成了一部杰作。这不是说理论不重要，只是说明理论不能干预创作，不管多好的理论，如果用它来框架死文艺创作活力，即便不是这理论的悲哀，也一定是这理论执行者的悲哀。从西方的情况看，他们的创作者也很重视理论，而且有非常多的主义。比如雨果不但是一位大文豪，也是一位大文学理论家，他的文学理念与他的文学创作可说是并驾齐驱，各擅胜场。因为什么，因为他的自由是通达而彻体的，这自由不仅属于创作本身也是他艺术理论的灵魂。

结构也是如此，艺术结构原无定法，所谓法无定法。那意思是说，不是没有尺度而是能够灵活的运用这尺度，表现在结构上就有了无限种可能，于是也有了无限大的创作空间，汉语文学在这方面尤其有奇特的表现，比如中国历史上最有名的璇玑图，就是一大杰作。璇玑图的高妙之处在于，它的诗可以正读也可以反读，无论正读反读都符合诗的规律。这也可以称之为一种特殊的自由结构的胜利。西语鉴于本身的语言特色，恐怕做不到这一点，但这不能证明它的结构就是不自由的，事实证明西方文学艺术的创作结构也是非常自由的。最极端的表现就是那部法国人创作的扑克牌式的长篇小说，读这小说完全可以像洗牌一样，让其中的页码任意颠倒，而每一次颠倒我们都可以理解为是一种结构的变化，自然也是一种位序的变化。千变万化，神龙见首不见尾，除去“自由”二字又怎能概括它的品格。

风格也是如此。我们在很长一段时间内对风格有一种误解，误解加上横蛮，就成了的教条主义，一说就是现实主义，再说就是现实主义加浪漫主义，最后定位成革命的现实主义与革命的浪漫主义相结合。西方人的作品也不是一个浪漫主义就可以完全概括的，也不是一个浪漫主义加上一个批判现实主义就可以概括的。而且浪漫主义与浪漫主义也有不同，同属浪漫主义作家，其作品的风格也是千差万别，例如乔治·桑就不同于雨果，现实主义也是如此。何况进入现代主义之后，各种主义如江南春草，疯长乱长，不可一世。主义如此之多，证明风格的变化正未有穷期。

文字当然更是如此，文字的生命力就在于创造，因为语言本身就是创造的结果，总有人说第一句话，否则人类就是哑巴，这第一句话就是人类语言创造的第一块丰碑。这又让我想起中国的教育现状，其最大的弊病之一，就是强迫学生总使用相同的语言，给出一样的答案。我知道很多中国留学生初到美国的时候，都碰到这样的难题：老师出一道题，两个中国学生的答案是一样的，这在美国人看来就是抄袭，如果没有人承认抄袭，两个人的成绩都该作废。但他们不知道，也弄不明白中国的教育体制就要求学生有标准答案。不客气地说，所谓标准答案已为中国学术造假特别是抄袭行为埋下了有毒的种子。

文艺创作的自由位序是无可争辩的，也是不断自由丰富与发展的，看人类文学艺术发展史可以知道，它是充满着抗争、奋斗、突破与牺牲的。过去很多不让说、不能说、一说就犯罪的内容，一样成为解放的对象，古代文学作品可以说君臣平等吗？不能吧。近代文学作品可以说男女自由吗？也不能吧。无论东方西方对性的表现历史并不悠长，而且性描写一直是被禁止和打击的对象。中国人出现大量描写性的文字，应该是在明代，然而那也是为世人所鄙视的，写性最露骨的作品之一是《金瓶梅》，但《金瓶梅》的一个现象值得深思。它有各种版本，最简单地说也有《金瓶梅》与《金瓶梅词话》两个系列，两个系列的版本差异非常之大，但表现在性的描写上，却是惊人的一致。这说明性的文字一定是有人另加上去的。但健康的写性的时代就晚了，晚了也不被原谅，中国的作品不说，就以西方人为例，连劳伦斯的作品，都曾处在被禁止之列。可见，自由之路是何等曲折。

自由在文艺创作中的发展走到今天，似乎已经达到一种几近无所障碍的地步，然而并不是的。现在的障碍和束缚，比如在西方主要是出在心灵方面。外部的有形限定似乎已经没了，但心灵的束缚依然比比皆是。钱钟书先生写《围城》说婚姻是个围城，其实现代人的心灵也是一种“围城”，有束缚的想出来，没束缚的想进去。就是因为似乎没有束缚了，所以才有所谓《生命中不能承受之轻》，本应该是不能承受之重，为什么反其道而行之？因为没有压力的精神，其压力常常更让人喘不过气来。我们每个人似乎都有非常多的期盼，也有非常多的等待，密合这种心境的就有了一部荒诞剧《等待戈多》，然而戈多是谁？等的人不知道，写的人也不知道，看得人更不知道，虽然三不知道，但和我们的生活多么相似啊，我们等来等去常常迷失了自我，不知道自己在等待什么，因为不知道等待什么，所以这心灵就变得十分混乱、十分怪异、甚至十分《恶心》。《恶心》是萨特的代表作，也是现代人心灵的真实写照。恶心不见得就是肮脏，但它绝对不是洁净。我们常常处在肮脏与洁净之间，没有办法安置自由的心灵，所以深爱大学生活的石康才会觉得这人生脚步《摇摇晃晃》，觉得这人生境遇《支离破碎》，觉得这生存环境《一塌糊涂》。虽然如此，自由是挡不住的。因为自由既是文明的原因，也是文明的动力；自由既是人类的本性，也是人类的追求。人类通过自己的追求寻找本性。我们人类不同于其他物种，老虎不明白自己是老虎，但我们知道自己是人，我们更应该知道自己是天生禀赋自由的人。

七

以上五节分别讨论了位序论在经济、政治、教育、人生和文艺等五个领域的作用，其实位序论不仅适用于上述列举的领域甚至可以说它也是一种带有普遍性意义的思维方式。对于诸如科学、技术、宗教、军事等各个领域都应该有它的位置。科学的第一位序应该是发现；技术的第一位序应该是创新；宗教的第一位序应该是关注人间疾苦；军事的第一位序应该是关注生命。没有发现的科学一定是伪科学，即使它的体系再完备也一定是非常平庸的东西；没有创新技术就完全失去价值；宗教不关心人间疾苦必然会失去它固有的价值和旺盛的生命力。军事关注生命，这一点与古代不同，军事的要点在于战争，战争的本意是要战胜敌人，依着这个理论，军事的第一位序应该是胜利。但二战以后，人类的文明体系发生变化，战争不仅仅是个胜负问题，它将更多地承担起生命文化的责任，换句话说，它只能为保卫生命价值而战，而且，不可以故意伤害平民，也不可以过多地牺牲本方军人的生命。这些限定都是非常好的，至少我们可以从中看到人类终于有了消解战争的希望的曙光。

位序论的具体应用虽然是千差万别的，而且因历史的变化其位序也处于不断的历史变化过程之中，这种变化包括数量级的深化，也包括质量性的改变。但总体而言，在整个现代人类文明中还是有一个总体大位序的。这个大位序的排列，人总是处于最高位阶上，无论哪种领域，无论哪种因素，无论哪种体制都应该是为人而服务的，在这个意义上说，位序的价值就是人的价值，位序的意义就是人的意义。

但要特别指出的是，位序论是与结构论密不可分的，也就是说，位序固然重要，但仅仅强调位序是不够的，位序只是整个系统中的一个环节。第一位序固然有非凡的重要性，尤其是在特定的领域，但只讲位序并不能解决整个系统的问题。比如我们说人是第一位序，这当然是一个重要理念，但把这种理念化为文明还需要结构的支持。例如人与技术的关系，人不可以无节制地滥用技术，滥用的结果必定会伤害人类本身。又如人和自然环境的关系，人的首位性无可厚非，但不能因为你是首位你就可以随心所欲地侵蚀和破坏自然。现实的状况已经告诉我们，因为人类的过度行为已经对自然造成重大破坏，包括众多的无可挽回的破坏，而这些破坏也给人类带来诸多烦恼和伤害。再如人的首级位次不能证明人的行为的无理性、无逻辑与无约束的正当性，就是说任何人无权伤害他人，个人无权伤害他人，团体也无权伤害他人，任何组织都无权伤害他人。

这些年对民主的议论很多。民主当然有个位序问题，民主的本意就是人民是主人，这就代表了人民在政治系统中的最高位次。但民主作为一种文化绝对是一种结构性、系统性的存在，它在西方的发展，从文艺复兴算起，也经历了多年的时间。西方民主是包括诸多有机层次的：自由理论是民主的前提性条件；人民主权是民主的第一要义；宪政政治是民主的体制表达。这三者之外，还至少包括以下个子系统：选举制度；制衡机制；议会政治；政党体制和新闻监督。就民主的原则而言，它至少应该包括个原则：一是无条件服从多数；二是充分地保护少数；三是建立刚性民主程序。原则之外，还应该包括两个社会管理支点：文官制度与军队的职业化、现代化。以上种种已经够复杂了，但还不算完整，还应该包括民主的技术安排，单以选举而言，投票的方式、隐私的保护、有效票数的计算方法，还包括直接选举等，这些看起来都是细节问题，然而地球人都知道，细节也能决定成败。

如此看来，结构的完成常常是一个很长的历史过程，这个过程就可以称之为人类文明的建构史。当然，要建构就要解构，建构与解构互为前提、互相推动，进而形成推动历史发展的巨大合力。文明是需要建构的，作为文明主体的人是需要塑造的。人类不但需要自己建构自己的历史而且需要自己塑造自己的形象，为了完成这一历史过程，就该如康德所说，解除自己加之于自己的不成熟状态，并且在这个过程中获得全部的人的价值与意义。

漫说真理的两端性

一

什么是真理的两端性？可以有多种解释。

解释1：一个真理，两种表述；

解释2：一个事物，两种真理；

解释3：一个善意，两种行为。

以及解释4，解释5等。

真理的两端性，是向传统理念的一个严肃挑战。

传统的真理观，认为在一定的条件下，真理只有一个。认为同一问题，可以有两种或两种以上的见解，除非这些见解中没有真理。若有，真理只有一个。

即使是对于同一真理的不同表述，最合乎真理定义的表达也一定只有一个。

然而，事实并不是这样的，文化史既不是这样子的，哲学史也不是这样子的。

以最为重视理性的西方哲学史为例，同为欧洲大陆理性主义哲学，笛卡尔的哲学不同于斯宾诺莎的哲学，斯宾诺莎的哲学也不同于莱布尼茨的哲学，然而它们各有自己的理性价值——真理。

在大陆理性主义之内，笛卡尔的“我思故我在”岂能等同于莱布尼茨的“充足理由律”，大陆理性主义之外，笛卡尔的“我思故我在”又不能等同于贝克莱的“存在即是被感知”，然而这些命题在西方哲学史上都有其重要的价值与意义。换句话说，他们都构成各自的真理性。

更何况，文科的特点就是多样性，作者甲的研究必须不同于作者乙的研究，至少应不同于作者乙的表述。即使甲乙二作者研究的是同一个层面，同一个对象，同一个题目也罢。全然一样，不就构成抄袭了吗？由此观之，想不“真理的两端性”都是不可以的。

不唯如此，真理的两端性在科学史上也有证明。最重要的例证当属光的性质。性质即本性，请问一个事物有几个本性？传统的真理观，认为一个事物只能有一个本性。光只是光，它的本质只能有一，不能有二；如果有二，其中一个必定是假的——伪真理。但事实并非如此。科学史上曾有一种研究认定光的本质是“波”，另一种研究则认定光的本质是“粒子”，两种研究，各有依据，激烈争论，没有结果——没有任何一种可以证明对方是伪真理的结果。最终的结论是什么呢?光的本质既是“波”又是“粒子”，此所谓光的波粒二重性。二重性是什么意思？就是一个事物有两个本质。

同一事物可以有两个本质吗？如果不可以，那么真理只有一端性，一端是真理，另一端是谬误。如果可以，就可以认为真理具有两端性，一端是真理，另一端也是真理。

二

真理的两端性在日常生活中尤其有充分的证明。

我们中国有句古话叫做“清官难断家务事”。家务事何以难断？因为它真理不明，或者说它天生具有真理的两端性品质。

以《红楼梦》中贾宝玉的爱情故事为例。贾宝玉是一心爱着林妹妹的，且一定要娶林妹妹为妻。然而，他的家人多数反对。若以小说表述的历史论，反对者错了；若以恋爱婚姻的常情论，反对者也并非没有一点道理。

这个且不论，只说不少当代的红学家或者红学爱好者，他们内心并不认同贾宝玉爱上林黛玉，就合乎今日人们的常情俗理。他们宁可说，单读那小说，宝黛爱情惊天地，泣鬼神。但如果让他们本人从《红楼梦》的人物类型中选一个女朋友的话，他们一大半是不会选择林黛玉的，他们中有的人喜欢薛宝钗，有的人喜欢史湘云。

为什么？因为爱林黛玉实在不容易。

或许可以这样说，纯以婚姻生活而论，如果你追求的是事业型管理型的女性，那么就应该喜欢薛宝钗呀；如果你追求的是生活加贤惠型的女性，那么就应该喜欢花袭人呀；如果你追求的是爽利又贞烈的女性，那就应该喜欢晴雯了；如果你不幸有些受虐癖，那最好选择王熙凤了；如果你一定要找一位巾帼英雄，那就选择尤三姐吧！

这也就是说，婚恋的真理中，不具有单一性的标准，它是多样化的。因人而异，因性格而异，因文化而异，甚至因风格而异。更不消说，即便当今之世，也有认同一夫多妻制的国家，他们那地方一夫多妻并不影响爱情。

如果说《红楼梦》太过古老，人物的故事太过遥远，我们也可以从现代作家石康的小说为例。石康的青春校园小说，我以为在同类小说中，是写得最真切最个性最富于激情最具心灵震撼力，同时也最具有后现代情调的。他的小说，不论是《支离破碎》、《晃晃悠悠》，还是《一塌糊涂》，都写得青春艳丽，个性张扬。而那书中的爱情故事，却又一大半没有结果。如果我们可以理解现代大学校园中的男情女爱的话，我们会体悟到，那些生动的有些叛逆，有些无奈，又有些慵懒无聊，还有些后现代的男女主人公，自有他们自己的爱情真理在。如果我们完全不能理解这些当代大学青年的男情女爱，认为他们那种不过是儿戏，是胡闹，是不负责任的性自由甚至是性泛滥的话，我们也只能说，我们有我们的爱情真理，人家有人家的爱情真理。但我们恐怕无法证明，我们的真理就一定比人家的真理更高明更正确，人家的真理也未必见得就比我们的不真诚，不高尚。

何况说，爱情固然爱情，表达又很各别。比如对于“I love you”这句情感表达式，中西方人士便有很不同的理解与选择。

西方人，多数西方人是把“我爱你”整日挂在嘴边的，一天要爱上几次，十几次，甚至几十次，总之睁眼即爱，直到晚安。

我们中国人自古没有这样的规矩。直到今天，21世纪的今天，依然有多少恩爱夫妻，爱得如胶似漆，但他或她就是不说这一句话。他不说，但表现了，不也很好吗？

不说，用行动表现，这在传统中国没有疑义，甚至认为更好。中国人烦的怕的就是心里有刀，嘴上有蜜。但在今天的中国异性关系中，却有不同的声音。有的恋人说你对我好，我明白，我领情，我感动。但我就是要听那一句话。你不说我就不满足，甚至不平衡。这观点，也算是真理的一端性吧！

同时，也有固守中国古老传统，或者不知道也不打算知道什么传统不传统，只是坚持自己的情爱表达式。那方式就是我真心爱你，就是不说。你满足，你平衡，好极妙极。你不满足，你不平衡，我也爱你如斯然。但那一句话，只保藏在本人的内心深处。此一种情爱表达式，就是真理的另一端性了。

三

不但家庭生活与爱情，就是文坛纷争，又何尝不是如此呢？

以传统的真理理念看文坛，不免认定真理自在一方。若是鲁迅正确，那么骂他或者被他骂的人就是一定不正确；若是骂他或者被他骂的人正确，那么鲁迅一定不正确。

事实亦并非如是哉。世间事哪有这么黑白分明的理论争议呢？

以鲁迅与梁实秋对于翻译及其他文学理论的争论为例，我们无法证明鲁迅一切正确，也不能证明梁实秋全部错误。岂止梁、鲁之争，就是鲁迅与《学衡》的纠纷，与创造社的矛盾，与杨荫榆的敌对，与章士钊的冲突，并非没有是非，只是一本糊涂账，但也确有些是非难辨的地方，还有些是中有非、非中有是的状况。早些年，上海书店出版的一本房向东编著的《鲁迅与他骂过的人》，书的上编包括了33篇文章，涉及了37位对象，其中一位笔名“瞎嘴”，其余的36位人中包括钱玄同、周作人、胡适、梅兰芳、李四光、徐志摩、林语堂、马寅初、沈从文、张资平、刘大杰、郭沫若、朱光潜等，下篇则罗列了被鲁迅骂的90余人的名单。这些人中，有文学家，也有科学家；有革新派，也有社会活动家；有文坛巨匠，也有美学大家；有昙花一现的小人，也有成为阶下囚的文士，还有民族志士与烈士。

我们当然不能说，烈士就不可以批评，志士就没有错误，或者说一旦成为伟大的文学家、革命家了，所说出的每一句话都是真理，甚至一句顶一百句，实在那样的历史滑稽与悲剧，是只可有其一，不可有其二的，有其一已经是民族历史的大耻辱了。但我们从鲁迅与他“骂”过人的争论中，分明可以领悟到，真理并不总在一个人或一群特定的人手里。它可能是一家之言，也可能是数家之音，这数家之音还可能处在相互尖锐对立的状态，但这并不妨碍它们各自的真理价值。对此，若有更好的称谓则罢，无有，即可以称之为“真理的两端性”。

这种现象与法则，并不止于中国文坛，西方文学史的表现或许还要典型。西方近代文学史上，浪漫主义的地位也曾极其显赫，其影响更是远超出了文学的范围。但有浪漫主义就有现实主义，现实主义是浪漫主义的对立面，历史地看它们，各有自己的创作真理。不但浪漫主义与现实主义，还有后来的现代主义，后现代主义。而这两个主义只是一个总括性名称。具体地分，则有黑色幽默、荒诞派、意识流、新小说、精神分析、存在主义以及魔幻现实主义等众多流派。

我们不能说这些主义与流派都没有达到真理的标准，否则就有点不知天高地厚了；我们也不能武断：只有其中的某一个主义或流派具有真理的品格，其余都不过是谬误而已，否则就有些可笑了。天上的星星数不清，哪一颗星星不发光？就是我们无法看到的可以捕捉到光的黑洞，它也有自己的真理在。

四

不仅文坛如此，企业也是如此。企业的内在生命在管理，而管理不能离开雇主与雇员。管理者与被管理者的关系，然而，双方的矛盾，又是绝对不可以完全避免的。

以美国NBA为例，球员的工资可谓高矣。姚明不算头号巨星也不是收入最高的人，他的年薪依然超过1000万美元，总收入超过5000万美元。球员收入高，原本是好事，其中一大表现，是球员非常敬业，它的比赛也非常好看。当然不是说，敬业全是由薪金促成的，这规则至少与中国足球联赛的情形不符。但高薪刺激，显然也是一个不可轻视的因素。

然而，工资又不能无限上涨。无限上涨，则老板的利润没了。球队的老板又不是雷锋，短期不赢利，或许可以咬牙挺住，长期亏损，没人干了。何况说，就算NBA的老板个个是雷锋，或者个个想做雷锋，想来雷锋也一定拗不过球赛所体现的市场经济规律。

那么，劳资矛盾怎么解决？革命自是一种办法。这办法纵然可用，不能常用。乱言革命，乃是对革命的亵渎。专制也是一种办法，这办法更没有合理合法性。真正可行的办法，是承认双方各自的合理要求。所谓“公说公有理，婆说婆有理”，公婆都有理，就承认这真理的两端性。

虽是两端性，却又是理性的。它所表达的内涵是：因为不同而产生共鸣，因为共鸣而达到双赢。

五

真理的两端性在文化多元性方面的表现尤其突出，而且其价值更值得引起重视。

现在，文化的多元化已成为世界性主流性概念。既是多元化，就应该承认彼此的不同，尊重彼此的不同。

例如，中西方不同的待客礼仪。

在西方人看来，对客人的尊重，至少在服装方面要有所表现：越是正式会面，越要正装。不但会客如此，就算配偶之间，也要讲装束，讲形象。同为孕妇，西方的孕妇，本来在床上安然休息的，一听说丈夫要来了。马上跳下床来，整理自己。该红的地方红，该白的地方白，漂漂亮亮，表示爱情。

我们中国的孕妇不是这样了。原本平时很讲究形象的，哪怕再小的细节也不肯疏忽——细节决定成败嘛。一旦做了孕妇，尤其初产之时，什么妆不妆，全是小事。脸黄也不管了，头发凌乱也不管了。乱就由它去乱，黄就随它去黄，越黄越乱，越让丈夫的心砰砰然，自己的心越是甜的。

表现在朋友往来上，中国的好友相见，讲究的是一个无拘无束，最好是打破常规。昔日曹操在官渡战场上，一听说旧时的好友许攸来了，连鞋都不及穿，就跑着迎了出去。这等没样，正好表示交情。请同胞们注意，如果有一天，某位显贵听说您大驾到，光着脚板一溜小跑地迎接你，对您来说，那一定是一个大大的福音。

其实这样的例子并不鲜见，因为中国有一句成语，就叫做倒屣相迎。故，中国的老友或知心朋友见面，或者原本不是老友也并非知心，一旦关系到了，就会不再正装，而是随意减装，脱了西服是一个表示，脱了马夹又是一个表示，如果连衬衣都脱了，干脆光着膀子和您聊上了，那一定是非同小可的交情了。

请问，中西方的这两种截然不同的待客方式，究竟哪一种正确呢？如果都对，那就代表了“真理的两端性”。

有一则掌故——姑且允许我这么说说罢。这掌故是我从昔日的《读者文摘》中看到的。说中、日、美三国的三位姑娘穿着裙子戴着帽子在海滩上散步。忽然，一阵海风吹来。这风不小呢！既有可能吹跑她们的帽子，又有可能掀起她们的裙子。但三个国家的美女，“文化”表现甚是不同。

美国姑娘的反应是，双手拉住帽子，绝对不管裙子。这表现代表了美国文化的实用主义，无所谓不好意思，羞就羞吧，还是帽子要紧。

日本姑娘的反应是：双手按住裙子，全然不顾帽子，这表现代表了日本文化的面子主义——帽子无关宏旨，体面重于千金。

我们中国姑娘呢？她不会像美国姑娘那样“实用主义”，也不会像日本姑娘那样面子主义。我们聪明的中国姑娘会一手抓住帽子。一手按住裙子。这表现代表了中国传统文化中的中庸之道——我们不走极端，我们喜欢首尾兼顾，左右逢源。

这三种做法。你喜欢哪一种？不管你喜欢哪一种？你能证明其他两种是错误的吗？

再举一个例子，据说，日本人与美国人之间的早期通信，常常引起彼此间的不愉快。因为按照日本人的书信习惯，最重要的事情，一定要放在信的最后部分，这让心直口快的美国人大不耐烦，他们认为日本人太过“弯曲”。

美国人的脾气是一定要把最重要的事情放在信的最前面，开门见山，抬头见喜，而这个，又让日本人不习惯，不舒服，他们觉得写信人傲慢无礼。

于是，有通晓双方文化者就此提出建议说，最好的办法，是美、日双方将对方的信函倒着看。

我们中国呢？那文章中没有提到。依我们中国人的文化性格，如果非写信不可的话，那么，最重要的事情，断乎不会像日本人那样，把它放在最后。真的放在最后，万一人家一疏忽，看不到怎么办？或者虽然看到了，不重视怎么办？何况那也失礼呀。自然也不会像美国人那样，把那么重要的事情，就莽莽撞撞，放在泰山压顶的位置上，那就唐突了，不通礼数了，没有雅情雅致了，有失身份了。

我们这里常常会是这样两种情况，那些文化层次低些的，或与官场相距甚远的，一定会把最重要的事情放在信的正中间，不前不后，正是关键所在。而那些文化水准高些而且对中国官场潜规则十分熟悉的，一定会把最重要的事情放在信外，所谓弦外之音。你说他没写，那个意思分明得很；你说他写了，又绝对没有一字一句说到那儿呢！此等智慧与文化，真是对收信人的考验，看你会看不会看！这个，才是精通中国传统文化的中国人呢！

凡此种种，我们可以指认其中的任何一种方式为真理，可以指认另外两种方式为谬误吗？倘若不能，就是契合了真理的两端性了。

六

不唯如此，表现在西方政治生活中，又要有自由主义与保守主义的两端性。自由主义强调创新，它的文化表现是更加欣赏个性表达，至于传统不传统不是至关重要的。保守主义则更注重传统理念，传统价值，对历史积淀而成的传统，一定要认真保护和捍卫的。

过去有一种误解，一提保守主义，就认作是保守派，甚至顽固派，好像前清遗老一样，人家男子剪发辫，他一定不剪；人家女子不再缠足了，她一定要缠。

这个不是保守主义。保守主义重视的是传统价值，它并非不思进取，但希望那个能找到历史与未来的契合点，以便使社会的发展更平稳，使社会变革的负面影响降低到最低的程度。

据我观察，一个社会的发展，既需要自由理念也需要保守理念，当这两个理念发生冲突的时候，必须承认他们各自的合理性。

其实不止自由主义与保守主义，一个文明社会，必定容得下极端的人物与极端的意见。

从西方文艺复兴以来的情况看，它之所以代代有创意，代代有巨人，与这样的生存环境显然有着深层次的因果关系。作为东方人，我们读这数百年西方文明史，常常为他们的成就与人物所震撼。但我们不要忽略，这些人物与成就，实在与那些极端的文化表现有关联。

例如17世纪的空想思想就属于极端性思想，明明那是一个自由经济发达的时代，他们却衷情于公有制，幻想着“乌托邦”；

18世纪的卢梭思想也属于极端性思想，彼时的法国，启蒙主义大行其道，卢梭先生却常常与最流行的启蒙思想针锋相对，甚至背道而驰；

19世纪的马克思主义更属于极端思想，它产生于资本主义，要埋葬的正好是这个资本主义；

20世纪的后现代理论又属于极端思想。例如福柯，他本人就是一位同性恋者，他们最重要的贡献就是为这样的弱势群体寻找正义保护与伦理依据。

我们反过来考虑，不要说西方近代史容不下莫尔，容不下卢梭，容不下马克思，就是仅仅容不下一个福柯，那么，生活在21世纪的人类将怎样反思和看待法国呢？

如果文明不拒绝极端，则真理的品质必定宽容。

七

宽容极端，但不偏执于极端。极端的人物与理念，充其量只代表真理的一端性。不要忘记，在这一端的那一面，还有另一端存在着，而在这两端之间，更可以有N种存在的空间，退一万步讲，至少也应该有中庸的一个位置。

如果只承认一端的真理性，只允许一种理论存在，且这种理论不幸成为全社会的政治狂热，那就不仅是这社会的不幸，也会牵连这个理论，使它因之而蒙受耻辱。

例如德国纳粹时期，希特勒喜欢尼采，于是很多人尤其是后来人对尼采的学说产生怀疑。其实这不是尼采的过错，作为一种理念，一种哲学，尼采没错；但只剩下尼采一种哲学，而后狂热鼓吹之，则必定导致“悲剧的诞生”。

真理原来具有两端性，人为地打压一端，夸张一端，并把它政治化狂热化，则无异于对真理的火葬，火很猛，却把肉体化成了灰烬。

八

真理两端性的认识论意义在于，它可以丰富我们的思维。

需要指出的是：这里的两端性并不具有普适性价值。如果把它说成放之四海而皆准的真理，就又错了，那样，它岂不又成为真理的一端性了。一端性的真理也可以存在，这正是真理两端性命题的题中应有之义。而且——如前所述，所谓真理的两端性，绝非非黑即白，非敌即我，仅此两端而已。如果我们把两端看成两个极端，那么，处于两端之间的各个“端点”同样具有存在的价值与依据。

以人的定义作个比方，人的定义原本不止于一端，也不止两端。

从表情意义上讲，人是唯一会笑的动物；

从劳动意义上讲，人是唯一能使用并创造工具的动物；

从交流意义上讲，人是唯一能系统使用语言的动物；

不仅如此，人还具有多重性复杂结构；

在临床意义上，有活人与死人之别；

在道德意义上，有善人与恶人之别；

在刑法意义上，有无罪人与罪人之别；

在生理与心理意义上，有健康人与病人之别；

在管理意义上，有管理人与被管理人之别；

在形象意义上，有丑人与美人之别；

在人种意义上，有黑种人，黄种人，白种人之别；

在国别意义上，有英国人，中国人与其他各国人之别；

在历史意义上，有今人与古人之别；

在文学意义上，有原型人物与艺术人物之别；

够复杂了吧？还有哩！

在性格表现上，有急性人与慢性人；

在行为选择上，有牛人与熊人；

在爱情方式上，有花心人与痴情人；

在生活习惯上，有忙人与闲人；

在行事风格上，有粗人与细人；

在处事性情上，有鲁莽人与精明人；

在心理类型上，有亢奋人与郁闷人；

在消费欲望上，有谨慎人与性情人；

在经济往来上，有信人与赖人；

在工作状况上，有勤人与懒人；

在面对丑恶上，有怂人与猛人；

在各种决策上，有智人与愚人；

在伦理操守上，有君子与小人；

在历史位置上，有侏儒与巨人；

如此等等。

你不能说，美与丑有什么重要？太重要了。不信你问问天下的女孩，是愿意做东施还是愿意做西施？说不重要的人，如果不幸变成了丑八怪，且看他作何感想？

九

真理两端性的价值，在于它可以促使我们学会沟通，学会谦让，学会妥协，学会谈判。

可笑的是，历史上，世界上总有那么一些人，一定要认定真理就在自己一方，或者认为自己就是真理的代言人，甚至干脆自己就是真理的化身。

真理没有化身。非有不可，真理也只能是上帝的化身。但上帝万能，无须真理。对于那些不相信宗教的人而言，真理最好不是上帝的化身，否则，自己一定与真理无关。

我认为：承认真理的两端性，有利于人们拓展思路，有利于人们的心理健康，有利于各个民族与国家的文化沟通，更有利于社会的和谐与共鸣。用最简洁的语言表达，承认对方的合理性，才有构成双赢的理念基础；而达到双赢的目标，才是当今人类与世界的福音。

第三辑

文化批评

公民权利解读

公民这个词，中国古本无之。中国封建时代，虽然曾经取得过无比辉煌的历史成就，但它本质上属于等级社会，等级社会正是封建文明的最显著的标志之一。

中国古来没有公民，只有“三纲五常”，君君、臣臣、父父、子子，人分九等，又不止于九等。封建文化的悲剧在于，它将所有的社会成员都根据其身份不同而塞入不同的等级格子，而这些格子代表的就是人格的尊卑，或者为贵，或者为贱。最高的格子，君临天下，便是皇帝；最低的格子，则是没有人身自由的奴仆。然而，即使奴仆之间，也不能平等，既有奴仆中的主人，又有奴仆下的奴才。尤其可悲可怕的是，一旦奴才有了主子的权势，往往比他的旧主人更其阴损刻薄——他知道从哪下手才能更体现出自己的威风与厉害，从而使昔日的同类尤其喘不过气来。

中国古来没有公民，凡中国人，不是人上之人，就是人下之人，单单没有平等的人。而且，人生在世，其尊卑贵贱，一旦形成，万难改变。皇帝是家传的，虽不必也不能一传万代，但动辄几百年不变，也够要命的。皇帝就是真龙天子。即使他是一个十足的白痴，他也是真龙天子；他是一个魔鬼，他还是真龙天子。他可能百无一能，但你不能对他不忠不顺，他可能嗜血成性，但你不能怀有二心。不忠就是大逆不道，怀有二心就是乱臣贼子。大逆不道就该全家抄斩，乱臣贼子不但诛体还该诛心。

中国古代社会，虽号称五千年文明，但其间的暴行也多，人民经过的苦难也多，昏庸暴虐的皇帝也多，腐败透顶的官僚也多。中国古来的思想家、政治家、军事家、文学家、艺术家，确然也曾在旧有的文化基础上作出过许多轰轰烈烈、惊天动地的大事业，然而谈到公民二字，却是空白。

公民是个神圣的字眼，现代文化观念中的公民，正如同中世纪时人们心目中的上帝。亵渎公民，就是亵渎上帝；欺辱公民，就是欺辱上帝。而亵渎上帝没有不受到惩罚的，欺辱上帝不会不受报应的。

西方人，尤其是信奉基督的西方人，相信上帝万能，相信上帝创造一切。然而，上帝没有创造“公民”。世界上第一位现代公民诞生之日，便是上帝的权威遭到挑战之时。伽利略说地球在转动，教会就要烧死他；尼采说上帝死了，他却安然无事。

传统西方人信奉上帝，传统中国人相信天、地、君、亲、师。天、地、君、亲、师是中国人心目中最崇高最不能反抗的五种力量，然而，在公民面前，它们同样必须放下架子，同样不能有任何特权脾气。

因为他是公民，爸爸就不能随便打他，什么父为子纲，滚一边去；

因为他是公民，老师就不能随便骂他，什么师徒如父子——父子固然父子，但必须平等相待；

因为他是公民，警察就不能随便抓他，你侵害了他的公民权益，你就必须付出相应的代价；

因为他是公民，法庭就不能随便审他，除非确认他有罪，否则便奈何他不得；

因为他是公民，虽然他已经触犯了法律，但依然有保持沉默的权力；

因为他是公民，虽然他可能是十恶不赦的罪犯，但他依然有权请律师为自己辩护；

因为他是公民，作为日本人，他就可以要求废除天皇制；作为英国人，他就可以要求向皇室征税；作为美国人，他就可以公开批评总统；作为俄罗斯人，他就可以对总统投不信任票；

因为他是公民，他就可以理直气壮维护宪法赋予他的一切权利；这权利如此之大，即使是太上老君的金刚琢也打他不倒，即使是阎王老子的催魂符，也抓他不得。

那么，身为公民，究竟应该享有哪些权利？

至少应享有如下项权利。

第一项，生存权。

生存权即享受生命的权利。人自出生起，就自然享有存在的权利，无论什么人，什么势力——除按法律程序规定的之外——都无权对公民生存权进行任何一种形式的侵扰和伤害。如有伤害，必受惩罚。

公民的生存权，与生俱来。且不问这生命是天才的，是特异的，是优秀的，是有缺陷的，还是有残疾的。

生存权不是特权，它适用于一切生命，你是一个白痴也无差别，在这个层面上，天才与白痴之间，只能划上一个大大的等号。

生存权是最基本的权利，因此也是最普遍的权利，它不因为你是拿破仑，就发你一张优待券，也不因为你是卡西莫多，就给你来点人情冷暖、世态炎凉。

公民的生存权尤其表现在人道主义权利，从而不受歧视，不受压迫，不受侮辱，不受虐待，无论黑人、白人，无论穷人、富人，无论是男人、女人，无论老人、孩子。垂死的病人有权要求临终服务，待决的犯人有权要求不受虐待。能够生活在世纪之交的世界公民，你们是有“福气”的，有谁侵犯你的这些“福气”，你就有权使用人道主义武器，给他来上一枪。

第二项，教育权。

教育权有如生存权，养而不教，社会之过也。同此，义务教育在世界绝大多数国家和地区已经普及或正在普及。

封建时代教育是一种特权，所谓有教无类，说说而已；种族时代，教育同样是一种特权，所谓人人平等，空话罢了。

古代中国，信奉“万般皆下品，唯有读书高”，然而，读书需要束脩，没有束脩，请你走开。美国黑人，也有无穷的智慧，讲到教育，还是要大打折扣。事实上，人类的平等观念，不但表现在政治上，而且表现在素质上，唯有享有同样的教育，才可能得到相同的机会。秀才吕蒙正，中了状元不愁官做；而贾府的焦大，表示对主子的不满，只能借着酒气一顿混骂——他忠心固然忠心，文化二字却谈不上的。

义务教育既然已经成为许多国家的法律规定，那么，不能切实落实义务教育就等于触犯了法律。若是家长剥夺了孩子的受教育权，那么就该追究这家长的法律责任；如果地方行政长官没有使其管理区域内的适龄儿童接受到义务教育，也应追究他们的失职之责。但看中国这些年的情况，失学率居高不下，原因却又复杂。多数情况或者因贫困所致，饭都没得吃，要受教育也难；少数情况或者另有原因。例如北京街头的乞讨者中，带孩子的不少，这些孩子，虽然蓬头垢面，却又“训练有素”，或者抓住乞讨对象死不松手，或者跪在你面前，只管叩头。对这些乞讨者而言，义务教育云云，全是废话。可悲的是，这些乞讨者中，真的贫困者或者也有，更多的人，却是把乞讨当作一种职业，或者干脆看作致富的手段。为着生活好些，便牺牲了我们的孩子，这件事情，该归谁管？

教育不仅包括义务教育，教育也不仅仅是儿童和青少年人的事。当今世界，科学技术发展那么迅速，信息量增加得那么快捷，任何一个人，如不能及时地用新的科学理论和技能武装自己，那么他都有落伍的危险。所以，终身教育，才顺应历史潮流，成为富国强民、兴教立业的百年大计。

教育不但是受教育者的事，不仅是教育部门和教育单位的事，尤其是管理者、经营者和社会所有行业与阶层的事。中国自古有教育传统，人类历史上最伟大的教育家，非孔夫子莫属，那么，中国的教育理应办得最好，而中国公民的教育权，也应该得到最充分的落实。

第三项，居住权。

传统的中国人，最要紧的是人人有其田，没有土地，一切理想，皆成虚妄；而现代中国人，最重要的生活大事，莫过于人人有其房，没有房子，即使不是最大的痛苦与不便，也是极大的痛苦与不便。可以这样说，当今中国，不关心公民住房的领导者绝不是好领导，而终究不能解决中国公民住房问题的，不论哪一个领导层，都不会得到历史的肯定。公民的居住权，应成为公民必备权利，至少在如中国一样的发展中国家，尤有对此权利予以严格保护的必要。

中国封建时代的住房，具有鲜明的等级标志，等级一错，便是砍头的大罪。和坤住房中发现帝王品色，此事无须问，便成叛逆之罪。中国的住房，官大则房大，官小则房小，小老百姓不过四面土墙，加个茅草盖子而已。诗圣杜甫落魄四川，受茅屋为秋风所破之苦，大声疾呼，凄凉吟唱，所求所望，也无非“安得广厦千万间，大庇天下寒士俱欢颜”罢了

现在是什么时代了？早在一个世纪之前，孙中山先生就宣告了中华民国的成立，在近年前，毛泽东主席又庄严宣告“中国人民从此站起来了。”进入民国的中国人，没有解决住房问题，人人有其屋不过是一个美丽的梦想，站起来的中国人，同样没能真正解决住房问题。可见居住权这件事，落实起来有多么不易，住房文明是现代文明的组成部分，其为大不易事，确也是题中应有之意。

中国公民是中国的主人，在我看来，中国公民的主人翁地位若不表现便罢，真的表现，就该从住房方面先体现出来。倘能使中国公民中那些最没权势，最少资财，最不会钻营，最勇于奉献，最缺少生存本领，而且无论如何也买不起商品房的人，能住上真正光光亮亮、宽宽敞敞的大房子，那就是中国的德政，中国的希望。

当然，这不是说，住房不要商品化。相反，住房一定要商品化，住房不入市场，中国人会永远缺房。住房进入市场，好处多矣。首先是取消了那些手中有权就可以随意住房的特权阶层，同时又为那些有能力住好房的人提供了机会，无论如何，有钱就能住好房总比有权就能住好房文明一千倍，合理一千倍。同时，绝不忘记那些没有能力住上商品房的人。三者皆有所成，中国人必定开心大笑。

第四项，迁徙权。

古人难于迁徙，迁徙就要倒霉。秦始皇统一六国，便将六国贵族万人迁到咸阳。名为迁徙，实则监管，而且万里奔波，不但家财散尽，几近家破人亡。这成例，并非始自秦始皇，大约自商、周以降，莫不如是。今日的商丘，就是商朝灭亡后，商人后裔的迁徙之所。

古来的中国人，迁徙大半没有好事。即使入京师，作高官，那大本营

还在原籍，他们的根在那里。一旦年老，退职还乡。因为他们心目中真正的“家”是在原籍，他们的宗族祠堂都在原籍；他们的祖宗坟茔在原籍，他们的乡情亲情在原籍。一些高官，连家眷都未必带的，倒是那些犯了大罪或遭了陷害的人，才被迫迁徙，岳飞遭了冤狱，他的家属被发往岭南；林则徐因抗英获罪，被道光皇帝发配新疆。若非有罪，哪能发配？发配也是一种迁徙，有些地位高的或能回来，没权没势没救援的，只好老死他乡，永难归来。这样的迁徙，哪个不怕？

何况儒家文化，最大的功劳在于对小农经济的强大保护，最大的特色在于维护封建秩序的安定与平稳。

儒家重孝道，忠君的话，孔子不讲，他只讲“克己复礼为仁焉”，但对于孝道却极为重视，竭力宣扬。所谓“不孝有三，无后为大”，所谓“父母在，不远游”。

而且从中国古代历史的实际情况看，游民一多，社会必乱。反之，只消家庭稳定，小农经济基础牢固，任你七乱八乱，皇帝老爷只管稳享太平，稳坐江山。

这样看来，中国传统文化的反对迁徙，特别是反对自由迁徙的观念与礼教，不但根深蒂固，而且由来久矣。

但是，现代人的生活方式，偏偏需要迁徙，而且越是发达国家，公民的迁徙频率越高，迁徙的范围越大。美国人很少有一生只生活在同一个地方的。病危了，虽然一样的“人之将死，其言也善”，也没听说过还有叶落归根的想法在，要归根也办不到——他们中大多数人原本来自欧洲，如果人人要求落叶归根，不但美国政府不能同意，欧洲人也接受不了。

现代人的迁徙首先是一种需要，因为社会发达了，经济发展了，市场变得十分巨大，如果将大市场比作浩瀚的长江，那么，从业者就是这江中的游船，或水中的鱼儿，市场中人有权利有必要在市场的大江大潮中自由往来。好像鱼在水中，鸟在天空，因为有自由迁徙权，才能“海阔凭鱼跃，天高任鸟飞”。

当然，也需要必要的规定。美国是主张移民自由权的，但对移民也有限制。否则，每年向美国移民过多，它也吃不消。今年初广州将对外来打工者实行“绿卡”制，即对来广州的求职者，不但要办理必要的手续，而且要进行上岗培训。这办法不但“要的”，而且很好。迁徙权利属于公民，迁徙办法属于社会，二者的统一，将使船在水中走得更快，车在路上跑得更好。

但计划体制下的户籍制度，必须改变，而且变得越快越好。

旧的户籍制度，状似围城。它最大的害处是与市场经济规律相背谬。其结果，必然是作茧自缚，不堪重负。对外来者既不公平，对原居住者也未必是好事。

第五项，就业权。

西方人，或者说举凡实行自由商品经济的国家，最怕失业，又最不能避免失业。失业不但是失业者的大不幸，而且是政府最为头疼的事情。但市场经济的特点之一，是保证劳动力的自由流动。因为劳动力也是商品，就有不足或过剩问题，就有优胜劣汰问题，就有行业兴衰与劳动力走向问题，就有劳动成本与工资水平问题。因此，失业是一种必然规律。它对经济发展有刺激性作用，对劳动力有净化与升华作用，但失业率不能过高，失业率超过就危险了。如果再高，必定会引发社会动荡和经济危机。顺便说，高失业率既是经济萧条的结果，又是反映经济危机的信号与引发经济危机的部分原因。

古代中国人没有失业的概念，所以对失业也无所谓怕不怕。小农经济条件下，似乎也很少有人失业。只要有土地耕种，种地就是人们的“业”。土地不失，业就不失，想失业也办不到。倒是有些不务正业者，自动放弃对土地的耕种，这种人北方人叫做二流子。殊不知二流子也不好当，成为二流子，不但生活会很艰难，而且还要遭受方方面面的指责和教训。那些因为种种原因而失去土地的人，便去给地主作雇工。

小农经济，失业不是大问题。相反，以土地为生的农民，一年的劳动分配很不均匀。忙时忙得要死，闲时却又无所事事。以我亲眼看到过的北方农民而言，冬三月都是无事的季节，无论男女老幼，除去一日三餐，几乎无事可干，或在房中闲聊，或去街上闲逛。丰收年或许听书唱戏，歉收年多去玩各种赌具。田里的活儿没有了，“业”也就没有了。但这不是失业，这叫农闲。从市场经济的观点看，农闲亦是失业，并因此浪费了极大的劳动力资源。而从传统的农业观点看，这正是顺天应时，辛苦多时，闲他几日，又有何妨？

市场经济打破了农闲与农忙的界线，而市场的竞争，尤其是劳动力市场的竞争，更要求每个人把就业看成是人生第一生存需要。没有职业，就会沦落成社会救济者。而社会救济者，绝不是光荣的头衔更非自由与幸福的象征。

旧式中国人往往怕动而不怕静，怕机变而不怕辛苦，甚至怕受苦而不怕受穷。这是说的怕苦其实也不见得全是体力劳作之苦。确有人怕劳累，也有人怕学习，又有人怕管理，还有人怕流动，再有人怕高难技术，更有人怕竞争。但传统的农民，最不怕是受穷。诚所谓苦不可忍，而穷可忍也。有粮则多吃，粮少则少吃；忙时则吃干，闲时则吃稀。丰收了，一天就吃三顿饭；歉收了，便减它一顿去。粮食不够则以瓜菜代，瓜菜又不够则去挖野菜剥树皮。再不行就去逃荒要饭，到了逃荒也无处可逃而要饭也无处可要时，于是一人振臂，万人云集，便来它个开仓劫粮，揭竿而起。

市场经济，求业乃是天大的事。生活在市场经济社会，有职业就好，有职业才好，有职业多好！有称心如意能发挥所长的职业更是好上加好。这滋味，妙极了。

一方面，社会要保障公民的就业权，至少能通过种种方法，减少这样那样明的暗的失业人口。同时，现代中国人也应该确立同样现代的就业观念，学会为择业而奔忙，为就业而奋斗，为成为优秀的就业者而增长聪明才智，为给别人提供就业机会而干一番大事业。

第六项，公平竞争权。

市场经济的运作特点就是竞争，运作方式也是竞争。但竞争有公平竞争，有不公平竞争。公民作为市场经济最基本的主体，享有公平竞争权。

不公平竞争，内容也多，手段也狡猾。小而言之，如走后门，拉关系。譬如某个企业招工，你有本事偏不要你，你有特长也不要你，你有很高明的见解同样不要你。你又不是张处长的表哥，李科长的妻舅，王局长的大侄女，赵部长的小外甥，好运怎么会降到你的头上。人家原本要的不是特长，而是关系。为着这关系，宁要猪八戒，不要孙悟空；宁要武大郎，不要打虎英雄；甚至宁要秦桧，都不要岳飞，看你有脾气没有。

不公平竞争，不仅表现在个人之间，还表现在企业之间；不仅表现在企业之间，还表现在其他种种方面。仅以企业而言，国有企业要全权负责职工的劳保福利和退休费用，合资企业就没有这么沉重的负担，一些个体企业甚至连劳动法都不顾，人家的职工每周休息两天，对不起，本店职工只休一天。但工资并不多开，奖金还要少给。对于国有大厂来说，职工的住房问题乃是天大的问题，但三资企业对此完全可以不闻不问。话又说回来，私营企业出现亏损，全由老板负责。三资企业要想贷款，却又困难，在相当长的时期，国有企业拿贷款如捉鸡下蛋，什么亏损、呆账，一律不管，我是国有企业，你是国家银行，我这里缺钱，你就得给钱。

税收也不平等，减税免税有时有很大的随意性。我们喜欢说让一部分人先富起来，这没什么不好。但先富的人常常不是靠智慧，靠奋斗，靠能力，而是靠政策的倾斜，政策一倾斜，某些人便能致富，这也是中国特色。难怪有人要发牢骚，说让你富，你就富，不富也得富；不让你富，你就别富，富了也怕富。此无他，因为计划经济本质上属于权力经济，权力一歪，金海银山，都跟遭了地震一般。

如此种种，几乎成为一笔武大郎的豆腐账，这种环境下的竞争，无法做到公平，而不公平的竞争，不但于经济规律不合，它损伤的还有更为深层的内容。

不公平竞争，不但侵害了公民的应有权利，而且毒化空气，腐蚀人心。取消不公平竞争，正是中国改革大计的重要内容，而消除不公平竞争的办法，至少应包括如下种种：

一是透明。即将那些关于公民利益的竞争程序，无保留地公开于社会面前。透明治邪，如同警察抓小偷，可说一治一个准。你招工不是靠关系吗？关系虽然厉害，但它就怕公开。比如某家大饭店招一公关小姐，西施你不要，说人家有病；王昭君你也不要，说人家里通外国；杨贵妃你还不要，说人家太胖。非要孙二娘、顾大嫂不可。还说这二位夜叉般的“美人”，出身既好，身体又棒，吃个水牛，不在话下。这样的丑类，最是见不得阳光，一见阳光，马上屁滚尿流，现出它丑陋的本相。

二是建立刚性程序。有人喜欢讲科学程序，但对我们中国人而言，科学的第一要素是刚性，刚性即不能随意更改，如皮筋量尺，橡皮图章。比如二位武师对擂，一个赤手空拳，一个却腰别着大斧，这种比赛，赛它作甚？又如考试，未考试先讲程序，考试结果才比较可信。或考外语，就在行家面前来个演讲比赛；或考厨师，先做出几菜几汤请美食家们品尝。中国旧的传统，迷信相马，轻视赛马，其实相马哪里比得上赛马，连民间艺人写小说，都知道打擂夺印，比武招亲，要知晓真货色，千方百计，莫不如让他们比比看。

三是建立监督机制和监督系统。你敢弄虚作假，自有人和你理论。让你纵然长着一张李林甫式的嘴巴，也遮掩不了你的居心。

四是对不公平竞争行为，坚决依法惩治。例如对谋求暴利的行为，就必须依法惩治。又如对打假球，同样该依法惩治。英国人现在正为一场假球把个官司打得火热。这官司不可谓不大，其影响比这件事本身更大。假球是对体育精神的亵渎，也是对观众的欺骗。你胆敢为着几枚小钱，便欺骗“上帝”，若不严加惩治，“上帝”尊严安在？

打假不能例外。加拿大短跑选手约翰逊，名气不能说不大，一经查出服用违禁药物，马上予以禁赛处分，再次查出服用违禁药物，给予终身禁赛的处分，终身禁赛好像刑法中的死刑，你既然要欺骗到底，便让你付出“生命”的代价。

所谓“假的就是假的，伪装应该剥去”。魔鬼头上顶着画皮，脸蛋虽然好看，喝的却是人血，不将其画皮揭去，几等于助纣为虐。

第七项，财产权。

财产权在封建时代，没有保证。所谓“君子之泽，五世而斩”，但君子之泽，之所以五世而斩，并非全是他们自身的过错。封建王法，动辄就要抄家，动辄就要灭门。抄家，则即刻一贫如洗，灭门则无异斩草除根。《红楼梦》后四十回中有一段描写查抄贾府的情节，不但写得风声鹤唳，而且写得意寒心碎，非过来人不能有这样的亲临实感。想那贾府，偌大的家私，虽然衰败，不至于朝夕之间便跌到“茅椽蓬牖、瓦灶绳床”的艰难地步。因为给皇帝抄了家，所以你不穷也得穷，家不破也得破。

凡此种种，给人的教训是，能合皇上之心，便有功名富贵，不合皇帝之言，就会家破人亡。所谓“一言兴邦，一言丧邦”，平常人等哪有这样的威力，只有大权独揽的人才能一言便是台风，一语便是骤雨。所以孔圣人固然教育天下读书人有气节，有操守，但看历代兴亡，总是有气节者少，平庸混世者多。明代崇祯皇帝走投无路的时节，尽管金钟乱撞，御鼓长敲，还是一个臣子的影儿都见不到。随着他老人家赴难的，唯一名忠心不二的太监而已。

近代西方文明，基本标志之一就是私有财产神圣不可侵犯。过去，我们认定这理论是资本主义观念中的腐烂货色，听都不要听的。现在看来，私有财产神圣不可侵犯正是市场经济赖以生存发展的一块基石。如果说，我们某些同胞一听“私有”二字就大不受用，那么，改成公民个人财产神圣不受侵犯，怎么样呢？

正如封建时代的人身依附关系，决定了人与人之间的等级价值，而皇权高于一切的社会体制，又决定了中国式的小农经济乃是一种权力经济。这权力用得好时——政策对头，则经济便受到保护，得以发展；这权力滥用之际，便如虎、豹入于羊群，把个小农经济弄成七零八落，非死即伤。

反过来说，没有对私有财产权力的有效的毫不含糊毫不例外的法律保护和严格界定，则市场经济也难建立，纵然建立，也难以发展和成熟。假使你不能肯定你挣的钱就应该归你，你还挣钱做什么；假使你的财产可以任人侵蚀，你还积累财富做什么？

古来中国人不敢言富，不敢露富。天下巨富，首推皇家，如果你比皇帝还富，就是没罪也该砍头。封建时代的贫富是按等级来的。皇帝就该富于公侯，公侯就该富于官吏，大官就该富于小官，是官就该富于老百姓。

市场经济不管这一套。美国总统固然是合众国的最高行政长官，但他未必是最有钱的——不，应该说他肯定不是最有钱的人。而且当了总统，也无法大把抓钱，总统不是肥差，有点差错，还可能引发众怒，让你下台。美国第五任总统门罗，是为美国开国奠基的那一代人。但他卸任之后，也曾“备受财务困扰”。妻子去世后，“他就放弃华厦，迁居纽约依其一个已婚女儿生活”。

当然这是个典型。更多的卸任总统，便去当法官，选议员，做律师，或忙忙碌碌写自己的回忆录。这自然与他们不甘寂寞的心态有关，但也和他们的经济需要有牵连。知情者说：“有些退休总统有不动财产，收入丰裕，根本不需要再去找工作。可是，大多数的退休总统都是‘穷光蛋’出身”，“在离开白宫后，虽不是囊空如洗，可也不是腰缠万贯，所以必须找一个工作，免得坐吃山空，家无隔宿之粮”。在这方面，最不幸的人物当属美国第十八任总统格兰特。格兰特是美国南北战争中的大英雄，最终率军打败南军传奇性指挥官罗伯特·李的就是他，但他总统当得不济。他卸任后，将一生积蓄尽数“投资在他儿子也是股东的银行里，结果银行大老板欺骗了他，银行倒闭，他的积蓄全泡汤了”。偏这时候，他又得了癌症，为了养家糊口，他开始为杂志撰写专栏，回忆他当年的军旅生活。他的辛苦总算没有白费，在他去世后，马克·吐温出版了他的回忆录，这书给他的家人带来了巨额收入，只是他已经看不到了。

古代中国，钱与权连着呐。君不闻“一任清知府，十万雪花银”，请问区区一个知府能多大？知府再大，还比总统更大吗？但只消做一任知府——而且是有清名的知府，就能收到十万雪花银的报偿，中国人爱官如命，真是大有来由。

直到今天，人们怕露富的心理依然严重。有人拼老命挣了三五万块钱，不愿存入银行，东藏西藏，结果成了老鼠磨牙的工具。这行动固然愚昧，但不能说与害怕露富的思想无关。

不愿露富，并非不想发财，于是灰色收入之类，便如割不净的野草，白了一块，又绿一块。

公民的财产权，是公民权利不可分割的一部分，任何人任何势力都无权剥夺。除非司法机构认定这些财产触犯了法律——即这根本不应列为个人应得财产；否则，即使这是一座金山，任何人也没有动它一丝一毫的权力；即使财产所有者是个待处决的凶犯，他的遗产依然应该由他处治，而且只有他才有权处治。

中国目前的情况，一方面是对贪污腐败、以权谋私、制假造假等经济犯罪行为惩治不力；另一方面，又对公民的合法收益保护不周。未来的社会，应使公民敢于、肯于和乐于为自己创造财富，并且将财富的创造看作是一种独特的荣誉与能力。

第八项，社会保障权。

中国人喜欢说：天有不测风云，人有旦夕祸福。天有不测风云，则难免受各种自然灾害；人有旦夕祸福，又难免三灾六难，五劳七伤。加上市场犹如战场，既然市场犹如战场，则战场难免伤亡，市场经济又有发展周期，既有发展周期，则难免出现衰退与萧条。经济一旦萧条，不但业主很难赢利，从业人员又面临失业的危险。于是天灾既是打击，疾病还是打击，失业又是打击。一个好端端的公民，遭受其中一个打击，都有可能无“福”消受，如果接二连三，纵然你像武二郎一样的神勇，架不住打死一只猛虎，又来一群恶狼。

那么怎么办？公民享有社会保障权利，有权向社会要求保障和救济。

从社会这一面讲，救济与保障乃是不可推卸的社会责任与法律责任。从要求救济和保障的公民一面讲，一方面要力争自救，一方面又要呼吁救援，而且毫不含糊地行使自己的社会保障权利。

社会保障权，既是公民的政治权利，也是一种特殊的财产权利。放弃保障，如同放弃自己的财富，甚至等于放弃自己的孩子。

第九项，安全保护权。

安全保护是个系统工程，但最要紧也是最责无旁贷的，则是专门安全机构的保护。即公安部门对公民生命财产的保护。公安公安，公众与社会安全之谓也。有了危险，不找公安找谁？

但中国是一个封建历史极长的国家，漫长的封建时代，只有官对民的管制，没有民对官的监督，只有官对民的驱使和压榨，没有民对官的制约和要求。封建传统，凡有权者——且不问这权势的大小，都可以用来给老百姓发威，你不要说，他只是个杂役，在县太爷面前不如一条虫，或不过是一个太监，在皇帝面前不如一只狗。但站在老百姓面前，这条虫就可能是一条毒虫，这条狗就可能是一只疯狗。毒虫你怕不怕？疯狗你怕不怕？你不怕，好，咬一口给你看。官要管民，理所当然；吏要管民，同样理所当然。中国古来没有警察，非要找一个类似角色，那么衙门中的差役，仿佛似之。但县太爷既要八面威风，差役们怎能不如狼似虎。军队尤其凶狠。所谓兵匪一家。通常情况，匪之杀人，多杀富人，而兵荒一到，则管你贫、富、男、女，要抢就抢，想杀就杀。

因为有这样的历史传统，中国老百姓往往不习惯使用自己的安全保护权利。有时，丢了东西，却不报警；遭到奸侮，也不报警；遇到抢劫，也不报警；甚至出了人命，都不报警。这里面原因也多。有人是缺少应有的安全常识，没有报警意识；有人是旧观念作怪，怕当众出丑；也有人是对安全部门缺少信任。

对安全部门或对警务人员不信任，有疑虑，也自有其原因和根据。警察队伍中确存败类，有些案件也确实与公安队伍内部有瓜葛。但不能因此得出结论，认为中国的警察全不行了。实际上，中国的警察正如中国的其他工薪阶层一样，是一些付出很多，收入并不很多，生活清苦，负担又很重，常有痛苦也常有烦恼的人们，而且他们还常常有不被理解的精神苦闷。中国的老百姓是世间最可爱、最善良、最少需求、最易满足、最能忍耐、最具宽容态度又最有自我牺牲精神的人，中国的警察又何尝不是如此？近日看重播的《西部警察》，常常为片中警察生活所感动，然而，又听说，那片中的生活原型，在已经不幸以身殉职，更令人百般敬重且又有千种遗憾难说。

中国公民应该如世界上真正享有公民权的公民一样，学会使用自己的安全保护权。一有危险，便找警察。毕竟时代不同了。要知道中国的一切公务人员，无论哪一级行政长官或哪一级安全官员，毫无例外地都是依靠纳税人的奉献而生存的。纳税人自有理由要求他们一丝不苟地履行自己的职责，并有权知道对他们履行职责的情况，说三道四，评头论足。

值得一提的是，1997年1月，本人作为北京广外地区的居民，接到一张以宣武公安分局署名的《为人民服务树公安新风》的承诺信，承诺共有7条，第一条就是“接到群众‘110’报警电话后，民警在5分钟内到达现场处置”。自然，不是每个人都会碰到意外情况——但愿普天下的善良人都无意外才好。但有了这个承诺，如我一样手无寸铁又生性胆小的中国人，就觉得生活得安全多了。不论碰到什么情况，你只要坚持5分钟，警察就会赶到现场，想一想，这是一件多么快意的事。本居民虽然手无寸铁，难道连坚持5分钟的决心也没有吗？

第十项，自由权。

自由权首先是言论自由，而言论自由，古来少有。或者确切点说，自秦皇、汉武之后，就已经荡然无存。倒是中国古人有两句经验之谈叫做："病从口入，祸从口出。"病从口入，是吃了不洁的东西，所以受病，科学总结，一点不错。祸从口出，是说了不该说不可说不能说的话，于是招来灾难，轻则皮肉受苦，重则死无葬身之地。

中国封建文化，一方面要求臣子忠君直谏，直言不讳，发表自己的看法，匡扶圣上的得失。另一方面，皇帝的权威又无所限制，往往龙颜一怒，千里喋血。以明代为例，那些被廷杖，被充军，被砍头，被送进东厂，被灭门九族的官吏，绝大多数并非有了什么大不当的行为——如贪了赃，枉了法，拿了皇后的项链，或者冒充皇帝的小舅子，而是向皇帝说了些逆耳之言，或者因为参权臣，或者因为批评朝政；或者作了几句不相干的诗，或者根本无风无雨，就是因为说了几句不中听的话，结果龙颜一怒，冤狱立成。遭杀遭剐，不为别的，都是因为这一张嘴啊！彼时清官海瑞，上疏之前备好棺木——既有进言胆量，便有死的准备。朱厚熜一看他的上书，果然气得两眼发蓝，马上叫人追捕，怕他跑掉。知情的人说，他连棺材都准备好了，像他这样的人是不会跑的。结果，这位自认为通了仙的嘉靖皇帝吃了一惊，不明白世上怎会有这样的臣子。

为着一篇上疏，就要做好死的准备，这可难了。可见，直言之难，难于下地狱。请问，中国人口虽多，中国历史虽长，时时刻刻准备下地狱的人能有几个？没这样的准备，那好，请紧闭尊口，不要说话。

现代社会，公民享有语言自由、结社自由、出版自由，这些全是最起码的公民权利。

其实言论自由，实在不是什么新题目。这题目，在西方已经有几百年历史，在中国，至少自民主革命时代，固已有之。毛泽东主席在讲解民主生活时，也曾引古语以发新论，一口气引用了儒学经典中三句话，24个字，即"知无不言，言无不尽"；"言者无罪，闻者足戒"；"有则改之，无则加勉”。而且对这个字做了极为通俗和中肯的解释。而他本人，也曾以身作则，成为共产党人中的一个模范。延安时期，因为征收的公粮多了，农民负担加重，有不满情绪。一次下大雨，一根大树被雷击中了，就有一位农民兄弟发牢骚说，为什么没有劈毛泽东？延安保卫部门知道了，要处治这个农民，毛主席不同意处治他，还叫人调查原因。一调查明白了，于是减轻农民的负担，从而更加赢得了延安人民的信任。

真正的民主生活，语言自由，应该建立在法制基础上。

言论权正如生存权，没有自由就等于没有生命，言论自由正如思想自由，世界上既不该有思想罪，也就不该有自由言论罪。

从历史的经验看，没有言论自由的时代，必定走向混乱和衰退。

无声的世界，多么可怕。

而百花齐放、百家争鸣的时代，才是充满生机的时代。

有声的世界，多么快活。

君不闻，鲁迅先生曾说：沉默呵沉默，不在沉默中爆发，便在沉默中死亡。

然而言论自由不能中伤别人。大凡文明国度，凡涉及他人名誉与利害的语言都要万般小心。中国古语所谓“谁人身后无人说，哪个人前不说人”，这是旧传统，对现代文明并不适用。你议论别人，就要承担责任，如果造成不良影响，还要承担相应的法律责任。现代文明人，先要学会管好自己的事，管好社会的事，对于别人的私情私事，你关心他干吗，最好眼观鼻，鼻观口，口观心，做个正人君子样，不问他人闲是非。如果能把我们无穷的心思、能量、智慧和创造力都用在正地方，那中国人定会变得更了不起。相反，若把这些心思、智慧、能量和创造力都用在人情上，用在人与人之间的勾心斗角上，用在臧否人，阴损人，弄奸使坏，巧取豪夺，传流言，放暗箭，搬是非，弄口舌上，那么，中国固然伟大，则民族的前途着实堪忧。

不过，对公众人物的评论，不在此例。公众人物，尤其是各级管理者，对他们的批评，应百无忌讳。毛主席讲的“知无不言，言无不尽”、“言者无罪，闻者足戒”、“有则改之，无则加勉”，其运用对象，主要是领导者、管理者和各式各样的权力者。应该确定这样一个公式：

有权者无权禁止别人讲话；

无权者有权对权力者发言。

对于其他公共人物，如企业家、商家、演艺人员、作家、体育明星以及类似职业者，公众同样有权对他们发表各种各样的意见。对这些意见，大可不必动不动就肝火旺盛，动不动就来个法庭上见，动不动就要反唇相讥，甚至你骂我老娘，我骂你祖先。实在说，公众人物吃的就是公众饭，公众对你说长道短，正是理所当然。最可怕的，不是公众“恨”你，骂你，而是忘记了你。如果一位公众人物，谁都不知道他，那才是真悲哀。一部电影有人骂，不要紧，万人骂，也不要紧，中国有几亿人呐！但一问三不知，问谁谁不知，可就惨了，这样的影片，不如不拍。

对于我自己来说，无论对我的书说好说坏，我都感谢，而且由衷感谢，不打折扣；小生不才，这厢有礼了。你辛辛苦苦写一本书出来，有人看，有人骂，不是冷冷清清，而是热热闹闹，有什么不好？

自由权还包括信仰自由。信仰自由在古代中国几无此说。古代中国人只讲“三纲五常”，信仰不信仰，没人管你。第一是忠君，第二是尽孝，有忠有孝，大节足矣。

西方人对信仰则无比重视。至少自中世纪以来，宗教信仰便占据着极其重要的历史地位。信仰不同，便是仇敌，十字军东征固然不尽是宗教原因，但宗教信仰显然是造成十字军东征特别重要的因素之一。

但现代文明是伴随信仰自由而诞生而壮大而发展的。现代公民，人格一律平等，权利没有高低，但信仰全凭公民意愿，在某种意义上说，公民的信仰虽然是社会文化现象，又属于公民的个人权利。信佛教，可以；信基督教，可以；信伊斯兰教，可以；信奉道教，同样可以。一切宗教，都不相信，只信马克思主义，也可以。凡公民，既有信教自由，也有不信教自由；既有有神论自由，又有无神论自由。只要不因你的自由而影响了别人的自由，你自意信什么，只管去信好了。

第十一项，隐私权。

封建时代不能有隐私。臣子要求隐私，就是对皇帝不忠；儿子要求隐私，就是对父母不孝；妻子要求隐私，就是对丈夫不节；仆人要求隐私，就是对主人不义。总而言之，个人隐私属于非礼。非礼事大，因此，打烂了屁股，也是你自找没趣。所以中国历史文明虽然异常古老，论及隐私一事，却是空白。

但这不能证明，中国人就从来不曾有过隐私，而是不愿说它，不肯说它，不敢说它，也无法说它罢了。

现代人，隐私权既是公民权的重要组成部分，也是公民生活的必备条件。

隐私权保护的是个人心灵深处的一块幽幽的美丽的永不会失去魅力的空间。因为有这一块空间，我们才生活得更有生气；我们对他人对自己才更负责任；我们才具有更强大同时也更柔韧的适应社会生活的能力。

这一块空间，说小它也小，虽然小，却绝非不重要；说大它也大，虽然它很大，但它绝不张狂；说显它也显，虽然千变万化，你都不会将它忘记；说隐它也隐，它若金屋藏娇，谁也不准看的。它很轻，它藏在你的心中，你绝不会感到沉重；它又很重，因为有了它，你的人生跷跷板才保持住平衡。

这一小块天地，可能是感情方面的，也可能是经历方面的；可以是关乎他人的，也可以是关乎自己的；可以是有朝一日必对人言让它昭然于世界的；也可能是一生一世都将它保存在内心深处，永世不宣示于人的。

因为有这一小块空间，雄烈刚猛的男儿，才会在万马军中或者天塌地裂之际，闪烁出一缕柔情；青春男女，才可能对自己更加充满信心；男人才可能更爱女人，女人也才可能更爱男人。人生百态才显得更神秘，更空灵，更经得起咀嚼，也更有味道。小说家才有了更广阔、更精绝、更能撩拨人心的生活题材，艺术家才有更丰富、更生动、更细致入微却又更博大精深的表演对象。

隐私是一种需要。全然没有隐私的人，虽然貌似单纯，总是缺少魅力，虽然自认为君子坦荡荡，那人格却容易流于肤浅。作为一个人，一生一世都没有一个秘密，总有点清汤寡水，让人提不起精神。如果秘密太多，又有点矫揉造作，故弄玄虚。隐私权所表现的全然不是如此，它所代表的乃是一种神圣的情感和同样神圣的心理姿态与存在方式。

中外文学作品中，常有写初恋的笔墨，但在我看来，成熟的爱情更适合运笔，那些写初恋的文章没有一篇是真正动人的，或者换句话说，写在纸上的初恋，终归比不上藏在人们心灵深处，且常常涌上心头的那份初恋之情，更能动人也更有情致。

隐私权不容侵犯，谁侵犯它谁就应该付出代价。

隐私权不是抽象物。它有具体的内容，比如个人笔记、个人信件、个人情感、个人财产以及一切全然属于个人而不屑或不必与他人发生利害关联的内容。

隐私权不受侵犯，天下人恒享此权，没有例外。儿女的信，父母不能拆开；属于夫妻一方的东西，你不要翻。你不要说，我是你老爸，你的信我为什么不能看，或者我是你太太，你的东西我为什么不能翻？为什么，因为这是人家的隐私权。你如果偷看或偷翻了，别无他法，赶快道歉，请人家原谅。人家可以原谅你的无知，或者还要给你上一堂法制课；也可以不原谅你，让你作出相应的赔偿。

因为公民享有隐私权，所以，偷听偷录别人的谈话，就是违法。即使你偷录到的是与诉讼有关的证据，法院也同样不予采用，不能作为有效证据出现。

隐私权能使中国人在所有层面都接受它，它就会成为滋养中国文化心理天地的一泓清水，一束阳光。

第十二项，知情权。

隐私权保护的是公民个人的秘密，知情权保护的是公民应该知道、希望知道、也有权知道的内容。

公民有权知道社会有关部门和就业单位对自己的看法和记录，比如知道自己档案中的所有内容。而中国的个人档案，是对当事人保密的。当事人不能看自己的档案。即使这档案交由当事人转送，也要加上封签，以示严肃与纪律。但这是不公道的。特别是在政治运动盛行的年代，档案不对当事人公开，往往弄出冤案。我的中学母校，有一位很好的语文老师，他虽然不曾直接教过我，我却有幸在窗外听过他的讲课，我觉得那课讲得非常精彩，但他曾被认定是国民党特务，“文革”中吃了不少苦。后来查来查去，却是将一个同名同姓人的事情安在他头上，使他身有百口，也难以辩明。

档案向本人公开，这样才能彼此信任，心明眼亮。实在说，那口袋又没有装什么见不得人的东西，让本人看看，有什么不好？倒是不让本人见面，反而使一件最平常的事，成为某种特别权力的象征，万一有人做些手脚，于公民和社会风气都十分有害。

不仅档案，还包括管理者对就业者的评价与意见。现在全国都在实行合同制。既是合同制，双方都有在相应的条件下，解除合同的权力。但辞退就业者，应有正当理由，而被解聘者也有权知道其中的原因。有人说，辞退本身就是理由，比如申花足球俱乐部不再与徐根宝教练订约，就没讲什么理由，不是也很好吗？但那不一样，徐根宝是一位非常出色的教练，不在此处执教，还有别的岗位，实在说，如果连徐根宝这样的教练在中国都没有执教的地方，若要中国足球一步成为世界冠军，那就更没有希望了。普通劳动者，找一个工作岗位谈何容易，要辞就辞，没有这么简单。特别是国营企业，正处在历史转变的紧要关头，对职工的利益，更应千方百计，照顾周全。辞退要有说法，这说法不能服人，就应该要求新的解决方式。

知情权又包括对就业单位主要是企业经营情况的了解，股份制企业，股东自有了解企业情况的权利，即使不是股东，也有权了解企业的一般经营情况，至少应有了解其支付能力的权利。现在一些企业，明明经营情况极差，还编造谎言，欺骗就业职工。奖金发不下来，就编一段故事，工资发不出来，又编一段故事。结果七拖八拖，一朝企业破产，老板也跑了，账目也不见了，从业者蒙受很大损失。就业人员如果知道企业的一般经营状况，从积极方面讲，可以与企业同心同德，激发大家的奋斗情绪；从消极方面讲，从业人员既要早作打算，企业实际上也可少欠些债务。

知情权也包括对各种社会服务程序与规定的了解。而且凡社会服务单位都有责任和义务向相关人员或咨询者提供全面、详细、准确的口头或书面答复。不要说部长问话，一溜小跑，顾客问话，就可以爱答不理，甚至发一发机关老爷的牛脾气。老实说，唯有顾客可以称之为上帝，部长再大，能称上帝吗？小看上帝，就是无知，使上帝不快，就该受到纪律处罚。

比如你到公安局办理户口关系，那么，公安人员有责任向你说明所有办理程序与时限。比如你去工商局办理执照，那么，工商局有责任向你说明申请办法和有关规定。比如你到出入境管理局办理出国护照，办理单位同样有责任向你说明办理程序与各种条件。比如你去法院投告，法院有责任向你说明你该知道的一切。如此等等，都属于现代社会生活的常识。然而，在相当长的历史时期内，这些申办者应该知道，有权知道，他不知道申办单位还有责任让他知道的内容，几乎全成为秘密。具有知情权的公民，反而成了乞求救护者。一入公门，便两眼发黑，楼上一趟，楼下一趟，向这位请教，人家不理，向那位行礼，人家脸都不抬。上帝成了公仆，公仆成了上帝。正好像爸爸成了儿子，儿子成了爸爸，人们不觉恨恨、怨怨、怒怒、骂骂，无以名之，名为异化。

异化了的东西要让它归转回来，否则，便动点手术除去病灶。

知情权还包括对国情国事的了解。这方面内容也多，大体说来，除去法律规定的国家机密，公众都有权知晓。讲个具体的例子，早些年，通货膨胀，财政吃紧，国家年年加印钞票。但钞票一多，必然贬值，老百姓手里的钱或者存在银行的钱，无缘无故，无根无据，便变少了。但国家一年究竟印多少钞票，没人知道。换句话说，你口袋中的钱少了，可你还不知道它是怎么少的，这种情况，怎能允许。可喜的是人代会上政府部门向代表们报告了1997年印制钞票的情况，请人代会批准，这是一个很好的进步。

凡公民都有对自己、对社会、对公务部门和所有国家政策法令以及国情国事的知情权。如不了解，有权向有关部门咨询和提问，有关部门也有义务和责任对这些咨询和提问给予如实、及时和准确的回答。

知情权还必须包括对税收与税收使用的知情与监督。这在中国古代史上，同样不曾有过。自古以来中国官府只知征税、收税、催税、逼税；中国老百姓只知交税、纳税、逃税、减税；税款一入公门，就成了皇家的财富，这财富去向如何，虽然也有规矩可寻，却绝对与小百姓无关。这个太后手里有了钱，就可以用它修颐和园；那个皇帝一高兴，就可以用它来建造三大殿，而这一切，都与交税纳税的老百姓全不相关。

现代人不同了。对税收的知情与监督权，不但是现代公民必有的权利，而且这权利还堂哉皇哉地写入了《人权宣言》。其中第十四条专门对此规定道：“公民有权亲自或者通过其代表调查公共捐税的必要性，自由地对此表示同意，监视其用途，并且决定税额、征收基数、征收及期限。”

有人说，中国人的纳税意识很差。其实，纳税与对税款的监督权正是一个问题的两个方面。只讲纳税不讲监督，属于不完整的纳税观。

值得一提的是，现代中国人——至少相当一部分中国人的纳税与监督意识开始觉醒。比如北京市年年征收的自行车税，有的纳税人就提出意见，纳税人交了钱，为什么有关自行车的公共设施如存车处、停车处等等毫无变化——纳税人交这些钱究竟派作何用?

因为劳动创造社会，税收养活政府，所以公民要求对税款的用途、效用等相关情况有所了解，不但有根有据，而且理所当然。

第十三项，自卫权。

中国旧话：各人自扫门前雪，休管他人瓦上霜。这话无理，过时的黄历，要它没用。中华人民共和国成立后，政府积极号召全体人民同坏人坏事作斗争。大力宣传那些不畏强暴，以身殉职或者见义勇为英勇献身的英雄事迹。有些英雄，不过是十三四岁的少年。笔者幼年时，学校正在号召向刘文学同志学习。刘文学就是一位为保护集体财产而牺牲的少年英雄。照我们中国人的传统理解，英雄壮气，不在年龄，所谓有志不在年高，无志空活百岁。但作为现代文明社会，号召未成年人救山火，抓坏人，并不妥当。我的看法，有坏人，当然要斗，不斗争难道眼睁睁看他们杀人放火不成?但作为手无寸铁的平民特别是妇女、儿童和老人，最好的办法，不是舍命向前，而是及时举报。看见坏人，马上报警，能做到这一点，已经很好。

但公民应享有充分的自卫权利。早几年一位旅美日本青年，大约是酒后误入民宅，结果被这宅子的主人用枪打死。死者亲属告到美国法院，法院认定开枪者无罪。杀人者无罪，死者的家属很难接受，以至克林顿总统去日本访问时还专门向他们表示了安慰和遗憾。遗憾固然遗憾，无罪依然无罪。

这几年我国的入室抢劫和暴力犯罪也很严重。中国公民也应在自己的居室内享有最充分的自卫权利。不论什么人，如果你不经允许，便私入民宅，那么，因此而引起的后果，也该自己负责。

当然，我们中华民族是最讲究人情事理，最不肯轻易伤人的民族，不见得人人都准备好利器。但能在法律上给公民以更充分的自卫权力，显然于保卫公民的生命、财产安全，于社会治安，于民风民气民势，于现代化事业都大有好处。

第十四项，选举权与被选举权。

选举权与被选举权，在西方可谓古物，在中国则历史未长。在西方虽为古物，真的做到民主、平等，也是本世纪的事情，至少女子和黑人获得与男子与白人的平等权利的历史没有多久。选举在中国封建时代闻所未闻，以理度之，原始社会，或者应该有这样的形式，但亦湮沦久矣，未可详考。所以对中国人而言，选举不仅是一种政治追求，而且也是一种文化追求。

选举权的本质在于实行民主。本质如此，就应该且必须保证选举形式的科学性，选举结果的公正性和选举方式的可信与可操作性。选举需要科学、周密的方式，否则，只是为了装装门面，走走过场，就失去选举二字的神圣含义，公民的选举权被人抢了偷了，或者莫名其妙地没了，民主就成了一块遮羞布。

公民的选举权与被选举权不可分割，而且同等重要。有选举权的人，通常都有被选举权——除去个别候选岗位有某种特殊规定，但这规定同样应该有充分的法律依据，不是哪个人或哪些人可以随心所欲的。

公民既有被选举权，就有争做候选人的自由，也有不做候选人的自由。积极对待被选举权，就是主动参与候选人资格的竞选。但这一点，在中国传统文化背景下，也是一件难事。

中国古来是一个伦理本位加官本位的国家。

所谓伦理本位，即不重神祇重道德，德、才、学、识，以德为本；

所谓官本位，即不重农商重士人，士、农、工、商，以士居先。

照理说，古代中国是一个农业大国，但农民的地位不高，地主的地位也不高。士、农、工、商，士是老大。因为士可入仕，士人入仕，便是鲤鱼跳过了龙门。

“学而优则仕”其实是古代中国人最高的追求，也是最好的追求，这就是官本位。但中国人又具有特别的儒学传统，死守中庸，不敢冒尖。于是，内心深处固然把做官看得比什么都重要，嘴上偏说不要做官，明明想做大官，又摆出一副清高模样，暗地里想做官想得要发疯，表面上还硬说心如止水，没有仕宦心肠。古来的中国人，真的厌恶官场的，也有那么三个五个，但整体分析，对做官的追求与热望，才是中国传统文化的基本特色。

想当官又不便明说，不能明说，不好明说，不敢明说，谁明说，谁倒霉。就是嘴上不说，而行迹太露，也会遭到讥笑或攻击。讥笑是认定你当不上官，或升不了官，所以讥你几句，笑你几句。攻击则因为你可能真要官运亨通，于是迫不及待，予以攻击，说你不安其位，说你怀有野心，说你品行有缺，说你轻浮虚妄，说你急功好利，说你言过其实、终无大用，就和三国时的马谡一样。中国人的求官，真有点如和尚的参禅，只有肚里明白，却是万万说不得的。谁一说，谁就错。不但煮熟的鸭子可以马上飞走，而且没嘴的葫芦都能咬人。末了，旁观者还要笑你心急吃不上热豆腐，整个一个不会当官的料。

但时代不同了。公民既有被选举权，就有参选、竞选的权利和责任。一辈子只会选人，不敢参选，甚至连这念头都没有过，那是选举观念的不完整。如果你认为自己有能力，又何妨积极争取入选。以中国人在海外的历史经历为例，虽然全世界的任何一个角落，也许都有中国人的足迹，但参与政治活动的华裔不多。这不能证明中国人有政治才能，无论到哪儿，只有跟着跑龙套当赞助人的份，但是大约和中国的上述传统文化有某种内在联系。但美国的地方选举，就有华裔当选为州长。可见中国人的政治才华并不落后于人。我想日裔藤森既然可以成为秘鲁总统，那么华人血统的美国人也该能做美国总统的。

要当官，尤其是当民选的官，就不必羞羞答答。因为作为公民，你本来就享有这样的权利，好在这几年，中国人的选举意识大有进步，诸如差额选举，农村及一些厂矿的基层选举，都取得新的历史性突破，它的意义不仅表现在选举本身，尤其表现在选举人的心理文化正在成熟。

第十五项，遗嘱权。

古来中国人立遗嘱的不多，最重要的立遗嘱者乃是皇帝。因为这和皇位的继承有关，没有遗嘱，难免生乱。但皇帝的遗嘱不叫遗嘱，而叫遗诏，它与通常含义上的遗嘱显然不同。

寻常人家，遗嘱并不那么重要，而且绝大多数临终嘱托都是情感或道义方面的，而与遗产等内容关系不大。因为古代中国是一个特殊重视礼教又十分尊重习惯法的国家。一个人死了，他的身后事，自有礼教作规范，又有习惯法作依据，如何处理身后事，如何处置土地、房屋和资财，以及其他遗产与遗物，只消按照礼教与习惯法的规定去做，自然相安无事。但现代社会几乎所有情况都发生了变化。比如传统习惯，父母去世，女儿是没有继承权的，现在中国农村的很多地方，依然如是，有人说这是习惯法在起作用。但我要说，习惯法再大，大得过国家法律吗，作为有继承权的女儿一方，不提出要求便罢，若有要求，只能依法行事而不是依习惯法行事，毕竟习惯也是会改变的。比如中国古来没有律师，只有讼师，讼师犹如律师，但绝然不是律师，讼师虽是中国人的好成例老习惯，但现代人打官司，还有请讼师的吗！

现代社会，公民的权力增大了，他对自己的遗产有了更充分的处置权利。因此，为后人留一份遗嘱，不但是很必要的事情，而且是很自然的事。

第十六项，死后法人权。

公民去世后，他的公民权利有些随着他生命的终结而终结，有些则继续存在。比如一个人的著作权，根据中国法律规定，在作者死后五十年内，都是存在的，这些著作只要印行，便要依规定向作者的合法继承人支付稿酬，直到作者或集体作者中最后一位在世者去世五十年为止。

第十七项，特殊公民层的特殊权利。

公民的其他特别权利主要是针对特殊公民群体而言的，如妇女与儿童的合法权益，老人的合法权益，残疾人和因工伤亡者的合法权益，以及触犯刑律但仍享有公民权的人员的合法权益。

这些权利虽不是每个公民都可以享有的，却是每个公民都应该维护的。

第十八项，其他公民权。

所谓其他公民权，即一切与公民相关的社会利益与社会权利，凡公民都有知情、参与、评判、分享以及申请、申诉和报告的权利。而且，毫无疑问，随着人类文明水平的提高，随着人类文明内涵的不断丰富，公民权总是处在不断丰富和不断扩大的历史进程之中。为着便于说明问题，这里引1997年3月8日法新社东京的一篇电讯：日本首相因烟不离手吃上官司。电讯说："日本55名不吸烟者明天起诉桥本龙太郎首相，指控他烟不离手，没有履行公共卫生的职责。"名古屋地方法庭职员说："原告入禀法院，要求桥本赔偿55万日元损失，并且在执政期间暂停抽烟。他们指控桥本烟不离手，侵犯不抽烟者的人权，也没有履行改善公共卫生的职责。"

且不问这官司的结果如何，它的出现，着实令人喜欢。作者讲了十八项公民权利，其实还不够。从理论上看，公民权利既是一种最普遍的权利，又是一种最特殊的权利；既是一种最寻常的权利，又是一种最不寻常的权利。至少公民权与其他权利不同，比如与政权不同，与管理权不同，与各种领导权也不同，无论政权、管理权还是别的社会权利，都是可以取代、可以转移的，公民权则不然。现代公民权具有三大特性，即公民权利的不可转让性、不可例外性和不可分割性。

所谓不可转让性，即公民权利不能转让给他人。一个人的公民权，正如一个人的生命，它可以存在，也可以消失，但不能转让。比如说，我可以将最珍贵的物品送给我的父母、我的妻子、孩子或朋友，但我不能把我的生命送给任何一个人。

所谓不可例外性，即公民权下无特殊。不因为你是总统，你的公民权利就大些；也不因为你是贫民，你的公民权利就小些。公民权具有天然的无可更改的平等性，它是天下最平等的权利。任何企图在公民权利方面享有特殊待遇的人，都应被视为公民权利的践踏者和叛逆者。

所谓不可分割性，即除去为司法部门依法取消的公民资格与权力之外，所有的公民及其权益，均应受到严格而又充分的法律保护。

公民权不容分割，因为它是一个完整的系统。从公民权利的客观完整性考虑，这些权利不容拆减；从公民权利的主体资格考虑，这些权利的享有者不受歧视。即使他是一个罪犯，他依然享有法律承认并且赋予他的公民权益。你不要说，小偷是多么见不得人的东西，于是他的公民权利没了；或者他是一个强奸幼女犯，如此坏蛋，打死活该。这都不行。历史的经验教训告诫我们，虽然那些罪不容诛的凶犯让我们恨不得生食其肉，但唯有以法制的文明的态度去铲除一切人世间的丑恶势力，最终才能做到防危化恶、斩草除根。相反，以毒攻毒，往往会使毒气更加泛滥；而以牙还牙，还会咬伤更多的无辜的好人。

公民权是现代社会权利系统中最基础、最重要、最具影响力的社会权利。但它又是最容易受到伤害、侵蚀和被削弱、被歪曲、被盗窃的一种权利。因此，公民权利需要必要的全面的社会保护、法律保护、文化保护和自我保护。

从法理上讲，公民权利的最高保护者乃是公民自己。换句话说，公民权利应是一切民主权利的母因。公民应在现代社会生活中享有最高的政治地位。凡国家和社会生活中最重大的问题，唯有公民及其合法代表，才是最终的决定者和选择者。

从体制上讲，对公民权利最有效的社会保护，乃是法制社会的真正确立。唯有法制能保护公民权利的真正实现，而人治的结果必然导致公民权利的被剥夺被偷盗甚至有意无意地、自愿或并非全然自愿地丢失或迷失。

从公民心理层面上讲，凡公民都应该具备保护自己权利的意识与责任，绝不允许这些权利有丝毫的损伤。因为如前所说的，公民权利就是公民的生命。如果有人要你的命，或者你儿子的命，女儿的命，你能同意吗？即便这要命的是上帝，我们也只能对上帝说，不行。

虽然世俗，中国人的内心情感同等圣洁

一位专家告知，当世界人口到达56亿时，其中约13亿人没有明确的宗教信仰。这13亿人中有11亿是我们中国人。这样的状况在中国开始走向世界的时候，也曾引起西方人的很大不理解。他们觉得，一个人怎么可以没有宗教信仰呢？在他们看来，宗教情感乃是人类最美好的情感，缺少这样的情感就等于缺少了美好的情感主轴。同时，他们又认为，宗教信仰是一种无比强大的道德约束力，没有这种约束力，套用一句孔子的话，就可以叫做："君子固穷，小人穷斯滥矣。"

蔡元培第一次出国的时候，这样的状况引起了他的感触，于是他便在宗教信仰一栏填上了儒教二字。那意思仿佛是说：我们绝大多数中国人也有信仰，甚至也有宗教，这宗教就是儒教。

其实这并不确切。儒学未必可以称为儒教。儒学与宗教的最大差异在于，它只敬服圣人，但绝对没有可以主宰一切的神明，更没有创造一切的独一的神。我们中国人——绝大多数中国人虽然没有明确的宗教信仰，但绝对不缺乏完全可以媲美于宗教情感的精神境界。古来的例子，如孔子也曾处于危难之际，有生命之虞，但他能够淡定如初，支持他的信念是：

"天生德于予，桓魋其如予何？"我们不能说这是一种宗教情感，但其境界与高度并不逊色于任何一种宗教信仰。

宋代大儒程颐，一次坐船外出，遇到江风大浪，情况十分危急，船上的人很是惊慌，唯他镇定自若。危险过后，人家问他，先生如何能做到这样？他只回答了五个字："心存诚敬尔。"

这样看来，我们中国人具有这样一种特性，我们可以使宗教情感亲情化，又可以使世俗情感宗教化。中国人非常重视家庭，中国人的家庭情感在很大程度上是神圣化的。例如我们非常崇敬祖先，又例如我们非常重视亲情关系。有人说在这个地球上，如果能有一个人无条件地无时无刻不在牵挂你，那就非常幸福了。说这话的人一定没有想到，我们中国的父母绝大多数都是这样对待自己的孩子。父母对孩子的牵挂不仅是无条件地，甚至能达到超越生理极限的程度。我听到不止一位医界的朋友说，一些临终的患者为了等待见自己儿女最后一面，可以奇异地延长自己的生命一天甚至两三天，直到见到儿女，方才含笑而去。

不但亲情如此，友情也是如此，爱情更是如此。用林黛玉的话表达就是我只为我的心。心是什么？这个概念在中国的地位很特别，心所代表的东西甚至不可以用生命来等同，也不可以用语言来表达。但也有一些文学作品有极妙的描述，例如《思凡》中的小尼姑有这样一段内心表白："哪里有天下园林树木佛？哪里有枝枝叶叶光明佛？哪里有江湖两岸流沙佛？哪里有八千四万弥陀佛？从今去把钟鼓楼佛殿远离却，下山去寻一个少哥哥，凭他打我，骂我，说我，笑我，一心不愿成佛，不念弥陀般若波罗！（白）好了，被我逃下山来了！（尾声）但愿生下一个小孩儿，却不道是快活煞了我！"

这哪里像一个出家人说的话呢？然而它所表达的情感不是也同样非常感人吗？

中国人的内心情感主体是世俗的，但精神是高尚的。所谓七情六欲见圣贤，又所谓阳光雨露贵在草根之间。实际上，也许最伟大的情感就浸润在我们的日常生活中，它虽然琐碎、细节甚至有些微不足道，但那感人之处也常常就充斥于其中。

我近来因为眼底病变，心情不是很好。今年的父亲节，收到了我的一个学生发来的祝福短信，这让我很感动。因此想到了如上种种。我也更为深切地体味到：

未必宗教，我们中国人的内心情感同等圣洁。

2010年6月22日

四问《中国不高兴》

《中国不高兴》一出版，就热闹。那模样和当年《中国可以说不》的情状有点类似。看来持这样观点，有这样情绪的中国人还真不算少。

只是对这书，我有几点疑问，不吐不快——不快就是不高兴了。不过，这不高兴充其量是我个人的不高兴而已，至于中国是不是不高兴，我一个平民百姓，怎么可以知道呢？

我的第一个提问就与此有关。

一问：《中国不高兴》的中国，作为主语，它指的究竟是什么？是中国人民呢？还是中国政府呢？或者是中国企业呢？抑或是中国媒体呢？还是一大瓜子通通在内呢？

这表达其实属于宏大叙语。高兴或不高兴的中国，实在是应该具有其内在特定含义的。含义不明，起码有冒叫一声的嫌疑。

于是有了第二问。

二问：既然《中国不高兴》的中国，可能包括中国政府，也可能就是中国人民，还可能涵盖中国企业，又可以表示中国媒体，那么，该书的作者究竟代表的是谁呢？是中国政府吗？是中国人民吗？是中国企业和中国媒体吗？以最简单的逻辑看，他们不能代表中国政府，也不能代表中国企业，更不能代表中国媒体，唯一可能代表的就是中国人民啦！然而，也不对。你摆好姿势代表中国人民了，有人民的授权吗？有人民的同意吗？说到底，他们真正能代表的，不过是作者自己以及对他们的观点产生共鸣的那一些人。而把这样的代表性及其相应的不高兴情绪表述为《中国不高兴》，是太夸张了，太自我拔高了，甚至有些搞笑了。那代表资格委实可疑。

还有第三问。

三问：就中国政府、中国企业、中国人民和中国媒体而言，他们的情绪并非总是一致的。全然一致就不对劲了，不合情理了，没有百花齐放更没有百家争鸣了。有些企业高兴的，政府并不高兴，政府高兴的，人民也不见得就都满意，媒体喜欢的，人民未必喜欢，而人民喜欢的，媒体也未必都能表达出来。例如中国一些国企高管的年收入高到没谱儿，政府高兴吗？人民高兴吗？企业职工和媒体高兴吗？

人生在世，总有高兴与不高兴。以我个人的不高兴而言，根据其强烈程度排序，我最不高兴的是一些官商勾结现象以及与其相关联的制度性设计，其次是特定企业的市场垄断，再次是食品卫生不安全和环境污染，又次是应试教育，复次是高房价特别是高地价。与这五个不高兴比起来，别的不高兴都是其次、再次的了，有些约等于无。我已经有这么多不高兴的了，所以，不想再去增加别的不高兴了。

还有，四问：不高兴，你想怎么办？《中国不高兴》的作者似乎没有给我们开出治愈这不高兴的药方。但从他们的逻辑看，是应该对造成这不高兴的国家与企业，进行严惩恶罚才对。然而，世界的主体行为却不是这样的。至少，二十国首脑会议的决议不是这样，中国的四万亿刺激内需计划不是这样，美国与欧洲等发达国家的救市行为也不是这样。我不知道，“不高兴”的作者们希望我们怎么做？或者他们想怎么做？也许只是“不高兴”一下而已。如果是那样，我也就暂且打住，不再追问了。

2009年4月10日

疑问于丹，究竟何为中国文化精华

于丹在暨南大学主办的世界华人文学研讨会上的一篇主题演讲引发诸多争论，杨恒均、许锡良二位先生批评意见尤其引人关注。以我对于丹的了解，她会认真听取各种意见和观点的。

于丹的演讲中讲到两则故事，一则是禅宗公案，所谓三八二十三。说的是一个无赖买三匹布，每匹布八吊钱，他只给二十三吊，声言三八二十三，一个小和尚看不公了，说三八二十四，这无赖说，如果不是三八二十三愿意赌掉自己的头。小和尚说，如果自己输了，愿意输掉僧帽。请谁做公证人呢？请一位禅宗高僧。这一位高僧思忖半晌，说，三八就是二十三。小和尚不服气，老和尚对他解释说，承认三八二十三总比输掉一个人的头要好。这样的禅宗故事原本平常，禅宗公案甚多，机锋甚利，多少智慧蕴藏其间，于丹引起质疑的地方在于她认为这则公案代表了中国文化的精髓，这确实有点过了。禅就是禅，原本不可过于认真的，太认真就不是禅了，说这则公案是中国文化的精髓怕连那老和尚都不会同意。真要认真，这就不是一个好故事了。它的要害在于，相信无赖，纵容邪恶。无赖的话怎么可以相信呢？欺骗和霸占钱财怎么可以纵容呢？三八二十三的逻辑无赖是高兴了，但商人的利益呢？公平交易呢？契约精神呢？社会道义呢？用两句话概括这位老和尚的禅机：宁给流氓做狗，不为良善执言。说是精髓，确实不大对头。另一则故事说到武侠了。武侠小说是中国文化的特产，据说武林高手练到最高境界可以以气当剑、杀人于无形，于丹认为这也是中国文化的精华。对这样的精华更不能苟同了，杀人能成为精华本身就是个伪命题，无论在哪个文化系统中都不能得到现代文明的价值认同。武侠小说虽为中国独有，却不是中国文化中最优秀的，也不是中国文学中最优秀的。华罗庚先生读新武侠小说给过一个幽默评价——成年人的童话，这评价确实很有意思。但武侠小说也好，武侠文化也罢，都有它的致命伤，它最主要的问题在于：第一，反生命价值；第二，反法治；第三，反科学。因为它反生命价值，所以，它最快意的事情乃是杀人，杀天下恶人，杀它认为是该杀的人；因为它反法治，所以它所塑造的英雄毫无例外都是暴力英雄；因为它反科学，所以不管多么优等的武侠小说，它骨子里所依附的只是小农文化、流民文化与江湖文化，它所针锋相对的乃是工业文明、市场文明与城市文明。西方中世纪骑士小说最为流行，那也是封建农耕文化的必然产物，后来西班牙出了一位塞万提斯，他写了《堂吉诃德》，《堂吉诃德》既经问世，可谓扫尽一切阴霾。自新派武侠小说开始流行，已经过去快两个世纪了，武侠小说依然盛行，我不认为这是我们文化的光荣，更不认为它能代表中国文化的精华。

人人认为中国传统文化博大精深，既是博大精深，现代人就需要甄别、判断和选择，而不是一味地照搬与继承，那在事实上也是办不到的。传统文化中很多内容都是相对立的，关键在于怎么样去选择它们。比如，一方面讲王子犯法与民同罪，另一方面又讲礼不下庶人，刑不上大夫，这两种文化你选择哪一种呢？又如，一方面讲人以群分物以类聚，另一方面又讲四海之内皆兄弟也，这两种文化你喜欢哪一种呢？再比如一方面讲立德立言立行，另一方面又讲大道天然，无为而治，这两种文化你更倾向哪一种呢？讲到中国文化的精华，我以为可以选择如下六个传统：

第一个，自由表达传统。对中国人讲自由表达未免太过奢侈，但请记住，我们中国人不是从来都不能自由表达的。中国文明有多少年历史？不能自由表达的时间恐怕还要短些。有文字记载的最好的一段是春秋战国时期，那个时候的知识分子——士，享有最充分的表达自由，而且可以自由地游走于列国之间，楚人不用可以去齐，齐人不用可以去燕，燕人不用可以去晋，晋人不用可以去秦。诸子百家，百家争鸣，什么话不可以说？什么派不可以立？这样的传统实在是我们中国人伟大的历史光荣，我们希望这种伟大的历史光荣能够转化为更伟大的现代光荣。

第二个，友爱传统。孔夫子讲仁者爱人，孟夫子发展这个理念，推导出老吾老以及人之老，幼吾幼以及人之幼，墨子另起炉灶，干脆鼓吹兼爱，兼爱不同于博爱，但那意象自有骄人之处。有研究中国传统文化的人认为传统文化中一些核心资源短缺，例如爱，其实并不短缺，至少在先秦时代没有短缺，后来这传统也没有断绝。《红楼梦》的价值所在如果用一个字来表达，就是爱，因为有爱，故能感动无数读者，因为鼓吹自由之爱特别强调爱女性，所以才被现代文明所尤其推崇。

第三个，价值平等传统。《论语》上有一句名言，己所不欲，勿施于人。这句话流传久矣，影响巨大，但它的真正价值表现在什么地方？我以为，如果把它视为一个价值结构，它的核心意义在于价值平等。不因为你是所谓高等人，你就可以把自己的不欲加之于低等人，不因为你是富人，你就可以把自己的不欲加之于穷人，不因为你是权力者，你就可以把自己的不欲加之于无辜。我相信会有人说，孔子的话原本不一定是这个意思，但我要说，对于古代文明应该做出现代诠释。因为如此人们才可以说一切历史都是当代史。

第四个，民族融合传统。民族问题历来是最复杂的社会问题，也是最敏感，最容易发生冲突和最不容易得到双赢结果的历史问题，这一点在欧洲文明中有极其强烈乃至惨烈的历史表现，在美国历史上，也有极其尖锐和苦难的历史记录。但中国文化不同，中国历史上也有过民族歧视、民族杀戮和民族角斗产生的灾难，但整体上尤其从主导文化倾向上理解，中西文化在这个层面确有巨大差异。我们中国文化有着一种特殊的融合能力，不但可以使所有民族相安共处，而且在历史的重大发展阶段都发生过相互融合的过程。所谓“五胡乱华”，结果是什么呢？结果是五胡与汉人的相互融合，从而造就了伟大的盛唐文明。我在写《中国人走出死胡同》的时候发现了两个例证，一个例证是犹太人走到哪里都会产生民族矛盾，唯有来到中国没有发生类似的矛盾，反而取得特殊的文化和鸣现象。另一个例证是吉普赛人走到哪里都有可能和当地人产生摩擦，包括今天的欧洲，这问题似乎都没有得到真正的解决，但他们走遍世界就没有来到过中国吗?中国所有的历史文献都没有过对他们的歧视性记载，在我们的文化意识中也不存在任何对他们的歧视性基因。

第五个，诚信传统。中国古人非常讲诚信，所谓人而无信不知其可，又所谓民无信而不立。现代的状况太对不起古人了，不能说中国社会处处无诚信，但可以说，公信力的美誉度确实非常之低，几在零点上下徘徊。很多公司尤其是大公司的诚信力尤其低端，人们看到的只是一个垄断再加上一个垄断，假冒伪劣肆意横行。近些时，公安部一努力就查出六万吨地沟油，这样的消息我一点都不开心，而且更增加了无穷多的疑虑，找到六万吨，没找到的有多少呢？现在一找就找出这许多，过去为什么不找呢？这些地沟油究竟造成怎样的伤害呢？今后它还会流到什么地方去呢？这当然不仅仅是一个诚信问题，但因为这些丑恶现象的存在确实使我们对于诚信二字失去了信心。但传统中国人应该是讲究诚信的，例如同仁堂是诚信的，陈嘉庚是诚信的，晋昌源票号是诚信的，孙中山是诚信的，蔡元培是诚信的，胡适、鲁迅、傅斯年、陈寅恪、章太炎、熊十力等民国学者都是诚信的。今日诚信不在，让我觉得大愧于祖先。

第六个，开放与吸纳的文化传统。中国文化有高潮期也有低潮期，高潮期毫无例外都始于和源于开放。没有春秋战国的开放怎么会有秦汉文明？没有魏晋以后的民族文化开放怎么会有盛唐文明？没有改革开放怎么会有今天的中国？有的人一提到外来文化就不高兴，说到佛教，就认为那是印度的，这观点其实很有局限。我去香港开会时，和朋友们说到中学为体、西学为用及所谓西化问题，我的观点是，所谓全盘西化早已经不成为一个命题了，以我们自身为例，如果完全以中国传统和中国原创为标准，那么我们现在的发型是原创的吗？我们戴的眼镜是传统的吗？我们穿的服装是中国人固有的吗？我们脚下的皮鞋是祖传下来的吗？不仅如此，我们住的楼房，所使用的水泥和玻璃，所用的电灯，所看的电视，使用的电脑和现代人须臾不可离开的手机，都是我们祖先原创的吗？当然，人还是中国人，只有在这个意义上，我才同意中学为体。

论到中国文化的精华，当远不止于这六项，例如自强不息，例如天人合一，例如民贵君轻，特别是孟子所身体力行的“虽千万人吾往矣”的道义操守与独立精神种种，篇幅所限，不再一一言之。

由此想到孔子，恐怕的中国人都会承认孔子是中国文化的最大代表。《论语》上记载，孔子入太庙，每事问。孔子西行不到秦，所以他老人家也没去过古希腊，如果去过，一定会“入神庙，每事问”。孔子是两千多年前的人，他无法穿越至现在，如果能来，他一定会入博物馆，每事问，且不论这博物馆是伦敦的还是纽约的。

孔子有一个关于向同行者学习的重要观点，三人行必有我师，我们设想一下，如果孔子有幸与耶稣和苏格拉底共处的话，他老人家会怎么说呢？他一定会重复自己的观点，三人行，必有我师。

有一则故事，说一个楚国人把弓丢了，找不到了，有人就评论说，楚人失之，楚人得之，有什么遗憾的呢？孔子基本同意这看法，但认为眼光和胸襟不够开阔，所以他就此评论说，何必曰楚。孔子没有生活在当代，如果他生活在当代，对于那些只认国学，不认西学，只认中国伟大，不认世界文明的人，他老人家一定会说，何必曰中国。

对《基督教为什么有魅力》的六点联想

王维民先生早几天的博文《基督教为什么有魅力》引起众多反响，我听了博文的内容和王永忠先生等人的评论，很有感触，我对维民先生文章一向重视，唯对此文的观点不敢苟同。我以为它的主题和论据之间有些脱节，说得俗点就是写跑题了。对于重大文化的研究与评论我以为是个很值得思索的事情，也是一件非常复杂的事情。其中的关键节点应该有两个，一是探索路径，一是探索态度，这里先说说对探索路径的几点联想。

对广义文化的探索路径，我以为，有以下六点需要引起注意。

其一，莫把范围关系理解为范畴关系。文化是一个大范围，可以说世间一切事物都与文化相关联。文化又分为大的基本类型，在基本类型内，各种现象也应该与该类型文化相关联。从这个意义上说，中国的一切问题都与中国文化存在相关性，而基督教文化范围内的一切问题也自然与基督教具有无可回避的相关性。但这样讨论问题其实意义不大，理论意义既不大，实践意义更不大，比如世间一切生物都与地球有关，但这个命题有什么特别价值吗？似乎没有。文化问题也是如此，所以有人批评说，文化是个筐，什么都可以往里装。这可以类比为所谓放之四海而皆准的真理，这样的真理其实没有。放之四海而皆准，差不多就等于放在哪里都不准，一切都用文化概念来解说差不多等于没有解说，因此，范围不等于范畴，只有应用相应的范畴来解释文化问题才可能成为一条可以走得通的路径。

其二，莫把事实关系当成逻辑关系。事实当然是非常重要了，但事实不能代替真理，也不能代替逻辑，事实只是逻辑的基础之一。有事实未必有逻辑，比如中国有孔子创造的儒学，中国也发生过文化大革命这样的十年动乱，这两个事实之间有必然的逻辑关系吗？我以为没有，否则孔子就应该对文化大革命负责。同理，基督教是一个事实，美国白人屠杀印第安人也是一个事实，新教伦理是一个事实，希特勒屠杀犹太人也是一个事实，维民先生讲的更多："它杀印第安人，再保护印第安人，又去毁灭别的民族；它贩黑奴，再给黑人以公民权，又去奴役剥削亚洲。……"我们可以肯定这些事实之间存在必然逻辑吗？我以为也不能。这种对于类似文化问题的研究我以为应该持非常慎重的态度。

其三，莫把推理关系当成因果关系。推理当然是必要的，在科学研究这个范围内，不但推理很必要，想象很必要，连幻想和梦想都非常有必要。狂思逸想乃至胡思乱想都有其价值在，但问题的关键是不能把这种推理和想象误以为就是客观事实，二者之间显然有着质性差异。很多文章惯以概念见长，往往把概念弄成了事实，把推理弄成了因果。记得钱理群先生有一篇文章讽刺一种文化现象，他的讽刺是这样的：某个大批判家先写到，有人说了什么什么，然后就把这什么什么什么当成了靶子，然后又把这靶子当成了事实甚至当成了活生生的阶级斗争，再然后一通狠批。当然，维民先生的文章不是这样的，现在很多的喜欢讨论文化的人也不是这样。我这里强调的是：推理只是推理，因果才是因果，只有当这推理为因果所证实时，它才取得了实证性资格。

其四，莫把利害关系当成冲突关系。利害是一种客观存在，只要两个人同时存在就会出现利害关系，两种文化当然更是如此，例如儒家文化与佛教文化就存在紧张的内在张力。照亨廷顿先生的理论，基督教文化与伊斯兰文化、儒学文化之间存在着利害与冲突。实际上利害关系不一定走向冲突。充其量只能说它可以走向冲突，也可以走向均衡，说通俗点即它们可能善意友好地相处，也可能恶意仇恨地相处。我以为最理智的方式是警惕冲突，推进均衡。你不讲冲突，人家硬跟你冲突，只是一味软弱也不可以，一面打肿脸充胖子一面无限制地委曲求全更不可以。但现在的问题是，原本不见得有冲突，但一些人很喜欢夸大矛盾，传播仇恨，放大分歧。好像一条大路，本来可以大路朝天各走半边的，但今天加上一条仇恨的路障，明天加上一条敌意的绳索，弄来弄去不免陷入搬石砸脚的误区。

其五，莫把必然关系当成责任关系。必然性当然是一种存在了，这也是无可否认的。有些人一概否认必然性，证据也不充分，比如猿进化为人，尽管有白色、黑色、黄色人种区别，但这种进化带有普适性质，猿终究可以进化成人，但人不可以退化成猿。这就是一个必然。但现代文明证明，不承认必然危险，肆意滥用必然更危险。且很多必然只是一个客观存在，它与责任无关。例如高速公路是一定会出交通事故的，这个也算必然吧，但这不能说明因为高速公路必然出交通事故，修高速公路的人就该对这些事故负责。基督教文明也罢，儒学文明也罢，佛教文明也罢，都可能出现种种负面性现象，因为凡文化皆不完美，完美的只有上帝。但我们可以说上帝是一种文化吗？显然不可以。问题的关键在于凡文化都会不完美，因为它有长项所以才可能辉煌，因为它有短项所以才需要发展。但无论如何你不能因为在这文化发展过程中出现了这样那样的负面现象与问题，就指责说这文化根本就不对。

其六，莫把排他关系当成证明关系。现代法律的一个基本原则也是它的存在基础即疑罪从无。你可以有多种怀疑，但怀疑不能定罪，定罪需要证明。但看我们的历史，却有另一种思维方式，即排他性方式。形象地说，某位主人请了三个客人，偏偏在客人来时丢了一件贵重物品。怎么办呢？就用排他式处理，甲客人没偷，排去；乙客人也没偷，也排去；就剩下丙客人了，虽然无法证明丙客人就是一个偷儿，但人家都被排除了，那么，剩下的就是你了。你不承认就会送官，送官还不承认，就会痛打，直到你招供为止。这其实就是疑罪从有。疑罪从有造成无穷多的冤案，不但手段残忍，而且性质野蛮。文化研究可以用排他法，但作出结论只能用证明法。你不能证明的东西，是猜测必须标明其猜测，是排他只能标明其排他。胡适先生所谓有一分根据说一分话我以为就是这个意思。

智利矿难救助的启示：匹夫兴亡，天下有责

对智利金矿受困33名矿工的救助非常令人感动。在我看来，这是数年以来最令人感动的事情之一。受困矿工的坚持及对生命的渴求，智利当局有效有序的救助工作，全世界人民对这件事的关注与关心，都令人心动。昨天，我因为上班，首先看到的是第二名矿工被救上井的电视画面，看到被救者与亲人，与救助者，与智利总统热烈拥抱，不知不觉间，我眼睛湿了。我觉得，这件事，这些画面，这次救助展示出来的文化精神会永远被后人记住、继承。

这让我联想起公民生命与政府与国家与社会的关系问题。中国古人喜欢说“天下兴亡，匹夫有责”。这句话即使是那样的时代也具有某种讽刺意味。天下兴亡匹夫有什么责？没有什么责。皇帝的龙位自觉很稳当的时候，是不需要人发言的，更不需要你负责。大臣说错了话，逆龙鳞还会被砍头，一介匹夫又能怎样，又能如何？就是龙位其实已经不稳，腐败已经盛行，民意已经沸腾，天下已经汹汹，到了这般时刻只要皇帝本人不这么认为，也仍不需要你们负责。非得到了真的天下大乱了或者外族入侵了，马上要亡国亡种了，这个时候皇帝老爷想起匹夫们来了，于是大声疾呼天下兴亡匹夫有责。中国的老百姓只有在这样的时候才有负一次责任的权

力，那代价往往就是自己的生命，然而负责的结果究竟如何也未可知，其文化价值究竟如何，更未可知。

智利金矿救助的启迪是：作为现代文明，不是天下兴亡匹夫有责，而是匹夫兴亡天下有责。而且不仅仅是对人民负责，或者认为只要维护了多数人的利益，即使少数人受到伤害受到冤枉也没什么了不起。现代文明的标志是对每一个生命都要负责。不管这个生命是老弱的、是伤残的、是边缘的，整个社会整个国家都要对他负起必要的责任。

对生命负责还表示着对生命权力的负责，对个人财产的负责和对知识产权的负责。在公民权利系统中，原本政治权利、财产权利与知识权力就是不可分割的。珍视生命与珍视个人财产珍视知识产权虽然不是一个层面的事情却是一个有机系统，只有对整个系统保持足够的认同、尊重与保障，人民的幸福与社会的进步才不是一句空话。

对生命的珍视与救助依然超越国界，就是说这不仅仅是一个国家的事情而且全人类的事情。智利的这次金矿救助，可以说全世界的人都给予了关心与关爱，能够提供帮助的国家都提供了尽可能的帮助，从救助方案到救助设备，包含了远远超出智利国家范围的内容。其中，救助矿工出井的起重机就是我们中国提供的，为此我对中国的制造业感到非常自豪。

这让我又产生了许多联想，不仅是对于生者也对于死者，不仅是对于死者而且对于死者的遗骸、死者的姓名、死者的遗物都给予特别的关注。虽然在人性这个意义上理解，我并不认为美国人就比中国人高尚或者高明，也不认为美国的企业就不具有贪婪的本性，但是美国人对其公民生命的关注与关爱，尤其是其政府与社会行为是我所非常认同的。美国华盛顿的越战纪念碑上镌刻着每一位在越南阵亡者的姓名，站立在此，你不能不为那样的表达、那样的形象、那样的文化所感动。美国人对死亡在国外的死者遗骸同等重视，就算过去了三十年五十年甚至更长久的时间，他们也一定要千方百计的把这些遗骸寻找到，并以非常隆重的方式迎接回国。

这样的做法其实并不止于美国，日本对于二战中长崎、广岛两地原子弹爆炸的死难者，也有同样的纪念方式。虽然日本是二战的罪魁祸首之一，尤其对于中国人民犯下了令人发指的罪行。但对他们的这种纪念方式，我仍然表示由衷的尊重。

我认为这样的方式我们中国人也应该可以做到也必须做到。对于战死在海外的同胞遗体、同胞姓名，我们一样应该给予等同于美国或者更优于他们的关心。比如战死在朝鲜战场上的战士们，我们知道姓名吗，他们的家属能得到去探望他们的机会吗，他们的亲人可以把他们的遗骸迎接回国吗？政府有这样的想法和提供相应的帮助吗？如果我有亲人战死在海外，我认为我有权力去探视他们，也有权利把他的遗骸接回家来，也有权利要求政府提供一定的支持和帮助。

记得去年有很多学者提出倡议，希望寻觅到汶川地震中每一个死难者的名字，我真的认为这样的提议非常具有良知。不知道这件事情有没有什么结果。如果在唐山、在汶川、在舟曲，这样重大的灾难之后都能有一种很庄重的形式记录下每一个死难者的名字，我以为将是一件历史标志性的事情。

我祝福智利矿难33位受困者全部获救，人人幸福。

（需要说明的是，上述观点我在《生死两论》等书籍和文章中都谈到过。观点重复请读者们谅解！）

2010年10月14日

9月28日的国美将成为中国企业的一块历史界碑

国美争端已经成为中国企业界、理论界、学术界一大热门话题，不是我们喜欢追逐新闻，而是这件事情本身就意义重大。它的意义表现在两个层面：一是它昭示和彰显了中国市场经济之路的关键性节点——产权问题；二是它也突出和放大了中国企业的不成熟、中国市场的不成熟、中国所有权人的不成熟与中国职业经理人的不成熟状态。

前天，央视财经频道开播了《对手》栏目，红蓝双方辩论的就是国美问题。我仔细倾听了双方的见解，我的基本认知与水皮先生的想法很相似。我以为，即使站在职业经理人的角度，也有三个问题必须是清清白白的。

第一个问题，职业经理人作为被委托人和委托人的关系问题。

陈晓和黄光裕的关系是非常清楚的委托性契约关系，陈晓是被委托人。作为被委托人，他就理应对委托人负责。这在道理上、法理上乃至人情上都是无可辩驳的。不管被委托人出于何种理由故意违背委托人意愿，其行为都不具有合法性与正当性。有辩论者说，陈晓没有必要忠于黄光裕，现在不是封建时代了，君君臣臣父父子子这一套早已经过时了。这种立论其实是文不对题。没有人说陈晓应该忠于黄光裕，但是凡被委托人必须忠诚于与委托人达成的委托契约，黄光裕不是皇帝，这一点地球人都知道，陈晓当然也知道，连黄光裕都知道——皇帝能关进监狱里去吗？我想，陈晓接受委托之时也一定没有把黄光裕当作皇帝来看待，如果不是这样，那就等于是说，从一开始，陈晓接受委托的立场就有问题。

第二个问题，作为职业经理人包括他的团队必须对全体股东负责，而不是以任何一种名义对其中的一部分股东负责。不能因为小股东利益受损了，或者大股东行为霸道了，职业经理人就要仗义执言。以最美好的想象空间去理解，这也不是职业经理人的立场，而是职业革命家的立场。职业经理人所担负的只是岗位职责，而不是正义职责，更不是真理职责。他如果违法你可以举报，这不是契约管辖的，如果他的决定错误了你可以提意见，如果他执意不听，你可以辞职。但是不可以说因为我正确，我就可以越界，我就不仅仅是职业经理人了而且是广大“受苦受难的中小股东的代表者”了，这样的理念对职业经理人在中国的发展显然是非常负面的。

第三个问题，关于职业经理人的业绩问题。

业绩是委托契约中明确规定的，它的实质在于完成业绩，得其应得之得，这也是受契约保护的。用最通俗的话表示就是，我完成规定了，股东不可以少给钱或违背其他报酬性承诺。但这不等于说，我工作做得好或者有突出业绩你就无权解雇我。举个例子，美国NBA联盟在近10年间就有两位以上的常规赛最佳教练被委托人解职，依着某种逻辑，我都最佳教练了，你凭什么解我的职，甚至于，我都最佳教练了，不但不能被解职还应该提成总经理，甚至于成为老板之一。在成熟的市场经济条件下，可以这样提出问题吗？成熟的职业经理人应该对这样的职业道路平心静气，你用我也要按契约办，你不用我也要按契约办，本人作为职业经理人理应高兴而来，淡定而去。想当初，“禅师”杰克逊受聘湖人队执教，取得三连冠的突出成就，到2003年没有取得冠军，2004年取得了西部冠军和总决赛亚军，这成绩怎么样？应该说也很出色了。但人家老板不用了，不用了就走。事过两年，到2006年，巴斯老板觉得没有杰克逊还真不行，又把他请回来。如果依着我们某些同胞的逻辑，杰克逊就应该不回来，或者给巴斯以严厉的教训。但那是不正当的，正确的办法就是你现在又需要我了，恩怨情仇本不当有。其实成熟的职业经理人和老板之间原本也没有这些，你现在又要聘用我，那么好，谈合同吧，报酬合理，本人依然高兴而来。依着这样的理论，陈晓不能因为黄光裕入狱之后他和他的团队干得还不错，就有理由产生非分之想甚至非分之为。

成熟的市场经济证明，走市场经济之路有两个最关键的节点绝对不可以忽视，尤其不能稍加扭曲。一个节点就是产权问题，即所谓所有权问题。用通俗的语言表达，即公民个人财产神圣不受侵犯。这是天经地义的。鉴于种种历史原因，我们中国人常常困顿于一种斗争性思维，总认为对那些我们认为为富不仁的人可以在产权上给他们以报复。这其实是非常有害的。公民个人财产不受侵害，应该成为市场经济时代的宪政级原则。不要以为侵害有钱人的利益就不算侵害，甚至还认为这是一种正义，水皮先生说得对，如果大股东的利益都得不到保护，小股东的利益就更没有保障了。我们的历史经验证明，没有产权保护，同仁堂固然可以被“公私合营”，农民分得的土地也会被“人民公社”呀，实在饿得没办法了，给农民一小块自留地，后来还成了资本主义的尾巴。那样的历史教训我们可以忘记吗？显然不可以！市场经济的第二个节点在于自由竞争，而自由竞争的最大障碍就是垄断。大企业不能垄断，大股东也不能伤害小股东的利益，委托人当然也无权伤害被委托人的利益。这些都是不言自明的，因为其与本话题相关度不高，本文就此打住，或许日后另议。

今天，公元2010年9月28日，注定会成为中国企业的一个标志性的日子。此无他，因为国美股东大会要投票表决陈晓的去留。在我看来，不管结果如何，其影响都会是极其深远的。如果股东们选择得宜，则不仅是国美之福，不仅是黄光裕等大股东之福，也不仅是美国入股大股东贝恩公司之福，也是众多小股东之福，尤其是中国职业经理人乃至中国企业之福。我相信国美股东大会的智慧并且真诚地祝福他们。

2010年9月28日

老洛克菲勒标准石油公司VS中石油们，谁是赢家

央视二套近日连续播出了大型专题片《公司的力量》，片中讲到老洛克菲勒创业和垄断的故事，让我很有感触。联想到过去读过的洛克菲勒传记，我觉得其中的一些情节很值得我们深思。我的一个冲动是：将老洛克菲勒的标准石油公司和中国的国企尤其是央企进行一种比较。乍看起来，它们确实很相像，细细思索，它们之间却是风马牛不相及。有六个层面的状况特别值得给些比较：

其一，老洛克菲勒属于草根创业，奇迹成功。说草根一点也不过分的，创业之前他确实是一个穷人，而且是一个家庭负担挺重的人；说奇迹成功也不夸张，标准石油公司确实是一个奇迹，在美国的经济发展史上占据着非常显赫而又特别的位置。可以这样说，机会是美国的，也是洛克菲勒这个草根青年的，他抓住了机会，成就了奇迹。

中国的央企与此不同，央企的领导者不知道有没有草根出身的，即使有，他们成为央企的管理者也一定和草根出身没有任何必然联系。成为央企的领导者当然也可以算一个机会了，但这机会却不可以说是千千万万草根青年的。中国的草根青年，最好的前途就是做打工仔，没有文化的做打工仔，很有文化的也做打工仔。打工仔有奇迹吗，恕我孤

陋寡闻，没听说过。

其二，老洛克菲勒属于高效管理，智慧经营。他的石油公司原先也是高成本的，但在他的努力下用了一段不长的时间就把其标准单位成本从88美分降到5美分。这一点对于“中石油”们，简直是太奇迹了，差不多就是梦幻式奇迹，玄怪式奇迹。我们这里的情况是少浪费一点点都算大成功。记得前些年一个特别著名的例证是邯郸钢铁厂的成本倒计法，其实质就是要让成本低于销售价格。这种方法其实最常识不过，然而发生在中国就能戴上很大的光环。我们企业的成本是太难降低了，成本之难难于下地狱，直到今天，央企的成本究竟如何恐怕圈外人也很难说清楚，就是很多专家也一定不明白。不是他们笨，而是因为他们根本找不到准确的资料。

其三，老洛克菲勒秉承顾客至上，诚信服务的理念。片中有这样一个情节：当他的标准石油公司已经非常强大的时候，他还要对自己的合伙人说，让我们继续努力，为穷人生产油，生产好油和便宜的油。这样一个美国公司，它的生产宗旨竟然是为了穷人，而且要让穷人用得起，用得好。说实话，这让我有点意外。这和我从小所受的教育内容很是不同，我相信也和我们很多中国人对美国巨型公司的印象很是不同。为穷人服务真是太好了，似乎也不只是石油公司，福特汽车公司其实也是如此，而且这种服务不是一句空话，它的最显著标志是其石油销售价格很快降低了80%。反观中国的“石化双雄”，他们的口号也一定是为人民服务的，但他们就是爱涨价，而且万分仇视降价。世界油价涨了，他要理直气壮地跟涨；世界油价小涨，他要理由多多的多涨；在很多情况下，世界油价跌了，他还要涨，其结果是不但穷人承受不住这种油价，就是很多所谓中产阶层看着这油价也会皮疼、肉疼加心疼。

其四，这老洛克菲勒公司还有一个脾气就是喜欢捐赠，即所谓回报社会。美国的很多大学建筑、图书馆、博物馆都来源于他们的无偿捐赠。我记得上世纪七八十年代有一部特别流行的美国中篇小说《爱情的故事》，其中就写到了洛克菲勒家族对哈佛大学的捐赠。这样的捐赠在美国似乎也是一种常态，在香港都是一种常态。例如中国很多高校都有以“逸夫”命名的建筑，连上海天蟾大舞台都早已更名为天蟾逸夫大舞台。遗憾的是这样的现象对于中国央企而言是太过稀有了。为了防止自己误判，我曾请教身边的十几位同仁问他们可知道有哪些公共建筑、公共设施是由央企无偿捐助建造的，所有的回答都是不知道，没听说，甚至有一位朋友说："您不是在做梦吧？"据最新公布的资料显示，2009年最能赚钱的两家央企——中国移动和中国石油，去年的净利分别为1458亿元和1033亿元，其利润之和超过了500强民企的利润总和。在这里，我特别想向这些央企高官们虚心请教的问题是：你们计划用什么方式和什么比例来回报社会。

其五，老洛克菲勒本人的生活非常简单，甚至简朴。这一点和我们中国央企管理者相比也是大相径庭。当然，我不能臆断中国央企的高官们的生活就不简单或者不简朴，但我听到的各种信息是，他们的收入之高令人咋舌，他们及他们的公司所享有的各种特殊权利之多尤其令人咋舌，他们的衣装各个靓丽，远远望去，便是高官，细细看来，还是高官。而且有一种特别的理论认为，因为他们是央企代表，而央企是我们国家的，所以他们的形象就在某种程度上代表着国家。这很让我不解。我们国家大呢，贫富不均呢，你究竟代表的是哪一部分呢?

其六，老洛克菲勒公司发展迅速，兼并疯狂。到上世纪30年代，美国石油总产量的80%，运输量的90%已为其一家公司所有，我不知道那个时候有没有世界五百强的说法，如果有，标准石油公司会排在第几呢？很显然，这种情况已经造成垄断，唯有在这一点上，中国的央企可以和他们媲美。你垄断，我也垄断，你的垄断主要出于经营和市场，我们的垄断比你省事多了，我们的垄断来源于特殊的环境，特殊的规定与公权力。

老洛克菲勒的标准石油公司和中国的央企们最大的差别在于他们的命运非常不同，至少今天看来仍是如此。到了1934年，洛克菲勒标准石油公司垄断业已形成，油价业已降低，规模业已巨大，然而，美国政府不能同意它。美国政府认定，它已经形成的垄断危害了美国的公平，畸形了美国的市场，负面了美国的长久发展。故，美国联邦法院1934年正式作出裁决，裁定美国标准石油公司需分解为34个独立公司。

美国人为什么要这样做？因为垄断妨害了自由竞争精神，阻断了中小企业进行公平竞争的市场，断送了无数草根阶层尤其是青年人的创业梦想。尽管它提供的石油是廉价的，尽管它的管理方式是非常有效的，尽管它的捐赠是巨大的，那也不行。常识告诉我们：仅靠一个公司或者10个公司或者100个公司无法振兴一个国家的经济，尤其无法繁荣这个国家的文明。洛克菲勒公司不行，摩根公司不行，微软公司不行，什么公司都不行。唯有让成千上万个中小企业充分展示自己的活力，才是最好的市场环境，也体现了最好的国家正义；唯有让成千上万个青年尤其是草根青年有发财致富、实现自我的充分机遇才是最好的社会文化环境，也体现了最好的文明走向。对此，本人深信不疑，而且，我虽然不过是一介书生，但愿意为了实现这个最正常不过的生活理想而竭尽微薄之力。

2010年9月6日

我们为什么爱流氓

中国人其实自古就有爱流氓的传统。比如我们一贯爱武松，爱石秀，爱李逵。而且称他们为英雄好汉，盼他们除暴安良。其实这几位不过是流氓之一种罢了，而且不是一般的流氓，是流氓中之杰出者也。

武松打虎不算流氓，怒杀西门庆也不算流氓，但到了孙二娘的黑店，那行为就有点大黑帮遇上小黑帮的意思了；到了血溅鸳鸯楼，一杀便连带无辜，杀害了从丫鬟、奶娘、后槽、夫人、仆人等一十五人，已经是流氓行径了。

石秀又是一个流氓典型，虽然出身不错，而且能劳动、爱劳动、会劳动，那如果一切正常，这石秀说不定就会成为屠宰业的劳动模范或者企业家的。然而，看他杀裴如海的做派，剜潘巧云主仆心肝的行为，已经与黑帮杀手别无二致，甚至表现得尤其阴冷毒辣，令人发指。

李逵更是一个流氓的典型，行善也是他，作恶更是他，杀贪官的是他，杀无辜看客的还是他。看他大闹江州法场，搭救宋江之时，不管三七二十一，只管向着旁观人群抡板斧排头砍去，已经非常流氓；接着又杀黄文炳一家，生吃黄文炳的肉；再后来连扈三娘的一家老小也让他全给杀了；表现得更加流氓。令人惊异的是，尽管如此，如石秀、武松、李逵一流却依然得到众多中国人的热爱与颂扬，无权无势的老百姓爱他们，有知有识的读书人也爱他们，连大才子金圣叹都一样热爱他们。其中原因，令人深思。

其实，“五四”之后一些文化人对此已经提出不同见解，例如周作人、胡适、萨孟武都提出过种种新见。鲁迅对此的体认，与周、萨二公大同小异。他的独特想法是由此联系到了侠的问题。他曾经写过一篇《流氓的变迁》，直言流氓与盗，与侠同出一脉，不过世事流变，日益等而下之罢了。终于由盗而寇，由寇而侠，由侠而奴才，当真是一蟹不如一蟹了。

这看法真的很有道理，但与这些文化学者的看法不同，在我们中国这块土地上，侠的土壤依旧十分肥沃，侠的影响依然十分强大。所以，旧的武侠小说虽然已经泛滥到令很多文化人目不敢开的程度，港台的新武侠小说又如雨后春笋一般迅速崛起，而且一风吹来席卷中华，竟至到了“开言不谈金梁古，纵读诗书也枉然”的地步。

事实上侠之与盗的界限依旧很不分明，侠与流氓的形象尤其容易混淆。表现在不尊重生命——暴力杀人；不尊重法制——武力处世；不尊重劳动——劳动者永远无能三个方面，其基本品质实在也没有什么大的不同。

流氓与侠客之所以有这样的重叠与混合，因为这一类流氓确有他们的特别之处。他们不好女色，好打不平，有时还要好善乐施，尤其崇尚江湖义气。他们迷信暴力，认定拳头大的是哥哥，喜欢别人崇拜自己，也甘心情愿崇拜别人——只要你义气深，只要你拳头硬。汤隆也是好汉，一见李逵就甘拜下风。李逵本性横蛮，既然摔不过焦挺，就喜欢上了焦挺，“玩”不过燕青，更羡慕上了燕青，一旦遇到宋江大哥，便一心一意，生死由他。

无论流氓也罢，黑社会老大也罢，人们臆想中的侠客也罢，社会认可他们应该是有各种各样的原因的。从经济学上理解，在一定的环境下，认可他们的存在是因为其支出成本更合算，也更容易接受；从社会学意义上理解，在一定的环境下，其适度存在，甚至有利于社会底层生活状况的安稳与安全。从文化学意义上理解，在一定的环境下，他们正是特定历史发展阶段的必然产物。例如东方有侠客，西方有骑士。二者虽然外在形象很相异，内在品质却很相通，一般地说，当底层人民生命财产没有基本保证的时候，当妇女儿童的人身安全没有基本保障的时候，当非权力、非武力者自身的生存安全没有保护的时候，人们就会对骑士或侠客产生某种需求、爱好、期盼和崇尚。反之，当人们完全有了基本的自立能力，又有了基本的安全保证时，那种所谓的骑士精神或侠客做派就显得可笑了。一心做骑士的人就难免很不幸地成为了堂·吉诃德。

令我们非常遗憾的是，西方的骑士文化早已烟消云散，但中国的侠盗精神还有肥沃的生存土壤，所以，金庸的声音在很大的人群中大大强于胡适的声音，强于萨孟武的声音，强于周作人的声音，也强于鲁迅的声音。在现实生活中，这样的情绪不但没有迅速消解的征候，甚至还有不断激化的表现。

为什么会这样？难道我们中华民族是一个嗜血成性的民族吗？肯定不是。难道我们文化传统中有消除不尽的暴虐的劣质基因吗？肯定没有。之所以会出现这样不正常的状况，说明世间一定有比流氓与暴力更坏的东西在。人们才会二劣相较取其轻，甚至不惜热爱暴力，热爱刺激，热爱流氓。具体说来，我以为造成这种状况的有以下几个原因：

第一，社会分配不公；

第二，公权力泛滥；

第三，缺少社会自治、自助与自救的制度设计和实现路径；

第四，草根阶层乃至中产阶层公共话语权缺失；

第五，公民缺少应有的尊严。

第六，司法不能给人以信心。

这六条相互关联，因为社会不公，必然社情激动；因为公权力泛滥，又加剧了社会不公；因为社会不公与公权力泛滥，才特别需要自治、自助与自救的制度设计和实现路径；又因为自治、自助与自救组织的严重缺失，人民才特别需要必要的公共话语权与社会尊严；因为缺乏必要的公共话语权与社会尊严，才尤其需要司法的公信力。而当这众多的因素均处于缺失、弱化、无力或不作为的状态时，必定导致极端性行为的频繁发生，而面对这样极端性行为，更多的旁观者就会产生类似的极端性情绪响应。

当然，这也和中国的历史文化传统有些关系。毋庸讳言，中国历史虽然悠久，但缺少洛克式的文化精神，更缺少圣雄甘地式的文化传统，也从来没有出现过如林肯一样的政治人物。如此种种——这些因素的相互冲撞与放大，就使我们很不幸地染上一种爱流氓、爱暴力的情绪与情结。既然郑屠户可以无法无天，那就请鲁达的大拳头来吧，既然武大郎的沉冤难雪，那就请武松的痛杀来吧，既然得不到清官与司法的有效帮助，那就干脆请抡大板斧的李逵来吧。

我内心反对暴力，不赞成一切可以用和平手段解决而采取非和平手段的行为，但我尤其渴望，我们能够改变某些让我们瞠目结舌的社会现实。例如让潜规则少些，再少些；让公权力泛滥收敛些，再收敛些；让社会不公调整些，再调整些；让自治、自救与自助组织发展些，再发展些；让法律的公信力坚挺些，再坚挺些；让全体公民尤其是草根阶层、中产阶层的公共话语权增加些，再增加些。

但愿我的这些愿望不会成为某种美好的梦想，而我的种种忧虑最好也不过是杞人忧天罢了。我相信，我们中华民族不比任何一个民族缺少智慧，我们现代国民也不比任何一种国民缺少宽容、忍耐、理性与善良。

2010年4月17日

我想做一只良知未泯的蛆

近日，水木社区论坛中，一位从中科院退学的博士发了一篇帖子，痛斥“中国科研已死”，这又让我很有感触。作者的题目虽然尖锐，但说的确实是事实，或者说，应该叫做本质真实。中国的科研尤其是我所熟知的高校科研，如果这样走下去，即使没死，也有脑瘫之嫌。

高校科研我以为有六大弊端。一是学术论文平庸化，二是科研项目等级化，三是横向课题货币化，四是人文理想碎片化，五是科研团队江湖化，六是科研体制衙门化。

例如学术论文平庸化。许多年来国内的博导们尊奉这样一个论文撰写原则——小题目，大作为。简称就是小题大做。他们认准了选择论文题目一定要小，鼓吹小中见大。小中可以见大，但不是小的都能见大。有一句谚语说一滴水可以映出大海，但是一滴水绝对不等于大海，一滴水里可以养鱼吗？一滴水里有那么丰富的海洋资源吗？都没有。小题只能小做，大题才可大做，这属于常识，非要小题大做，往往弄得支离破碎。

又如科研团队江湖化。江湖中有老大，江湖中有黑话，江湖中有尔虞我诈，江湖中有意气用事，江湖中有冤冤相报何时了，江湖中充满了潜规则。这些弊端在学界中没有一样不存在的，而且表现更卑鄙，更没有气量，更来得厚颜无耻。比如一个年轻学者和一位教授发生了争执，这教授就公然说，职称会上见。这算什么东西？但这样的事绝不罕见。而且比之更甚者尤其多有。

例如科研体制衙门化。科研原本有它自身的规律，一旦染上官气马上变质。现在的问题已经不仅仅是一个官气的问题而是官僚化。北京某高校一位教师要晋升职称，该校人事处的“官员”不认他的成果。说：“你怎么证明书上作者的名字就是你！”这太冒天下之大不韪了。可惜鲁迅没有活到现在，如果他活到今天，碰到这样的处长，这处长也让他证明鲁迅为什么就是周树人，我想鲁迅先生一定会气得头大的。

再如人文理想碎片化。现在的学界，极少人文理想。给我的感觉，虽然天天说人文精神、人文关怀，但那都是碎片化了的。所言所行尽在细枝末节上绕圈子，真的谈到对人性的关心，对人的尊严的敬重，对人的情感的珍视，对各类原创性学术成果的保护，几等于零。

造成这些问题的原因众多。最重要的当然是体制。在我看来，中国教育体制的改革早已远离我们而去，而且我们也看不到下一个阶段高等教育在改革方面能有多少希望。

体制原因之外还有强大的现行体制的设计者、主导者与保护者，尤其是很多出身于高校或者就在高校工作和生活的既得利益者。例如那些名目繁多、种类繁多，几乎数不胜数的所谓专家学者。他们最喜欢的就是搞评估，搞课题审批，搞评奖，搞立项——凡此种种，都会给他们带来无穷的快乐和谁也说不明白的各种利益。

但更可叹的还是数量更多的吃尽这体制苦头，还要跟着其指挥棒团团乱转，日夜奔忙的没有话语权的人们。这些人大多工作在第一线，上课最多，承担的实际工作量最多，干各种杂活最多，这还不够，还要学会以无比谦虚的态度逢迎权威，听候指教。柏杨先生说，中国传统文化就是一个大酱缸。生活在这个大酱缸里面的人就是一堆堆互相撕咬的蛆虫。我觉得，我们就是这样的蛆虫。

我们可以不做这样的蛆虫吗？回答是，不可以。因为我们需要岗位，我们需要职称，我们需要生活，我们需要增加哪怕一点点收入，毕竟，我们不是王小波，也不是陈丹青，我们没有王小波那样的魄力可以为了自己的志趣放弃教职；也没有陈丹青那样的能力因为不接受高校的教育方式而离开清华大学。所以，尽管我们不爱做蛆虫，但也只能做蛆虫。有时候我们也会对一些青年学者建议说，为了你们的前途着想，你们首先要保护好自己的岗位，其次要弄好自己的职称，最后才是做你喜欢做的研究。天地良心，这样的说法，是不是太绕了！

实际上我们身在其中，应试教育有我们，屈从体制意志搞科研有我们，论资排辈有我们，疏通人脉有我们，甚至互相倾轧也有我们。依照鲁迅先生的意思，我们既是被吃者，也是吃人者，这话对于我们的生存状态而言似乎一点也未过时。所以，如果有人问，我们可以不做酱缸中的蛆虫吗？那回答应该是：不可以。

虽然我知道我平庸，我胆小，我既没有什么远大的抱负，更没有什么崇高的境界，但我毕竟是人啊，我还是有一点生存底线的。我不能忘记的是两则故事：

一则故事来自钱基博先生的著作。某公将被杀，他非常害怕。有人问他，你怕死吗？回答，怕，非常怕。又问，那为什么不投降？回答，更怕做坏人。

另一则故事是我的亲身经历。幼年时，我得遇一位非常坚强、非常有智慧、非常爱憎分明的师长。有一次，他脸色凝重地告诉我们说：日军侵华时，日本兵站在桥头，凡过路的中国人，都要向他鞠躬，否则就痛打。我问他说：那您也鞠躬吗？片刻，他脸色更为凝重地回答：鞠！半晌，又说：很屈辱！我以为，在这样的体制下生存，其不可触犯的伦理底线是：

一、不皈依丑恶；

二、不忘记屈辱。

鉴于上述种种，我觉得我只能做一只良知未泯的蛆。

2010年7月25日

由兔年引起的动物话题联想

天干地支是中国古代的一种极富智慧的发明，但就一般中国人而言最常遇到的和最喜欢议论的还是十二生肖。现在虎年即将过去，兔年马上来临。不觉引起了一些有关动物与民族文化的联想。

有人说，日本文化很像狼，这个比喻我认为很恰当。狼的特性一是坚韧不拔，二是群体合作。狼恐怕是世界上最坚韧的哺乳动物之一，它非常耐饥饿，耐寒冷，耐疲劳，但总是能够坚持，坚持，坚持。狼又是一种群体动物，在食肉猛兽当中以个体而论排不上它的。狼既没有虎的威猛，也没有狮的强悍，更没有熊的蛮勇，连豹子也比不过的。豹子会上树，狼会吗？没听说过世界上有会爬树的狼。狼不可怕，但狼群非常可怕。因为它能合作，它有纪律，有规则，有秩序，一狼呼号，百狼响应，相互协同，奋不顾身。所以，能够捕杀庞大的猎物，也能够做出几乎任何猛兽都做不出的凶残举动。美国作家本尼迪克特写过一本关于日本文化的书《菊花与刀》，书中说日本像一群鱼，在既定的条件下会整体向一个方向奔游而去，一旦撞墙，又会整体向相反的方向游去。最典型的例证就是第二次世界大战。日本虽然败局已定，但举国上下高呼玉碎，然而天皇一旦宣布投降，又很快地就举国崇拜起麦克阿瑟来，异口同声认为麦克阿瑟是一位世界级英雄。日本文化的这种狼性真的有好也有坏，好的方面是效率极高，坏的方面是纠错很难。以当下的事例而论，日本人坚持捕鲸，而且说这是科学研究的需要，甚至极度坚持使用极不光彩的手段，给我的印象都非常负面。

对俄罗斯文化的比喻世人似乎皆有共识，就是认为俄国文化似熊。这个比方形象而且恰当。俄国人的脾气是非常推崇强大的，而且特意追求强大的，它不但一定要大，而且一定要强。但俄国人的强还真有点熊脾气呢，它虽然强大但并不是总有警觉，它会经常疏忽，仿佛熊的冬眠，也有很多疏疏，给了别人很多攻击它的机会。无论如何，熊的彪悍，它是具备的；熊的坚持，它也是具备的；熊的因强大而自得，因自得而疏忽，因疏忽而不设防，甚至因自己的一些失误而造成重大伤害的情况也时有发生。但它本性强大，虽经千难万险一定会取得某种胜利。拿破仑时代，它在各个方面都比不过拿破仑，但最终真正战败拿破仑的还是俄国人。当时的统帅库图佐夫身上就深具这种特性。俄国历史其实灾难深重，以20世纪俄国史为例，它所遭受的灾难绝对排在世界的最前列，二战期间它的死亡人数是最多的。但这种死亡和俄国20年代的内战，30年代初的农业合作化，30年代中后期的大屠杀比起来，二者的伤亡与伤害，也许不相上下。但包括俄国在内的苏联一直忍着，忍着，再忍着，千继万续，终于爆发；一日突变，苏联解体。这样的文化脾气在全世界也是少见的。

英国人的文化脾气有些像牛，所谓约翰牛是也。牛的特性是什么？它很勤奋，也很诚实，同时不乏智慧，又有很强的合作精神。这些在英国人那里一样也不缺乏，韦伯写过《新教伦理与资本主义精神》，新教伦理的一个基石就是勤奋，不但勤奋，而且勤俭，这一点与英国人的脾气很契合。英国人非常诚实，这精神也直传到美国，美国选民最不能原谅的乃是不诚实的政治家。比如尼克松，非常有能力而且有智慧，但他在水门事件中说谎，就得不到选民们的原谅了。没办法，只能辞职。又比如克林顿，其实性丑闻对他的伤害小，说假话对他的伤害大。这就是一种诚实精神，这样的精神在东方人这里确实比较缺乏。英国人很善于合作，就像牛群的合作一样，一头公牛何等威武何等雄壮，但几百头牛放在一起却能合作得很好。我们有时从银幕上看到牛群的奔腾豕突，禁不住会心神荡漾，感奋不已。牛又是聪明的，约翰牛同样聪明。至少在理性时代，英国人具有特别的贡献。政治理论家中，洛克应该是最伟大的——世界级伟大；科学家中，牛顿应该是最伟大的——世界级伟大；稍后的进化论创立者达尔文同样具有世界级的影响与地位。这样的人物让我们很是羡慕。作为一个高校老师，我一个最大的梦想就是期盼在21世纪我们中国也能出现这样的人！但牛也有它的弱点，比如容易犯疯。英国人也会犯疯，最负面的表现就是足球流氓。英国足球流氓堪称世界闻名。一个最富绅士精神的国度却伴随着如此令人厌恶的足球流氓文化，原因何在？我所不明。

美国人自己最推崇的动物乃是金鹰。美国人确实有些鹰脾气，它确实飞得很高，也看得很远，又非常具有行动力，至少在一个可以预期的将来它的综合国力尤其是它的科学、技术、教育和很多制度设计都是领先于全世界的。但它的缺点就是不合群，它很理解自己，但往往不能理解别人，所以别人不理解它，有些误解它，甚至痛恨它，责任也不全在别人那里。我看过一篇文章批评美国人的孤寂清高，那文章说，对于非洲人而言，美国人做的坏事最少，给出的援助不少，它在非洲从来没有过殖民地。但独立后的非洲国家对先前的殖民者如英国人、法国人关系常常很融洽。这些国家领导人来造访，也很受欢迎。但美国人就不行，很多非洲人都厌烦他们。据尼克松自己的回忆，有一次去非洲访问，还差点弄出生命危险。美国和中国的关系也有类于此，在西方列强中，美国对中国是伤害最少的，最直接的伤害是八国联军，它是八分之一，但最早提出和真正实行退换部分庚子赔款的只是美国。二战期间，美国对中国支持很大，但我们中国人中不理解美国人的甚多。个中有利害冲突，有制度冲突，也有文化不能顺畅沟通的原因。美国民主党的象征是驴，共和党的象征是象。象是保守的，但非常坚持；驴是激进的，但有些急躁。我想奉劝美国人的是，与世界交流，最好多一点灵活精神，少一点驴脾气。

我们中国人的动物比喻应该是什么呢？应该是猴。猴的特点就是聪明，更高级点说，就是智慧。聪明实在不是一件坏事，中国人的聪明在方方面面都有表现，而且我们的聪明不是唯聪明而聪明，而是因为勤奋所以聪明。所以中国在世界各地的留学生总体上看，都是表现最好的，是最聪明的一群，全世界的华人尤其是海外华人在这一点上也有非常突出的表现。以致有人说全世界的钱都在犹太人的口袋里，全世界的智慧都在中国人的脑袋里。这让我们不免有些沾沾自喜。聪明是好事，黑格尔都说过理智何等强大，就何等狡猾。狡猾不能等同于聪明和智慧，但至少与聪明和智慧相去未远。但聪明过了头也不好。一味聪明，过度聪明，结果呢？“机关算尽太聪明，反误了卿卿性命。”我的一位朋友去某个国家学习，那个地方一位先生打比喻说：他的国家之所以管理得好，是因为猴领导猪。这似乎很不错。领导者是猴，被领导者是猪，结果猴也高兴，猪也满意。他的邻国就不行了，是所谓猪领导猪，结果是被领导者糊涂，领导者同等糊涂，糊涂加糊涂，不免一塌糊涂。我们中国呢？人家说我们说是猴领导猴，结果是双方都十分辛苦。中国人绝对不可称为狡猾，但中国文化中却有某种根深蒂固的圆滑，这个真的很不好。因为过度圆滑，精于个人算计，所以在历史上促成了种种大的民族灾难。宋朝为元人所灭，元人有多少本族军队？没有多少。明人为清人所灭，清人的满族八旗数量更少。我有一位前辈，回故乡探亲，他很想知道日本人侵略他家乡时的情况。调查的结果让他惊诧不已。一个乡有几个日本人呢？只有一个。一个日本人就能统治中国的一个乡镇，在现代人看来的确匪夷所思。最好的聪明乃是智慧，最值得珍视的聪明是伴随真诚，最坏的聪明是只顾自己的眼前小利，还硬说这是明哲保身。所以对中国这种猴的文化值得反思的地方确实不少。

说了这许多，应该转到十二生肖的话题上了。其实，很多中国人并不认同猴性。我们这里既有猴性，也有虎性、龙性。可以这么说，十二种生肖所代表的十二种属性，在我们中华样样皆有。有人评说十二种动物的特性，这样表述：鼠性至黠，牛性至诚，虎性至威，兔性至柔，龙性至刚，蛇性至阴，马性至阳，羊性至迂，猴性至慧，鸡性至狭，狗性至忠，猪性至贪。这其实很多样性的。而且里面颇有些阴阳互在互动的原理。一个好的社会，其实是要多样性的，昔日孟子批判墨翟与杨朱，最不能忍受的是墨家的兼爱与杨朱的为我。孟子认为，兼爱是无父，为我是无君，无君无父乃禽兽。其实，儒家的仁心礼制很好，墨家的兼爱也很好，连杨朱的为我都很好。社会宽容，才能个性自然。用最简单的语言概括，我所期待的至少是卢梭所表达的自然天地而不是奥威尔所描绘的动物庄园。再过一周，就进入兔年了。本人附庸风雅，也做春联一副，献给关心我们集群博客及我本人的众多朋友们：

江湖多凶险，虎王衰矣，几成危种；

世事太不公，兔子急了，也会咬人。

横批：没开玩笑

2011年1月27日

中国古典文学名著与古典诗词的另类品题

（短语书评十二则）

1、品题《西游记》

孙猴子不幸学人，才惹上无边烦恼。

2、品题《红楼梦》

因悲剧而美丽，昭示了历史与生活的逻辑混乱。

3、品题《水浒传》

没有江湖，男人的世界就不精彩。

4、品题《三国演义》

阴谋与智慧同场竞技，文明插不上嘴。

5、品题《儒林外史》

不唯丑得温柔，尤其丑得凄美。

6、品题《金瓶梅》

西门庆不爱处女，并非没有原因。

7、品题《三侠五义》

侠义化作鹰犬，思之令人苦笑。

8、品题《封神演义》

写乱了，也就写好了。

9、品题《儿女英雄传》

除去写“说”，别无所长。

10、品题《品花宝鉴》

诡吊之为缠绵，特别催人心动。

11、品题《海上花列传》

妙在读不懂。——一个河北佬的感叹。

12、品题《水浒后传》

能做续貂的狗尾巴，也不错了。

(短语诗词评点51则)

1、面对《诗经》，孔子说“思”，我们说“爱”。

2、《离骚》是一个美丽的梦，人可及，梦不可及。

3、刘邦的《大风歌》：草莽英皇的大手笔。

4、苏武李陵诗：只要诗伟大，作者是谁不打紧。

5、《古诗十九首》：一首诗就是一座山。

6、蔡文姬《胡笳十八拍》：胡风汉韵，北国《离骚》。

7、曹操诗：旧瓶偏能装新酒。

8、曹植诗：才情多到溢出来。

9、阮籍诗：内心声声，风韵声声。

10、嵇康诗：孤风傲雨，血色黄昏。

11、陶渊明诗：独在田园成一统。

12、李白的诗高，因为他不拘束自我。

13、杜甫的诗大，因为他挚爱苍生。

14、王维的诗，如碧海浮云，几时开卷，都在变化。

15、白居易的诗，高绝在平易。唯其平易，故，大不易。

16、元稹诗：毕竟才子不寻常。

17、刘禹锡诗：诗如其人，人亦如其诗。

18、王昌龄诗：冰洁玉润，喜成佳色。

19、孟浩然诗：虽非浩然之气，自是山水知音。

20、高适诗：长调广野，慷慨悲歌。

21、岑参诗：巨雪狂沙，灿烂诗情。

22、王之涣诗：一方美景无需多。

23、杜牧诗：书生意气，国士风采。

24、李商隐的诗恰似一片蜀锦，内在的精绝，外人难知。

25、李贺的诗，色彩瑰丽，文字诡妙；才情高远，意绪嚣张。

26、韩文令人思易，韩诗令人思难。

27、柳文令人生热，柳诗令人生寒。

28、温庭筠词：纵非真爱也动人。

29、李煜词：无限江山，无尽缠绵。

30、欧阳修的词如歌，文如画，歌是雅士情怀，画是山水精神。

31、苏东坡诗如流，词如潮，文如海。

32、黄庭坚诗如梅寒，文如岩瘦。

33、王安石志大压文，气壮压诗。

34、柳永词：贵在出格，不出格不足以挥洒风流。

35、周邦彦词：高堂雅调，法度森严。

36、贺铸词：不僧不俗，大器在当中。

37、秦观词：雅俗皆美，雅的柔情似水，俗的青春如火。

38、晏殊词：仿佛有些“老资”情调。

39、晏几道词：清风苦酒，泪雨欢歌。

40、李清照词为旷世奇女子，诗为千古大丈夫。

41、辛弃疾词：博大无尽处，新奇有匠心。

42、岳飞词：一样悲愤如斯人。

43、赵佶词：唯梦可以添春色。

44、姜夔词：疏枝朗月，别有风韵伴琴弦。

45、吴文英词：浓得化不开，美得化不开。

46、史达祖词：亦如春燕对人言。

47、张炎词：末世才情，极品景致。

48、词到纳兰性德，几成一声绝响。

49、神州有巾帼，便有《木兰辞》。

50、可以忘记旧情人，不可忘记《子夜歌》。

51、明清民歌，恰是草根之《诗经》，可不是山寨版哟。

附：史仲文著作目录

个人专著：

1、《美学》，中国财政金融出版社，1987 年。

2、《人才学》，中国财政经济出版社，1987 年。

3、《寻求突破——当代伦理观念新论》（第一作者），中国商业出版社，1991 年。

4、《欲望启示录：人类心灵的骚动》，华文出版社，1991 年。

5、《猛醒的中国》，改革出版社，1992 年。

6、《中国人走出死胡同》，中国发展出版社，1991 年出版；1993 年再版；1998 年内蒙古人民出版社再版；2004 年，中国发展出版社再版。

7、《中国隋唐五代文学史》，人民出版社，1994 年。

8、《家庭文化：虎虎虎》，中华工商联合出版社，1997 年。

9、《中西文明的历史对话》，内蒙古人民出版社，2000 年。

10、《民间视点：中国现在进行时》中国社会出版社，2004 年。

11、《中国六大名著的现代阅读》，中国发展出版社，2004 年。

12、《大唐诗史》，中国社会出版社，2005 年。

13、《两宋词史》，中国社会出版社，2005 年。

14、《中国艺术史导读》，中国社会出版社，2005 年。

15、《汉语是这样美丽的》，北京工业大学出版社，2007 年。

16、《改变世界的人文大师们》，中国社会出版社，2008 年。

17、《文化中国的十大品性》，中国发展出版社，2009 年。

18、《生死两论》，中国社会出版社，2009 年。

19、《真理的两端性》，中国社会出版社，2010 年。

20、《唐宋诗词史》，中国社会出版社，2011 年。

主编作品：

1、第一主编（张岱年、季羡林名誉主编）：百卷本《中国全史》，人民出版社，1994 年初版，96 年二版、98 年三版。

2、第一主编（周一良、林耀华名誉主编）：百卷本《世界全史》，中国国际广播出版社，1998 年。

3、主编（曹禺名誉主编）：九卷本《中国艺术史》，河北人民出版社，2006 年。

新人文丛书书目（第一辑）

NO. 01	史仲文	文化无非你和我
NO. 02	夏可君	无余与感通——源自中国经验的世界哲学
NO. 03	单　纯	立命·究底·理政三道综论集
NO. 04	张　柠	感伤时代的文学
NO. 05	吴祚来	价值主义与人文视野
NO. 06	敬文东	守夜人呓语
NO. 07	王向远	日本之文与日本之美
NO. 08	金惠敏	全球对话主义——21 世纪的文化政治学
NO. 09	骆　爽	中国文化的谎言与真相
NO. 10	于建嵘	照见谷底的未来——中国社会政治学前沿研究
NO. 11	赵　强	问题转换机
NO. 12	江弱水	文本的肉身——论诗选集
NO. 13	邵　建	权利对抗权力——21 世纪初的中国博弈
NO. 14	陆　扬	后现代文化
NO. 15	张　闳	言词喧闹的时刻
NO. 16	谢　泳	思想利器——当代中国研究的史料问题
NO. 17	黑　马	文明荒原上爱的牧师——劳伦斯叙论集
NO. 18	陈晓明	守望剩余的文学性
NO. 19	王清淮	新史记
NO. 20	尤西林	人文科学与现代性
NO. 21	金大幸（韩）	韩国的盘所哩文化

【注】新人文丛书第一辑将于 2013 年 4 月前陆续出版；部分书名为暂定，出版时或有调整。

图书在版编目（CIP）数据

文化无非你和我／史仲文著．—北京：新星出版社，2013.1
（新人文丛书）

ISBN 978-7-5133-1033-8

Ⅰ.①文… Ⅱ.①史… Ⅲ.①文化－中国－文集 Ⅳ.①G12-53

中国版本中国版本图书馆CIP数据核字（2012）第277641号

文化无非你和我

史仲文　著

策划统筹：陈　卓
责任编辑：陈　卓
封面设计：@broussaille私制
版式设计：刘洁琼

出版发行：新星出版社
出 版 人：谢　刚
社　　址：北京市西城区车公庄大街丙3号楼　100044
网　　址：www.newstarpress.com
电　　话：010-88310888
传　　真：010-65270449
法律顾问：北京市大成律师事务所

读者服务：010-88310800　service@newstarpress.com
邮购地址：北京市西城区车公庄大街丙3号楼　100044

印　　刷：三河兴达印务有限公司
开　　本：660mm×970mm　1/16
印　　张：29.25
字　　数：360千字
版　　次：2013年1月第一版　2013年1月第一次印刷
书　　号：ISBN 978-7-5133-1033-8
定　　价：46.00元